Entrepreneurship & Start-up Business Manangement

기업가정신과 창업경영론

김 흥 길

탑북스

책머리에

빌 게이츠는 20세의 나이에 폴 앨런과 함께 세계적인 기업 마이크로소프트를 설립하였고, 스티브 잡스는 21세에 스티브 워즈니악, 로널드 웨인과 함께 애플을 공동으로 창업하였으며, 마이클 델은 스무 살의 나이에 1000달러로 Dell이라는 회사를 창립하여 16년 만에 무려 1조 7천 여 달러를 벌어들여 30대의 젊은 나이에 억만 장자의 반열에 올랐다. 또 마크 쥬커버그는 20세의 나이에 같은 대학 친구들이었던 더스틴 모스코비츠, 에두아르도 세버린, 크리스 휴즈와 함께 페이스 북을 설립하였으며 제프리 베저스는 30세인 1994년에 아마존 닷컴을 설립하였다. 영국의 여성 사회운동가이기도 했던 아니타 로딕은 34세에 더바디샵을 창업하였으며 하워드 슐츠는 34세에 스타벅스를 인수하여 커피전문점으로 새롭게 탄생시켰다. 소시얼 커머스의 효시로 알려진 그루폰(Groupon)은 직원들의 평균 연령이 현재 20대 중반이다. 미국의 경우, 2011년에 기업공개를 한 42개 기술 · 인터넷 기업의 CEO 중 8명이 40세 이하인 것으로 나타났다.

혁신에 성공하는 나라들의 경우를 보면 청년 창업가들의 역할이 점점 더 커지고 있다. 지난 수십 년 간 혁신을 대표하는 인물들의 공통점은 벤처 사업가 혹은 창업자란 점이다. 이러한 창업자들이 최근 들어 주목받는 것은 창업활동이야 말로 한 국가의 경제발전을 선도하고 사회변화를 촉진하는 역할을 수행하는 중요한 활동이기 때문이다. 현대 사회가 지식과 혁신이 중시되는 지식기반 사회로 진행됨에 따라 창업과 창업자의 중요성은 더욱 더 높아지고 있는 추세이다.

최근 들어 한국의 경우에도 고용 없는 성장이 지속됨에 따라 일자리 창출이 미진하고 청년 실업률의 증가는 사회문제 및 국가경제발전에도 저해요인으로 작용하고 있는 실정이다. 선진 외국의 사례를 살펴보면, 고용창출 효과가 가장 큰 기업은 창업한 지 1년에서 5년 사이인 창업 초기단계의 기업으로 나타남에 따라 국내의 고용 없는 성장국면을 탈피하기 위해서는 신생 창업기업 육성정책을 보다 강화하기 위한 다양한 방안 마련과 노력이 요청되고 있다.

그런데 진취적이면서도 도전정신이 강한 한국의 청년들은 국방의 의무 등 여러 가지 사회적 여건과 제약 등으로 30살이 다 돼서야 사회 첫발을 내딛는 실정이다. 게다가 사회적으로 학벌과 스펙을 중시하는 사회적 풍토 속에서 한창 도전하고 꿈을 펼쳐

나가야 할 20대에 스펙 쌓기에 여념이 없다가 선진국의 청년들이 이미 기업을 만들어 열정적으로 경영하고 있을 나이에 사회에 진출하게 된다.

그래서 최근의 조사 자료에 따르면 조사대상 창업주의 평균 연령은 38.6세로 나타났고 또다른 통계에 따르면 창업하여 3년 이내에 폐업하는 비율이 50%에 육박한다고 한다. 부실창업이나 창업의 실패는 상권이 무엇이고 입지가 뭔지, 아이템의 선정과 경영관리는 어떻게 해나갈 것이며, 시장조사와 고객만족 경영을 어떻게 해야 하는지 조차 모르는 상태에서 무모하고도 막무가내 식의 창업에서 비롯되는 경우가 대부분이다.

창업의 성공조건으로 여러 가지를 들 수 있겠으나 필수불가결한 세 가지는 다음과 같다. 첫째, 자금의 확보다. 둘째, 적절한 아이템과 전문성의 확보다. 셋째는 창업자의 태도다. 이 세 가지 가운데 가장 주요한 것은 창업자의 태도이다. 왜냐하면, 부족한 자금은 대출이라든가 동업자의 발굴 등으로 해결책을 모색해볼 수 있고, 아이템이나 전문성은 시스템이 우수한 프랜차이즈업체를 통해서 또는 전문가들의 도움 등으로 어느 정도 해결할 수 있다. 그러나 창업이 성공적으로 이루어지더라도 사업의 유지관리와 지속적인 성장·발전을 위한 결정적인 변수는 창업자의 태도, 즉 기업가정신(entrepreneurship)이다. 창업의 경제적 사회적 의의는 다양하지만, 창업을 통해서 고용이 창출되고 부가가치를 창출함으로써 국가경제에 기여하기 때문에 성공적인 창업이 이뤄질 수 있도록 필요한 프로그램의 개발과 교육·훈련이 필요하다.

이 책은 대학생들에게 취업 못지 않게 창업도 사회적 공헌도나 국가경제에 크나 큰 기여를 하면서 개인적으로는 성취감이나 보람, 행복을 누릴 수 있는 훌륭한 대안이요 경력의 선택임을 깨닫게 도와주는 하나의 길라잡이가 될 것으로 기대된다.

이 책이 나오기까지 책 집필 과정에서 자료정리와 타이핑 작업 등 도움을 준 진주국제대학의 김유미 교수, 경상대학교 산업경영학과 김수현 조교, 사회학과 문보경 양, 중국에서 유학온 대학원생 판총, 리메이지에, 투커페이 양, 장홍평 군에게 고마운 마음을 전한다. 그리고 책 원고를 꼼꼼히 살피면서 미흡한 부분을 지적하고 교정까지 봐준 경상대학교 LINC사업단의 하태호 박사께 깊이 감사한다. 끝으로 책의 출간을 흔쾌히 응낙하신 탑북스 출판사 김광식 대표님과 책의 표지 디자인 및 편집을 위해 애쓴 편집부 직원들에게 감사의 마음을 전한다.

2014년 1월

가좌벌 연구실에서

지은이 씀

차 례

제 I 부
기업가와 기업가 정신

제1장 기업의 의의

제2장 기업과 경영

제3장 경영성과의 평가

제4장 기업가와 경영자

제5장 여성 창업과 여성 기업가

제6장 기업가정신의 의의

제7장 기업가정신과 성취동기

제 II 부

창업과 경영관리

제1장 창업의 의의

제2장 창업의 동기

제3장 사업성의 분석

제4장 상권과 입지 분석

제5장 창업의 절차와 과정

제6장 사업계획

제7장 경영관리의 과정

부 록

제 I 부
기업가와 기업가 정신

제1장 기업의 의의

제1절 기업의 의미

기업(enterprise)이란 한자의 뜻으로 풀이하면 '사업(事業)을 기획(企劃)한다'는 의미이지만, 활동이나 과정으로 이해되기보다는 경제적 활동을 주로 하는 주체로 인식된다. 경제적 사업체는 자본주의 경제체제 아래서는 개별 자본의 형태를 취하면서 구체적인 경제활동을 전개하고 있다. 일반적으로 기업이란 국민경제를 구성하는 기본적 단위로서 여러 가지 생산수단과 노동의 결합을 통하여 영리를 추구하는 독립적인 생산경영 단위조직체이다. 이러한 기업조직의 행태적 특성은 ① 창조하고, ② 혁신하며, ③ 진취성을 띠며, ④ 모험성이 짙으며, ⑤ 영속적 실체성(going concern)을 유지하는 데 있다.

현대기업은 물리적인 존재, 고정된 존재, 고립된 존재가 아니라 생물체처럼 변화하고 생물체처럼 다양한 측면을 가지면서 사회 속에서 생존하는 존재이다. 이러한 기업은 다음과 같은 다양한 존재론적 특성을 가지고 있다.[1)]

첫째, 기업은 제도이다.

기업은 국가제도나 우편제도와 같이 인간이 경제적 성과를 극대화하기 위해 고안한 일종의 제도로서의 성격을 가진다.

둘째, 기업은 협동적 사회시스템이다.

기업은 사회적 협동시스템으로써 다양한 참가자들이 개입하며 이들은 기업을 통해 스스로의 다양한 욕구나 가치를 실현하고자 한다.

셋째, 기업은 독립적 실체이며 영속적 존재이다.

---

1) P. F. Drucker, The Practice of Management, Englewood Cliffs, NJ: Prentice-Hall, 1975, p.37 in 이신모, 한만호, CEO에게서 배우는 경영학, 두양사, 2003, pp.46-47.

기업은 법인격을 가짐으로써 스스로의 생명을 가지며 계속기업(going concern)으로서의 특성을 가지고 있다. 기업은 일시적으로 활동하는 존재가 아니라 계속적으로 재생산을 유지하여 경제의 순환과정을 이끌어 가게 되며, 기업의 창설·운영자의 개인적 신변상태의 변화에 전적으로 얽매이지 않는다.

넷째, 기업은 기술적 변환체이다.

시장경제하의 활동체인 기업의 가장 기본적인 존재의의는 투입(input)에서 산출(output)로의 기술적 변환(transform)을 한다는 것이다.[2] 이러한 기술적 변환과 시장에서의 교환을 통하여 기업이라는 경제체는 부가가치를 창출하게 된다.

다섯째, 기업은 자금결합·운용체이다.

기업은 시장경제라는 화폐를 매개로 경제활동이 이루어지는 경제 속에서 활동수행을 위해 필요한 자금을 여러 가지 형태로 다양한 사람들이 제공하는 자금거출의 결합체이며 이러한 자금을 적절하게 운용하여 얻어지는 수익과 비용을 계산하여 자금운용의 적합성을 확보하는 단위이고 또 자본주의하에서 최대이윤 획득을 목적으로 하는 자본계산의 본질을 가지고 있다.

여섯째, 기업은 정보축적체이다.

기업의 가장 기본적인 본질인 기술적 변환을 하는 데는 그를 위한 지식이 필요하며 조직구성원들이 축적하는 정보가 기업의 기술적 변환을 뒷받침하게 된다.

일곱째, 기업은 통치체이다.

인적 결합체인 기업은 그 효율적 운영을 위해 필연적으로 내부와 외부의 통치행위를 필요로 한다. 여기서 기업은 역할수행을 위해 자원배분기구로서의 측면과 권력기구라는 측면 등 2가지 구조를 갖게 된다.

여덟째, 기업은 분배기구이다.

기업은 존속과 역할수행을 위해 다양한 이해관계자들을 가지며 이들에게 부, 권력, 명예, 시간 등을 분배한다. 이러한 분배기구로서의 기업의 성격에서 기업이 사회 속에서 일으키는 문제의 대부분이 발생한다.

---

2) 이타미 히로유키, 기업은 살아있는 생물체, 현대경제 연구원, 2001년.

제2절 기업의 본질적 특성

생산경제 조직체로서의 기업의 특징을 정리해보면 다음과 같다.

1) 목적의식성

기업은 경제구성체이지만 그 구성은 의식적 · 주체적 존재이다. 이 조직체는 특정한 경제적 목적을 실현하기 위하여 인위적으로 형성된 목적구성체라는 것에 그 두드러진 특징이 있다.

2) 독립성

기업은 개별경제단위로서 경제활동의 직접적 주체로서 독립적 존재형태를 띤다. 따라서 기업은 자기책임하에 존속하는 독립성을 지니는 것에 그 특징이 있다.

3) 영리성

기업은 무엇보다 영리목적을 추구하는 영리경제의 주체로서 공공기관이나 교회와 같은 비영리조직과는 구별된다. 기업은 자본의 가치증식을 위하여 영리를 추구하는 것을 그 특징으로 한다.

4) 재생산성

기업은 생산력 실현의 직접적 주체이며 재생산의 추진주체라는 것이다. 생산력 실현이란 생산의 여러 수단과 노동의 결합을 통하여 생산력을 실현시키면서 확대재생산이 이루어지도록 촉진하는 주체이다. 기업이 이러한 확대재생산력을 상실할 경우에는 그 존속과 유지, 발전을 불가능해지며 국가경제적 차원의 부의 증대도 기대할 수 없게 된다.

5) 소득원천성

기업은 소득을 창출하는 원천이라는 데 그 특징이 있다. 기업이 사회가 요구하는 상품이나 서비스 등의 발견과 창조, 개발, 생산과 분배를 통하여 기업의 경제활동에 참여하는 여러 계층의 이해관계자 집단들에게 그들의 소득을 제공하는 원동력인 동시에 주체가 된다는 것이다. 이를테면 이윤은 경영자의 소득형태이고 이익배당금은 주주의, 이자는 채권자의, 임금은 근로자들의 소득형태이며 세금은 국가나 지자체의 세수로서의 소득형태를 취하는 것이다.

6) 수요창조성

기업은 스스로 수요를 창조하고 개발하여 수요의 촉진을 도모해 나간다는 것이다. 이와 같은 수요창조는 경영의 혁신과 생산요소의 신결합을 병행해나가야 한다. 그래서 드러커(P. F. Drucker)는 수요창조, 즉 고객창조(creation of customer)를 위해서는 ① 신제품의 개발, ② 광고, ③ 판매촉진, ④ 유통경로의 확립 등의 일련의 마케팅 활동이 필요하다고 주장하였다.

기업은 이와 같이 다양한 본질을 지니고 있는 의식적 목적구성체라 할 수 있다. 그러나 기업은 역사적 산물과 같은 존재 내지는 형태이므로 사회가 구조적으로 변모하고 산업이 고도화됨에 따라 그 본질도 차츰 변화되어 갈 것으로 전망된다.

제3절 기업의 구성요소와 활동

1. 기업의 구성요소

기업이 협동적 사회시스템으로써 스스로의 활동을 수행할 수 있기 위해서는 이를 가능하게 해주는 자원이 필요한데 이를 기업의 구성요소 또는 기업의 자원이라고 한다. 기업의 구성요소 또는 생산요소는 크게 보면 인적 요소와 물적 요소로 나눌 수 있으나 좀 더 세부적으로는 인적 자원, 물적 자원, 재무적 자원, 기술적 자원, 정보적 자원 등으로 나눌 수 있다.

1) 인적 자원

인적 자원이란 기업의 구성요소 가운데 주체적이면서 핵심적인 자원으로서 기업의 목적 달성을 위해 필수불가결한 가장 기본적 구성요소이면서 유일한 능동적 요소이다. '기업은 사람이다'라는 표현에서 보듯이 인적 자원은 기업의 활동에 있어서 없어서는 생산 활동이 불가능해질 만큼 이들의 효율성은 경영성과에 직접적으로 영향을 미치게 된다. 사실상 기업 경영에 있어서 다른 생산요소 또는 자원들을 결합하고 통합하는 주체로서의 인간능력이 중요시됨에 따라 인적 자원은 오늘날 가장 중요한 경영자원으로 여겨지고 있는 것이다.[3)]

2) 재무적 자원

이는 기업을 실제로 운영하는데 필요한 자금으로서, 이 자금은 투자자, 채권자 등에 의해서 투자, 이윤 및 차입 등의 형태로 제공될 수 있다. 기업의 창설자는 이러한 자본을 가지고 생산시설을 갖추거나 사무실을 확보하거나 원료를 구입하거나 종업원을 채용하고 임금을 지불할 수 있게 된다. 재무적 자원을 효율적으로 관리하는 기업의 활동과정을 재무관리라고 하는 데, 재무관리의 목표는 기업의 자금흐름을 원활히 하는 한편 자금의 조달과 운용, 계획 및 통제를 통하여 재무적 성과를 극대화하는 데 초점을 맞춘다.

3) 물적 자원

기업이 갖고 있는 자원을 무형자원(intangible resources)과 유형자원(tangible resources)으로 나눈다면 물적 자원은 유형자원에 속하는 것으로 눈으로 볼 수 있을 뿐만 아니라, 쉽게 파악할 수 있으며 또한 평가가 가능한 자원이다. 즉, 기업의 대차대조표에 나타나는 공장, 기계설비, 건물, 시설, 장비 및 도구, 재료, 원자재 등이 물적 자원에 속한다. 물적 자원의 주요 특성은 공장과 설비의 규모와 위치, 기술의 정밀성과 유연성, 그리고 건물과 토지의 용도전환 및 위치가 매우 중요하다는 점이다. 원자재의 획득가능성은 기업의 생산가능성을 제한하며 제품의 품질경쟁력과 가격경쟁력까지 결정하는 주요 원인이 된다.

4) 기술적 자원

기업이 여타의 생산수단과 노동력을 갖추었다고 하더라도 제조방법이나 생산기술

---

3) Edgar Schein, Career Dynamics: Matching Individual and Organizational Needs, Reeding, Mass: Addison Wesley, 1978, pp.4-5.

이 없다면 기업의 목적달성은 어려워질 수밖에 없다. 기술적 자원은 생산방법(methods), 기법(techniques), 독특한 기능(skills), 특허권, 저작권, 기업비밀 등의 독점기술과 노하우, 전문기술을 포괄하는 기술자원, 기술혁신자원, 연구설비 등의 경영자원을 말한다. 기업이 가지고 있는 기술이나 특허권 같은 자원은 인적 자원과 마찬가지로 화폐단위로는 평가하기 힘든 기업특유의 무형자산이다.

기술적 자원의 경우, 특히 중요한 점은 누가 기술을 보유하고 있는가의 문제이다. 기업은 특허권이나 저작권과 같은 독점적인 지적 또는 기술적 소유권을 통해 기술을 보호할 수 있다. 그러나 특허권으로 보호할 수 없는 기업의 노하우는 경쟁기업에 쉽게 전파되어 경쟁우위를 잃을 수도 있기 때문에 기술적 핵심역량의 확보는 기업의 존폐를 좌우하는 중요한 관건이다. 그래서 성공적인 기업은 자신이 발명하거나 획득한 노하우나 기술을 보호하며 이로부터 최대한의 이익을 얻어내는 기업들이다.

5) 정보적 자원

정보적 자원(information resources)이란 좁은 의미로는 자료(data), 정보, 지식(형식지나 암묵지 포함) 등을 지칭하지만, 광의로는 하드웨어, 소프트웨어, 통신네트워크, 데이터베이스, 정보시스템(MIS) 등 정보를 제공하기 위해 필요로 하는 제반의 요소까지 포함시킨다. 정보적 자원은 기업의 주요 자원으로 자금, 인적 자원 등과 마찬가지로 조직의 전략적 우위를 창출하기 위해 중요한 역할을 수행하므로 효과적으로 관리해줄 필요가 있다.

[책갈피] 경영마인드의 배양과 기업가의 육성

「새로운 사업을 시작할 가장 좋은 시기는 시장상황이 바닥에 다 달아 있을 때이다.」 삼성 그룹의 고 이병철 회장이 남긴 말이다. 기업경영자는 위기를 위험으로 파악하지 않고 오히려 기회로 파악하며 미래 창조와 도약의 발판으로 삼는다. 그래서 경영학자 실버와 힉맨은 성공적인 기업경영자가 갖추어야 할 자질로 창조적 통찰력, 감수성, 미래에 대한 비전, 변화에 대한 융통성, 변화를 실행하기 위한 집중력 및 미래지향적 생활태도로서의 인내력을 들고 있다.

국가의 운명이 통계학적 추상론으로 좌우될 수 없음에도 관념적인 경제학자들은 경제성장과 발전의 추진력으로서 기업가들의 역할을 백안시한다. 심리학자들은 기업경영자의 노동과 희생을 탐욕의 표현과 동일시한다. 사회학자들은 기업경영자들의 꿈을 잃어버린 구시대의 향수로 간주해버리고, 정치가들은 기업경영자의 이윤을 불로소득이라고, 또 부를 순전히 행운이라고 치부해버린다.

그러나 미국을 비롯한 대부분의 선진 부국들은 기업경영자들의 소중한 재능과 자질의 혜택을 입은 주요 국가들임에 틀림이 없다. 훌륭한 기업가들은 종교적 신앙심에 견줄만한 신념과 의지, 집념과 배짱,

용기와 모험가적 기질을 가졌으며, 끊임없이 기회를 포착하며 비전으로 가득 찬 행동가이며 실천가이다. 그들은 낙관주의자로서 모래밭에서 정원의 잠재력을 보고, 각 개인에게서 많은 가능성과 잠재된 창의력을 이끌어 내며, 각 문제에서 미래와 성공적 요인들을 탐색해낸다. 그들이 있었기에 오늘의 풍요를 누리게 된 것임에 틀림이 없다.

그렇지만 정경유착에 의한 비리, 본업을 제쳐둔 부동산 투기, 불공정거래 및 공해물질의 배출 등으로 기업경영자들에 대한 부정적이고 비판적인 시각과 국민여론이 있어 왔던 것도 사실이다. 그것은 일부 부도덕하고 몰지각한 기업경영자들이, 기업은 사회발전에 기여해야 한다는 사회성과, 기업과 유기적 관련을 맺고 있는 이해관계자 집단들에 대하여 경영성과를 공평하게 배분해 주어야 한다는 공익성, 그리고 선량한 시민자격으로 사회의 법질서와 규범을 준수해야 한다는 공공성을 제대로 인식하지 못한 소치였던 것이다.

건전한 경영이념을 지닌 기업경영자들은 불굴의 의지로 실패를 교훈삼아 성공을 빚어내고 천재는 땀과 노력과 희생의 산물임을 알며, 자연자원은 인간의 창의력과 노동에 의해서 가치를 발휘하는 것임을 안다. 그래서『기업의 정신』을 쓴 죠지 길더는 기업경영자를 다음과 같이 예찬한다.

"기업가는 단지 자본, 노동, 토지에 가치를 부여하고, 또 자신의 노동을 제공함으로써 타인들의 비조직적인 노동을 조직화한다. 그는 시장의 도구가 아니라 창조자이다. 기회를 찾아다니는 것이 아니라 개발하는 사람이다. 자원을 적절히 동원만 하는 것이 아니라 발명하는 사람이다. 기존의 수요에 대응하는 것이 아니라 창출하는 혁신가이다. 기존의 기술을 사용할 뿐만 아니라 개발 생산하는 사람이다."

한편 경영학자들은 경영관리를 "짧은 시간에 적은 비용으로 질적으로나 양적으로 많은 가치를 창출하기 위한 활동과정"으로 규정한다. 그런데 사실상 인류사회에 존재하는 모든 '건전한' 조직은 유형무형의 가치를 창출하여 인류에게 제공할 목적으로 형성되는 것이다. 대표적인 예로 기업의 경우를 보면 외부로부터 인력, 자본, 원재료, 기계설비, 정보나 기술 등 많은 요소들을 받아들여 제조-가공 공정을 거치면서 새로운 가치를 부가 창출함으로써 여러 가지 형태의 제품과 서비스를 산출해낸다.

이와 같이 (기업)조직에 투입되는 여러 가지 요소들을 합리적으로 배분할당하고 조직화하면서 효과적인 조치를 통하여 가능한 한 많은 가치를 창출해내려는 활동과정이 경영관리인 것이다. 이러한 경영관리활동은 비단 기업조직에서만 이루어지는 것이 아니라, 가정, 병원, 학교, 교회, 군대, 지방자치단체, 정부와 같은 조직에서도 공통적으로 이루어지는 것이다. 그러므로 우리 모두는 어떤 형태로든 사회의 여러 유형의 조직에 속해 있으면서 보다 많은 가치를 창출시키려 노력하기 때문에 "우리 모두는 경영관리자"라 할 수 있다. 말하자면 우리의 삶 전반이 경영관리를 필요로 하는 것이다.

뉴먼은 다가오는 2천 년대의 기업경영자는 다음과 같은 자질과 능력을 갖추어야 한다고 제시한다. 첫째, 다른 사람이 신뢰할 수 있는 성격과 성실성. 둘째, 아이디어를 제공하고, 실패를 두려워하지 않으며 과감히 도전할 수 있는 솔선수범형. 셋째, 타인을 믿고 경청하며 그들의 성장과 발달에 도움을 주며 자신감과 겸손을 겸비한 사람. 넷째, 적절하며 신뢰성이 있는 사고능력과 사물을 효율적으로 분석하고 어려운 것을 재빨리 습득하며 항상 지적 탐구욕을 지닌 사람. 다섯째, 기업내외의 주위사정을 잘 알뿐만 아니라 그것이 가진 의미를 전체적으로 평가·지각할 수 있는 능력. 여섯째, 기업이나 구성원들에게 영향을 미칠 수 있는 여러 가지 가능성을 감지하는 직관력, 선견력, 통찰력. 일곱째, 새로운 아이디어 등에 편견을 가지지 않고 신중히 검토하고 받아들일 자세를 가진 솔직성과 유연성. 여덟째, 표현이 명확하여 아랫사람에게 일을 시킬 때 납득하여 일을 하도록 만들 수 있는 사람.

부와 풍요의 주체는 물질에 있는 것이 아니고 생각, 즉 신념과 용기, 창의력과 근면·성실성에 있는 것이다. 온 국민이 다 기업경영자가 될 수는 없지만, 기업경영자들에 대한 불신과 몰이해에서는 벗어나야 한다. 그리고 합리적인 경영마인드가 배양되고 건전한 기업가들이 많이 육성될 때, 우리 사회는 보다 진취적이고 밝은 미래 비전을 가지게 될 것이다.

- 경남일보, 1997.11.6, '시론'에 기고한 저자의 글

2. 기업의 주요 활동

기업이 수행하는 활동들에 관해서는 일찍이 현대경영학의 아버지라 일컬어지는 파욜(Henri Fayol)이 그의 저서 『산업 및 일반경영관리론』[4]에서 여섯 개 부문으로 나눈 바 있다. 즉, ① 기술적 활동, ② 영업적 활동, ③ 재무적 활동, ④ 보호안전적 활동, ⑤ 회계적 활동, ⑥ 경영관리적 활동 등이다.

기업은 그것이 간단한 구조든 복잡한 구조든 간에 또는 작은 규모이거나 큰 규모이거나 간에 항상 이와 같은 6개 부문의 필수적인 활동을 수행하게 된다[5]는 것이다.

기업은 스스로의 목적을 달성하기 위한 수단으로 위와 같은 여러 가지 구체적 활동을 수행한다. 즉, 기업은 인적·물적 자원 등 생산요소들의 결합과정을 통해 환경적응적 행동을 함으로써 성과를 실현해나가는 것이다. 주요한 기업활동들을 살펴보면 다음과 같다.

1) 생산활동

프랑스의 경제학자 세이(J. B. Say)가 최초로 경제활동을 생산, 분배, 소비의 3대 영역으로 구분한 이래, 생산활동은 경제주체 가운데 하나인 기업의 가장 주요한 활동으로 간주된다. 생산활동은 소비자의 욕구를 충족시킬 재화나 서비스를 만들어 내는 활동이다. 즉, 이는 원재료에 기계나 공구 등을 통해 노동을 투입함으로써 형태효용(form utility)을 증대시키는 것이다. 기업은 생산력실현의 직접적인 주체로서 여러 생산요소를 결합하여 변환하고 부가가치를 창출하며 신결합을 이끌어낸다.

이는 기업이 수행하는 경영활동의 가장 기본이 되는 활동으로서 마케팅 활동과 더불어 만들어(생산) 판다(마케팅)는 의미에서 기업의 본원적 활동을 구성하며 여타의 활동은 이러한 생산과 마케팅 활동을 원활하게 수행하기 위한 지원활동으로 볼 수 있다.[6]

2) 마케팅 활동

마케팅 활동은 개인 및 조직의 목적을 충족시켜 주는 상호교환을 창조하기 위하여

---

4) H. Fayol, Administration Industrielle et Générale, Dunod, 1916; 김흥길 역, 산업 및 일반경영관리론, 지문사, 1990.
5) 위의 책, p.15.
6) 이신모, 한만호, 앞의 책, pp.55-56.

이념이나 재화 및 서비스에 대해 고객에게 받아들여 질 수 있는 수준에서 가격을 책정하며, 고객이 편리하게 구할 수 있는 장소에 제품과 서비스를 배치해 두고, 다양한 의사소통 수단을 통해 제품과 서비스의 구매를 부추기기 위한 설득적 메시지를 전달함으로써 고객과의 교환을 만들어내게 되는데 이러한 일련의 과정이 마케팅 활동이다.[7)]

3) 구매활동

생산활동에 필요한 원자재나 기계설비 등을 조달하는 것이 구매(purchasing)활동이다. 생산과정은 원·부자재를 투입하여 변형, 가공하여 부가가치를 높여 가는 과정이다. 여기서 투입되는 원·부자재의 양적·질적 수준은 산출물의 수준에 직접적으로 형향을 미치게 된다. 따라서 많은 경우 기업의 본원적 활동인 생산활동의 합리화는 구매활동의 최적화로부터 시작된다고 볼 수 있다. 불량한 원·부자재의 투입은 생산공정의 지연, 산출물의 질적 저하 등을 낳게 되고 궁극적으로는 고객의 신뢰를 떨어뜨리게 되어 기업의 존립을 위협하는 요인이 된다. 이러한 구매활동의 대상은 넓은 의미로 보면 기업활동을 위해 필요한 모든 물적·인적자원을 포함한다고 볼 수 있으나 일반적으로 노동력의 확보는 구매활동으로 이해하기보다는 인사·고용의 문제로서 별도로 다루어진다.[8)]

4) 재무활동

기업활동을 이끌어가기 위해서는 상당한 정도의 자금이 필요하게 된다. 기업활동을 위한 토지나 사무실의 구입, 임대에서부터 공장건설, 기계나 설비의 도입 및 설치, 종업원의 채용과 작업, 기타 소요물품의 구입과 사용에 이르기까지 모든 활동에는 많든 적든 어느 정도의 자금이 필요하게 되는 것이다. 재무활동은 이처럼 기업이 필요로 하는 자본의 수요를 계획하고 그것을 조달·운용한 다음 그 운용결과를 통제하는 일련의활동을 의미한다. 재무활동의 세부국면은 매우 다양하지만 크게 나누어보면 자본의 조달과 운용이라는 두 가지 활동으로 구성된다.[9)]

7) 위의 책, p.54.
8) 이신모, 한만호, 앞의 책, p.54.
9) 위의 책, p.55.

5) 인사활동

기업은 기계, 설비 등의 물적 요소와 인적 요소로 이뤄지지만 기계나 설비 등도 결과적으로는 사람에 의해 조작, 운용되므로 기업활동의 주역은 사람이라고 볼 수 있다. 따라서 기업의 목적달성을 위해 적절한 사람을 확보하는 것은 기업성공을 이루기 위해 매우 중요한 전제가 된다. 이처럼 기업목적 달성에 필요한 인적 자원의 조달, 개발, 유지 및 동기부여를 위한 일련의 관리활동이 곧 인사활동이며 단순히 필요한 인재를 선발, 채용하는 것뿐만 아니라 이들을 교육, 양성하며 동기부여를 제공함으로써 기업목적 달성을 위해 최선의 노력을 다하도록 하며 이들의 복지와 후생에도 노력하는 것 등이 모두 포함된다.[10)]

6) 정보처리활동

경영은 어떤 의미에서 보면 의사결정의 연속적인 과정으로 볼 수도 있다. 이러한 의사결정의 결과는 기업을 크게 도약하게도 하며 경우에 따라서는 기업을 도산의 늪에 빠뜨리기도 한다. 경영자가 보다 좋은 결과를 가져올 수 있는 의사결정을 내리기 위해서는 다양하고 양질의 정보를 얻는 것이 필수적이다. 특히 오늘날 기업을 둘러싼 환경요소가 매우 위험하고 불확실하게 전개되면서 정보의 중요성은 그 어느 때보다 더욱 커지고 있다. 정보처리활동은 이처럼 양호한 경영의사결정을 위한 정보의 수집・처리・분석・배분과 관련된 활동이다.[11)]

7) 경영관리활동

파욜(Fayol)은 위에서 열거한 다양한 활동들 외에 경영관리활동을 중시하면서 따로 언급하고 있다. 기획하고, 조직화하고, 지휘명령하고 조정하며 그리고 통제하는 것을 경영관리의 주요 부분임을 강조한다. 그에 따르면 기획한다는 것은 미래를 탐색하고 미래에 대한 행동방안을 세우는 것을 의미하는 것이고, 조직화한다는 것은 기업이 물적・사회적 요소들로 하나의 유기체를 형성한다는 것을 뜻한다. 그리고 지휘 명령한다는 것은 구성원들로 하여금 직능을 수행하도록 만든다는 것을 의미하며, 조정한다는 것은 모든 행위와 노력을 관련지우고 통합시키며 조화시킨다는 것을 뜻한다. 그리고 마지막으로 통제한다는 것은 모든 것이 제정된 규칙과 주어진 지시대로 움직이고

10) 이신모・한만호, 앞의 책, p.55.
11) 위의 책, p.55.

있는지를 살피는 것을 의미한다.[12)]

제4절 기업의 형태(Forms of enterprise)

기업형태란 경영체로서의 기업의 종별 또는 존재양식을 말한다. 다시 말하면 기업형태란, 생산경제에 쓰여 지는 생산수단의 소유와 경영지배의 구조적 관계를 의미한다. 이러한 의미에서 생산기술 또는 생산형태라는 물적 환경의 변화에 따라, 또는 인간의 경제동기라든가 주관적 행동원리의 변화에 따라 진화 발전하는 경영형태(industrial organization)[13)]와는 다르다.

기업형태의 발전과정은 개인기업, 인적 집단기업, 혼합적 기업, 자본적 집단기업, 경영자적 기업으로 발전해 왔었다. 개인기업이란 기업가 개인의 생산수단인 자기자본과 자기노동을 결합한 원초적인 기업형태이고, 인적 집단기업이란 경영이라는 인적 요소와 자본이라는 물적 요소를 결합한 형태인데 그 대표적인 법률형태는 합명회사이다. 한편 혼합적 집단기업이란 인적 집단기업에서 발전한 형태로서 기업가의 기능자본과 일부의 지분자본이 기업가의 인적 신용을 기반으로 하여 결합, 집중된 기업형태이다. 이러한 혼합적 집단기업의 대표적인 법률형태는 합자회사와 유한회사가 있다. 이에 반해 자본적 집단기업은 오로지 자본에 초점을 두어 인적 요소는 무시하고 자본만을 결합하여 이룩한 기업형태인데 소유와 경영이 분리되고 자본이 증권화되며 유한책임제도가 인정되는 것이 특징이다. 그 대표적인 법률형태가 바로 주식회사이다. 끝으로 경영자적 기업이란 소유와 경영이 혹은 소유와 지배가 거의 완전하게 분리된 상태의 기업형태로서 경영지배권이 출자자로부터 경영자로 이전하는 구조적 변화를 동반하는 것을 특징으로 하는 데, 주식회사 형태의 대기업이 이에 속한다. 자본집중의 범위가 확대되면 독점자본주의의 단계로 이행되고 기업집단(business group) 등의 기업집중형태로 발전하게 된다.

---

12) 김흥길, 앞의 책, p.20.

13) 경영의 형태는 제조공업의 형태를 말하는 것으로, 역사적으로 가내작업, 임작업(賃作業), 수공업, 가내공업, 매뉴팩추어(공장제 수공업), 공장제 공업, 결합공장 등으로 발전해왔다.

기업의 구조적 특징은 그 자신이 어떠한 기업형태를 갖추고 있는가에 따라 달라진다.[14)]

① 기업목적 – 영리목적, 사회복지와 공익, 국가재정수익
② 기업규모 – 중소기업, 대기업(300명 이상 정도)
③ 소유관계 – 개인, 집단, 정부
④ 참가관계 – 출자자의 경영참가여부
⑤ 제품시장관계 – 도매, 소매
⑥ 위험과 책임의 정도 – 유한, 무한책임 등

기업형태는 출자(자기자본이나 출자자 자본형태)와 경영, 지배의 관계로부터 본 경제적 형태와 이를 기초로 하여 법률에 규정되어 있는 법률적 형태로 대별할 수 있다.

즉 기업을 소유체제에 따라 구분하면 ① 사기업[개인기업–출자자가 개인, 공동기업–두 사람이상이 공동출자(소수공동기업–인적결합, 다수공동기업–자본결합) * 출자자의 수뿐만 아니라 인적결합(출자자의 친밀여부)의 강약여부가 중요], ② 공기업, ③ 공사공동기업으로 경제적 형태를 나눌 수 있으며 상법에 따라 상인, 익명조합, 합명회사, 합자회사, 유한회사, 주식회사 등으로 그리고 민법상의 조합을 인정하여 법률적 형태로 구분할 수 있다.

경제적 형태를 기초로 법률적 형태를 규정하고 있기 때문에 반드시 두 형태가 일치하는 것은 아니다. 즉 법률적으로는 회사기업이면서 경제적으로는 개인기업이라 할 수 있는 1인 소유 주식회사의 경우와 경제적으로는 공동기업이면서 법률적으로는 개인기업에 속하는 익명조합을 들 수 있다.

〈표 1–1〉 기업의 형태 분류

경제적 형태			법률적 형태
사기업	개인기업		개인상인
	공동기업	소수공동기업	합병회사, 합자회사, 유한회사, 조합, 협동조합
		다수공동기업	주식회사
공기업			국영회사, 국영기업, 공사
공사공동기업			특수회사, 영단, 금고

14) 잡다한 몽상백서(http://jobdahan.net/management/7847)

1. 개인기업

1) 개인기업의 특징

(1) 출자자와 경영자가 동일인이고, 개인이 기업의 위험에 대해 절대무한의 책임을 지는 형태를 의미한다. 즉, 혼자서 기업자본의 전부를 출자하는 동시에 자본에 대한 위험도 혼자서 부담한다.

(2) 따라서 이익이 발생하면 그 이익의 전부가 개인기업주 한 사람의 소유가 되어 자본금이 증가되고 손실이 발생하면 그만큼의 자본금이 직접 감소한다.

(3) 소규모 기업경영에 적당한 형태이며, 최근에는 대기업이 많이 생성되고 거대자본과 특수한 관리능력이 요구되면서 개인기업의 중요성이 상대적으로 감소하고 있다. 원칙적으로 개인기업의 경우 출자와 경영 및 지배가 일치한다.

2) 개인기업의 장 · 단점

(1) 장점

① 창업이 간단하고 비용도 저렴하다.

② 전이윤을 독점할 수 있다.

③ 의사결정과 지휘통제가 한 사람에게 집중되어 신속한 의사결정과 환경의 변화에 신속한 적응이 가능하다.

(2) 단점

① 개인의 출자능력과 관리능력에 한도에 한계가 있기 때문에 기업경영에 한계가 있다.

② 위험을 분산할 수 없으므로 무한책임을 져야만 한다. 도산 시에는 개인의 재산까지도 채무를 갚기 위해 충당해야만 하므로 위험부담이 매우 크다.

③ 기업가의 개인적 사정에 따라서 기업활동이 제약되므로 안정성이 적다.

④ 한국의 경우 법인을 우대하므로 상대적으로 개인기업에 대한 세율이 높아 불리하다.

⑤ 불안정성과 한계성은 유능한 인재의 확보를 어렵게 한다.

2. 조합기업

1) 조합기업의 특징

(1) 두 사람 이상의 사람이 경영주체가 된다는 점에서 공동기업의 성격을 가지며, 인적 결합을 중심으로 하므로 인적 공동기업에 속하게 된다.

(2) 다른 인적 공동기업과 다른 점은 비록 복수의 사람들이 모여 민법상의 조합이나 익명조합을 형성하였더라도 외부에 나타날 때에는 단일의 회사와 같은 별개의 존재로 나타나지는 않는다[조합기업은 대외적으로 단일의 행위주체로 나타나지 않기 때문에 내부회사라 하며, 반대로 법인격(法人格)을 가지고 단일의 주체로 대외적으로 나타날 수 있는 협동조합, 합명회사, 합자회사, 주식회사 및 유한회사 등은 외부회사라 한다].

2) 조합기업의 종류

(1) 민법상의 조합(general partnership)

① 두 사람의 당사자가 조합계약을 체결하고 각자 출자하여 공동으로 사업을 경영하고 그 손익을 분배하는 조직체이다. 조합원은 모두 출자를 하여야 하나 그 출자는 금전뿐만 아니라 기타 재산 또는 노무로도 할 수 있다.

② 조합원은 연대무한의 책임을 부담하는 것이며, 합명회사와 비슷하나 차이점은 법인격이 아니라는 점이다. 즉, 법률상의 사업주체는 조합원 각자이며 조합 자체가 사업주체는 아닌 것이다. 따라서 조합원이 출자한 재산은 조합원의 공동재산에 속하게 되며 조합이라는 독립된 주체에 속하는 것은 아니다.

③ 대개의 경우 조합은 사업창설 당시의 과도적 형태로 사용되며, 사업이 점차 발전되면 회사형태를 취하는 것이 보통이다.

(2) 익명조합(limited partnership) - 상법의 규정에 의거한 조합

① 익명조합은 출자를 함과 동시에 업무를 담당하는 조합원(營業者)과 단순히 출자만을 하는 조합원(匿名組合員)으로 구성되는 조합이다. 즉, 익명조합은 사업에 종사하는 영업자가 있는 반면에 그 사람에게 출자하고 그 이익의 분배에만 참여하는 익명조합원이 있는 것이다.

② 익명조합원의 출자는 영업자의 재산이 되며 영업자는 그 재산을 기본으로 하여 사

업을 영위한다. 영업상의 이익은 영업자와 익명조합원 사이에 분할된다. 익명조합원은 영업자의 행위에 대해서 아무런 권리나 의무도 가지지 않으므로 손실이 발생할 경우는 그 출자액을 한도로 부담하며 손실부문에 대해 재산을 각출하는 것은 아니다.

③ 익명조합은 합자회사와 비슷하나 법인이 아니며, 경제적으로는 공동기업이지만 법률상으로 조합의 사업은 영업자 개인의 사업이며 재산은 영업자의 재산이다.

④ 익명조합을 경영하는 이유는 다음과 같다. 첫째 자금이 부족한 자가 재력이 많은 자의 원조를 받아 사업을 할 때, 둘째 개인기업을 확장하려 할 때, 셋째 자본출자자가 경영에 관심이 없고 영업에서 생기는 이익배당에만 관여하려 할 때이다.

⑤ 익명조합은 출자자 자신의 이름을 공표하지 않고 자본조달을 할 수 있는 장점이 있다.

⑥ 출자자의 성명이 공표되지 않고 자본금액이 공표되지 않기 때문에 사회적 신용을 얻는 능력이 비교적 적은 단점이 있다.

3. 협동조합

1) 협동조합의 의의

자본주의에서 대개의 영리기업들은 이윤의 원리에 의하여 생산 및 판매를 담당하고 있다. 따라서 소비자들은 불리한 입장이고 대기업 이외의 소생산자들은 직·간접적으로 압박을 받아 계속적 생산이 곤란을 받게 된다. 이와 같은 상황하에서 소비자나 비생산자가 이윤의 배제를 목적으로 상부상조의 정신에 따라 단결하여 자기의 경제나 생활을 유지, 향상시키기 위하여 공동사업을 영위하는 것이 협동조합(cooperation)이다.

협동조합은 영리기업과 마찬가지로 구매, 판매, 생산 등의 각종 사업을 영위할지라도 원칙적으로 조합원들이 이용하게 되므로 영리를 목적으로 할 수 없다는 점이 일반 회사기업과는 다른 특징이다.

2) 협동조합의 특징

(1) 인적 조직체; 자본적 조직체(회사)

협동조합은 농가나 소생산자 또는 소비자들이 조직한 조합체로 사업에 필요한 만큼의 출자가 요구되는 것이 사실이나 조합원을 위한 하나의 사업수단일 뿐 협동조합은 조합원을 떠나 따로 존재할 수 없는 인적 조직체이다. 회사기업은 출자된 자본이 출자자로부터 독립되고 기업 자체의 자본에 의하여 활동을 하는 것이므로 자본적 조직체이다.

(2) 협동주의에 입각; 경쟁주위에 입각(회사)

협동조합은 소생산자 또는 소비자들이 상부상조하여 경제생활을 유지, 발전시키려는 협동주의에 입각한 것이다. 회사기업은 이윤동기에서 사업체가 형성되므로 출자자 상호간 또는 기업 상호간 경쟁주의가 지배하게 된다.

(3) 민주적인 조직체; 다액출자자가 지배(회사)

협동조합은 조합원이 출자에 관계없이 1인 1표의 원칙에 의해 차등을 두지 않고 전원이 협력하여 조합을 운영하게 된다. 회사기업은 많은 액수의 출자자가 전체적으로 지배권을 장악하게 된다.

(4) 이용주의에 입각; 영리주의에 입각(회사)

협동조합은 조합원에게 편익을 제공하기 위하여 사업을 운영하므로 이용주의에 입각한 것이다. 사업경영상 이익은 있을 수 없으므로 잉여금은 적립하여 이용자의 구매액에 따라 조합원에게 배당된다. 회사기업은 영리주의에 입각하고 있다.

3) 협동조합의 종류

(1) 생산자 협동조합

① 판매조합

대규모 생산업자에 대항하여 소규모 생산자가 합동으로 조직한 것으로서 직접 제조한 생산물을 소비자와 연결시킴으로써 중간상인의 개입을 배제하는데 의도가 있다.

② 구매조합

소규모의 생산자가 필요로 하는 원재료를 공동구입하거나 중간상인에 대항하여 부당한 중간이윤을 배제함으로써 조달가격의 인하를 기하고자 하는 조직이다.

③ 이용조합

중소경영자, 농민, 어민들이 자신들의 경제활동에 소요되는 시설을 공동으로 조달, 사용, 관리하고자 하는 목적에서 조직한 것이다(트랙터, 정미소 등의 시설).

④ 생산적 조합

조합원을 위해 공동으로 생산을 도모하거나 조합원이 생산한 생산물에 대해 가공을 하는 조합이다. 즉, 조합원이 생산한 우유로부터 치즈, 버터 등의 제품을 만들어 내는 낙농조합이 있다.

(2) 소비자 협동조합

소비자들이 불필요한 유통경로와 같은 불편을 제거하기 위해 각자 연합하여 조합을 조직하고 물품을 직접 생산자로부터 대량으로 구입하여 소비자에게 직접 분배하려는 조합이다. 소비자 협동조합은 1844년 영국의 로치데일의 후란넬 직공 28명이 1파운드씩 출자하여 소매점포를 개설한 것을 효시로 한다.

(3) 신용조합

금융상의 혜택이 주어지기 어려운 소규모 경영자나 일반 서민층에 있어 자금난이 발생할 경우 담보설정이나 신용희박과 같은 여건으로 금융혜택을 받기가 어렵다. 따라서 이러한 자금난을 극복하기 위한 수단으로서 영세한 잉여자금을 모아 상호간에 융통함으로써 자금상의 문제를 극복한다.

4. 회사기업

회사(會社)란 공동기업의 형태에 속하는 기업으로 영리를 목적으로 하는 두 사람 이상의 집합체로서 법인격을 갖는 조직체이다.

1) 사단성

사단(社團)이라는 것은 두 사람 이상이 공동의 목적을 가지고 형성하는 사원의 단체를 의미한다. 따라서 회사가 되기 위해서는 반드시 두 사람 이상의 구성원이 필요하다. 또한 각 구성원이 출자한 재산은 조직 자체의 소유로 귀속되며 각 구성원은 출자한 액수에 대응한 지분만을 갖게 된다.

2) 법인성

법인(法人)이라는 것은 권리, 의무의 주체를 의미한다. 회사가 사단성을 가지고 있다고 하더라도 법인격이 인정되지 않는 경우 실질적으로 단체 자체의 권리 및 의무는 법률적인 문제에서 단체 대표자 개인의 권리 및 의무로 처리될 수밖에 없다. 따라서 대표자가 파산하는 경우 그 사업체 자체가 직접 치명적인 영향을 받는다. 법인격이 인정되는 경우에는 단체 자체의 명의로서 권리를 행사하고 의무를 지게 되므로 권리 의무의 귀속이 개인과는 별도로 간편하게 처리될 수 있다.

우리나라의 회사는 모두 법인이기는 하나 합명회사는 법인성이 가장 희박한 사단이며, 주식회사는 법인성이 가장 짙은 사단이다. 영미나 독일에서는 주식회사는 법인으로 되어 있으나 그 외의 합명회사나 합자회사와 같은 것은 법인으로 인정하고 있지 않다.

3) 영리성

영리(營利)성이란 영리를 목적으로 단체가 영업활동을 수행할 뿐만 아니라 그로부터 발생하는 이익을 구성원에게 분배하는 것을 뜻한다.

따라서 특별법에 의하여 설립된 농업협동조합이나 각 협회는 모두 사단법인이나 영리를 목적으로 하지 않기 때문에 회사라 할 수 없다. 또한 국가 및 기타 공기업도 사업을 경영하는 수가 있으나 영리를 본래의 목적으로 하지 않고 사업에서 획득한 이익을 그 구성원에게 분배하는 일이 없으므로 영리단체인 회사와는 다르다. 그러나 일부 공기업의 사업이 영리사업과 같이 보이는 것은 그 고유의 목적을 달성하기 위한 수단으로 영리적인 경영방식을 채택하고 있기 때문이다.

5. 합명회사(인적 회사의 대표적 기업)

합명회사란 각 사원의 신용 기타 인적 요소가 중요시되는 전형적인 인적 회사로서, 회사의 재산으로 회사의 채무를 완제할 수 없는 때에 각 사원이 연대하여 변제할 무한책임을 부담하는 회사를 말한다(상법 제211조).

1) 특징

(1) 합명회사는 2인 이상의 무한책임사원만으로 설립되고 각 사원들 모두 업무를 집행하고 회사를 대표하므로 대개 친척 또는 친구 등 신뢰관계가 있는 소수인에 의해 조직되는 일이 많다.

(2) 합명회사도 회사로서 법인의 대우를 받고 있지만 사원 상호간의 계약적 결합관계

를 무시할 수 없으므로 대내관계에서 조직적 성질만을 인정한 것이다.

2) 설립절차

합명회사의 설립절차는 정관의 작성에서 시작하여 설립등기로써 완료한다. 주식회사나 유한회사와는 달리 출자의무의 이행은 회사설립의 요건이 아니다. 즉, 합명회사를 설립하고자 한다면 사원이 되고자 하는 2인 이상이 정관을 작성하여야 하며, 정관에는 법정기재사항을 기재하여야 한다. 정관이 작성된 뒤에 설립등기를 함으로써 합명회사는 설립된다.

6. 합자회사

합자회사란 무한책임사원과 유한책임사원 각 1인 이상으로 구성되는 인적 회사를 말한다(상법 제268조). 유한책임사원은 그 출자가액에서 이미 이행한 부분을 공제한 가액을 한도로 하여 회사채무를 변제할 책임이 있다(상법 제279조 제1항). 합자회사는 유한책임사원이 존재한다는 점 이외에는 합명회사와 동일하므로 합명회사에 관한 규정을 준용한다(상법 제269조).

1) 특징

(1) 최소한 1인의 무한책임사원과 최소한 1인의 자본출자를 하는 사원으로 구성된 회사이다. 그 특징은 유한책임사원의 참가로 자본을 증가시킬 수 있으며 경영활동에는 무한책임사원만이 참가한다.

(2) 유한책임사원의 참가는 금융기관으로부터의 신용인수보다 유리하다. 영업성적이 나쁠 때에는 은행이자가 고율이 되나 유한책임사원은 오히려 손실을 부담하게 되어 회사로서는 유리하다.

(3) 무한책임사원의 소지분은 전사원의 동의 없이 양도할 수 없으며, 유한책임사원의 소지분은 무한책임사원 전원의 동의로 양도할 수 있으나 주식과 같은 융통성이 없으므로 신용할 수 있는 사람끼리 모여 소규모의 경영을 하는데 적합한 형태이다.

2) 설립절차

합자회사의 설립은 무한책임사원이 될 자와 유한책임사원이 될 자의 각 1인 이상이 정관을 작성하여 설립등기를 함으로써 이루어진다. 합명회사에 요구되는 사항 이외에 각 사원의 책임이 유한인가 무한인가를 명시해야만 한다. 등기의 공고에는 유한책임사원의 수와 출자총액을 게재하면 된다.

7. 유한회사

유한회사란 상행위 기타 영리를 목적으로 설립된 사단으로서, 사원은 회사에 대하여 원칙적으로 출자금액을 한도로 하는 간접, 유한책임을 지는 물적 회사를 말한다.

1) 특징

(1) 유한회사는 50인 이내의 유한책임사원만으로 구성되는 소규모회사이다. 이는 합명회사와 주식회사의 장점을 감안한 형태로 경영에 직접 적극적으로 참여하면서도 책임의 유한성이라는 이점을 갖추어 보자는 뜻에서 발달한 기업형태이다.

(2) 소지분에 대해 주권을 발행하지 않는다.

(3) 소지분의 양도에는 사원총회의 결의를 필요로 하기 때문에 자유처분이 불가능하다.

(4) 설립, 개업, 공시 등의 절차가 주식회사와 같이 복잡하지 않다. 즉, 복잡한 법적 절차를 피하기 위한 주식회사의 축소형으로 자본회사의 성격을 취하면서 인적 회사의 성격이 강한 기업형태이다.

2) 구성과 운영

(1) 유한회사의 기관으로는 이사, 감사, 사원총회가 있다.

(2) 사원은 1명 또는 그 이상의 이사를 임명하며 대체로 사원 중에 이사가 임명된다.

(3) 감사는 임의기관이기 때문에 절대성을 갖고 있지 않으며, 사원총회는 최고의사결정기관으로서 주식회사의 주주총회와 같은 것으로 의결권의 행사는 인원수에 의해 행하는 것이 아니라 소유지분에 의거한다.

3) 설립절차

(1) 유한회사의 설립절차는 주식회사의 발기설립과 비슷하나 발기인이 없고 검사인(설립절차, 업무 및 재산상태 조사)에 의한 조사제도가 없으므로 주식회사보다 한층 간소화되어 있다.

(2) 유한회사의 설립은 사원이 되고자 하는 2인 이상의 정관작성(공증인의 인증을 필요로 하며 출자의 인수는 정관작성에 의해 확정)에서 시작된다. 주식회사의 경우와 같은 발기인이 존재하지 않으므로 집행기관인 이사(1명으로 충분)를 정관에서 정하거나 사원총회에서 선임해야만 한다. 만약 감사를 두기로 정한 때에도 동일한 과정을 거친다.

(3) 이사는 사원으로 하여금 출자금액을 납입시켜야 하며, 이것이 끝난 후 2주일 이내에 설립등기를 하여야 한다.

(4) 재산절차의 회피를 방지하기 위하여 사원총회의 특별결의가 있는데 이는 회사설립 당시의 출자금이 정관에 정한 가격에 현저하게 부족한 때에는 회사설립 당시 사원은 회사에 대하여 연대하여 그 부족액을 지급할 책임을 지도록 하여 자본유지를 꾀하고 있다.

4) 주식회사와의 차이점

(1) 폐쇄성

① 사원의 총수는 50인을 초과하지 못한다(상법 제545조 제1항).

② 유한회사는 사원의 지분에 관하여 지시적 또는 무기명식의 증권을 발행하지 못한다(상법 제555조).

③ 사원은 사원총회의 특별결의(총사원의 반수 이상이며 총사원의 의결권의 4분의 3 이상을 가진 자의 동의)가 있는 때에 한하여 그 지분의 전부 또는 일부를 타인에게 양도할 수 있다(상법 제556조제1항).

④ 유한회사는 설립과 자본의 증가 시 광고 기타의 방법에 의하여 출자인수인을 공모하지 못한다(상법 제543조,제589조 제2항).

(2) 조직의 단순성

① 유한회사에는 1인 또는 수인의 이사를 두어야 한다(상법 제561조). 따라서 유한회사의 이사는 1인이어도 되고, 그 임기에는 제한이 없으며 이사회제도가 법정되어 있지

않다.

② 유한회사는 정관에 의하여 1인 또는 수인의 감사를 둘 수 있다(임의기관)(상법 제568조 제1항).

③ 각 사원은 출자 1좌마다 1개의 의결권을 가지며, 출자좌수에 따라 이익의 배당을 받는다. 그러나 정관으로 다른 정함을 할 수 있다(상법 제575조,580조).

④ 건설이자배당과 사채제도가 없다.

(3) 설립의 용이성

① 주식회사와 달리 모집설립과 같은 방법은 인정되지 않으며, 발기설립과 비슷한 방법만이 인정된다.

② 최저자본금은 1,000만원 이상이고 출자 1좌의 금액은 5,000원 이상으로 균일하여야 한다(상법 제546조제1항, 제2항). 변태설립사항에 대한 검사인의 조사제도가 없다.

8. 주식회사

사원인 주주의 출자로 이루어지며 권리 · 의무의 단위로서의 주식으로 나누어진 일정한 자본을 가지고 모든 주주는 그 주식의 인수가액을 한도로 하는 출자의무를 부담할 뿐, 회사채무에 대해서는 책임을 지지 않는다. 따라서 주식회사의 근본적 특색은 자본과 주식과 주주의 유한책임에 있다고 할 수 있다.

다시 말하면 주식의 인수가액을 한도로 하는 유한의 간접책임을 부담하는 사원(주주)만으로 성립하는 회사로서 주주는 간접 · 유한책임이며 주주총회의 결의에는 참가하나 업무집행에는 참여하지 못한다. 주식의 양도는 원칙상 자유이고 사원의 개성이 문제가 되지 아니하므로 사원의 수가 많고 대자본이 필요한 대기업에 적합하다.

주식회사는 어디까지나 회사의 일종이기 때문에 사단법인이며 영리를 목적으로 한다. 또 사원의 개성과 회사사업과의 관계가 극도로 희박하여, 실질적으로는 자본 중심의 단체이며 물적 회사의 전형이다. 자본은 회사가 보유할 재산액을 표시하는 것이며, 실제로 회사가 보유하고 있는 재산의 총체인 회사재산과는 다르다. 회사의 재산은 영업실적 및 물가의 등락 등에 의하여 항상 변동하나, 자본은 계산상의 금액으로서 법정절차를 밟지 않는 한 일정하다. 자본은 회사채권자에 대한 최소한도의 담보액이며 회사신용의 기초이다. 따라서 상법은 회사성립 시는 물론이고, 그 존속 중에도 항상 자본에 상당하는 현실적인 재산을 회사가 보유하도록 노력하고 있는데, 이것은 자본 확정 · 자본유지 · 자본감소의 제한이라는 자본의 3가지 원칙에 나타나 있다. 주식회사의 자본은 전부 주식으로 분할하여야 하며(상법 제329조 제2항), 주식은 자본의 구성분자인 금액을 의미한다. 각 주주는 자기가 가지고 있는 주식금액의 자본액에 대한 비율로 회사사업에 참여하고 회사재산에 대한 몫을 가지고 있으므로 주주의 회사에 대한 권리와 의무는 주식을 단위로 하여 정하여진다. 또 각 주식의 금액은 균일하여야 하며(제329조 제3항), 이로 인하여 각 주식은 평등한 대우를 받는다.

주주는 회사에 대하여 인수한 주식의 가액을 한도로 출자의무를 부담할 뿐이고, 그 밖에 아무런 의무도 부담하지 않는다(제331조). 이것을 주주유한책임의 원칙이라고 하며, 특히 회사채권자에 대하여 주주는 전혀 책임이 없다. 또 출자의 목적물은 금전 그 밖의 재산이고, 신용 또는 노무의 출자는 인정되지 않는다. 주주는 주주총회의 결의에는 참가하지만, 업무집행에 당연히 참여하는 것은 아니다. 주식의 양도는 자유로우며(제335조), 일반적으로 사원수가 많아서 대자본을 흡수할 수 있으므로 큰 기업의 경영에 알맞은 회사제도이다. 주식회사의 설립에 있어서는 정관에 설립 시에 발행하는 주식의 총수와 1주의 금액을 기재하고 주식인수인의 확정, 이사 및 감사의 선임 등 회사의 실체를 구성하는 절차가 정관작성과 설립등기 외에 필요하다. 설립방법은 실체를 구성하는 절차에 따라서 발기인만이 설립 시에 발행하는 주식총수를 인수하는 발기설립과 발기인이 주식총수의 일부만을 인수하고 나머지의 주식은 발기인 이외에 주주를 모집하는 모집설립의 2가지로 나누어진다.

주식회사는 법률상 반드시 의사결정기관인 주주총회, 업무집행과 대표기관인 이사회 및 대표이사와 감독기관인 감사의 세 기관을 가져야 한다. 이 밖에 상법은 필요한 경우 검사인이라는 임시감사기관을 인정하고 있다. 이와 같이 기관이 전문적으로 그 권한이 나누어지고, 사원자격과 기관자격이 분리된다. 상법은 필요기관을 세 기관으로 나누고 있으나, 자본구성에서 수권자본 제도를 채용하는 동시에 경영기관의 합리화를 도모하여 회사의 최고기관인 주주총회의 권한을 상법과 정관에 정한 사항만 결의할 수 있게 하였다(제361조). 또한 업무집행기관에 이사회제도를 채용하여 권한을 강화하고 감사의 권한을 회계감사만으로 한정하고 있다.

9. 사회적 기업(Social enterprise)

일반적으로 기업의 창설동기는 부가가치를 창출하고 이익을 추구하여 돈을 많이 버는 것을 목적으로 한다. 그러나 이러한 일반적인 기업과는 달리, 처음부터 돈을 벌려는 목적보다는 특정한 사회적 가치를 추구하기 위해 만들어지는 기업을 사회적 기업이라고 한다.

한국에서 IMF 관리체제 이후 빈부격차의 심화로 인한 사회양극화 현상과 이에 대한 문제해결 방안으로 '경제민주화', '동반성장'과 같은 거대담론이 사회적 화두로 부상하면서 사회적 기업에 대한 관심도가 계속 높아지고 있다.

이른바 경제민주화나 동반성장은 지속가능한 사회(social sustainability)의 중요성이 부각되면서, 기업들이 단순하게 부가가치의 창출에만 집중해서는 우리가 사는 한국사회가 자유민주주의를 바탕으로 한 시장경제 자본주의 사회가 지속 가능할 수 없기 때문에, 고용구조, 경영지배 구조, 자연친화적 환경 등 돈(재화) 이외의 사회적 가치도 동시에 추구해야만 한다는 주장이 제기되고 있다. 그러나 사회적 기업은 이와는 달리 처음부터 부의 창출보다, 특정한 사회적 가치를 추구하기 위해 만들어지는 것이 특징이다.

달리 말하면 사회적 기업은 '사회적 가치'의 추구를 핵심목적으로 하면서 그 과정에서 재화와 서비스의 생산, 판매 등 일반기업과 유사한 영업활동을 하면서 수익을 창출하는 조직체를 말한다. 여기서 말하는 사회적 가치란 사회적 약자인 장애인, 독거노인, 저 소득자, 탈북자, 다문화가족 같은 취약계층에게 일자리나 교육기회를 제공한다든지, 자원 재활용을 통해 친환경적 변화를 추구한다든가 하는 등 사회적으로 가치가 있어 사회공동체의 공감과 그 구성원들의 인간적인 삶이 지속가능하게 하는 사회적 가치에 기여하게 하는 일들을 말한다.

사회적 기업은 비영리법인이나 조합 등 다양한 형태로 조직되며 주식회사 형태도 가능하다. 과거에는 자선단체나 공공기관의 영역으로 여겼던 분야에 사회적 기업이 설립되어 활동하고 있다. 한국의 경우, 2007년 "사회적 기업 육성법"이 제정되면서, 법의 기준에 따라 인증을 받은 기업을 사회적 기업으로 인정하고, 법인세 감면, 교육훈련지원, 공공기관의 물품 우선구매 등 여러 가지 혜택을 주고 있다.

한편 "사회적 기업 육성법"은 해당 기업이 조직을 제대로 갖추고 있는지, 상품이나 서비스를 생산하거나 판매하는 등 영업활동을 제대로 하고 있는지, 사회적 목적을 실현하는 것을 주요 목적으로 하고 있는지 등 사회적 기업으로 인증받기 위해 갖추어야 할 기준과 요건을 정해놓고 있다. 2010년 현재 사회적 기업으로 인증 받은 기업은 484개 기업[15]에 이르고 평균 매출액은 7억7천만원이며, 당기순이익은 1600만원 이었다.

한국의 경우 사회적 기업들은 ① 일자리 제공형, ② 사회서비스 제공형, ③ 지역사회 공헌형 ④ 혼합형 등으로 구분된다. 대표적인 사회적 기업으로는 박스 제조를 통해 탈북자들에게 일터를 제공하는 '메자닌아이팩', 결식아동을 위한 도시락 제공 사업을 하는 '행복도시락', 시각장애인으로 구성된 전문 음악연주 활동단체인 '한빛예술단' 등을 들 수 있다.

10. 가업승계기업

가업승계란 기업이 동일성을 유지하면서 소유권이나 경영권을 후계자에게 넘겨주는 것이다. 한국의 가업승계지원제도에서는 "기업이 동일성을 유지하면서 상속이나 증여를 통해 소유권, 경영권을 다음 세대로 무상으로 이전하는 것"으로 설명한다. 가업상속, 기업승계, 사업승계, 사업계승이라고도 하는데, 상속세 및 증여세법상 제도의 이름이 '가업상속공제'로 명명되어 국내에서는 '가업승계'라는 단어로 많이 쓰인다.

기업승계는 후계자가 누구냐에 따라 자녀승계, 제3자 승계, M&A로 구분된다. 자녀승계는 승계사장이 자신의 자녀에게 회사를 물려주는 것이다. 제3자는 자녀를 제외한 친족이나 임원, 직원, 주주 등에게 회사를 물려주는 것이다. M&A는 기업의 인수나 합병을 통해 매각, 폐업으로 승계하는 것을 말한다. 또한 기업승계의 과정은 크게 경영권승계와 지분승계로 나뉜다. 경영권 승계는 후계자에게 교육과 승진 등을 통해 경영실무 전반을 물려주는 것을 뜻한다. 지분승계는 후계사장이 기업내에서 법적으로도 실권을 행사할 수 있도록 회사지분의 일정비율 이상을 물려주는 것이다.[16]

---

15) 2013년 1월 현재 774개 기업으로, 서울 174개, 인천 37개, 대전 21개, 대구 33개, 광주 37개, 울산 21개, 부산 52개, 경기 131개, 강원 38개, 충남 26개, 충북 34개, 전남 30개, 전북 47개, 경남 31개, 경북 45개, 제주 17개 기업이다.

16) 위키백과

11. 벤처기업

영어 'Venture Business'를 번역한 것으로, 모험사업이라고도 하며, 구미 제국에서는 첨단기술소기업(High Technology Small Business) · 신기술기초기업(NTBF, New Technology Based Firms) · 첨단기술사업(High Technology Business) · 신모험기업(New Venture Company) 등으로 명명되고, 때론 영어발음 그대로 벤처비지니스라도 불린다.

벤처기업은 1970년대 말부터 선진산업사회에서 등장하기 시작한 것으로, 고도의 지식 · 신기술 · 전문성 · 창조적 재능 및 혁신적 사고 등이 요구되거나 그것들을 활용함으로 인해, 특수한 수요가 존재하거나 그 수요를 창출시키면서 성장의욕과 모험심이 강한 기업가가 컴퓨터 · 전자 · 정보 · 통신 · 화학 · 생명공학 · 환경 · 의료 · 산업기기 등에 신기술이나 첨단 과학기술을 창의하여 적용 또는 응용하며, 그런 신규 사업부문에 도전하여 모험적인 경영을 하는 기업을 일컫는다.

벤처기업은 대개 대기업 · 대학 · 연구소 등에서 근무하던 개인 또는 소수의 사람들이 창업하며, 첨단기술(hi-tech)이나 창안사업의 실패로 인한 높은 위험성을 가지나, 성공할 경우 높은 기대수익이 예상되는 신기술의 개발이나 창안을 독자적으로 사업화하는 신생 기술집약적 중소기업들을 말하고 있다.

벤처기업의 국민경제에서의 역할로는 특정 산업분야 제품혁신을 주도하고, 개량형이나 모방형의 기술혁신보다 획기적 기술혁신을 주도하며, 주된 기술변화에의 기여도가 큰 것으로 평가된다. 산업 진출방향 또한 컴퓨터, 전자 및 통신, 생명공학 및 의료산업 등 첨단기술 분야에 집중되어 정보화 사회 기반기술로서 매출성장률과 고용성장률 등에서 일반기업보다 높아 국민경제에 긍정적인 영향을 주고 있다.

주요 특성을 요약해 보면 첫째, 소수의 기술 창업자가 기술혁신의 아이디어를 상업화하기 위해 설립한 신생기업이다. 둘째, 높은 위험부담이 있으나 성공할 경우 높은 기대이익이 예상된다. 셋째, 모험적 사업에 도전하는 왕성한 기업가정신을 가진 기업가에 의해 주도된다. 원칙적으로 독립된 사업체나 기업을 뜻하지만 최근 관심과 중요성이 높아짐에 따라 많은 대기업이 참여하고 다양한 종류의 자본투자가 이루어져 합작벤처 · 내부벤처 등 여러 형태의 벤처기업이 등장하고 있다.[17)]

한국에서는 "벤처기업 육성에 관한 특별조치법"이 제정되어 있다. 그 법에서 벤처

17) 두산백과

기업의 정의에 따르면 중소기업창업투자회사, 중소기업창업투자조합, 신기술사업금융업자 및 신기술사업투자조합의 투자총액이 당해 기업 자본금의 100분의 20 이상이거나 주식인수총액이 당해 기업자본금의 100분의 10 이상인 기업, 총매출액에 대한 연구개발비의 비율이 100분의 5 이상인 기업, 특허권, 실용신안권 또는 의장권을 주된 부분으로 하여 사업화하거나 특허등록출원, 실용신안등록출원 또는 의장등록출원 중인 기술로서 특허청장이 인정하는 기술을 주된 부분으로 하여 사업화하는 기업이다.

여기서 '주된 부분의 사업화'란 특허권 등의 기술을 이용하여 생산한 제품의 연간 매출액이 당해 기업 연간 총매출액의 50% 이상을 차지하는 경우를 말한다. 또 다음과 같이 공업발전법 제13조 또는 제14조 제2호의 규정에 의한 공업기반기술개발사업 또는 자본재의 시제품개발사업의 성과를 기업화하는 사업, 에너지이용합리화법 제38조의 규정에 의한 에너지 기술개발사업의 성과를 기업화하는 사업, 대체에너지개발촉진법이다. 한편 제10조의 규정에 의한 대체에너지기술개발사업의 성과를 기업화하는 사업, 전기통신기본법 제11조의 규정에 의한 전기통신기술개발사업의 성과를 기업화하는 사업, 정보화촉진기본법 제18조의 규정에 의한 정보통신기술개발사업의 성과를 기업화하는 사업, 정보화촉진기본법 제22조의 규정에 의한 우수 신기술을 이용하는 사업, 소프트웨어개발촉진법이다.

또한, 제5조의 규정에 의한 소프트웨어 개발사업의 성과를 기업화하는 사업, 영상진흥기본법 제2조 제2호의 규정에 의한 영상산업 중 영상을 창작 신기술을 이용하는 사업, 기술개발촉진법 제2조 제4호의 규정에 의한 신기술을 이용하는 사업, 기술개발촉진법 제8조의 3의 규정에 의한 중점연구개발사업의 성과를 기업화하는 사업, 과학기술혁신을 위한특별법 제8조 제1항의 규정에 의한 중점연구개발사업의 성과를 기업화하는 사업, 환경기술개발 및 지원에 관한 법률을 말한다.

제4조의 규정에 의한 환경기술연구개발사업의 성과를 기업화하는 사업, 기타 신기술의 사용 또는 지식을 집약하는 사업으로서 통산산업부령이 정하는 사업 중 벤처기업활성화위원회의 심의의결을 거친 사업을 영위하는 기업으로서 해당 기술개발사업의 성과 등을 이용하여 생산한 제품의 연간 매출액이 당해 기업 연간 총매출액의 100분의 50 이상인 기업 등으로 정의하고 있다.

이와 같은 벤처기업의 출현과 성장의 배경으로는 새로운 기술혁신과 시장구조의 변화에서 기인한다고 볼 수 있다. 그 원인을 구체적으로 보면, 첫째 대규모의 시장이 점차 사라지고 앞으로 첨단산업과 정보화 시대에는 대량소비가 아니라 개성을 중시하는 소비자시대로 생활양상이 바뀌면서 독특한 특성을 가진 제품을 소비자가 원하기 시작하였다.

일반화된 상표(brand)보다는 전문상표가 더욱 가치 있는 것으로 평가되면서 소비재뿐만 아니라 생산재와 투자재 등에도 나타나고 있어, 이러한 추세는 신규시장은 큰 시장이 아니라 소규모 다품종화와 다양화 등의 경향 때문에 대기업보다는 중소기업이 유리하게 된 것이다.

둘째, 첨단기술과 정보산업 기술혁신의 가속화로 거래비용을 크게 줄이면서 수확체증산업을 생성가능케 하였고, 또 한편으로는 경제규모의 이점을 살릴 수 있는 경우가 감소하기 시작하였으며, 최근 첨단기술정보는 과학기술지식과 더불어 대기업, 대학, 대규모 연구집단이나 조직에서 정보의 독점이 점차 붕괴되고 있어 새로운 기술을 중소기업에서 이용가능하게 되었다.

셋째, 앞서 언급한 이러한 시장의 잠재적 요구와 신기술의 제품이나 기법의 생산에로의 적용과 응용은 중소기업이 더욱 기동력을 발휘할 수 있어 적합한 경우가 많아지고 있다.

넷째, 기존 대기업의 연구개발체제가 기술혁신에 꼭 적합한 것은 아니다. 그것은 기술혁신을 수행하려면 그 담당자가 새로운 기회에 헌신과 리더십이 요청되나 대기업 조직에서는 존재하기가 어렵고, 또한 신진연구개발에의 도전이 담당자의 자기지위에 대한 불이익을 감수해야 하는 커다란 위험을 안고 있다.

미국의 경우 벤처기업이 얼마나 성장하고 있는가는 장외시장에 등록되고 거래되는 기업의 수와 이들의 성과를 보면, 나스닥(NASDAQ)에 등록된 기업의 70% 이상이 컴퓨터 · 통신 · 생명공학 등 연구개발과 지식집약형 산업에 관련되어 있어 벤처기업과 밀접한 관계가 있다.[18)]

12. 1인창조기업

주로 지식서비스 분야에서 독특한 아이디어를 갖고 있는 개인이 혼자 창업해 매출 · 이익을 창출하는 기업을 말한다. 이 기업의 개인은 자신이 가진 지식 및 경험, 기술

18) 한국민족문화대백과

들을 바탕으로 창조적인 서비스를 제공하고 이로 인해 이윤을 창출해낸다. 꼭 1명으로 운영되는 기업뿐 아니라 2~3인 규모의 가족기업이나 스승 · 제자 관계로 운영되는 도제(徒弟)기업도 여기에 포함된다.

한편, 2011년 4월 4일 "1인 창조기업 육성에 관한 법률"이 제정되어 10월 5일부터 시행되었다. 법률에 말하는 '1인 창조기업'은 "지식서비스업 및 제조업 분야에서 창의적인 아이디어, 전문 기술지식, 지식재산권을 사업화하는 개인과 개인사업자 또는 법인으로서 대표자를 포함한 종사자가 1명인 기업"을 일컫는다. 여기에는 잠재적 기업인 프리랜서도 포함된다. 단, 가족기업과 도제기업은 대표자를 포함한 종사자가 4명까지 가능하다. 여기서 '아이디어'란 국민으로부터 공모한 창의성 있는 기초지식부터 전문지식까지 포함하는 아이디어를 말하며, 전문기술 · 지식은 국가가 관련 산업의 보존 · 전수 등을 위해 지정한 인증자 및 국가자격자가 보유한 기술을 말한다. 지식재산권은 산업분야의 창작물과 관련된 산업재산권과 문화예술 분야의 창작물과 관련된 저작권으로 발명, 실용신안, 상표, 저작 등이 이에 해당된다.[19)]

13. 합작투자기업(Joint venture)

2개국 이상의 기업 · 개인 · 정부기관이 영구적인 기반 아래 특정기업체 운영에 공동으로 참여하는 국제경영방식으로 전체 참여자가 공동으로 소유권을 갖는다. 공동소유의 대상은 주식자본 · 채무 · 무형고정자산(특허권 · 의장권 · 상표권 · 영업권 등) · 경영노하우 · 기술노하우 · 유형고정자산(기계 · 설비 · 투자 등) 등에 이르기까지 다양하다. 합작에 참가하는 기업들이 소유권과 기업의 경영을 분담하여 자본 · 기술 등 상대방 기업이 소유하고 있는 강점을 이용할 수 있고 위험을 분담한다는 점에서 상호이익적 해외투자방식이다. 합작투자는 신설방식으로 이루어질 수도 있고, 기존 현지법인의 일부 소유권을 취득하는 방식으로 이루어질 수도 있다. 다국적기업이 현격한 기술격차를 이용하여 해외에 진출했던 1950~1960년대에는 합작투자보다 단독투자방식이 많이 이용되었지만, 경쟁이 격화되고 신기술이 지연되는 등 독점적 우위의 확보가 어려워짐에 따라 최근 들어 합작투자를 통한 해외진출을 많이 이용하고 있다.

합작투자방식이 선호되는 경우는 첫째 현지 정부의 제한 때문에 단독투자방식을 이

19) 시사상식사전, pmg 지식엔진연구소, 2012

용할 수 없는 경우, 둘째 필요로 하는 원료 및 자원을 현지파트너가 생산하고 있어 원료 및 자원의 입수가 현지진출을 위한 전제조건이 되는 경우, 셋째 다각적인 제품을 취급하는 기업의 경우 현지 마케팅 노력이 요청되는 경우, 넷째 해외사업운영에 필요한 자본 및 경영능력 부족을 해결하고자 하는 경우, 다섯째 해외사업경험이나 협상력이 부족한 경우 등이다.

외국기업은 합자투자방식을 이용함으로써 위험부담의 축소, 규모의 경제 및 합리화 달성, 상호보완적인 기술 및 특허 활용, 경쟁완화, 현지정부가 요구하는 투자 또는 무역장벽 극복 등의 전략적 이점을 활용할 수 있다.[20]

14. 근로자 자주관리기업

근로자 자주기업이란 일반적으로 해당기업의 근로자들이 기업의 부도나 구조조정의 과정에서 자신들이 몸담고 있던 기업을 다양한 방법으로 인수한 기업을 지칭하는 것으로 다음과 같은 시대적 상황과 관련되어 있다. 우선 노동자들의 교육수준이 높아지고 금융체제가 대중화되어 사람들 사이의 정보교류가 활발한 현대사회에서 지금까지 신성불가침으로 군림하던 '경영권'이 '경영노동'으로 대체될 수 있게 되었다. 따라서 이러한 관점에서 볼 때 현업에서 종사하는 근로자야말로 가장 효율적인 경영노동을 형성할 주체가 될 수 있는 것이다.[21]

근로자 자주관리기업은 근로자들이 기업을 인수하여 자주적으로 관리하고 운영하는 근로자 인수기업이 그 전형이라 할 수 있다. 근로자 인수기업은 크게 두 가지의 배경으로 요약되는 데, 첫째는 기업이 경영위기에 직면하거나 부도가 났을 때 기존의 설비기기, 영업권 등을 전반적으로 인수하는 것이다. 둘째는 대기업이 구조조정을 목적으로 특정 부서나 자회사의 청산을 추진할 때이다. 이러한 근로자 인수기업은 실업을 구제하거나 일자리를 보전하는 실용적이고도 단기적인 목표를 가질 뿐만 아니라, 근로자가 기업을 인수함으로써 기업의 소유와 통제의 주체가 된다는 데서도 그 의미를 찾을 수 있다. 왜냐하면 근로자들은 자신들의 일상적인 삶을 지배하는 작업현장에서 더 많은 참여와 자율성, 그리고 생산과정에 대한 더 많은 지식과 통제력을 가짐으

20) 두산백과
21) 김홍길, 산업민주화의 한 모형-프랑스 근로자 생산협동기업(SCOP)에 관한 고찰, 한국인사관리학회, 2011년 추계학술발표대회 논문.

로써 노동현장에서의 소외를 극복하고 노동의 인간화에 기초한 민주적 조직을 갖고자 하기 때문이다.[22)]

근로자 자주관리기업이라는 개념은 아직 일반화되어 정의된 개념은 아니다. 근로자 자주관리기업은 소유권과 경영권을 완전히 지배하는 형태로서 근로자 생산협동조합, 근로자 인수주식회사, 근로자인수 유한회사 등의 유형이 있다.

15. 다국적기업

다국적기업(multinational enterprise)이란 일반적으로 수 개국에 걸쳐 영업 내지 제조거점을 가지고 국가적 내지 정치적 경계에 구애됨이 없이 세계적인 범위와 규모로 영업을 하는 기업으로 시장, 기술, 경영방법의 국제적 공동화가 이루어지고 있는 기업이다. 이와 같은 다국적기업의 일반적인 경향은 국내의 기업활동과 해외활동의 구별이 없으며 중요시되는 것은 그 기업의 이익으로 이익획득을 위한 장소와 기회가 있으면 언제 어디로든 진출하는 것이다. 다국적기업을 지칭하는 영어표현으로는 MNE 외에도, multinational corporational(MNC), international business, international corporational transnational corporational(TNC), 또는 global firm 등으로도 쓰는 데, 학계-기업계-언론계 등에 가장 많이 사용되는 것은 역시 MNC 또는 MNE이다.

다국적기업의 예들을 들자면 다음과 같다.

IBM, KENT, BMW, KFC, Coca Cola, 맥도널드, 펩시, Nike, 벤츠, MS, 말보로, GE, Ford, 베네통(의류), 시티뱅크, Reebok, Adidas, 폴로, 버거킹, 웬디스(패스트푸드), 모토롤라, 게스, Pizza Hut, 드라이어스(아이스 크림), 월풀(가전) 웨스팅 하우스, 듀폰, Nestle, 쉘(석유화학), Michelin, 델몬트, 베스킨라빈스, 파파이스, 하디스, 암웨이, 힐튼 호텔, 20C Fox 등.

22) 황석만, 자주경영의 가능성 연구, 경제와 사회, 1996년 겨울호(통권 제 32호), pp.141-142.

제2장 기업과 경영

제1절 기업경영의 목적

생산경제 조직체로서의 기업은 수익성이나 재생산성과 같은 고유한 특성을 유지하면서 영속적 실체로서 유지 발전해 나가기 위해서는 원재료를 구입하고 가공하여 상품을 생산하고 이 상품을 수요자에게 판매하는 생산과 유통활동 및 재무적 자원을 관리하는 재무활동 등의 경영관리활동을 전개해나간다. 기업은 생산활동을 전개하고 있는 구조적 실체(entity)로서의 조직체의 의미와 그 기업조직을 관리하는 과정(process)으로서의 경영관리활동으로 구분하여 이해할 수 있다. 기업의 본질에 대한 이해는 조직이라는 실체를 중심으로 인식하면서 목적의식적 조직체, 생산력 실현의 주체, 생산요소 결합의 주체, 재생산에 의한 이윤귀속의 주체 및 사업목적이나 활동의 주체로서 파악된다.[1]

이러한 기업경영의 본질적 목적을 zhs(M. Kohn)[2]은 다음과 같이 구분하여 설명하고 있다.

① 사회의 요구를 충족시키는 상품과 서비스의 제공

모든 사회는 개인의 노력보다 조직을 통해서 더욱 능률적으로 충족시킬 수 있는 기본적인 욕구를 갖고 있는데 경제적 조직으로서의 기업이야말로 물질적인 상품과 서비스를 가장 능률적으로 생산한다.

② 생산의 모든 요소를 생산적으로 만듦

토지, 노동 및 자본과 같은 생산요소를 알맞게 배분하여 바라는 바 상품과 서비스를 생산하는 일은 기업조직이 가장 잘 할 수 있다. 효과적인 관리는 최소의 비용

1) 이한검, 경영학원론, 형설출판사, 1985, 137.

2) M. Kohn, Management and Informal Organization, pp.13-15. in 이한검, 앞의 책, pp.139-140.

으로 이윤을 극대화하는 일이다.

③ 자원요소의 경제적인 사용을 통해 사회의 부를 증대함

좋은 상품과 긴요한 서비스를 생산하는 과정에서 사회의 부를 보다 효과적으로 증대시키는 것은 다른 어떤 조직보다도 기업이라는 메커니즘이다.

④ 종업원이 정상적인 인간욕구의 중요한 부분을 충족시킬 수 있는 기업풍토의 조성

종업원은 충족시키고자 하는 여러 가지 욕구를 지니고 조직 속에서 하루의 대부분을 바치고 있으므로 관리자에게 주어진 중요한 책임의 하나는 모든 종업원이 그들의 개인적인 욕구를 충족시킬 수 있는 작업환경을 만드는 일이다.

그런데 오랫동안 기업의 목적으로 인식되어 온 것은 '이윤의 극대화'였다. 자본제 생산 양식 아래에서는 자본의 목적은 이윤을 얻는 것이고 이를 위한 조직이 기업이라고 본다면 자본은 기업을 통하여 여러 가지 형태로 이윤을 얻기 위하여 노력하게 됨을 알 수 있다. 이때의 이윤의 개념은 기업이 처해있는 사회적 환경의 변화에 따라 변화되고 발전되어간다는 것을 인식하지 않으면 안 된다. 기업경영목적의 이윤극대화론은 이른바 단일목적론으로서 그 기본전제는 "기업을 지배하는 사람은 소유경영자로서 기업가이므로 기업가의 목적, 즉 이윤추구 그 자체가 기업의 경영목적이 된다."는 것이다. 이와 같은 고전적이고 전통적인 관점에 의하면 기업은 자본가적이고 소유자적인 것으로 소유자의 이윤추구의 장으로 이해된다. 곧 이윤추구는 자본가 또는 기업가(창업가)의 기업창설의 동기라 할 수 있다. 기업환경과 시대적 상황이 근본적으로 변화된 오늘에 있어서 이윤추구라는 기업경영의 목적은 19세기적 기업관이요 기업경영목적론이라 할 수 있다. 전통적인 경제학에서는 개인기업가의 이윤극대화라는 영리목적을 중시하였으나 소유와 경영이 분리되기 시작하면서부터 이윤추구만을 목적으로 삼는 기업관이나 경영목적론으로는 기업의 행태를 올바르게 이해하고 또 설명하는 데는 많은 한계가 있을 수밖에 없는 것이다.

포드(Ford) 1세가 기업은 사회에의 봉사기관이며 이윤은 봉사의 결과라고 주장한 이후부터 기업의 이윤목적론을 부정하거나 비판하는 학자들이 많아지고 있다. 그것은 기업의 목적이 기업의 발전과정에 따라 달라져온 것과도 무관치 않는 것이다. 예컨대 오늘날과 같은 기업의 형태를 갖추지 못했던 근대 이전에 있어서의 생업이나 가업은 집이나 가족을 중심으로 하여 생활의 유지나 안정을 목적으로 삼았던 데 반해 근대적 기업은 그의 주체인 자본 소유자의 자본의 유지와 증식, 즉 영리적 이윤추구가 목적

으로 바뀌게 된 것이다. 그러나 오늘날 현대기업의 경영목적은 이윤추구라는 단일목적론에서 다원목적론, 즉 기업조직의 영속적 유지와 발전 그리고 성장을 더 강조하고 있는 것이다.

현대적 기업경영론에서는 기업경영의 목적이 이윤추구나 영리성에 있는 것이 아니라고 보지만, 그렇다고 해서 자본가의 영리적 이윤추구의 동기나 목적이 소멸된 것은 아니다. 기업의 영리성이나 이윤추구는 여전히 지속되고 있는 데 자본출자측의 주요 관심사이자 목적으로 남아있지만 경영자의 목적 또는 경영자가 주도하는 경영활동의 목적은 경영조직체(기업조직)의 유지, 발전 그리고 성장에 있는 것이다.

기업이 합리적이고 효과적인 경영관리를 통해서 보다 많은 부가가치의 창출과 생산성 향상을 이루어내지 못하면 기업의 유지와 존속에 필요한 이윤을 확보하지 못함으로써 기업의 발전과 성장은 기대하기 어려워진다. 다시 말하면 생산성의 향상 없이는 종업원의 임금 인상이나 제품의 판매가격 인하가 어려워질뿐더러 가격경쟁력을 확보하지 못함으로써 이익의 일부를 자본으로 축적할 수 없으므로 연구개발에 대한 투자나 새로운 설비 및 기술의 도입 등 확대재투자가 어려워지고 나아가서는 국민경제에 이바지하기도 어려워지게 된다.

드러커(P. F. Drucker)는 전통적인 경제학에서 가정했던 이윤극대화의 목적을 부정하고 기업의 생존이 기업의 자기목적이라고 기업생존설을 주장하고 있는데 이의 배경에는 소유와 경영의 분리라는 현대기업의 제도적 구조에 대한 인식과 현실의 기업은 급변하는 경제적 환경하에서 격심한 경쟁을 하면서 생존해간다는 인식이 깔려있음을 알 수 있다. 결론적으로 기업의 생존이라는 요청에 부응함으로써 기업의 성장이 가능하게 된다는 것이다.[3)]

이 같은 기업의 생존설은 기업의 목적을 일원화하지 않고 다원적으로 설정하는 데 특징이 있는 것으로 드러커는 다원적 목적론으로 다음과 같이 요약할 수 있는 것들을 들고 있다.[4)]

① **마케팅의 목적**: 기업이 경제제도인 한 '고객을 창조하는 일'(create a customer)이 기업의 가장 중요한 목적 중의 하나가 된다. 이 목적을 위해서는 오직 판매하기만 하면 된다는 것이 아니고 계획적이고도 적극적인 시장수요를 창조하기 위한 기업

3) 이한검, 앞의 책, pp.145-146.
4) P. F. Drucker, Management: Task, Responsibilities and Practices, Harper & Row, 1973 in 이한검, 위의 책, p.146.

행동을 취함이 바람직하다.

② **생산성의 목적**: 기업이 상품과 서비스를 생산함에 있어서 일정한 생산자원을 이용하게 되는 데 이때의 이용의 효율을 높이는 생산성(productivity)의 목적이 기업의 또 다른 목적이 된다.

③ **혁신(innovation)의 목적**: 기업이 사회적, 경제적, 기술적 외부환경의 변화 속에서 생존해 나가기 위해서는 변화에 적응함과 동시에 새로운 기능을 수행해 나가지 않으면 안 된다. 즉, 각 분야별로 경영혁신이 필요하게 된다.

④ **사기앙양의 목적**: 기업은 하나의 인적 조직이고 기업목적은 이 인적 조직에 의해 수행되는 것이므로 종업원의 사기를 유지하거나 높이려는 목적이 기업의 생존에 불가결한 것이다.

⑤ **수익성(profitability)의 목적**: 이상에 열거한 목적의 수행에는 위험이 수반되므로 기업이 부담하는 위험을 보상함에 충분한 수익을 확보하는 일은 기업의 생존에 절대적인 요건이 된다.

기업의 목적은 이처럼 다원적임을 주장하는 드러커의 논리에서 더욱 귀기울여야 할 점은 "이들 가운데 어느 하나의 목적도 기업의 유일한 목적이 될 수 없고 어느 하나의 측정척도도 기업의 업적이나 성과의 유일한 척도가 될 수 없다."는 것이다. 요컨대 기업이 추구하는 다원적 목적을 크게 나누어 보면 수익성, 성장성 및 탄력성의 목적을 포함하는 말하자면 경제적 목적과 사회적 책임으로 구분할 수 있다.[5)]

제2절 경영관리의 궁극적 목적

1. 삶의 목적과 경영관리의 목적

1) 삶의 궁극적 목적 – 우리가 살아가는 이유

철학자 아리스토텔레스(Aristotle)가 "행복은 삶의 의미이며 목적이고, 인간존재의

5) 위의 책, p.146-148.

궁극적 목표이며 지향점이다."(Happiness is the meaning and the purpose of life, the whole aim and end of human existence.)라고 지적한 바 있듯이 인간의 삶에서 궁극적으로 추구하는 바는 풍요로운 삶, 안락한 삶, 질 높은 삶, 행복한 삶이라 할 수 있다. 그러므로 인간의 모든 활동, 이를테면 정치, 경제, 문화예술 활동에서부터 기업의 경영관리활동에 이르기까지 그 궁극적 목표는 사람들이 행복해지도록 만드는데 있는 것이다. 말하자면 "행복은 우리가 사는 이유의 전부인 것이다."[6] 그래서 "사람이 하는 모든 노력의 궁극적인 목적은 행복하기 위해서다. 행복을 위해 기술을 발명하고, 학문을 육성하고, 법을 만들고, 사회를 형성한다."고 한 영국의 철학자 흄(D. Hume, 1740)의 진술이 매우 설득력 있게 다가오는 것이다. 기업조직이 설령 이윤추구 동기에서 설립되었을지라도 궁극적 목표는 기업과 직간접적인 이해관계자 모두를 행복하게 만들어 주는데 있음을 강조하지 않을 수 없다.

세상의 모든 제도와 시스템은 인간적이어야 하고 인간을 위한 것이어야지 그렇지 못하다면 의미도 가치도 지니지 못한다. "이 세상의 모든 제도와 활동들은 궁극적으로 인간을 위한 것이다."라는 전제는 저자의 철학적 사상적 관점이 인본주의(또는 인간중심주의)에 바탕을 둔 것이다. 우선 정치이념의 하나인 민주주의(民主主義)란 글자 그대로 백성, 곧 국민(民)이 주인(主) 되는 정치 이데올로기인 것이다. 링컨의 게티즈버그 연설에서도, 국민의(of th people), 국민에 의한(by the people), 국민을 위한(for the people) 정치가 민주정치라고 설파하고 있다. 곧 국민이 중심이고 주체이며 궁극적으로 국민을 위한 것이 민주주의의 핵심인 것이다. 그리고 정치는 궁극적으로 지향하는 바가 국리민복(國利民福), 즉 나라를 이롭게 하고 국민들을 행복하게 해주는 데 있다.

그리고 경제(經濟)라는 것도 경세제민(經世濟民), 즉 세상을 잘 다스려서 백성을 구제하는 것, 즉 백성들로 하여금 잘 먹고 잘 살게 해주는 데 있는 것이므로, 경제의 궁극적 지향점도 결국 국민, 즉 사람들을 위하는 데 있다.

한편 문화예술 활동은 정치와 경제활동을 하느라 수고한 사람들에게 쉬고 즐기면서 재충전하는 기회를 부여하는 것이라 할 수 있다. 심지어 세상에서 으뜸가는 가르침이라는 의미의 종교(宗敎)도 결국 인간을 범죄 하는 악한 존재가 아닌 선한 존재로 양육하여 내세에서 영혼이 구원받는 것이 목적이므로 결국 인간을 위한 것이라 할 수 있

6) 김홍길, 매일아침 행복을 부탁해, 물푸레, 2010.

다. 극단적으로 말하자면, 인간이 전제되지 않은 종교가 무슨 의미가 있겠으며 만약 인간이 없는 신들만이 존재하는 세상이라면 종교가 과연 필요하겠는가를 묻게 되는 것이다.

2) 경영관리의 궁극적 목적

앞서 고찰한 대로 기업이 경제적 목적을 달성해내고 사회적 책임을 다함으로써 기업과 직접적이거나 간접적으로 관계를 맺고 있는 여러 이해관계자 집단의 기대와 욕구에 부응할 수 있는 것이다.

저자는 우리가 공부하고 있는 경영관리분야도 궁극적으로는 기업에 관여하는 여러 관계자들 모두를 '잘 먹고 잘 살게' 만들어주는 것이 목적이라고 주장하며 경영을 "경업영민(經業營民), 즉 사업이나 기업을 잘 꾸려서 기업의 이해관계자 모두를 잘 살게 만드는 것"이라고 풀이한다. 일찍이 일본 소니(SONY)사의 창업주 모리타 아키오(盛田召夫)는 "나의 경영이념은 소니와 이해관계에 있는 모든 사람들에게 행복을 선사하는 것이다." "직원에 대한 나의 최대사명은 그들이 세상을 떠날 때 '소니에 근무해서 정말 행복했다'고 생각하도록 만들어 주는 것이다."라고 하였다. 한편, 버진(Virgin)그룹의 CEO인 브랜슨(R. C. Branson)도 "주주가 제일, 고객은 그 다음, 직원이 세 번째라는 사고는 잘못된 것이다. 버진 그룹에서는 직원이 가장 중요하다. 의욕이 넘치고 행복한 직원이 고객을 행복하게 만들기 때문이다."라고 하였다.

앞서 세상의 모든 제도와 시스템이 인간은 위한 것이라고 연역적으로 논급했다면, 부언해서 말하지만, 사회적 제도 또는 시스템의 하나인 기업의 경영관리(business administration)도 인간을 위한 것이어야 한다. 경제가 경세제민(經世濟民)의 축약이라면 경영이라는 어휘도 풀어서 표현해볼 수 있을 것이다. 저자는 '경업영민(經業營民)'이라 풀어 쓰고자 한다. 그 의미를 구체적으로 풀이해보자면 "사업이나 기업을 잘 꾸려서 국민, 사람들로 하여금 안온하게 잘 살게 해주는 것"이라고 할 수 있다. 한자의 영(營)자의 의미는 두 불(火) 아래 집 또는 지붕을 의미하는 갓머리가 있고 지붕 아래에는 방이 두 칸 있는 모습이다. 말하자면 밝게 비추는 불(light)과 따뜻하게 지피는 불(fire)이 있는 집에서 사람들이 안온하게 살 수 있도록 행복한 보금자리를 마련해주는 것이다. 그러므로 기업의 경영관리도 궁극적으로는 사람들로 하여금 "잘 먹고 잘 살게" "행복하도록" 만들어 주는 데 있는 것이다.

사례 들여다보기_기업가의 양심 - 유한양행 창업자 유일한

유한양행의 설립자 유일한은 1971년 76세의 나이로 세상을 떠나면서 "내가 모은 재산은 모두 여러 사람을 위하는 일에 쓰여 져야한다"며 재산 전부를 공익법인에 기증했다.

또한 1969년엔 혈연관계가 전혀 없는 조권순에게 사장직을 물려주었다. 그렇게 그는 평생을 기업이윤의 사회환원, 소유와 경영의 분리 등을 실천하며 가장 모범적인 기업인으로 기억되었다.

어느 날 유일한은 유한양행의 안양공장에 들러 약의 생산과정을 꼼꼼히 살폈다. 몇 개의 공정을 둘러보던 그는 공장장을 불러 이것저것 물어 보더니 갑자기 얼굴을 찌푸렸다. 그리고는 좀 더 자세히 알아봐야겠다며 약의 성분을 하나하나 점검하는 것이었다. 한참 뒤 유일한 박사는 그 약품의 생산을 중단하라고 일렀다. 그리고 지금까지 만든 약은 하나도 빠짐없이 모두 공장 빈터로 가져오라고 지시했다. 그는 성큼성큼 빈터로 걸어 나가더니 직원들이 분주히 약 상자를 나르는 것을 지켜봤다. 그 약을 모두 한 자리에 모으는 일이 끝났을 때 유일한은 이렇게 말했다. "지금 우리가 만든 이 약에는 들어가야 할 성분 하나가 빠져 있습니다. 비록 빠진 것이 하나이긴 하지만 저는 한 사람의 생명을 살리는 데 그것이 꼭 들어가야 하는 성분이라고 생각합니다. 그래서 저는 이 약을 모두 태워 없애려고 합니다." 그는 막대한 손해를 무릅쓰고 수백만 개의 약을 직접 불태웠고 직원들은 안타까운 마음에 발을 동동 굴렀다.

평소 "기업의 제1 목표는 이윤의 추구이다. 그러나 그것은 성실한 기업 활동의 대가로 얻어야 하는 것이다"라는 자신의 말이 그저 말에 그치는 것이 아님을 보여주는 행동이었다. 그리고 무엇보다도 한 기업가의 양심을 보여주는 행동이었다.

-출처: 월간 좋은 생각

[그림 2-1] 경영관리의 궁극적 목적

[그림 2-2] 기업의 목적

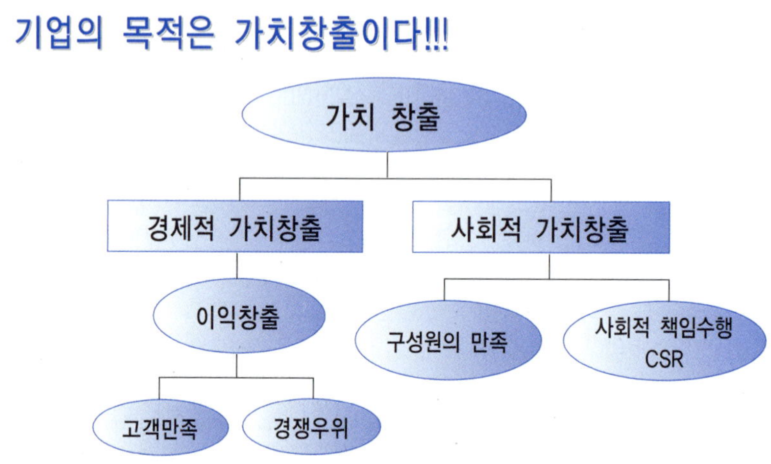

기업경영의 목적을 과거에는 이윤추구라고 했었다. 사실 기업을 창설하는 기업가의 기업창설 동기는 이윤추구라고 할 수 있을 것이다. 그러나 오늘날에는 기업이 창업자의 사적 전유물이 아니라, 사회적 공기(公器)로서 영속적 실체(going concern)로 이해되면서 기업의 목적은 가치창출이라고 규정한다.

기업이라는 시스템(system)은 외부로부터 여러 형태의 자원들(resources), 이를테면 자본과 같은 재무적 자원(financial resources), 인력이 중심이 되는 인적 자원(human resources), 기계설비나 원자재와 같은 물적 자원(physical resources), 방법이나 노하우, 기법이나 기술과 같은 기술적 자원(technological resources), 자료나 정보, 지식을 포괄하는 정보적 자원(informational resources) 등과 같은 투입요소들(inputs)을 받아 들여 변환공정(transformation process)을 거쳐 반제품, 완제품 또는 서비스의 형태로 산출물들(outputs)을 만들어 낸다. 만약 기업이 동일한 가치의 투입을 받아들여 동일한 가치의 산출을 만들어 낸다면, 현상유지를 해나간다고 할지 모르나 이런 기업은 확대재생산과 확대재투자가 어려워지고 급기야는 도산할 수밖에 없게 된다.

영어의 transform이라는 단어는 접두사 trans와 form이라는 어휘가 합성된 것이다. 접두사 trans는 비행기나 열차를 바꿔 탈 때 쓰는 transfer나 이 항구(공항)에서 저 항구(공항)로 운송하거나 수송한다는 transport와 같은 단어에서 볼 수 있는 바와 같이 동사 change라는 의미이므로 form, 즉 형태나 형상, 형질을 바꾼다는 뜻이 된다.

[그림 2-3] 경영관리시스템

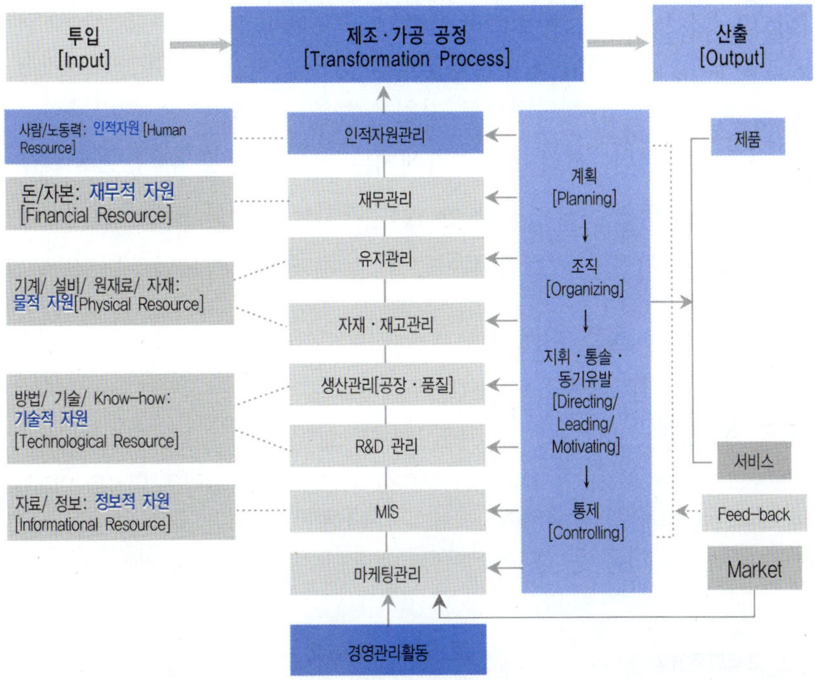

그러므로 기업은 외부로부터 받아들인 여러 가지 자원들을 변형하거나 재가공 또는 변환시키는 과정을 통하여 새로운 가치를 창출하거나 새로운 가치를 부가하는 것이다. 결국 기업이 산출해내는 결과물들(outputs)은 외부로부터 받아들인 투입물(inputs)에 새로운 부가가치를 창출하여 덧붙인 결과인 것이다.

$$O = I + \alpha$$

효율적인 기업은 투입되는 자원들을 적절히 배분하고 할당하면서 부가가치를 가능한 한 많이 창출해낸다. 그래야 더욱 많은 산출물을 얻어내게 되는 것이고 투입에 대한 산출의 백분비로 나타내는 생산성(산출/투입)도 높아지게 되는 것이다. 부가가치를 많이 창출하고 생산성이 높은 기업은 결국 기업을 에워싸고 있는 직간접의 이해관계 당사들에게 그들의 욕구와 기대를 보다 흡족하게 충족시켜줄 수가 있는 것이다. 즉,

주식회사라면 당연히 기업의 소유주들인 주주들에게 가능한 한 많은 이익배당금이 돌아가게 해주어야 한다. 그리고 근로자들에게는 만족할만한 높은 임금과 복리후생을 제공해야 하고, 소비자들에게는 양질의 제품이나 서비스를 저렴한 가격으로 공급해 줌으로써 만족과 감동을 주어야 한다. 재무적 자원을 대출서비스 해준 금융기관에는 이자로 돌려주고, 법 제도적으로 지원을 해준 정부와 소속 지방자치단체에는 세금으로 돌려주어야 한다. 그리고 경영자에게는 이윤을 남길 수 있도록 해주어야 한다. 이렇듯 기업의 경영관리는 가능한 한 많은 가치를 창출함으로써 이해관계 당사자들에게 다양한 형태로 이익을 되돌려 주어 "잘 살 수 있도록" 도와주는 것에 그 목적이 있다고 할 수 있다.

사례 들여다보기_MK 택시회사

일본의 MK택시회사(회장 유봉식)는 독특한 경영방식으로 놀라운 역사를 이뤄냈다. 1960년에 설립하여 10대의 택시로 출발, 현재는 34개의 주유소와 수백 대의 택시를 소유한 일본 최고의 운수회사로 성장했다. MK택시회사의 성공요인은 고객, 기업, 직원모두 만족할 수 있게 하는 경영마인드이다.

1. 고객만족경영

MK택시는 타 회사 택시에 비해서 요금이 10%가 저렴할 뿐만 아니라 승객들에게도 최상의 서비스를 제공하고 있다. '고객은 신이다'라는 모토로 서비스제일주의를 실천한 MK택시는 고객이 부르면 어디라도 달려갔고 신체장애자와 노약자 우선주의를 실천했다. 또한 MK택시는 심야긴급배차를 실시하고 기사는 안전교육을 의무적으로 받아 위급시 긴급조치를 실시할 수 있게 교육했다. 교토에서 응급환자가 생기면 119보다 MK에 전화하라고 할 정도로 심야 긴급 배차제도는 알려져 있다. 고객이 차에 탈 때는 반드시 내려서 인사하고 문을 여닫아 주면서 안내하고 차안에서 고객의 기분이 상하지 않도록 배려한다. 거부감이 느껴질 수 있는 선글라스 착용, 껌 씹는 소리, 쓸데없는 잡담은 일체 배제하였고, 내릴 때는 먼저 기사가 내려서 출입문을 열어주고 잃은 물건이 없는지 확인을 하여준다.

MK의 가장 큰 특징은 기사가 대학을 졸업한 학사라는 것인데 이 학사드라이버들에게 지나치리만큼 철저한 교육을 시킨다. 차량상태를 직접 점검하고 관리하는 일, 일지 쓰는 법, 청소하는 방법, 승객을 모시는 법과 몸가짐 등 이 모든 것을 익혀야 한다. 또한 교육의 효과를 검증하기 위해 영어시험은 물론, 관광자격요원 시험, VIP를 영접하는 포스트 화이어 맨 시험에 이르기까지 넘어야 할 관문이 많다.

이런 하나하나의 과정을 통해 MK기사들은 단순한 택시기사가 아닌 전문인으로 키워지고 있는 것이며, 이것이 일반고객뿐만 아니라 관광객, 외국의 저명인사들(미국의 카터 대통령, 고르바초프 러시아 대통령, 싱가폴수상, IBM사장, IOC위원장 등)에게도 전문적인 서비스를 할 수 있는 것이다. "섬김을 받으려면 먼저 남을 섬기라"는 말을 강조, 그 결과 운전자들은 손님에게 최고의 서비스를 하게 됐고, 최고의 수익을 올렸다.

2. 기업만족

MK택시는 위에서도 언급했듯이 타 회사보다 운임이 10% 저렴하면서도 교토의 택시회사 가운데서 가장 많은 흑자를 내는 회사이다. 요금을 적게 받으면서 보다 많은 이윤을 낸다는 것은 언뜻 앞뒤가 맞지 않는 일이기도하다. 그러나 MK택시의 매출이 급격히 증가한 것은 요금인하 정책을 펼치면서부터이다.

이러한 정책은 승객들에게 큰 호응을 얻어 실차율이 크게 높아져 요금을 20% 인하한 뒤 열흘간 실차거리는 지난해 같은 기간보다 26.6%가 증가했고 운송수입은 12.8% 늘어났다고 한다. 인구 150만의 도시, 일본 교토의 택시 정류장에서는 택시를 이용하려는 승객들이 빈 택시가 즐비한데도 일부러 MK택시만 골라 타는 모습을 흔히 볼 수 있다. 결국 고객에게 최저의 요금이라는 서비스를 제공한 것이 기업이 일본 제일의 운송회사로 자랄 수 있게 한 것이다.

3. 종업원 만족

MK택시 기사들의 임금은 다른 업체의 기사보다 50%정도 높아 은행의 지점장 수준인 50만 엔의 고임금을 받고 있다. 또한 MK의 기사들은 획일적인 제복을 입고 있는데 이것을 일류디자이너가 디자인함으로써 직원들이 자긍심을 구축할 수 있게 하였다. 또한 택시기사 주택을 지은 것도 마찬가지, 택시기사들의 열악한 가정환경을 개선하기 위해 사원주택을 짓기 시작, 78년에는 사원 76%가 주택을 소유하게 되었는데 그에 따라 운행사고와 지각 결근이 현저히 낮아짐으로써 결국 회사에 이익으로 돌아왔다. 그리고 일본 택시업계 최초로 가정에서 근무교대 방식을 택했다.

그간 회사에 나와 업무를 시작하던 관행을 깨고 퇴근 시 집으로 택시를 가지고 가 출근길부터 바로 업무를 시작하게 함으로써 출퇴근 1시간을 더 운행, 기사들은 1일 1천 엔, 한 달 2만6천 엔의 추가 수입을 올릴 수 있었다. "직원들의 자긍심을 높여주고, 일의 만족감을 주고, 불만을 최소화할 뿐 아니라 즉시 개선해주고, 고객을 만족시키듯이 직원들 마다마다의 욕구충족과 필요를 채워준다. 이것이 바로 회사의 간부와 경영자의 몫이자 그들이 존재하는 이유인 것입니다."

제3장 경영성과의 평가

제1절 성과의 의의

우리말의 성과(成果)라는 단어는 한자의 뜻대로 풀이하자면 '이루어낸 결과'이다. 인간이 하는 행동은 대체로 의도적인 경우가 대부분이지만, 그냥 생각 없이 비의도적으로 한 행동의 경우에도 어떤 형태로든 결과는 남기 마련이다. 본서에서 논의하고자 하는 성과의 개념은 인간이 행한 모든 행동의 결과로서가 아닌 어떤 의도를 가지고, 더 나아가서는 목적이나 목표가 설정된 상황이나 상태에서 행한 행동이나 활동을 통하여 얻어낸 결과에 국한된 것이다. 성과를 의미하는 영어 단어는 Performance인데 그 원형동사는 Perform이다. 그 의미는 '하다', '행하다', '수행하다', '이행하다', '실행하다', '성취하다'의 의미 외에도 '공연하다', '연기하다', '연주하다'의 의미로 쓰이기도 한다. perform이라는 단어의 의미를 들여다보면 주어진 명령이나 의무, 임무 또는 일이나 과업과 같은 것이 부여된 경우에 쓰일 수 있음을 짐작할 수 있다. 수행한다거나 실행한다는 말은 임무나 약속처럼 주의를 기울이고 노력해야 하는 한편, 나름의 자질과 능력 나아가서는 숙련(skill)을 요하는 일을 한다는 의미이다. 좋은 계획도 실천되지 않으면 계획으로 남는다. 실행 없이는 어떤 성과도 없다.

성과의 개념을 설명하는 공식으로 P = A + B가 있다. 즉, Performance = Achievement + Behavior 이다. 이 공식에 의하면 성과는 어떤 결과이며, 또한 그 결과를 만들기 위한 행동이다. 예를 들어 고속버스 운전기사의 성과는 버스를 운전하는 행동과 승객을 목적지에 무사히 도착시키는 결과 모두이다. 결국 성과는 행동과 결과를 모두 포함하는 말이다. 그런데 중요한 것은 결과가 단순히 결과 그 자체를 의미하지 않는 다는 것이다. 여기서의 결과는 고객을 만족시키는 가치 있는 결과를 말한다. 만일 고속버스를 타고 온 승객이 목적지에 도착은 했지만 버스를 타고 오는 동안의 서비스에 불만족 했다면 다음번에는 다른 회사의 버스를 이용하게 될 것이다. 결국 운전기사의 노력은 성과로 완성되지 못한 것이다. 다른 예로 누군가 단기적 임무로써 보고서를 완성했다고 하자. 그는 분명히 결과를 만든 것이다. 그러나 그 결과가 성과가 되기 위해서는 그 보고서를 이용하여 다음 성과를 만드는 사람에게 기여할 수 있어야 한다.

그러므로 열심히 노력하면 누구나 어떤 형태로든 결과는 나타내지만, 그것이 반드시 성과라 할 수는 없다. 조직의 성과도 마찬가지이다. 조직이 만들어 내는 최종 산출물인 상품과 서비스가 가치 있는 결과로써 인정받지 못하면, 즉 고객이 만족하지 못하면 성과라 할 수 없다. 경영학의 아버지로 불리어진 피터 드러커의 말대로 조직에서 발생하는 것은 노력과 비용뿐이다. 그러므로 성과야 말로 세상을 움직이는 핵심이라 할 수 있으며, 비즈니스의 중심이 될 수밖에 없다.

1990년대 이후 교육훈련의 새로운 흐름으로 등장한 수행성과공학(Performance Technology)은 높은 성과를 지향하는 사회로의 흐름에서 나온 것이라 할 수 있다. 수행성과공학이란 조직성과에 연결된 개인의 성과문제, 즉 조직이 요구하는 업무성과 수준과 현재의 수준의 차이를 규명하고 그 원인에 따른 해결책을 찾는 방법론이다. 결론적으로 조직이 요구하는 성과를 올리기 위해서는 잠재능력이 높은 사람을 선발하고, 성과산출에 필요한 지식을 제공하고, 동기를 가지고 일할 수 있는 보상 시스템을 제공하고, 최적의 직무 환경을 제공해야 한다.

조직의 교육요구를 도출함에 있어도 과거에는 직무를 과제로 나누고, 과제수행에 필요한 지식, 기능, 태도를 규명하였다. 그러나 최근에는 조직성과에 관련된 핵심적 업무성과를 산출하는데 필요한 교육요구를 직접 도출하거나, 성과산출에 요구되는 핵심역량을 규명하여 그에 필요한 교육적 요구를 도출하고 있다.

올바른 목표의 달성을 강조한 드러커(P. F. Drucker)는 “효과적인 지식근로자는 공헌에 초점을 맞춘다. 즉, 작업 그 자체에서부터 결과로, 전문분야로부터 성과가 드러나는 외부세계에 초점을 맞춘다.” 라고 하였다. 결국 성과가 존재하는 유일한 장소는 외부세계이며, 아무리 전문적인 결과라 할지라도 내부적인 결과에 머무르면 성과라 할 수 없는 것이다. 그러므로 일하는 사람이 가장 먼저 할 일은 자신이 궁극적으로 어떤 성과에 공헌해야 할지를 명확하게 알고, 그곳에 초점을 맞추는 것이다.

성과를 측정하는 지표는 무수히 다양하고 많다. 성과지표라면 대체로 재무제표로 나타나는 계량적인 것들을 떠올리는 경향이 있다. 직원의 근태율, 직무만족도, 매출액, 시장점유율, 브랜드 파워, 기업의 대외 이미지, 기업의 사회적 책임완수 정도, 소비자의 만족도, 기업의 경쟁력(가격경쟁력, 품질 경쟁력, 디자인 경쟁력 등), 노사관계 안정성(파업일수, 단체교섭기간 ...)

[책갈피] 용서받지 못할 7가지 죄

마하트마 간디는 우리를 파멸로 이끄는 일곱 가지 죄를 지적했다.

다음의 각각의 죄들은 어떤 한 부분이 결여되면서 유익한 것이 해로운 것으로 변질되었다는 사실에 주목하기 바란다. 또한 그 각각의 "용서받지 못할 죄"에 대한 이야기는 사회적 가치가 아니라 자연 원리와 법칙에 근거한 외적 표준이라는데 주목하기 바란다.

1. 노동이 없는 부

이 죄는 무에서 유를 취하는 행위를 말한다. 즉 시장과 재물, 사람과 상황을 이용하여 일하지 않고, 부가가치를 생산하지 않으면서 이득을 취하는 행위를 말한다.

오늘날 우리는 일하지 않고 재물을 모으고, 세금을 내지 않고 돈을 벌고, 재정적 부담에 대한 공정한 대가를 지불하지 않은 채 정부의 무료 프로그램을 이용한다. 또 시민으로서, 조직의 일원으로서 책임을 다하지 않고 쉽게 혜택을 누리려는 부정한 기대에 근거하여 모든 직업을 인식한다.

신문의 일면 기사를 장식하는 수많은 부정적 사건의 주인공들은 기본적으로 일확천금의 꿈이나 요행을 바라는 사람들이다. 지연법칙에서 멀어 질수록 판단은 나쁜 영향을 받기 시작한다. 관념은 왜곡된다. "합리적인" 가짓말이 늘어난다. 결국 "농장"의 법칙을 버리고 사회 정치적 성공규칙을 따르게 된다.

2. 의식이 없는 즐거움.

미숙하고, 탐욕스럽고, 이기적이고, 속물적인 사람이 품는 생각은 항상 "나에게 어떤 이익이 있을까? 이것이 나를 즐겁게 할까? 저것이 나를 편하게 할까?"이다. 최근 많은 사람들이 무의식적으로 책임감을 느끼지 않은 채 즐거움을 원하고, 심지어 일을 한다는 명목으로 배우자와 자식들을 돌보지 않은 것처럼 보인다.

하지만 독자성은 가장 성숙한 상태가 아니다. 그것은 상호 협력을 실현하는 과정의 중간적 토대일 뿐이다. 우리는 서로를 나누고, 이타적인 삶을 알고, 현명함을 배워야 한다. 그렇지 않으면 우리가 즐거움을 쫓는 과정에서 사회적 책임의식이나 신뢰를 망각하게 될 것이다.

무의식적으로 쫓는 즐거움은 결국 시간과 돈, 명예, 관계의 희생이라는 막대한 대가를 요구할 것이다. 의식은 기본적으로 불멸의 진리와 원칙의 저장소, 즉 자연법칙의 내적 기록의 저장소이다. "정직요법"은 사람들에게 자신의 도덕적 의식을 깨우쳐 주는 시도이다. 즉, 죄를 인정하고, 죄를 그만두고, 평화를 경험하는 것이다.

3. 인격이 없는 지식.

'선무당이 사람 잡는 것' 보다 더 위험한 것은 강하고 원칙적인 인격이 배제된 지식이다. 지식수준에 상응하는 인격 형성이 무시되는 지식 교육은 만취한 10대의 손에 고성능 스포츠카를 맡기는 것과 같다. 분명한 사실은 우리의 대학이 젊은이들의 인성 교육의 중요성을 너무나 망각한다는 것이다.

어떤 사람은 "그것은 당신의 가치관일 뿐이요."라고 말하며 "인성 교육"을 반대한다. 하지만 우리는 보편적 가치를 지향해야 한다. 예를 들어, 친절, 공정, 정직, 존엄은 지켜야 함은 소중한 가치라는데 우리는 동의한다. 따라서 논쟁의 여지가 없는 가치에 기초하여 젊은이들은 교육하고 훈련시켜야 한다.

4. 도덕성이 없는 상업주의

윤리가 없는 기업, 우리가 도덕적 토대를 무시한 채 경제체제를 운영한다면, 우리 사회는 머잖아 부도덕한 사회가 될 것이다. 경제와 정치 제도는 궁극적으로 도덕적 토대 위에 기초한다. 모든 사업적 거래는 공정한 조건에서 이루어져야 한다. 공정성은 자본주의라는 이름의 자유기업 제도의 근간이다. 황금률의 정신이나 윈-윈 정신은 호혜의 정신이며, 공정함의 정신이다. 로타리 클럽(Rotary Club)의 모토는 "공정한가? 모든 제 삼자의 이익에 기여하는가?"이다. 이 모토는 기업의 성공에 이해를 두고 있는 모든 사람들의 도덕적 책임의식이 되어야 한다.

5. 인류가 없는 과학

과학이 단순한 기술과 기교라면, 과학은 인류보다 더 빨리 인간사회에서 사라질 것이다. 기술이 공헌하는 더 높은 인류의 목적을 이해하지 못하면, 우리는 기술주의의 제물이 될 것이다. 과학자들의 행위가 오랜 인류의 문제에 기술의 문제를 더하는 것이라면, 어떤 기본적 변화도 일으키지 못할 것이다. 우리는 과학의 진보를, 때론 과학적 "혁명"을 보게 되겠지만, 그 속에 인류가 없다면, 우리는 그 진보를 소중하게 여기지 않을 것이다. 오랜 인류의 문제인 불평등과 불의는 여전히 우리의 문제다.

6. 희망이 없는 종교

희생이 없다면 우리는 신앙생활을 통해 복음을 얻지 못할 것이다. 다시 말해, 우리는 종교라는 사회적 외피와 종교적 실천이라는 신앙심만을 얻으려 노력하는 것이 된다. 그러면, 사람들과 협력하거나, 궁극적으로 경제체제를 붕괴시킬 사회문제를 해결하려 노력하지 않을 것이다. 다른 사람들을 돕는 일은 희생, 특히 우리의 자존심과 이기심의 희생을 요구한다. 박애의 정신이 없으면, 화합과 통일은 불가능하다. 자존심과 이기심이 인간과 신, 여성과 남성, 인간과 인간, 자아와 자아 사이의 화합을 파괴할 것이다.

7. 원칙 없는 정치

개인적인 윤리에 대한 집착이 사회적 혹은 경제적 시장에서 잘 팔리는 이미지를 만들어낸다. 그래서 정치인들이 수백만 달러의 돈을 쓰면서까지 외적 이미지를 만들어내기 위해 노력한다는 것을 우리는 알고 있다. 그들은 그 이미지를 이용하여 표를 얻고 공직의 자리를 얻는다. 그렇게 되면, 정치제도의 지배적 원칙인 자연법칙이나 자명한 진리가 정치와 분리되게 된다.

건강한 사회의 핵심은 올바른 원칙과 결합된 사회적 의지와 가치체계에 있다. 원칙에서 벗어난 정치적 의지나 병든 사회적 의지를 지지한다면, 가치가 왜곡된 병든 사회나 조직에서 살게 될 것이다.

영화 "십계"에서 모세는 파라오에게 이렇게 말한다. "우리는 당신이 아니라 하나님의 법에 복종합니다." 요컨대, 그의 말은, "우리는 법을 구현하지 않는 사람에게 복종할 수 없습니다."라는 의미이다. 가장 이상적인 사회는 자연의 법칙과 원칙에 복종한다. 그것이 헌법이다. 아무리 지위가 높은 사람이라도 원칙에 복종해야 한다.

- Stephen R. Covey, '성공한 사람의 7가지 습관'의 저자

제2절 경영의 직무성과

경영을 잘했느냐 못했느냐를 평가할 때 "능률적(efficiency)이거나 혹은 효과적(effectiveness)이다"라고 말을 한다. 이같이 같은 말로 사용할 때도 많지만, 구분하여 사용할 필요가 있다. 우리는 경영자를 평가할 때에, 경영자는 조직의 목표를 능률적이고, 효율적으로 달성하여야 한다는 주장에 대해서는 부인할 수 없다.

경영자의 주요 목적은 조직의 목표를 달성하는 것이라고 말할 수 있다. 목표를 달성한다는 말은 다른 말로 하면, 업무성과(performance)를 달성하는 말이다. 경영성과를 데이비스(Davis, Keith)는 다음과 같은 공식으로 설명하고 있다.[1)]

경영성과 = 인간의 성과 × 물적 요소
(BUSINESS PERFORMANCE = HUMAN PERFORMANCE × PHYSICAL FACTOR)
인간의 성과 = 능력 × 동기
(HUMAN PERFORMANCE = ABILITY × MOTIVATION)
능력 = 지식 × 기술
(ABILITY = KNOWLEDGE × SKILL)
동기 = 상황 × 태도
(MOTIVATION = SITUATION × ATTITUDE)

데이비스는 경영성과를 인간의 성과와 물적인 요소에 의하여 이루어지며, 물적인 요소는 불변적인 요소인 데 비하여 인적인 요소는 가변적 요소라고 설명하였다. 그리고 동기의 요소도 가변적인 요소라고 정의하였다.

이상에서 정의한 경영성과(Business Performance)는 효율(Efficiency)과 효과(Effectiveness)라는 말로 표현된다. 경영학자 드러커(P. F. Drucker, 1964)는 "효율(Efficiency)은 일을 바르게 하는 것(Doing thing right)을 의미하고, 효과(Effectiveness)는 바른 일을 하는 것(Doing the right things)"이라고 정의하였다.[2)]

1) Davis, Keith, 1975, Human Relation in Business, McGraw-Hill Book Company Inc., p.174.
2) P. F. Drucker, Managing for Result, New York: Harper & Row, 1964, p.5.

1. 능률(성)

드러커(P. F. Drucker)는 효율성(Efficiency)은 일을 바르게 하는 것(Doing things right)을 말한다고 언급하였다. 이는 조직목표를 달성하는 데 있어서 자원사용을 최소화하는 능력, 즉 일을 바르게 하는 것이라고 하였다. 즉, 효율성(Efficiency)은 물리공학에 기초한 개념으로서, 입력(Input) 대 출력(output) 관계를 말하는 것이다.

예를 들면, 자동차 엔진의 효율성은 주어진 마력수준을 발생시키는 데 필요한 에너지 가치에 기초한 것이다. 경영에 있어서 입력(input)은 기업체라는 조직이 동원할 수 있는 사람, 원료, 기계, 자금 등 경영자가 동원할 수 있는 인적 자원과 물적 자원을 말한다. 효율적인 경영자는 동원할 수 있는 한정된 입력자원으로 높은 출력(output-목표달성)을 성취하는 것을 말한다.

즉, 투입분의 산출이 1보다 같거나 큰 것을 뜻한다. 그러므로 경영자들이 목표를 달성하기 위하여 사용하는 자원비용을 최소화시킬 수 있을 때, 그들은 효율적으로 임무를 수행하였다고 말할 수 있다.

스포츠 팀에서 예를 들면, 어떤 팀이 지도자가 갖추어야 할 기술을 가지고서, “이제까지 생각했던 것보다 시합에서 훨씬 잘 싸워”라고 말할 때 능률(Efficiency)이 있다고 말한다.

2. 효과성/유효성

유효성이란 적절한 목표를 결정하는 능력, 즉 올바른 일을 하는 것(Doing the right things)을 의미한다. 효과성(Effectiveness)은 조직이 소기의 목표를 달성하는 것을 말한다. 즉, 기업조직에 있어서 공장장이 목표생산량을 기대하는 수준의 품질을 유지하면서 계획 기간 내에 달성하는 것과 같은 말이다. 그러나 이 말은 목표달성을 위해 사용된 자원의 크기는 고려하지 않고 단지 목표달성만을 위한 것이다. 자원을 낭비하더라도 목표만 달성하면 일단은 효과적이라고 말할 수 있는 것이다. 효과는 조직목표에 대한 정도이다.

효과적인 경영자는 올바른 접근방법을 선택하여 그들의 목표를 달성한다. 즉, 조직구성원의 성취노력에 대해서 제공되는 구성원의 반대급부에 대한 구성원이 느끼는 만족감을 말한다. 즉, 조직의 효율과는 반대로 조직의 효과는 구성원을 얻을 때 보다 협동적이고, 적극적이며, 긍정적이 된다.

그뿐만 아니라 구성원간에 협력적이며 자신의 일에 대해 창의적이고, 적극적으로 노력한다. 조직에 대한 개인의 요구행위란 조직활동을 통하여 구성원의 근로동기가 보다 잘 충족됨으로써 보다 높은 수준의 작업생활의 질을 누리게 되는 행위를 말한다. 즉, 개인이 조직에 대한 태도여하에 따라 성취동기 여부가 결정된다.

이상과 같이 기업경영에 있어서 아무리 능률적인 경영이라 하더라도 효과적인 경영이 되지 못하는 수가 있다. 예를 들면, 아무리 훌륭한 자동차를 능률적으로 생산하였다고 하더라도 디자인이 뒤졌다면 소비자에게 외면당하고, 그 결과로 판매목표는 달성될 수가 없다. 또한 아무리 효과적인 경영이라고 하더라도 그 동안 투입한 노력에 비해 결과가 미흡하다면 문제가 있는 것이다.

[책갈피] 조직의 유효성 -"옳은 일 하기"

조직의 유형이 어떠하든 간에 조직관리의 목표는 성과(performance) 달성에 있다. 조직의 성과를 가늠하는 두 가지 지표로는 조직효과(유효성: effectiveness)와 조직의 능률(efficiency)이 있다. Peter Drucker는 능률과 효과를 다음과 같이 설명한다.

능률은 '일을 바르게 하는 것'(doing things right)이라고 했다. 이는 조직의 목표를 달성하는 데 있어서 자원사용을 최소화하는 능력, 즉 일을 바르게 하는 것이라고 하였다. 즉, 능률은 물리공학에 기초한 개념으로서, 투입(input)에 대한 산출(output)의 비율관계를 말하는 것이다. 기업경영에 있어서 투입은 기업이라는 조직이 동원할 수 있는 인적 자원, 물적 자원, 재무적 자원 등을 총칭한다. 그러므로 기업조직에 있어서 능률은 경영자가 동원할 수 있는 한정된 투입자원으로 보다 높은 산출을 얻어내는 것을 의미한다. '능률적'이라는 표현은 투입에 대한 산출의 비율이 1과 같거나 더 큰 경우를 뜻한다. 그러므로 경영자들이 목표를 달성하기 위하여 사용하는 자원투입 비용을 최소화할 수 있을 때 그들은 임무를 능률적으로 수행했다고 말할 수 있는 것이다. 즉, 능률이란 조직이 여러 자원들을 얼마나 잘 활용하고 있는지를 단기적으로 측정하는 개념인 것이다.

그런데 반해 효과 또는 유효성이란 적절한 목표를 결정하는 능력, 즉 '올바른 일을 하는 것'(doing the right thing)을 의미한다. 다시 말하면 기업조직에 있어서 품질수준을 그대로 유지하면서 계획기간 내에 목표생산량을 달성해내는 것을 말한다. 즉, 효과란 조직이 일정 기간이 지난 후에 그의 목표에 얼마만큼 도달했는가를 가늠하는 지표이다. 그런데 이때 목표달성을 위해 사용된 자원의 양은 고려되지 않는 것이다. 자원을 낭비하더라도 목표만 달성하면 일단은 효과적이라고 말할 수 있는 것이다. 효과란 조직목표에 대한 달성정도를 의미한다. 효과적인 경영자나 리더는 올바른 접근방법을 선택하여 그들의 목표를 달성한다. 즉, 조직구성원의 성취노력에 대해서 제공되는 구성원의 반대급부에 대하여 구성원이 느끼는 만족의 정도를 말하는 것이다. 조직의 효과는 구성원이 느끼는 만족의 정도에 따라 크게 달라지게 된다. 따라서 구성원이 조직에 대하여 만족을 얻을 때 보다 협동적이고 적극적이며 긍정적 심리상태가 된다. 그 뿐만 아니라 구성원간에 협력적이며, 자신 일에 대해 창의적이고, 적극적으로 노력한다.

1990년대 초기 IBM사의 실패사례는 효율성을 유지하기 어렵다는 경우를 보여주고 있다. IBM사에서 생산한 새로운 컴퓨터들은 분명히 그 이전의 모델들보다 더 훌륭한 것들이었다. 즉, IBM사는 많은 일들을 올바르게 하고 있었던 것이다. 다시 말해서 방법론적인 측면에서는 보다 나은 메인프레임 컴퓨터를 능률적으로 생산하고 있었던 것이다. 다시 말해, 방법론적인 측면에서는 보다 나은 메인프레임 컴퓨터를 능률적으로 생산하고 있었던 것이다. 하지만 잘못된 의사결정, 잘못된 목표의 설정이 실패의 주요한 요인이었던 것이다.

불행하게도 전 세계 컴퓨터 시장은 IBM사의 전략방향인 메인프레임 컴퓨터와는 다른 PC(Personal Computer)로 옮겨가고 있었던 것이다. IBM의 경쟁사들은 이미 네트워크(network)와 노트북(portable) 및 팜탑스(palmtops - 손바닥만 크기의 초소형 컴퓨터)시장으로 옮겨가고 있었다. 결과적으로 IBM은 방법론적으로는 능률적인 생산은 하고 있었으나, 잘못된 의사결정과 전략상의 실패, 잘못된 목표의 설정으로 잘못된 길을 가고 있었던 것이다.

따라서 경영관리가 성공적으로 기대한 성과를 달성해내려면 끊임없이 두 가지 물음을 동시에 던져보아야 한다. 즉, "일을 올바르게 수행하고 있는가?"(Are we doing things right?)와 "올바른 일을 수행하고 있는가? (Are we doing the right thing?)" 이 두 가지 물음 가운데 보다 더 중요한 것은 "올바른 일을 하고 있는가?"이다. 왜냐하면 단기적으로 자원의 낭비를 최소화하면서 아무리 능률적으로 일을 하더라도 목표 자체가 잘못 설정된 경우라면 소용이 없는 것이다. 다시 말해서 잘못된 일을 모든 수단과 방법을 동원해서 아무리 잘 해내도 그 결과는 무용지물이 되고 마는 것이다.

3. 조직의 효과에 관한 여러 연구

효과(effectiveness)가 경영활동에 있어서 얼마나 중요한 개념인가에 관해서는 이미 앞에서 충분히 논의해 왔으므로 대표적인 몇 개의 정의들을 살펴보기로 한다.

〈표 3-1〉에서 보는 바와 같이 조직효과는[3] 논자에 따라, 그리고 시점에 따라 여러 가지로 정의되고 있는데 문제는 조직은 수단이지 목적이 아니라는 점에 있다.

원래 경영조직은 이미 검토해보았듯이 그 어떤 형태를 취하든 간에 그 자체가 목적이 아니고 오직 수단에 불과하다. 드러커(Drucker)가 말하듯이 조직은 기업활동에 있어서 불가결한 수단이며 불건전한 조직은 효과적인 기업활동을 곤란하게 하여 기업활동의 성과(performance)를 파괴시켜 버린다는 의미에서 매우 중요한 수단임에는

3) 조직효과에 관해서는 특히 다음 문헌을 참고하기 바란다.
① W.M. Evan, "Organization Theory and Organizational Effectiveness: An Exploratory Analysis", Organizational and Administrative Science, 1976(No. 7)
② P.S. Goodman and J.M. Pennings(eds.), New Perspectives on Organizational effectiveness, Jossey-Bass, 1977.
③ T. Conolly et al., "Organizational Effectiveness: A Multiple-Constituency Approach", Academy of Management Review, 1980(No. 2)

〈표 3-1〉 조직효과에 대한 정의

연구자	정의
Georgopoulos Tannenbaum(1957)	사회적 시스템으로서의 조직이 주어진 자원과 수단으로 수단과 자원을 못 쓰게 만들지 않으면서 그리고 종업원에게 부당한 압력을 가하지 않으면서 목표를 수행하는 정도
Etzioni(1960)	조직이 그의 목표를 달성하는 능력
Katz-Kahn(1966)	경제적 및 기술적 수단에 의해(능률화) 그리고 정치적인 수단에 의해 조직에 최대한의 이익을 가져 오는 것
Steers(1975)	조직이 그의 실제적이며 현실적인 목표의 추구를 위해 부족하고 가치있는 자원을 가능한 한 민첩하게 얻고 활용하는 조직의 능력
Penning-Goodman (1977)	관련되는 압력요소(이해관계자)가 만족되고 조직의 결과가 일련의 복수목표에 접근되거나 넘으면 조직은 효과적이다.
Pfeffer(1977)	효과적인 조직은 자원의 상호의존관계의 유형을 파악하고 가장 중요한 의존성을 관리하는 집단의 요망사항을 올바르게 이해하고 그 요망사항에 대응하는 조직이다.

틀림없다. 그러나 그것이 제아무리 불가결하고 중요한 수단이라고 하더라도 수단이라는 것에는 변함이 없다. 말하자면 조직은 어떤 목적을 달성하기 위한 수단이라는 것이다.

스타이너 등은 기업의 제 목표는 기업이 중요하다고 생각하는 모든 활동과 달성하기를 원하는 모든 업적을 말한다고[4] 추상적으로 정의하는데 반해, 레어(A. Raire)는 ① 수익성, ② 시장, ③ 생산성, ④ 제품, ⑤ 재무적 자원, ⑥ 물리적 시설, ⑦ 연구 · 기술혁신, ⑧ 조직, ⑨ 인적 자원, 및 ⑩ 사회적 책임 등을[5] 제시하고 있다.

조직효과라고 하는 개념을 조직론 속에서 처음으로 체계화한 사람은 현대조직론의 '조부'라고 알려진 버나드(C. I. Barnard)인데 그는 조직에는 ① 공통의 목적(common purpose), 즉 조직목적 ② 의사소통(communication) 및 ③ 공헌의욕(willingness to serve) 등의 세 개 요소가 포함되며 이들은 조직의 성립에 필요하며 충분한 조건이고 또한 조직의 존속을 위해서는 효과와 능률의 두 가지가 모두 요망된다고 한다.[6] 여기서 그의 유명한 조직균형론이 등장하게 된다.

버나드 이후의 조직효과에 관한 연구는 ① 목표모형(goal model)과 ② 시스템모형(systems model)으로 대분된다.[7]

4) G.A. Steiner and J.B. Miner, 앞의 책, p.168.
5) A. Raire, Management by Objectives, 1974, p.150.
6) C. I. Barnard, The Functions of the Executives, 1938, pp.20-59.
7) 이에 관한 상세한 내용에 관해서는 다음 문헌들을 참고하기 바란다.
① T. Connolly et al., 앞의 논문

현실조직론에 있어서 조직효과에 관한 연구는 앞에서 논한 바 있는 버나드의 조직효과에 관한 연구를 포함한 목표모형으로부터 시작되었다.

목표모형에서는 조직목표의 적절성과 달성이 문제가 되나 최종적으로는 설정된 조직목표와 그의 현실적인 달성도가 문제로 된다. 다시 말하면 조직목표 적절성론에서 시작하여 조직목표 달성론으로 발전하였다. 이는 초점이 목표 자체의 존재방식으로부터 그의 달성방법에의 이행을 의미한다. 이는 결국 시스템 모형이 된다.

시스템 모형의 입장을 취하고 있는 에치오니(A. Etzioni)에 의하며 조직효과의 중심과제는 "조직이 그의 목표에 어떻게 헌신하고 있는가"가 아니고 "주어진 조건하에서 조직의 자원배분이 얼마만큼 최적상태로 접근하고 있는가"에 있다고 한다. 즉, 최적화(optimization)가 중심축이 되며 조직효과에 있어서 필요한 것은 하나의 활동에 대한 만족의 극대화가 아니라 조직상의 여러 가지 필요에 응하여 자원배분의 균형(a balance of distribution resources)을 기하는 일이라는 결론이다.

4. 조직효과의 평가기준

조직효과는 측정되고 평가되어야 한다. 그런데 조직효과에 영향을 미치는 요소가 너무 많아서 측정과 평가가 곤란한 것은 사실이다. 핸디(C. B. Handy)는 60개 이상의 변수를 제시하고 있다. 그만큼 조직효과에 대한 평가기준도 많을 수밖에 없다.

예컨대 마호니(J. A. Mahoney) 등은 조직효과의 기준을 114개를 제시하고 있는데[8]이를 몇 개의 범주로 나누더라도 ① 탄력성, ② 육성, ③ 응집성, ④ 민주적 감독, ⑤ 신뢰성, ⑥ 선택성, ⑦ 다양성, ⑧ 위양, ⑨ 교섭, ⑩ 결과의 강조, ⑪ 인사, ⑫ 조정, ⑬ 분권화, ⑭ 이해, ⑮ 갈등, ⑯ 고용 계획, ⑰ 감독자의 지원, ⑱ 계획수립, ⑲ 협력, ⑳ 생산성, ㉑ 의사소통, ㉒ 전직, ㉓ 창의성 및 ㉔ 감독통제 등의 여러 가지로 된다.

캠벨(J. P. Kampbell)도 다음과 같이 이보다 더 많은 측정기준을 제시하고 있다. 즉 ① 전반적 효과, ② 생산성, ③ 능률, ④ 이윤, ⑤ 품질, ⑥ 사고, ⑦ 성장, ⑧ 결근, ⑨ 이직, ⑩ 직무만족, ⑪ 동기부여, ⑫ 사기, ⑬ 통제, ⑭ 갈등, ⑮ 융통성/적응, ⑯

8) J. A. Mahoney and W. Weitzel, Managerial Models of Organizational Effectiveness, ASQ, 1969(No. 14).

계획 및 목표설정, ⑰ 목표에의 일치, ⑱ 역할과 규범의 일치, ⑲ 관리자의 대인관계 기술, ⑳ 관리자의 과업기능, ㉑ 정보관리 및 의사소통, ㉒ 준비성, ㉓ 환경의 활용, ㉔ 안정성, ㉕ 인적자원의 가치, ㉖ 종업원의 의사결정에의 참여, ㉗ 훈련 및 개발에의 강조 및, ㉘ 성취에 대한 강조[9] 등이다.

한편 스티어스(R. M. Steers)는 많은 연구자들의 평가기준을 잘 정리하여 〈표 3-2〉로서 제시해 주고 있다.

조직을 개방적인 시스템으로 보아 현대적인 새로운 조류를 형성한 시스템 조직론자들은 이같은 효과의 문제에 각별한 관심을 보이고 있다. 이미 충분히 논의한 대로 로렌스와 로쉬(Lawrence and Lorsch)의 연구는 '분화'와 '통합'의 축을 중심으로 이를 논했거니와[10] 로렌스와 네간디와 레이만(Negandhi and Reimann)은 경제적인 척도에서 볼 때 중앙집권화된 조직보다 분권화된 조직이 효과적이었다는[11]단순한 실증적 결과를 제시한데 이어 레이만(Reimann)은 이를 더욱 구체적으로 설명하고 있다.

〈표 3-2〉 조직효과의 평가기준

연 구 자	주된 평가 기준
Blake and Mouton(64)	고 생산중심-고 종업원 중심, 기업의 동시적 달성
Caprow(64)	안정성, 통합, 자발성, 성취
Katz and Kahn(66)	성장, 생존, 환경관리
Lawrence and Lorsch(67)	통합과 분화의 이상적 균등
Friedlander and Pickle(68)	수익성, 종업원 만족, 사회적 가치
Price(68)	생산성, 준거성, 사기, 적응성, 규정화(제도화)
Schein(70)	개방적 의사소통 융통성, 창의성, 심리적 투입
Mott(72)	생산성, 융통성, 적응성
Duncan(73)	목표달성, 통합, 적응성
Bibson et al.(73)	(단기적) 생산성, 능률, 만족, (중기적) 적응성, 개발, (장기적) 생존
Negandhi and Reimann(73)	(행위지표) 인력확보, 종업원만족, 인력확대, 대인관계, 부서간관계, 인력활용
Child(74,75)	(경제적 지표)판매성장, 순이익, 수익성 성장력

9) J. P. Kampbell, "On the Nature of Organizational Effectiveness".
10) 이에 관해서는 특히 그들의 〈Organizationand Environment, 1967〉을 참고하기 바란다.
11) A. R. Negandhi and B. C. Reimann, "Task Emvironment, Decentralization, and Organizational Effectiveness", Human Relations, 1973(Jan-Feb).

그는 상대적으로 보아 효과적인 조직과 비효과적인 조직간에는 조직구조의 차원이 근본적으로 다르며 높은 업적을 달성하는 기업의 조직유형은 분권화(decentralization), 전문화(specialization) 및 공식화(formalization)라는 세 개의 차원을 포함한다는 사실을 발견하였다.

예화 들여다보기_운명을 만드는 것은 환경이나 사건이 아니다!

두 사람이 베트남 전쟁 당시에 격추당해 악명 높은 호아로 수용소에 갇혔다. 격리 수용된 그들은 사슬에 묶인 채 정보를 대라고 고문당했다. 두 사람은 같은 학대를 당했지만 자신의 경험에 대해 상반된 믿음을 갖게 되었다. 한 사람은 이제 자신의 인생이 끝났고 더 고통을 당하기 전에 자살하는 편이 낫다고 생각했다. 그러나 또 한 사람은 이런 끔찍한 사건으로 자신과 동료, 그리고 창조주에 대해 예전보다 훨씬 더 깊은 믿음을 갖게 되었다. 제럴드 커피(Gerald Coffee) 대위는 자신의 고통이나 도전, 또는 어떤 문제라도 이겨내는 인간 정신의 힘을 일깨워주었다.

이제 일흔 살로 접어드는 두 할머니는 서로 다른 생각을 가지고 있었다. 한 사람은 인생의 끝으로 가고 있음을 '알고' 있었다. 그녀에게 70년의 의미란 틀림없이 몸이 망가진다는 뜻이었고, 더 망가지기 전에 당장 애인을 구하는 것이 좋겠다고 생각했다. 또 다른 할머니는 능력은 나이에 관계없이 믿음에 달렸다고 생각하고 자신에 대한 더 높은 기준을 설정했다. 그 할머니는 등산이 그 나이에 하기 좋은 운동이라고 생각했다. 다음 25년 동안 그녀는 새로운 탐험에 몸을 바쳐 실력을 쌓으며 세계에서 가장 높은 산들을 정복했다. 지금 90대의 훌다 크룩스(Hulda Crooks) 할머니는 후지 산에 오른 최고령자가 되었다.

운명을 결정짓는 것은 환경이 결코 아니다. 운명은 인생에서 벌어지는 사건에 달린 것도 아니고, 그 사건을 어떻게 해석하는가에 달린 것이다, 그것이 오늘과 내일의 자신을 만드는 것이다. 믿음이란 기쁨 속에 공헌하며 살거나 불행과 황폐함으로 사는 차이를 만들어낸다. 믿음은 영웅이 되게 하거나 삶을 자포자기하게 만들기도 한다.

-출처 : Anthony Robbins, 'Awaken The Giant Within (네 안에 잠든 거인을 깨워라)' 중에서

제3절 업무성과 계획

경영에 있어서 성과(Performance)란 조직활동 결과에서 나타나는 전체적인 개념으로서 사용되어지며, 능률(Efficency)과 효과(Effectiveness) 성과(Performance)의 하부 구성요소(Sub-components)이다. [12] 경영자가 조직목표를 달성하기 위하여

12) Foster R., 1986, Innovation, New York: Summit Books, p.5

고려하여야 할 성과의 구체적인 구조를 보면 다음과 같다.

첫째, 성과는 간단한 기준으로 나타낼 수 있는 것이 아니라, 복잡한 복합적인 기준으로 나타난다.

둘째, 성과분석 수준은 개인구성원에서부터 조직, 제품과 서비스, 그리고 사회에 영향을 주는 사용자에 이르기까지 광범위하다.

셋째, 성과의 초점을 유지하고, 개선하고, 개발하는 데 목표를 둘 수 있다.

넷째, 단기에서 장기로 성과의 시간대를 설정하여야 한다.

다섯째, 계량적 목표에서 질적 · 객관적 수단으로 성과를 측정하는 방법으로 고려하여야 한다.

1. 성과기준

성과의 개념은 여러 가지 기준으로 나타난다. [그림 3-1]에서 나타나는 바와 같이 성과의 계획은 경영자들이 복합적 기준으로 성과를 판단해야 한다는 것을 나타내고 있다.

[그림 3-1] 경영성과를 위한 Framework

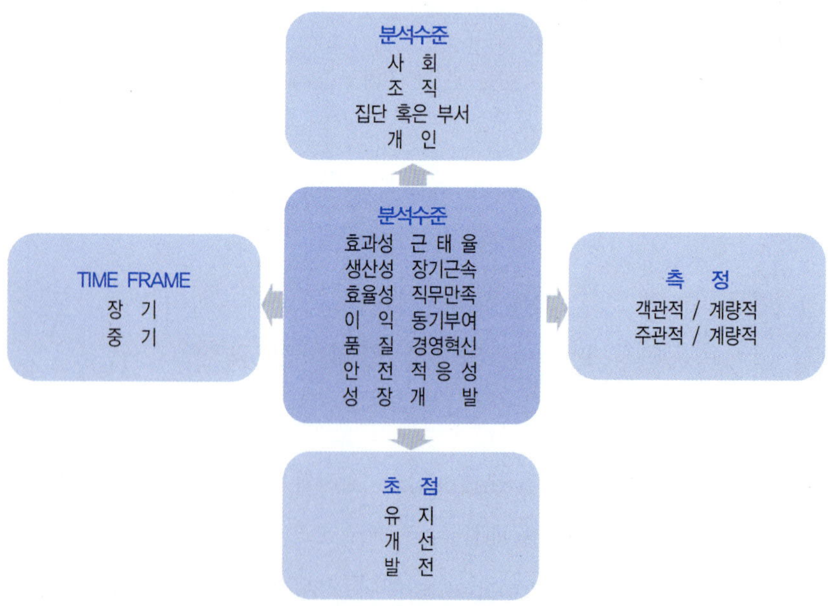

예를 들면, 경영대학 학장으로서 교수들을 평가하기 위한 성과기준(Criteria to Evaluate)으로서, 교수법(Identify Teaching), 연구실적(Research Publications), 지역사회봉사(Community Service)의 요소를 가지고 평가를 한다.

2. 분석수준

분석수준(Level of Analysis)은 성과기준을 개인, 집단, 부서, 사회 등의 어느 곳에 적용할 것인가에 대한 것이다. 예를 들면, 회계사 사무실에서 집단 감사부장이 종업원 개인에 관해서나 집단의 생산성 혹은 집단활동의 고객만족도를 평가하는 데 각기 다른 기준을 적용한다.

3. 성과초점

성과에 관심이 있는 분야는 자주 점검된다. 성과의 초점에는 3가지 차이가 있다.

첫째, 특정 수준활동을 유지하기 위하여 고안된 성과,

둘째, 개선 혹은 성과는 일반적으로 산출물을 증감으로 설명될 수 있는 것으로서 어떠한 변화가 일어나는가를 의미한다.

셋째, 개발성과 활동으로 성장 혹은 발전과 관련된 예를 들면, 강철파이프 제조공장의 품질관리 부장은 일일 생산검사비율을 제품의 50%로 하고(유지), 품질불량률을 25%로 줄이고(개선), 품질관리에서 기술사용법을 하위부서에 훈련시키는 것(개발)에 관심을 가질 것이다.

4. 성과의 시간계획

성과의 시간계획구성은 목표가 달성되었을 때에 이루어진다. 어떤 시간계획(계획화)에서 성과활동을 하는 것은 단기, 중기, 장기적 전망에서 목표달성을 하도록 고려하는 것이 필요하다.

예를 들면, 자료처리 부서의 부장은 재무보고서의 회담시간을 3일에서 1일로 줄이고, 전직을 감소시키거나, 새로운 컴퓨터를 설치하여 4년에서 5년까지 그것을 사용할 수 있도록 종업원을 훈련시키기를 원할 지도 모른다.

[책갈피] 세상에서 '가장...'

일본 게이오 대학의 설립자이자 일본 근대화의 정신적 지주였던 후쿠자와 유키치(福澤諭吉 1835-1901)는 마음에 새겨 두어야 할 가르침을 남겼다. 흔히들 '후쿠자와 유키치 7훈'이라고 한다. 내용을 보면 약간의 차이는 있지만, 독일의 문호 Johann W. von Goethe(1749-1832)가 남겼다는 유사한 내용의 글이 있음을 보게 된다. 미루어 짐작컨대 두 사람의 생존연대를 놓고 보면 괴테의 글을 인용 각색한 것으로 보인다. 두 가지를 다시 재정리해본 것이다.

◇ 세상에서 가장 즐겁고 멋진 것은
일생을 바쳐 할 일이 있다는 것이다.
◇ 세상에서 가장 한심하고 비참한 것은
인간으로서 교양이 없는 것이다.
◇ 세상에서 가장 서글픈 것은
할 일이 없다는 것이다.
◇ 세상에서 가장 추하고 흉한 것은
남의 생활을 시샘하며 사는 것이다.

◇ 세상에서 가장 존귀한 것은
남을 위해 봉사하고,
결코 보답을 바라지 않는 것이다.
◇ 세상에서 가장 슬픈 것은
거짓말을 하는 것이다.
◇ 세상에서 가장 아름다운 것은
모든 사물에 애정을 갖는 것이다.

제4절 성과의 측정기준

1. 성과지표의 개념과 유형

1) 성과지표의 개념

성과지표(performance indicator)란 조직의 임무, 전략목표, 성과목표의 달성여부를 측정하는 척도로서 성과를 측정할 수 있도록 계량적 혹은 질적으로 나타낸 것을 말한다. 성과 지표에 의해 객관적이고 정확하게 성과의 달성수준을 측정할 수 없는 경우에는 성과관리의 목적을 달성할 수 없기 때문에 성과지표는 성과관리의 가장 중요한 요소가 된다.

2) 성과지표의 속성과 유형

성과지표의 유형에는 지표의 속성을 기준으로 볼 때 투입지표, 과정지표, 산출지표, 결과지표로 나누어진다.

(1) 투입(Input) 지표

투입지표는 예산 집행과 추진 과정상의 문제점을 발견하는 것이 목적이다. 필요한 재원 및 인력이 계획대로 집행되었는지 평가하는 지표로 예산집행율, 사업계획에 따른 인력, 재원 및 물자의 지원여부, 사업의 최종산출을 위한 중간투입물의 목표달성에 대한 평가를 하게 된다.

(2) 과정(Activity/Process) 지표

과정지표는 사업추진의 중간점검이 목적이다. 사업추진을 단계적으로 나누어, 각 단계의 목표달성 여부를 평가하게 되며, 사업의 최종산출을 회계연도 말까지 얻을 수 없는 경우, 사업의 최종완료까지 사업의 효과가 나타나지 않는 경우에 사용하게 된다.

(3) 산출(Output) 지표

산출지표는 예산 및 인력 등의 투입에 비례하여 목표한 최종산출이 이루어졌는가를 평가하는 것이 목적이다. 따라서 사업이 목표한 최종산출을 달성했는지를 평가하게 되며 최종산출물은 사업의 궁극적인 목표를 달성하기 위한 수단이 된다.

(4) 결과(Outcome) 지표

결과지표는 사업의 시행을 통하여 달성하고자 하는 최종효과를 측정하기 위한 지표로 사업의 최종산출을 통해서 궁극적으로 얻으려는 성과의 달성여부에 대하여 평가하게 된다. 물질적인 산출이 없는 사업의 경우, 사업의 결과와 산출이 동일한 경우가 많다.

3) 성과지표의 관점에 따른 유형

(1) 고객 관점(Customer Perspective)

고객에 대한 만족과 감동을 어느 정도 주고 있는가를 평가하는 성과지표들

(2) 재무 관점(Financial Perspective)

주로 재무제표로 나타나는 재무적 성과지표들

(3) 내부 프로세스 관점(Internal Process Perspective)

효과적으로 개발되어 역량이 뛰어난 인적 자원들로 이루어진 훌륭한 내부프로세스는 서비스의 질을 높이고 고객만족도까지 높일 수 있다. 조직의 핵심 프로세스와 핵심역량을 평가하는 성과지표들

(4) 학습과 성장 관점(Learning & Growth Perspective)

학습하는 조직이 성장 발전하므로 지속적인 변화 개선노력과 혁신과정에 대하여 평가하는 성과지표

2. 재무적 성과에 관한 지표들

기업의 경영실적은 재무제표에 나타나는 데 이들을 평가하기 위해서는 일정한 평가기준이 필요하다. 이러한 기준에는 일반적으로 비율이나 지수 등이 사용된다. 기업의 재무상태나 영업성과 등을 이러한 비율이나 지수로 나타내면 기업의 과거나 현재 상태를 구체적으로 파악할 수 있고, 미래에 대한 개선방향을 제시해줄 수도 있다.

기업의 재무성과 분석을 내용면에서 보면 크게 성장성과 안전성, 수익성과 생산성, 유동성과 활동성으로 구분할 수 있다. 이러한 분석내용을 토대로 과거와 현재를 비교하여 기업의 경영상태가 어떻게 변화했는지를 파악할 수 있다. 또는 해당기업의 재무비율과 그 기업이 속한 산업의 평균비율이나 경쟁기업의 비율을 비교함으로써 상대적인 재무상태를 평가할 수 있다.[13)]

13) 지호준, 21세기 경영학, 법문사, 2000, p.303.

1) 성장성

성장성은 기업의 경영규모나 기업활동의 성과가 얼마나 증가했는가를 과거와 비교해서 나타낸 것이다. 이는 단지 기업의 매출액 증가만을 파악하는 것이 아니라 이익이나 자본 등이 어떠한 변화를 가져왔는가도 함께 파악해야 한다. 여기에는 총자산증가율, 자기자본증가율, 매출액증가율, 순이익증가율 등이 있다.

2) 안전성

안전성은 레버리지 비율(leverage ratio)이라고 불리는 데, 기업이 조달한 자본이 어느 정도 타인자본에 의존하고 있는가를 나타내는 비율이다. 이는 부채의 원리금 상환능력을 측정하는 것으로 여기에는 부채비율과 이자보상비율이 있다.

3) 수익성

수익성은 기업이 투자한 자본으로 얼마만큼 이익을 달성했는가를 측정하는 것이다. 여기에는 총자본이익률, 매출액순이익률, 자기자본순익률 등이 있다.

4) 생산성

생산성은 기업이 투입한 생산요소에 대한 산출량을 나타내는 비율로서 경영활동이 효율성 내지는 성과배분의 합리성 등을 분석하는 데 사용된다. 생산성은 노동생산성과 자본생산성으로 구분할 수 있다.

5) 유동성

유동성은 기업의 단기적인 채무 지급능력을 측정하기 위한 비율을 말한다. 이때 유동성이란 기업이 보유하고 있는 총자산 가운데 단기간에 현금으로 충원할 수 있는 자산의 비중을 의미한다. 유동성에는 유동비율과 당좌비율 등이 있다.

6) 활동성

활동성은 기업이 자산을 얼마나 효율적으로 활용하고 있는가를 나타내는 비율로서 매출액에 대한 주요 자산의 회전율로 나타내는 것이 일반적이다. 활동성에는 재고자산회전율, 매출채권회전율, 고정자산회전율, 총자산회전율 등이 있다.

사례 들여다보기_한국 기업가정신의 모본

자본주의 기본은 시장경제에 따른 부의 축적이며, 시장경제를 이끄는 힘은 기업가정신으로부터 나온다. 우리나라 경제발전에 견인차 역할을 했다고 할 수 있는 고 이병철, 정주영 회장, 안철수 대표 등은 무엇인가 기업을 성공시킨 노하우를 가진 사람들이며, 그들이 가진 기업경영의 노하우(Know-How)가 곧 기업가정신이다.

- 탁월한 기업가정신을 보인 CEO들

고 이병철 삼성회장은 변화관리와 끊임없는 도전정신에 능숙함을 보였다. 그는 우리사회의 경제적 변화에 맞게 소득수준이 낮을 때는 의식주와 직접 관련이 있는 생활 필수품 위주의 사업에 치중했다. 초기 비전은 사업을 성공시켜 나라를 부강하게 하겠다는 정신으로 삼성을 이끌었다고 한다.

의식주 문제가 해결이 되고, 우리나라 경제가 차츰 성장하면서, 산업재 생산에 몰두하고, 과학기술이 뒷받침되자 1980년대 초부터는 기술집약적인 첨단산업에 뛰어들어 독자적인 노력으로 전자, 반도체를 비롯한 첨단산업의 선도자 역할을 하는데 기여했다. 삼성을 세계적인 기업으로 성장케 한 주인공이다. 그의 변화관리능력은, 미국은 대표적인 기업 중의 하나인 GE의 잭 웰치와도 비교할 만하다.

지난해 9월 퇴임까지 20년 간 CEO(최고경영자)의 자리를 지켰던 잭 웰치 전 회장은 20세기의 가장 유능한 CEO로 세계적으로 인정받고 있다. 그는 각 사업분야를 재정리하면서 세계으뜸이 아니면 과감히 버렸다. 장기간의 구조조정으로 잭 웰치는 많은 불만을 들으면서도 과감하게 인원 감축, 비효율 사업분야의 매각 및 새로운 분야 진출 등 변화관리에 힘썼다. 변화관리에 귀재라고 할 수 있는 고 이병철 회장의 기업가정신은 잭 웰치의 그것과 일맥상통하는 부분이 있다.

현대그룹은 수십 년간 이끌어 왔고 이제는 고인이 된 고 정주영 회장은 고 이병철 회장과는 다른 경영스타일을 갖고 있었다. 그는 저돌적이고 항상 자신감 넘치는 사업 마인드를 가졌던 사람으로 기억되고 있다. 그는 무에서 유를 창조할 그야말로 무일푼으로 시작해서 세계적인 대기업으로 성장시키는 데 성공했다. 사업에는 항상 실패라는 위험이 내재하게 마련이다. 실패할 것을 두려워한다면, 실패할 수밖에 없을 것이다. 현대중공업을 창립할 당시 고 정주영 회장은 조선소의 기본인 도크도 없는 허허벌판에, 조선소 청사진을 들고 영국으로 가서, 은행돈 빌리고, 기술을 빌리는 약정서만 갖고도 선박을 수주했다.

돈을 빌려준 영국은행의 한 간부가 감동 받았던 것은 바로 고 정주영회장의 저돌적인 자신감과 진취적인 기상이었다고 했다. 검소하게 생활하기로 유명했고, 자는 시간에 돈을 못버는 것이 아까워 늦잠을 잘 수 없었다. 매일 아침에 무엇인가 새로운 것을 기대하는 설렘으로 하루를 시작했다고 하는데 그의 창의적인 마인드를 보여주는 것이다.

경제환경이 급변하는 시기에는 또 다른 면의 기업가정신을 보게 된다. 소자본을 투자하는 수많은 창업자들의 활동에서 도전과 개척정신이 내재된 기업가정신이다. 우리나라에서는 요즘 한 달 평균 4000개, 일요일을 제외하면 하루 평균 160개 회사가 태어난다고 한다. 이러한 열기는 지식 기반사회에 창의적인 마인드를 가진 기업가들이 그만큼 늘어나고 있다는 증거이며, 그만큼 역동적인 경제활동을 보여준다.

• **기업가정신의 요체**

그렇다면 과연 기업가정신이란 무엇일까? 기업가정신은 리스크를 가진 경영활동으로 상품 또는 기존의 상품을 생산하는 방법에 적용하는 일이며, 혁신적인 마인드로 말할 수 있겠다. 혁신적인 마인드는 창의력과 뚜렷한 비전을 가져야 가능하고, 진취적이고, 역동적인 경영활동에서 비롯된다. 삼성 현대와 같은 대기업은 커다란 자본을 이용, 조직적인 운영과 리더십이 요구되는 기업가정신으로부터 성장해왔다. 소자본으로 시작해 일궈내는 벤처형 직접 참여식 기업경영은 좀 더 세분화한 창의적인 기업가정신을 필요로 한다. 이러한 기업가정신은 주인의식과 위험을 감수하지 않고는 불가능하다.

• **변화와 기업가정신**

기업은 잘될 때 더 세련된 기업가정신이 요구된다. 삼성전자가 올 상반기 사상 최대 흑자를 기록하고 있음에도 불구하고, 이건희 회장은 삼성전자는 미래를 위한 활로를 찾을 것을 강하게 주장했다. 잘 되고 있는 기업이 존속하기 위해서는 잭 웰치나 이건희 회장이 갖고 있는 끊임없는 변화관리의 기업가정신이 필요한 것이다. 기업가는 기업 및 자신의 강점과 가치관, 그리고 일을 최선으로 수행할 수 있는 방법을 알아내야만 한다. 기업의 핵심역량을 알고, 잘 정돈된 사고방식으로, 모든 조건을 구비한 혁신적인 아이디어 승부에서 21세기 지식기반사회에 필요한 기업가정신이 싹트게 된다. 올바른 의미의 기업가정신은 주인 의식과 함께 불확실한 기업가정신이 싹트게 된다. 올바른 의미의 기업가정신은 주인의식과 함께 불확실한 미래에 대한 비전과 확신, 리스크를 두려워하지 않으며 도전하는 정신이다. 이러한 정신이 시장경제에서 부를 축적하는 데 기여하게 될 때 자본주의는 더욱 발전하게 된다.

\- 매일경제, 2002.5.23.

제4장 기업가와 경영자

제1절 기업가의 의의

1. 기업가(Entrepreneur)[1]에 대한 관점

1800년 경 프랑스의 경제학자 세이(Jean-Baptiste Say: 1767~1832)[2]는 "기업가는 경제적 자원을 생산성과 수익성이 낮은 곳으로부터 높은 곳으로 이동시킨다."고 말하였다. 그러나 세이의 이러한 기업가에 대한 정의에는 '기업가'가 누구인지를 밝혀내지 못하고 있다. 세이의 이러한 정의 이후, 거의 200년이 지났지만 아직까지도 '기업가'와 '기업가정신'의 뜻에 대하여는 큰 혼란이 일어나고 있다.[3]

그러면서 그는 예를 들기를, 미국에서는 기업가란 흔히 그 자신이 소유하고 새롭고 또한 소규모인 기업을 시작하는 사람이라고 정의하고 있다[4]고 지적하면서, 그러나

---

1) 몇몇 국내 연구자들 중에는 기업가를 크게 두 가지 의미로 나누어 설명하는 경우들이 있다. 즉 企業家는 통상적인 의미의 사업가를 의미하며, 起業家는 새로운 기업 및 산업을 창출하는 사람, 즉 창업단계에서의 창업가(創業家)를 의미한다고 풀이한다. 이는 한자문화권에서만 제시할 수 있는 이른바 epistemology(인식론)적 접근 또는 ontology(사물의 존재의미를 논의하는 철학적인 연구영역)적 접근이라 할 수 있다. 그런데 기업가정신을 영어로 entrepreneurship이라고 표현하는 데 이 단어는 원래 기업가나 발기인 또는 청부인의 의미인 프랑스어 entrepreneur에 정신이라는 의미의 ship이라는 접미사가 붙은 일종의 불영(佛英) 합성어인 셈이다. entrepreneur라는 단어는 '꾀하다', '기도하다', '시도하다', '~하려들다' '새로이 시작하다' 등의 의미인 동사 entreprendre에서 나온 것이다. 그런 의미에서 보면 기업가를 起業家로 쓸 수도 있겠으나 프랑스에서 공부한 저자가 보기에는 어떤 일을 밑 그림 그리기에서부터 구상하고 기획(企劃)하는 기도(企圖)의 과정을 중시한다면 굳이 사업을 새로이 일으켜 세우는 측면만 강조하는 起業家라는 표현은 상당히 의미를 제한하는 것이라고 판단한다. 따라서 저자는 본서에서는 물론이고 일반적인 의미에서도 entrepreneur는 기업가(企業家)로, entrepreneurship은 기업가정신(企業家精神)이라고 쓰는 것이 바람직스럽다고 생각한다.

2) Jean-Baptiste Say, Traité d'économie politique ou simple exposition de la manière dont se forment, se distribuent et se composent les richesses, 1re éd., Crapelet, 1803.

3) P. F. Drucker, Innovation and Entrepreneurship, Harper Business, 1985, p.37.

4) 위의 책, p.37.

모든 새로운 소규모의 사업이라고 해서 모두 다 기업은 아닌 것이며 또한 기업가정신을 반영하는 것도 결코 아니라고 강조한다.[5)]

예컨대 미국에서 어느 부부가 조제식품 판매점이나 또는 멕시코식 식당을 개업한다고 할 때, 위험부담을 가지는 것은 분명하다. 그렇다고 해서 이들을 기업가라고 할 수 있을까? 그들은 기껏해야 외식수요가 늘어나고 있는 일정지역에서 모험을 해보는 것일 뿐으로, 많은 사람들이 먼저 해본 것을 되풀이 해보는 것일 뿐이며, 소비자의 새로운 만족이나 새로운 수요를 창조해 내는 것은 결코 아니다. 이러한 관점에서 볼 때에 그들이 새로운 사업을 시작할 지언정, 그들은 기업가가 아닌 것이 분명하다.[6)]

한편 19세기의 경제학자 밀(John Stuart Mill: 1806~1873)은 조직의 관리자와 구분하기 위한 기업가의 특성으로서 '위험감수' 또는 '위험을 감수하는 능력'을 들었다.[7)] 한편 경제학자 슘페터(Joseph Schumpeter: 1883~1950)는 창업을 단순히 '혁신자의 창의적인 활동'으로 보면서 기업가란 새로운 상품, 시장 및 생산과 경영방식을 개발하는 존재로 인식하였다.[8)]

[책갈피] 랜드럼*의 천재 기업가의 12가지 성공법칙

기업가는 이익을 목적으로 사업을 시작하지만 단위가 커지면 그때부터는 이익과 관련이 없이 전 사회구성원에게 영향을 끼친다.

1. 실패로부터 많은 것을 배워라.
   → 붕괴가 도약을, 위기가 창의력을 가져온다.
2. 약점을 공략하여 성공으로 만들어라.
   → 될 수 있는 한 최고가 돼라. 약점을 극복하고 현재의 내가 아닌 다른 사람이 되어라.
3. 한계를 시험하라: 대승을 거두려면 큰 위험이 수반된다.
   → 기업가들에게 두려움은 치명적인 적이다.
4. 돈이 아닌 목표를 따르라.
   → 우아하게 실행하라. 그러면 돈은 트럭으로 따라온다.

*Gene Landrum – 기업가정신에 관한 세계최고의 권위자

5) P. F. Drucker, 앞의 책 책, p.37.
6) 위의 책, pp.37–38.
7) J. S. Mill, Principles of Political Economy with Some Applications to Social Philosophy, London: John W. Parker, 1848.
8) J. A. Schumpeter, The Theory of Economic Development, Cambridge, MA: Harvard University Press, 1934.

5. 깨지지 않았다면 부숴버려라.
   → 창조적 파괴는 창조적인 천재들의 비결이다.
6. 실질적일 것인가 환상적일 것인가에 대한 답부터 시작하라.
   → 직관적인 통찰력은 마법과 같다.
7. 믿어라. 그러면 세상은 당신이 어디로 가도 따라올 것이다.
   → 실제 시장이든, 가상의 시장이든 비어 있는 곳을 찾아서 채워라.
8. 극도의 완벽주의가 권력을 장악하는 방법이다.
   → 한 가지 일에 몰두한 사람에게서 에너지가 나온다.
9. 거물이 되기 위해서는 크게 생각하라.
   → 크게 되기 위해서는 꿈을 크게 가져라. 그리고 모든 빛깔을 다 사용해서 총천연색 꿈을 꿔라.
10. 이미지는 브랜딩의 모든 것이다.
   → 카리스마와 과장은 브랜드 가치를 형성하는 촉매제이다.
11. 즉각적인 만족을 피하라.
   → 미래를 위해 현재를 희생하라. 그러면 미래를 소유할 것이다.
12. 관습과 전통적인 교리를 피하라.
   → 성공하지 못하는 사람은 이기적이고 보통 수준에 물들어 있다.

2. 기업가의 정의

위키피디아(Wikipedia) 사전에서는 "기업가(entrepreneur)란 고용되어 일하는 사람이라기보다는 작은 사업체를 운영 관리하면서 주어진 투기적 사업이나 아이디어 또는 판매하기 위해 내놓은 제품이나 서비스에 대한 모든 위험과 보상을 감당해내는 사람이다. 그리고 기업가란 신설 기업, 새로운 모험기업이나 아이디어를 소유하고 그 속에 내재된 위험과 그 산출결과에 대한 의미심장한 책임을 완수하는 사람이다."라고 정의하고 있다. 그래서 기업가들은 기회를 추구하기 위하여 개인적이거나 직업적인 또는 재정적 차원의 위험을 선택한다. 기업가들은 시장에서의 기회를 찾아내려고 끊임없이 시도하고, 주어진 산업분야에서 기존의 상호작용관계를 변화시키는 산출결과(outcome)를 달성해내고자 그들이 활용할 수 있는 자원들을 효과적으로 조직함으로써 그 기회를 이용한다. 영어에서 기업가란 새로운 모험사업이나 기업에 전력투구하고 또 그 산출결과에 대한 전적인 책임을 지려는 의지를 가진 인간유형에 적용하는 용어이다.[9]

9) Wikipedia

기업가를 의미하는 entrepreneur라는 단어는 '꾀하다', '기도하다', '시도하다', '~하려들다' '새로이 시작하다' 등의 의미로 쓰이는 동사 entreprendre라는 프랑스어에서 온 것으로 에이레 출신의 경제학자 깡띠용(Richard Cantillon)에 의해 처음으로 정의되고 사용되었다. 깡띠용이 죽은 후 21년이나 지난 1755년에 발간된 깡띠용의 사후 저서(*Essai sur la nature du commerce en général*–『상업일반론』에서 비롯되었다고 한다. 여기서 깡띠용은 기업가를 "위험을 부담하는 자"이며 "기업가의 소득은 토지임대료나 임금이 아닌 이윤으로 구성된다"고 정의하고 있다.[10] 깡띠용이 정의한 위험부담자로서의 기업가 이론은 나이트(F. H. Knight)[11]에 의해 기업가정신으로 발전되었다. 기업가가 직면하고 있는 불확실성(uncertainty)은 선험적으로 확률분포를 알 수 없기 때문에 보험으로 대응할 수 있는 위험(risk)과 다르다는 점을 나이트는 강조하고 있다. 기업가와 경영자의 구분은 불확실성을 부담하는 기업가 고유의 정신에 있으며, 우월한 판단력과 예견력으로 현재의 생산과 미래의 수요 사이의 시차로 인한 불확실성을 줄이는 경영자가 기업가로 변화한다고 나이트는 지적하고 있다.

한편, 미국의 정치경제학자 라이흐(Robert. B. Reich)는 리더십, 경영관리능력 그리고 팀 구축능력은 기업가의 필수적인 자질이라고 여긴다.[12] 이러한 개념은 깡띠용의 저서 『*Essai sur la Nature du Commerce en général*(1755)』와 세이(Jean-Baptiste Say: 1803 or 1834)의 저서 『*Treatise on Political Economy*』에서 그 기원을 찾게 된다.

좀 더 일반적으로 전개된 이론에 따르면, 기업가들은 대중들로부터의 요구나 기회와 그 기회를 잘 이용하기 위해 적재적소에 배치된 사람들을 잘 조합해내는 과정에서 출현한다는 것이다. 기업가는 문제를 인식하거나 문제를 해결해낼 수 있는 몇몇 소수의 사람들 가운데 한 사람으로 인식될 수 있다. 이러한 관점에서 볼 때, 어떤 사람은 기업가가 될 수 있는 자격요건에 유용한 정보들을 공유하는 쪽으로 연구를 진행하고, 또 다른 사람들은 자본의 조달, 경쟁 등과 같은 환경적 요인들이 어떻게 한 사회에서 기업가를 배출시키는 정도(the rate of a society's production of entrepreneurs)를 변화시키는가에 대해 연구한다.[13]

이러한 관점에 관한 저명한 이론가는 오스트리아 학파의 슘페터인데, 그는 기업가

10) Richard Cantillon, Essai sur la nature du commerce en général, 1755.
11) F. H. Knight, Risk, Uncertainty and Profit, Houghton Mifflin, New York, 1921.
12) Robert. B. Reich, Aftershock: The Next Economy and America's Future, Wiley, 2011.
13) Wikipedia

를 혁신가(innovators)로 보았고 기업의 규범을 변화시키는 데 있어서 기업가의 역할에 대한 관점을 묘사하기 위해서 창조적 파괴(creative destruction)라는 표현의 사용을 대중화시키기도 하였다. 창조적 파괴란 기업가적 활동이 매순간 새로운 공정, 새로운 제품, 새로운 회사를 시장에 진입시키는 변화를 이루어내는 것이다.

이와 같이 슘페터에 의해 경제성장의 원동력은 기업가정신에 의해 발현되는 창조적 파괴과정이라는 점이 강조되면서 일반대중들에게 기업가정신의 개념이 널리 알려지게 되었다. 슘페터는 기업가들이 경쟁적으로 수행하는 창조적 파괴과정(creative destruction) 또는 생산요소의 새로운 결합(new combination)이 자본주의를 자본주의답게 만드는 경제발전의 본질이라고 강조했다. 또한 창조적 파괴로 성공한 기업가는 그의 새로운 결합을 모방하는 기업들이 출현할 때까지 임대료나 임금과 같은 생산요소의 용역에 대한 보상과는 다른 독점적 이윤을 누린다고 지적했다. 요컨대 슘페터는 기업가는 혁신가로서 능률이나 생산성을 높이거나 새로운 제품 또는 서비스를 생성해내는 새로운 기술을 직장이나 시장에 도입하는 사람이라고 규정한다.

[책갈피] 경영자가 잘 걸리는 병=John McCarter

1. 「매상고 지상주의」 병	6. 「능력과대 요구」 병
2. 「책임전가」 병	7. 「독선독단」 병
3. 「소상인」 병	8. 「노인」 병
4. 「사원불신」 병	9. 「고독」 병
5. 「이론부정」 병	10. 「계수편중」 병

한편 세이, 캐손[14]과 깡띠용과 같은 학자들은 기업가란 생산요소나 생산과정을 조직하는 사람(organizer)으로서 경제적 변화를 위한 기폭제와 같은 역할을 한다고 하였다.[15] 또한 셰이클은 기업가란 새로운 기회를 그 대가로 제공하는 새로운 해결책을 상상해내는 고도로 창의적인 개인이라고 지적한다.[16]

한편 자신이 기업가(entrepreneur)이기도 한 브로드스키(Norm Brodsky)[17]는 "기업

14) Mark Casson, The Entrepreneur: An Economic Theory, Edward Elgar Publishing, 2003.
15) Deakins, D. and Freel, M.S., Entrepreneurship and small firms, London: McGraw-Hill, 2006.
16) G. L. S. Shackle, Decision Order and Time in Human Affairs, Cambridge University Press, 1961.

가는 새로운 벤처에 대한 아이디어만으로 시작하여 그러한 아이디어를 스스로 성장시키며, 그 사업으로부터 나온 자금을 통하여 지속적으로 발전하는 기업으로 변모시키는 사람("entrepreneurs are people who, starting with nothing more than an idea for a new venture, have the ability to take it to the point at which the business can sustain itself on its own internally generated cash flow.")이라고 정의하였다.

제2절 기업가의 특성

대부분의 연구들은 기업가의 특성들에 초점을 맞추고 있는 편이다. 코우프(Cope)[18]는 (기업가정신을 개념적으로 정의하는 데) 몇몇 기업가적 특성들이 요구된다 할지라도

〈표 4-1〉 기업가의 정의

주창자	정 의
R. Cantillon	불확실한 모든 가격으로 판매하려는 제품을 결합하기 위해서, 어떤 가격으로 생산수단을 매입하는 사람으로서 또 스스로 위험을 부담해서 제품을 유통 · 교환·생산하는 사람
A. Smith	자본을 투하하는 자(자본가와 동일인격으로 생각)
A. Marshall	모험에서 오는 위험을 부담하고 그 사업에 필요한 자본과 노동을 결합시켜 종합계획을 세우며 세부에 걸쳐 관리하는 자
J. B. Say	모든 생산수단을 결합하는 경제적 대리인
J. S. Mill	소극적인 사업가가 아닌 적극적인 사업가
P. Potter	전통적 상품의 수동적 거래를 주로 하는 것과 구분하여 신시장을 창조하는 상인
R. Alexander	경제발전의 핵심적 · 혁신적 역할을 담당하는 자
G. Schumoller	비즈니스에 있어서 위험을 부담하며 경제재나 서비스를 생산할 목적으로 각종의 생산수단을 독립의 기업조직 속에 유입하는 자.
J. K. Galbraith	근대적 대기업에 있어서 기업기능의 집단적 관리자로서의 테크노스트럭처

17) Brodsky, Norm, "Who Are the Real Entrepreneurs?" Inc. Magazine, 1996, 12, 01 (http://www.inc.com/magazine/19961201/1893.html)

18) Jason Cope, "Toward a Dynamic Learning Perspective of Entrepreneurship, Entrepreneurship: Theory and Practice, 2005, 29(4), pp.373-398.

주창자	정 의
J. A. Schumpeter	정태적 균형 상태에 있는 경제가 동태적 경제로 발전하도록 혁신을 수행하는 동태적 주체
A. H. Cole	기업의 조직, 관리, 조사 및 통제의 기능을 수행하는 데 있어서 혁신적 정신을 내포하고 있는 자
G. H. Evans	일반적으로 기업가 그룹의 일원이라고 간주되지 않는 사람을 포함하는 경영지도의 대부분의사람

자료: 윤종록 외, 창업과 경영, 형설출판사, 2006, p.26.

기업가의 행동은 역동적이며 환경적 요소들에 의해 영향을 받는다고 지적한다. 반면에 셰인과 벤카타라만(Shane and VenKataraman)[19]은 기업가란 홀로 기회를 인식하고 그것을 이용하는 사람이라고 지적한다. 그렇지만 그렇게 인식된 기회라는 것은 우크바사란(Ucbasaran)과 그 동료들[20]이 사업이나 개인적인 상황에 따라 달라지는 여러 다양한 유형의 종속변수들이 있음을 지적했듯이 기업가들의 유형에 따라서도 달라진다는 것이다.

비교적 최근에 스토크스(Stokes)와 그 동료들은 기업가와 기업가적 활동 및 기업가정신에 관하여 개념적 정의를 다음과 같이 제시하고 있다. '기업가'(entrepreneurs)란 새로운 상품(products)이나 새로운 공정(processes) 또는 새로운 시장(markets)을 밝혀내거나 개척해내면서 경제활동의 창조나 확장을 통하여 가치를 창출하려는 (기업소유자로서)사람들이라고 규정하고, '기업가적 활동'(entrepreneurial activity)이란 새로운 상품(products)이나 새로운 공정(processes) 또는 새로운 시장(markets)을 찾아내거나 개척해내면서 경제활동의 창조나 확장을 통하여 가치창출을 추구할 목적으로 인간의 활동이나 노력을 기획하고 조직하고 관리하는 것(enterprising)이라고 정의하는 한편, '기업가정신'(entrepreneurship)이란 이러한 기업가적 활동과 연계된 현상이라고 정의하였다.[21] 그러면서 그들은 성공적 기업가정신에 필요한 자질들을 다음과 같이 요약하고 있다.[22]

19) Shane, S., and Venkataraman, S., "The Promise of Entrepreneurship as a Field of Research," The Academy of Management Review, 2000, 25(1) pp.217-226.

20) Deniz Ucbasaran, Paul Westhead, Mike Wright, Habitual Entrepreneurs, Edward Elgar Publishing, 2006.

21) David R. Stokes, Nicholas Wilson, Nick Wilson, Martha Mador, Entrepreneurship, South-Western Cengage Learning, 2010, p.12.

22) David R. Stokes, Nicholas Wilson, Nick Wilson, Martha Mador, pp.5-6.

① 높은 수준의 추진력과 활력
② 조심스럽게 계산된 위험을 감수하는 충분한 자신감
③ 성과(득점)를 매기는 수단으로서 그리고 보다 많은 돈을 벌어들이는 수단으로서의 돈에 대한 명쾌한 생각
④ 자신과 함께 그리고 자신의 생산성 향상을 위해 일할 사람을 발굴해내는 능력
⑤ 높으면서도 현실적이고 그러면서 성취 가능한 목표의 설정
⑥ 자신의 운명을 통제할 수 있다는 믿음
⑦ 자신의 실수나 실패로부터 배우려는 준비자세
⑧ 자신의 사업의 미래에 대한 장기적 비전
⑨ 스스로 설정한 기준에 입각한 치열하고도 경쟁심이 강한 추동력

사실이지, 기업가정신에 필요한 자질들이나 역량들은 기업가들 간에도 개인차를 보이기도 하고 시대적 상황이나 환경에 따라서 기업가의 자질이나 역량의 중요도 또는 비중이 달라질 수 있기 때문에 일일이 다 열거하기도 힘들거니와 규범적으로 제시하기도 쉽지 않을 것이다. 그래서 스토크스와 그 동료들은 "기업가정신은 현대의 경제적 그리고 사회적 생활에 있어서 근본적으로 중요한 한 부분으로 인식되고 있다. 그래서 기업가들은 우리 사회에 있어서 핵심적인 역할을 하고 있는 것이다."라고 진술하면서도 "기업가정신에 관한 지대한 관심에도 불구하고 기업가정신에 어떤 내용들이 정확하게 포함되어야 할지에 대하여는 아직까지도 상당한 혼란스러움이 남아있는 상황이다."[23]라고 지적하고 있다. 그러면서도 그들은 기업가정신에 대한 정의에 있어서 반드시 포함되어야 할 최소 여덟 가지의 특징들(features)을 다음과 같이 제시하고 있다.

① 기업가들이 배출되는 환경
② 기업가정신이 배인 사람들
③ 기업가들에 의해 표출된 기업가적 행동
④ 기업가들에 의해 창조된 조직들
⑤ 식별되고 개발된 기회들
⑥ 꾸준하게 증대일로이거나 급격한 또는 변혁적인 혁신

23) *Ibid.*, p.8.

⑦ 개인적 수준이거나 조직적 또는 사회적 차원에서의 위험의 감수
⑧ 기업가와 사회를 위한 부가가치의 창출

기업가적 행동은 사회적, 경제적 요소들에 따라 달라진다는 사실을 보여주는 많은 연구결과들이 점점 더 많이 나오고 있다. 여성 기업가들에 대한 연구들은 이 사실을 명백하게 입증해주고 있다. "건강하고 다양한 노동시장을 가지고 있거나 막강한 사회적 안전망을 갖춘 국가들은 창업의 필요성을 절감한 여성 기업가들에게 보다 많은 유리한 기회를 제공하고 있음을 보여주고 있다.[24] 그러한 요소들로는 어떤 것들이 있는가는 매우 광범위할 정도로 다양하며 지역적 필요성들에 근거하고 있는 것이다. 예컨대, 미국의 경우에는 기술이 동인(driving factor)인 반면에, 소말리아의 경우에는 보다 많은 농작물의 수확이나 깨끗한 물이 될 것이다.[25]

[책갈피] 워렌 버핏이 말하는 성공을 위한 10계명

1. 이자를 재투자하라(Reinvest your profits.)
원금에 붙는 이자는 작지만 그것이 쌓이고 쌓여 그 이자에 이자가 붙는 복리의 힘은 어느 투자원칙보다 강력한 힘을 가지게 된다.

2. 달라져라(Be willing to be different.)
같은 물건을 똑같이 만들어 낸다면 같은 서비스를 똑같이 한다면 현재로써는 그 것이 통할지 모르지만 결국에는 차별된 제품과 서비스 그리고 다른 이력을 가진 사람에게 밀리게 된다.

3. 손가락만 빨고 있지 말아라(Never suck your thumb.)
가만히 기다리고만 있지 말고 스스로 기회를 찾아 나서고, 또 기회라는 판단이 선다면 과감하게 행동해라.

4. 거래 전에 계약서를 꼼꼼히 살펴봐라(Spell out the deal before you start.)
거래를 하거나 계약을 하기 전엔 계약서를 꼼꼼히 살펴봐야 한다. 세부사항을 확인하지 않고 계약서를 작성할 경우 나중에 큰 피해가 생길 수 있으며, 부자가 되기 위해선 기본을 잘 지켜 불필요한 손해를 봐선 안 된다.

5. 작은 지출을 조심하라(Watch small expenses.)
비용들이 모이고 모여서 큰 손실이 될 수 있다.
자신도 모르게 새어나가는 작은 지출들도 잘 관리해야 한다.

24) Minniti, Maria, "Female Entrepreneurship and Economic Activity," European Journal of Development Research, 2010, 22(3), pp.294-312.
25) Wikipedia

6. 빌리는데 한계를 둬라(Limit what you borrow.)

소위 말하는 '레버리지 효과'를 통해 남의 돈으로 이용해 적은 돈으로도 큰 이익을 높일 수 있다. 하지만 남의 돈을 이용하는, 빌리는 데는 분명 제한을 둘 필요가 있다.

7. 끈질기게 밀어붙여라(Be persistent.)

성공한 사람 중 끈기가 없었던 사람은 없다.

하고자 하는 일이 있다면 이를 끝까지 밀어붙여야 한다. 끈기 없이 쉽게 포기하면서 큰 성공을 이루고자 하는 건 욕심일 뿐이다.

8. 그만둬야 할 때를 알아라(Know when to quit.)

사람은 성공을 하고 있을 때도, 실패를 하고 있을 때도 자신이 멈춰야 할 시기를 알아야한다. 지나친 욕심과 자만심에 계속 나아가다보면 더 큰 실패를 겪게 된다.

9. 위험을 평가하라(Assess the risk.)

앞으로 닥칠 수 있는 여러 가지 시나리오를 생각해보고 이에 대처할 수 있는 방안을 미리 마련해둔다면 위험을 최소화시켜 위기를 기회로 맞이할 수 있다.

10. 무엇이 진정한 성공인지 알아라(Know what success really means.)

워렌 버핏은 유명하지만 수많은 사람들이 그를 존경하고 높이 사는 이유는 스스로 진정한 성공의 기준을 세우고 가치관을 확립하기 때문이다.

기업가를 정의하는 데 있어서 일반적으로 다음과 같이 5가지 관점으로 나누어 살펴볼 수 있다.

① 'Great Man'의 관점 – '위인은 태어난다'는 관점으로, 기업을 성공적으로 운영할 수 있는 직관적 자질과 역량 및 특성은 선천적으로 타고 태어나는 것으로 본다.

② '심리적 특성'의 관점 – 기업가는 회사를 책임질 수 있는 독특한 가치, 태도 및 욕구를 가지고 있다고 본다.

③ '고전적' 관점 – 기업가를 단순히 혁신가로 본다.

④ '관리자'적 관점 – 기업가를 경제적 모험을 조직화하고 관리하는 사람으로 본다.

⑤ '리더십'의 관점 – 기업가를 구성원들의 리더로 본다.[26)]

이외에 기업가의 추가적 특성들 또는 관점들은 다음과 같다.[27)]

---

26) Cunningham J. B. and J. Lischerson, "Defining Entrepreneurship," Journal of Small Business Management , January(1991), pp.45-61.

27) Gunderson G., "Thinking about Entrepreneurs: Models, Assumptions, and Evidence," in Entrepreneurship Education: Current Development, Future Directions, Ed. C. A. Kent, New York: Quorum Books, 1990, pp.41-52.

⑥ 기회를 파악하고 이용한다.

⑦ 불확실성, 위험, 창의적 난관을 포함한다.

⑧ 다양한 능력을 필요로 한다.

⑨ 창조, 설립, 적응, 벤처관리와 같은 다양한 활동을 포함한다.

⑩ 필요한 시간과 노력을 다하고 재정적, 심리적, 사회적 위험을 감수하며, 결과적으로 나타나는 금전 및 개인적 만족 보상을 얻기 위하여 다소 다른 가치를 창조해내는 과정이다.

⑪ 이익과 성장을 목적으로 사업체를 설립하고 관리하는 사람들은 위험감수와 혁신을 필요로 한다.

이와 같은 다양한 견해들에서 일관성 있는 키워드 또는 공통성을 추출하자면 창의성, 혁신, 위험감수 경향이라 할 수 있는 데, 바로 기업가의 공통된 특성이라고 말할 수 있다.

〈표 4-2〉 기업가의 주요 특성

연 도	학 자	특 성
1848	Mill	위험의 감수
1917	Weber	공식권한의 원천
1934	Schumpeter	혁신, 주도
1965	Sutton	책임의식
1959	Hartman	공식권한의 원천
1961	McClleland	위험부담, 성취욕구
1963	Davids	야망, 독립심, 책임, 자신감
1964	Pickle	욕망, 인간관계, 의사소통능력, 기술적 지식
1971	Palmer	위험의 측정
1971	Hornaday & Aboud	성취욕구, 자율성, 공격성, 권력, 인정감, 혁신적 독립심
1973	Winter	권력욕구
1974	Borland	내적 통제점
1974	Liles	성취욕구
1977	Gasse	사적 가치 중심
1978	Timmons	자신감, 목표의식, 중간 정도의 위험부담, 내적 통제점, 창의성, 혁신성
1980	Sexton	열정, 야망, 적극적 사고
1981	Welsh & White	통제욕구, 책임추구, 자신감 추구, 도전욕구, 중간정도의위험부담
1982	Dunkelberg & Cooper	성장 중심, 독립심, 기능공 중심

출처: Carland, J. W., F. Hoy, W. R. Boulton and J. C. Carland, "Differentiating Entrepreneurs from Small Business Owners: A Conceptualization", Academy of Management Review, 1984, 9(3), pp.354-359.

3M의 전 회장 겸 CEO(1991-2001)였던 드시몬느(L. D. DeSimone)는 3M의 성공적 경영의 비결을 다음과 같이 진술한 바 있다.

> "기업가는 무용가와 마찬가지로 발의 움직임이 경쾌해야 한다. 좋은 기회를 놓치지 않는 판단력과 자유롭게 활동할 수 있는 여지도 필요하다. 그러나 기회를 추구하는 자유와 규율의 균형도 유지해야 한다. 다른 많은 기업들과 마찬가지로 3M도 항상 자유와 규율의 적정한 조합을 생각하고 연구한다. 우리는 연구원들이 유망한 신제품과 신기술을 탐구해 주었으면 하고 생각하지만, 모든 연구원들이 그들이 흥미를 가지고 있는 테마를 연구하는 데에만 시간을 쓰도록 할 수는 없다. 즉, 3M은 기업이기 때문에 전략적, 재무적 목표도 달성해야 할 필요가 있다."

제3절 기업가의 심리적 특성에 관한 사례분석[28)]

정보화와 세계화로 요약되는 무한경쟁의 시대에서 한 국가의 경제적 생존이 특정 기업가에 의지하는 경우가 늘어났다. 기업가정신을 육성하는 국가들은 번영을 계속하면서 고용을 늘리고, 삶의 질을 높이고, 궁극적으로 개인의 부도 늘릴 것이다. 기업가정신의 중요성을 인식하고 나면 이런 기업가정신을 일으키고 발달시키는 심리적인 요소에 대한 다양한 질문이 생긴다.

- 기업가들은 태어나는가? 만들어지는가?
- 만약 기업가가 만들어진다면, 기업가로서의 성장을 유발하고 촉진하는 심리적인 요소는 무엇인가?
- 천재적인 기업가들은 어떻게 탄생하는가?
- 만약 기업가형 인간이 존재한다면, 그는 다른 사람들과 어떻게 다른가?

28) 본 절의 기업가의 심리적 특성에 관한 사례분석 부분은 기업가정신의 대가로 알려진 Gene Landrum의 저서 Entrepreneurial Genius(조혜진 역, 기업의 천재들)에서 Henry Ford를 위시하여 Coco Chanel, Sam Walton, Martha Stewart 등 10명의 기업가들을 대상으로 조사 분석한 결과를 발췌 정리한 것이다.

1. 기업가는 태어나는가, 만들어지는가?

기업가정신의 형성에 영향을 주는 요소들은 무엇인가?

1) 어린 시절의 각인

이 책에 등장하는 기업가들의 성공에는 어린 시절 인격형성기의 인상적인 경험이 중요한 작용을 했다. 이런 경험들은 과잉 애정을 쏟는 부모의 영향, 혹은 자유로운 탐구를 가능하게 했던 자유방임형의 분위기는 물론, 출생순서, 어린 시절의 정신적 충격, 끝없이 바뀌는 일상과 소설 속의 영웅에 대한 동경 등 수백 가지의 원인요소를 포함하여 다양한 형태를 가진다.

모든 천재적인 기업가들에게서 추진력, 자아, 카리스마, 무모함, 불굴의 정신, 직관과 성공요소를 발견할 수 있다. 그리고 그런 특성들이 이들을 다른 사람들과 구별되게 만든다. 헤프너, 트럼프를 성공으로 이끌었던 완벽주의는 포드, 샘 월튼의 내재적 열정, 코코, 브랜슨을 부와 명예로 이끌어준 기발함과 조금도 다르지 않다.

이런 성격상의 특징은 대개는 일찍, 예를 들면, 여덟 살 때 어떤 위대한 인물로부터 "대단한 일꾼"이라는 소리를 들었다든지, 어린 조카에게 이모가 "너는 경쟁력이 있고 말고"와 같은 이야기를 들었을 때 각인된다. 감옥에는 부모로부터 "너는 나빠!"라는 소리를 듣고 자란 사람들이 득실댄다. 내재된 자아 이미지를 성취하기 위해 대다수의 어린이들은 감수성이 예민한 시기에 가장 단순한 말 한마디에 자신의 이미지를 각인시킨다.

어렸을 때 미시간 농장 근처에서 말없는 수레를 보고 가슴이 뛴 열두 살의 헨리 포드를 떠올려 보라, 그는 너무 놀라 말이 끌던 아빠의 마차에서 뛰어내렸고 '자체의 동력으로 움직이는 탈 것'에 매혹되고 말았다. 그 후 50년이 흐른 후에 포드는, 그때 자동차의 개념에 홀딱 반해 삶 자체가 변화되었다고 말했다.

로스 페로 역시 다른 종류의 계기를 경험한 바 있다. 일곱 살 때 로스의 아버지는 로스에게 말을 길들이는 법을 가르쳤다. 그리고 로스가 말을 길들이는 과정을 통해 로스는 사람이 두려움을 통제하지 못하면 두려움이 사람을 지배한다는 믿음을 갖게 되었고, 리더가 될 수 있었다.

마이클 델은 12살 때 자기만의 직접 판매 우표목록을 만들면서 직판의 기술과 상식을 깨는 법을 습득했다. 그는 또한 전통적인 판매방법을 뛰어넘을 수 있다고 생각했고 결국 성공했다. 20년 후에 그는 다음과 같이 썼다. “나는 열두 살 때 직접적이 되는 것의 강점과 보상을 경험했다.”

리처드 브랜슨은 인습타파형의 어머니에 의해 위험을 감수하는 비범한 인물이 되었다. 브랜슨의 어머니는 아들이 다가올 인생의 도전에 당당히 맞설 수 있도록 교육시키기 위해 부단히 노력했다. 리처드가 여덟 살 때, 그녀는 아들을 차에 태워 런던 시내를 가로질러 집 반대편에 있는 어느 공원에 내려놓고는 집을 찾아오도록 시켰다. 그녀도 그런 방식이 자칫 큰 재앙을 불러올 것이라는 것을 알고 있었다. 그러나 닥칠 위험보다는 배우는 것이 더 많을 것이라고 생각했다. 만약 우리가 어려서부터 그 같은 도전에서 생존한다면, 열여덟에 자신의 잡지사를 경영하는 능력은 이미 개발되었다고 봐야할 것이다. 당초의 계획대로 브랜슨은 어떤 사업도 감당할 수 있는 두려움을 모르는 기업가로 성장했다.

샘 월튼은 고등학교 때 인상적인 경험 가운데 하나를 겪는다. 미식축구의 쿼터백으로 샘은 이기는 법과 격렬한 경쟁에서도 절대 지는 것을 예상하지 않아야 한다고 배웠다. 월튼의 자서전에는 이런 구절이 있다. “고등학교 때 나는 한 번도 지는 축구경기를 해본 적이 없다. 그리고 그때의 경험은 나에게 큰 영향을 미쳤다. 나는 항상 승리를 예상해야 한다고 배웠다.”

코코 샤넬은 다른 사람들과 달리 상상 속의 우상의 영향을 받았다. 고아원에 살던 코코는 부와 명예를 좇아 파리로 상경한 가난한 시골 소녀인 클로딘에 관한 소설을 통해 위안을 찾았다. 코코는 후에 “나는 클로딘이었다”라고 쓰기도 햇다.

이 모든 사례들은 형성기에 겪은 인상적인 경험들이 평생의 목표와 행동을 발전시키는 데 큰 역할을 한다는 것을 말해준다. 그런 경험들은 내재된 열정에 담겨 평생의 업적을 이룩할 수 있도록 도와준다.

2) 부모의 영향

향후 인생에 영향을 주는 대단한 각인은 어머니로부터 받는 경우가 많다. 두려움을 모르는 엄마 손에서 자란 브랜슨은 기업가의 당찬 표상의 되었다. 그의 어머니 이브 브랜슨은 여성들이 운전을 할 꿈도 못 꾸던 시절에 항공기 승무원이었고, 자신의 첫째 아들이 어떤 위험 속에서도 잘 살 수 있게끔 키우려고 노력했다.

헨리 포드는 자신의 성공을 어머니의 덕으로 돌리는 한편, 어머니의 고향 이름을 따 공장 이름을 지었다. 샘 월튼은 10대 때 어머니와 같이 사업을 한 적이 있었고 주식중개인이던 델의 어머니는 아들이 의사가 되기보다는 사업가가 되는 것을 장려했다.

물론 아버지에게 영향을 받은 예도 많다. 로스 페로는 면화업자이던 아버지에게서 세일즈맨으로서의 자세를 배웠고, 도널드 트럼프 역시 아버지의 가르침을 좇아 부동산 사업을 나갔다. 제프 베조스는 이례적으로 외조부의 텍사스 농장에서 여름방학을 보내면서 외조부의 영향을 많이 받았다.

마사 스튜어트는 그녀의 첫 저서를 아버지에게 헌정했다. 마사에게 있어 아버지는 조언자이자, 친구이며 어떤 비밀도 털어놓을 수 있는 허물없는 사이였고, 역할 모델이었다. 긍정적인 동시에 부정적이기도 했던 아버지의 영향으로 마사는 평범한 가정주부에서 성공한 유명인이 될 수 있었다.

이 책에 소개된 기업가들의 성공 뒤에는 늘 강한 부모가 있다는 것을 알 수 잇다. 부모는 아이들의 조언자가 되며 자녀들의 인격을 형성하는 중대한 경험을 제공한다. 이런 경험을 통해 자녀는 자신만의 개성을 만들어가고, 바람직한 가치를 체득한다.

사례 들여다보기_기업가들이 기업가를 낳는가?

자영업을 하는 부모가 야심 있는 기업가의 탄생에 영향을 줄 수 있음을 보여주는 데이터는 많다. 캘리포니아 주립대의 성격측정과 연구를 위한 연구소에서 30년에 걸쳐 건축가들을 대상으로 실시한 장기간의 연구에서 어렸을 때부터 높은 수준의 자신감을 보인 실험대상자들은 부모 중 한 명 이상이 자영업에 종사하는 가정이었다. 또 같은 실험대상자를 상대로 한 다른 연구에서는 이 사람들이 보다 독립적이고, 자급자족 능력과 모호함에 대처하는 능력이 뛰어난 것으로 나타났다. 반대로 봉급생활자나 다른 사람에게 고용된 부모를 둔 아이들은 기업가적인 모험을 추구하기보다는 어딘가에 고용되기를 원하는 것으로 밝혀졌다.

Gene N. Landrum의 책 『*Entrepreneurial Genius*』에 수록된 10명의 기업가들 역시 대부분 자급자족 능력을 주입시킨 자영업을 하는 아버지를 두고 있었다. 감수성이 예민한 시기에 최초로 이들의 역할 모델이 되었던 부모들이 생계를 위해 다른 사람에게 의존하는 모습을 보이지 않았던 것이다. 기업가 부모를 둔 사람이 기업가가 될 가능성이 높다는 결과들은 기업가정신이 유전으로 결정된다는 증거가 될 수도 있겠지만, 아직까지는 환경적인 요소가 더 큰 영향을 미친다.

-출처 : Gene N. Landrum, Entrepreneurial Genius (조혜진 역, 기업의 천재들)

3) 사회 경제적 영향

개성의 연원을 탐구하다보면 인간의 특성은 태생적이라기보다는 후천적이라는 쪽으로 기울 수밖에 없다. 여러 가지 이유로 단순히 골프를 치는 문제부터 이 사회에 깊은 인상을 남기는 일까지 후천적인 경험이 보다 중요한 요인으로 작용한다. 좋은 태생이라는 것은 이제 더 이상 중요하지 않을 뿐 아니라 기업가가 되는데 오히려 감점요인이 되기고 한다. 실제로 이 책에 실린 기업가들은 모두 중산층이나 중하층 가정 출신이다.

특히 코코 샤넬은 어렸을 때 고아원에서 자랐을 정도며, 그에 대한 보상심리에서 평생을 무분별한 소비에 집착하기도 했다. 프랑스 사회는 사회적 지위와 직위에 의해 지배되기 때문에 코코의 패션업계 정상 등극은 더욱 그 의미가 크다. 코코는 친인척들에게 돈을 주며 자신의 비참했던 과거를 비밀로 지켜달라고 요구했고, 낭만적인 신비감을 유지해 나갔다.

샘 월튼, 로스 페로, 마사 스튜어트 등도 가난한 가정에서 성장했다. 이들은 모두 부를 축적하기 위해 부지런히 일했고 실패할지도 모른다는 불안감을 극복하기 위해 일중독자가 되기도 했다. 10대 때 스튜어트는 나중에 크면 꼭 하인을 두고 살 것이라고 맹세했었다. 그리고 그녀는 성공했다.

〈표 4-3〉 천재 기업가들의 가족 요소

기업가	아버지의 직업	출신 계층	결혼 횟수	초혼 연령	자녀 수
헨리 포드	농부	중아	1	22	1
코코 샤넬	떠돌이 집시	하	0	미혼	-
샘 월튼	농업	중	1	23	4
휴 헤프너	회계사	중	2	23	4
로스 페로	경매인/면화상인	중	1	26	5
마사 스튜어트	판매원	중하	1	19	1
도널드 트럼프	개발업	중상	2	31	4
리처드 브랜슨	변호사	중	2	22	2
제프 베조스	엑슨Exxon 이사	중	1	30	1
마이클 델	치과의사	중상	1	24	4

4) 정규 교육

10명의 기업가 가운데 세 명은 고등학교도 졸업하지 못했다. 10명 모두 머리가 좋았지만, 그렇다고 아주 뛰어나지도 않았다. 코코 샤넬과 샘 월튼, 마사 스튜어트의 부모들은 실패한 인생들이었다. 10명의 기업가들은 8년에서 10년의 기간을 쌓는 데 보냈다. 그리고 다시 그만큼의 시간을 배운 것들을 마스터하고 적용하기 위해 보냈다.

그러나 거의 모든 경우에 정식 교육보다는 실전을 통해 그 모든 것을 배워나갔다.

[책갈피] 기업가적 자질과 IQ의 관련성

최근 들어 심리학 등 관련 분야의 학자들 사이에서 지능측정을 위해 IQ를 사용하는 것이 과연 정확한가에 대한 논란이 한창이다. IQ는 알프레드 비네(Alfred Binet)에 의해 최초로 고안되었고, 이후 1921년에 스턴(Stern)이라는 사람에 의해 지수화되었다. IQ는 원래 프랑스의 학교에서 보충교육이 필요한 학생을 가려내기 위해 사용한 것이다. 어떤 사람이 다른 사람보다 배우는 속도가 빠르고, 개념파악을 잘 하는 것은 쉽게 관찰할 수 있다. 따라서 우리는 사람마다 고유의 내재된 학습능력, 즉 보편지능이 개인마다 다를 것이라고 추측할 수 있다. 심리학자들은 이 보편지능을 'g 요인'이라고 불렀다. 그리고 그런 내재된 능력이 존재하고 개인별로 차이를 보인다면 그 능력을 양적으로 측정하고 표시하는 것이 합리적이라고 생각했다.

1994년에 하버드 대학의 두 심리학자인 헌스타인과 머레이는『종형 곡선: 지능의 차이에 따른 미국인의 삶의 새 형태(*The bell Curve: The Reshaping of American Life by Difference in Intelligence*)』라는 책을 출간했다. 이 책에서 두 학자는 IQ가 유전될 수 있고 또 종족별로 차이가 난다고 주장하면서 IQ에 대한 도전장을 내밀고, IQ와 관련된 논쟁을 이끌었다. IQ 개념을 적용하면 "아인슈타인과 모차르트 중에 누가 더 똑똑한가?"와 같은 질문은 단순히 IQ 테스트만 하면 쉽게 대답할 수 있는 문제가 된다. 그러나 일부 심리학자들은 과학적 탐구의 영역과 음악창작은 각기 '별개의' 재능 내지는 별개의 지능이라고 주장했다. 하버드대 교수인 하워드 가드너를 비롯한 일부 학자들도 지능이 최소 7개의 다른 부분으로 구성된 다중의 능력이라며 '다중 지능'이 존재한다는 의견을 내놓고 있다. 이 말은 기업가적 재능이 인지적 재능과는 구별된 어떤 능력, 아니 어쩌면 인지 능력과는 전혀 상관이 없는 능력일 수도 있다는 것을 시사한다. 가드너는 이렇게 말한다. "창의력의 뛰어난 사람들은 번뜩이는 지적 능력보다는 독특한 개성을 갖고 있는 경우가 많다. 이들은 야망과 자신감, 자신의 일에 대한 열정 면에서 다른 동료들과 구분된다."퀸즈 칼리지의 정치학 교수인 앤드류 해커는 다음과 같은 의견을 제시했다. "대체로 IQ가 높은 사람들은 학교나 시험결과에 의존해 얻는 첫 직장에서는 잘 나갈 것이다. 그러나 시간이 지날수록 이들은 책상에 앉아서 시험을 치러서는 절대 나타나지 않는 보다 다양한 형태의 지능을 가진 사람들에게 추월당한다." 미국 심리학자인 폴 토런스 역시 다중지능의 개념을 지지한다. "IQ가 아무리 높아도 창의력과는 거의 관계가 없다. 창의적 재능은 IQ 최하위 점수대에서 고루 발견된다." 캘리포니아 주립대학에서 혁신적인 성공에 지능이 미치는 영향을 연구한 프랭크 배런은 다음과 같이 말한다. "창의력이 필요한 활동을 하기 위해서는 최소한도의 IQ가 필요하다. 그러나 이 최소한도의 IQ는 놀랄 만큼 낮은 수준이며, 이 정도의 지능지수를 갖추고 있는 상태에서는 IQ와 창의력은 거의 관련이 없다."

뛰어난 기업가들은 IQ가 아인슈타인 수준은 아니더라도 평균 이상의 지능을 갖춘 것은 분명하다. 그러나 그들은 다른 재능을 갖고 있었고, 훗날의 성공에 IQ만 작용하지는 않는 것을 보여 줬다. 학자들 사이에는 115까지의 IQ와 기업가적 재능과는 정적인 상관관계가 있지만 120 이상의 IQ와는 큰 상관관계가 없다는 데 의견의 일치를 보았다. 이 사실은 천재 기업가는 IQ와 큰 상관이 없다는 점을 말해준다.

-출처: Gene N. Landrum, Entrepreneurial Genius(조혜진 역, 기업의 천재들)

2. 천재적 기업가는 어떻게 탄생하는가?

1) 학습부터 성공, 그리고 명성을 얻기까지

'즉석 성공'이라는 개념은 신화에 불과하다. 성공하려면 누구나 우선은 필요한 기술을 익혀야 한다. 그리고 그것을 숙달해야 한다. 따라서 일찍 시작하면 성공 가능성이 크게 증가하기 때문이다. 성공으로 가기 위해서는 교육학에서 흔히 학습곡선이라 일컫는 '훈육기' 를 거쳐야 한다. 하버드 대학의 하워드 가드너 교수가 창조적인 천재들로 평가받는 아인슈타인, 마사 그래함, 피카소 등을 연구한 결과 이러한 훈육기간이 10년에 달한다는 것을 발견했다. 이 책에 실린 기업가들도 비슷하게 처음 배움을 시작만의 사업을 시작하기까지 약 10년(중간 값)의 세월이 걸린 것으로 나타났다.

평균적으로 이들은 20.5세에 자신들의 특화된 영역에서 첫 사업을 시작했다. 28.5세에 배움을 완성하고 37.5세에는 혁신적인 공헌을 한 것으로 나타난다.

대개의 사람들이 대학 졸업 후에 직장에서의 학습곡선을 타지만 천재적인 기업가들은 다르다. 〈표 4-4〉는 기업가가 각기 선택한 영역에서 사업을 시작한 나이를 보여준다. 이들은 조숙한 10대로서 또래보다 앞선 출발을 했다. 이들은 출발선을 떠난 단거리 육상선수들처럼 총알처럼 달려 나가 20대 중반 경에는 어느 경지에 이르렀다는 것을 알 수 있다.

우리는 마이클 델이 12세 때 최초의 사업을 시작했던 사실을 기억할 것이다. 델은 친구들을 설득해서 그들의 우표를 모두 위탁받아 여러 사람의 우표를 망라한 우표목록을 만들었다. 브랜슨도 열두 살 때 크리스마스트리 농장을 운영했고(비록 실패했지만), 16세 때는 잡지사를 차려 반체제 학생을 위한 잡지인 〈학생〉이라는 잡지를 발간했다. 헨리 포드도 10대 때 손목시계와 탁상용 시계를 조립해서 팔면서 대중을 위해 물건을 생산하겠다는 다짐을 굳혀 나갔다. 마사스튜어트는 대학 학자금을 마련하기 위해 13살 때부터 모델 경력을 쌓기 시작했고 제프 베조스는 고등학교 졸업반 때 교육훈련사업을 시작했다.

비단 이 책에 언급된 기업가 외에도 다수의 성공한 사업가들은 남보다 일찍 자신만의 길을 찾아 성공한다. 빌 게이츠는 고등학교 때 거대 방위산업체인 TRW를 위해 프로그램을 만드느라 수업을 빼먹곤 했다. 이런 사실을 알고 나면 게이츠의 성공이 빠른 것이 결코 우연이 아니라는 것을 알 수 있다. 그는 유례없이 젊은 나이에 세계

〈표 4-4〉 천재적인 기업가들의 훈육기간과 성장기

기업가	훈육기	성공기	혁신기	소요 시간
헨리 포드	33세 사륜차	40세 포드 자동차	50세 움직이는 조립라인	17년
코코 샤넬	16세 바느질 익히기	27세 모자 가게 오픈	37세 플래퍼 룩	22년
샘 월튼	22세 J.C.페니 입사	27세 벤 프랭클린 프랜차이즈	44세 최초 월마트 클럽	22년
휴 헤프너	16세 코믹 자서전 저술	27세 〈플레이보이〉	34세 플레이보이 클럽	18년
로스 페로	27세 IBM입사	32세 EDS 설립	38세 EDS 상장	11년
마사 스튜어트	33세 엔케이터드 어페어	46세 K마트와 거래	56세 마사스튜어트옴니미디어	23년
도널드 트럼프	12세 아버지의 경영수업	21세 스위프톤 빌리지	28세 펜센트럴 부동산에 개발권	16년
리처드 브랜슨	16세 잡지〈학생〉	22세 버진 레코드	36세 버진 그룹	20년
제프 베조스	18세 드림 인스티튜트	30세 카다브라	33세 아마존 상장	15년
마이클 델	19세 델 컴퓨터	23세 델 상장	34세 PC업계 1위 등극	15년

최고갑부의 반열에 올랐다. 그는 열다섯 때 이미 Traf-O-Data라는 벤처기업을 시작했다. 그리고 이 작은 벤처는 연 2만 달러의 수익을 냈다. 빌 게이츠가 열아홉 살 때는 이미 마이크로소프트를 창립할 준비가 돼 있었다.

이처럼 10대 때 진로를 정하고 향해 달려간 또 다른 사례는 페덱스(FedEx)의 설립자인 프레드 스미스다. 열다섯 살의 프레드는 비행기 조종사 면허를 따고 비행기로 곡물의 씨앗을 살포하는 일을 시작했다. 열여섯 살 때는 아든트 레코드라는 녹음회사를 차렸고 베트남전에 참전하고 돌아와서는 페덱스를 설립하게 되었다. 빠른 시작은 기업가들에게 필요한 협상, 영업, 재무관리, 재고관리 등 필수적인 기술을 남들보다 빠른 10대 때 습득하게 해 준다. 다른 사람들은 보통 20대 이후에나 이런 기술을 익힌다. 이러한 훈육기는 스포츠 영역에도 비슷하게 적용된다. 타이거 우즈는 5~6세경에 골프대회에 출전했었다. 〈표 4-5〉는 기업가들의 백만장자와 억만장자가 된 시기를 보여준다.

조숙한 기업가들은 연배가 많은 사람들과 어울리려는 경향이 있다. 이들은 보통 또래보다 성숙하기 때문에 부모 연배의 사람들과 아옹다옹하는 것을 오히려 즐긴다. 이들은 또 또래들이 놀이를 하는 동안에 진짜 한판승부를 한다. 페로는 일곱 살 때 말을 길들였고 열네 살 때는 지역신문 보급 서비스를 협상했다. 샘 월튼은 일곱 살 때 신문배달을 시작했고, 열세 살에 어머니와 작은 벤처기업을 차렸다. 그리고 대공황이 한창이라 남들은 일자리를 잃고 무료급식을 받는 와중에 열일곱의 나이로 4천 달러라는 거액의 연봉을 벌어들였다. 어린 시절의 작은 성공이 성공적인 기업가로서 자라는데 밑거름이 됐음은 물론이다.

〈표 4-5〉 백만장자와 억만장자가 된 시기

기업가	최초의 사업시기	백만장자가 된 시기	억만장자가 된 시기	순자산
헨리 포드	18세 시계수리	45세 모델T 자동차	60세	20억
코코 샤넬	26세 모자 가게	35세	60세	약10억
샘 월튼	7세 신문 12세 우유	32세	54세 상장	2001년 10억
휴 헤프너	16세 코믹 자서전 저술	35세 (플레이보이)100만부	없음	2001년 17억
로스 페로	13세 신문 배급 계약	38세 I상장	40세	2001년 33억
마사 스튜어트	16세 모델	41세 최초의 저서	58세 상장	2001년 10억
도널드 트럼프	21세 스위프톤 빌리지	28세	35세	2001년 17억
리처드 브랜슨	12세 나무 16세 잡지(학생)	30세	40세	2001년 33억
제프 베조스	18세 드림 인스티튜트	33세 아마존 상장	35세	1999년80억 2001년20억
마이클 델	12세 우표 판매	23세 1988에 상장	33세	2001년 200억

2) 성공과 명성

마이클 델은 31살 때 이미 억만장자였다. 그는 미국 역사상 최연소 자수성가한 억만장자가 됐고, 〈포브스〉와 〈포춘〉에 의해 미국에서 가장 어린 CEO로 꼽혔다. 월튼은 엄연한 세계 최고의 부자이다. 〈포브스〉의 순위에 따르면 월튼 가문의 재산은 개인으로서 세계 최고의 부자인 빌 게이츠보다도 1천억 달러 이상은 되는 것으로 집계되었다. 우리의 조사대상에서 재산이 가장 적은 사람은 2억 달러의 재산가인 헤프너였다. 그러나 헤프너에게는 행복하게도 〈플레이보이〉 덕분에 사단 단위의 미녀를 만날 수 있는 위안거리가 있다.

3) 성공을 위한 희생

천재적인 기업가들의 성취와 영광, 부에는 어떤 대가를 지불한 결과인 경우가 많다. 대부분 이러한 대가는 아무리 노력해도 두 가지 일을 동시에 잘 할 수 없는 현실에서 비롯된다. 따라서 양쪽 다 잘 하려는 사람들은 더욱 힘이 든다. 어떤 분야에서든 정상에 오르려면 전력을 다해 성공에 집중해야 한다. 가정생활은 그만큼 소홀할 수밖에 없다. 성공한 사람들은 모두 이 사실을 인정하고 그대로 행동했다. 트럼프, 헤프너와 브랜슨은 여자를 잘 몰랐고, 샤넬과 스튜어트는 사업이 먼저이고 연애는 나중이었다.

알렉산드 대왕, 레오나르도 다 빈치, 잔다르크, 파블로 피카소, 어니스트 헤밍웨이, 마가렛 대처, 테드 터너, 루퍼트 머독 등의 사람들이 모두 직업적인 성공을 위해 개인생활을 희생한 사람들이다. 막 창업한 사람들은 초인적인 노력이 필요하다. 야심찬 기업가들은 다른 사람들이 놀 때도 일을 하며 오직 성공에만 집중한다. 가족은 항상 그 다음이다. 월튼의 부인과 자녀들은 그가 집에 없는 것에 익숙해져 있고, 페로의 가족들도 그렇다. 스튜어트의 딸은 그런 엄마를 이해하지 못했고, 스튜어트가 왕국을 이룩했을 때 고통을 겪었다. 전기 작가인 오펜하이머는 스튜어트의 결혼을 재난이라고 기술했다. 헤프너의 딸 크리스티는 대학 졸업 후에야 아버지에게로 돌아왔고, 아들은 여러 해 동안 아버지를 멀리했다. 이 모든 것이 바쁜 삶의 대가였다.

3. 기업가는 어떻게 다른가?

100명 이상의 기업가들을 연구한 결과 기업가적 성격은 보통 사람들과는 확실히 다른 것으로 나타났다. 기업가들은 "일이 되게 하는" 사람들이었다. 물론 대기업가들 사이에도 성격별로 약간의 차이는 있지만 모두에게 적용되는 공통점이 있다.

천부적인 기업가들에게 있어 무엇보다 중요한 공통의 심리적인 특징은 바로 그들을 추진하게 만드는 열정이었다. 천부적인 기업가들은 다음과 같은 특징을 갖고 있었다.

- 독립심과 자신감
- 강한 직관에의 의존
- 인습 타파: 창조적인 파괴를 통한 혁신
- 높은 수준의 위험 감수
- 높은 목적 의식과 넘치는 긍정적 태도

1) 독립심과 자신감

독립심과 내적 자신감은 "일이 되게 하는" 그룹에 속하기 위한 필수조건이다. 보통의 사람들은 무엇인가를 확실히 알기 전에는 급격한 변화를 꾀하려고 하지 않는다. 우리는 잘못되면 어떻게 하나하는 두려움과 남들의 비웃음을 걱정하며 관습적으로 안전한 방향으로 나아가려 한다. 이런 두려움은 우리의 잠재력을 말살시키고 사회적 기준에 우리를 짜 맞추고 관습의 수호자가 되게 한다. 반대로 두려움을 극복하고 남과 다를 수 있는 능력은 전통적인 관습에 도전하는 사람들의 공통적인 특징이다. 불리한 위치에 처할지라도 안전과 안정보다는 안전하지 않은 것을 추구하고, 남들은 감히 꺼리는 일을 하려는 자신감이 바로 천재적인 기업가들의 원동력이다.

찰스타원은 갈라파고스에서 오랜 기간 조류를 관찰한 이후 동물의 진화에서 자연선택설을 주장하며 당대의 종교관에 반하는 진화론을 제시했다. 아인슈타인 역시 엄청난 연구 후에야 상대성이론을 출판할 수 있었으며, 이후에도 끝없는 연구를 멈추지 않아 이론물리학의 정상에 오를 수 있었다. 헨리 포드 역시 "부자를 위한 차가 아닌 대중을 위한 차"를 생산하자고 주장했다가 해고되고 조롱거리가 되었다.

강한 자아 이미지는 약간의 불안정성과 결합하여 강력한 힘을 발휘한다. 불안정성의 요소는 새로운 사업의 성공에 장애가 되기도 하지만 약간의 불안정성은 오히려 동기부여를 한다. 그러나 불안정성은 어떤 일을 추구하다 그것을 포기하게 만드는 파기적일 때는 위험할 수 있다. 실패에 대한 두려움은 헤프너, 트럼프, 마사 등이 미친 듯이 완벽주의를 추구하도록 만들었다. 그들만의 자기에 대한 부정과 의심은 자신을 더욱 채찍질하고 성취를 갈망하게 만들었다.

데이빗 위크스는 〈USA투데이〉에서 "높은 수준의 창의력, 극도의 완전성 그리고 광적인 업무윤리는 모두 불안의 부산물이다"라고 썼다. 마틴 루터 킹도 다음과 같이 확신했다. "어둠의 자식들은 빛의 자식들보다 망상에 빠지고 질투심을 갖기 쉽다." 알베르 카뮈는 노벨문학상을 받은 후에 나는 아무것도 믿지 않는다. 나는 내 자아도 의심한다"라고 썼다. 이들의 말처럼 천재적인 기업가들은 모두 과도한 낙관주의와 압도적인 실패에 대한 두려움 사이를 왔다 갔다 한다. 전혀 상반되는 요소가 역동적인 평형을 이루며 공존하는 것이다.

2) 강한 직관에의 의존

기업가들은 도약하기 전에 먼저 주위를 살핀다. 그러나 때때로 그 도약은 실질적인 고려에 의한 것이기보다는 신념에 의한 것일 경우가 많다. 그렇다고 해서 기업가들이 급격한 결정을 내리기를 좋아한다거나 비이성적이라는 이야기는 아니다. 대신 목표를 달성하기 위해서 도약을 하지 않을 이유가 없다는 뜻이다.

직관에 의존한 사고의 힘은 의식적인 사고에는 나타나지 않고 무의식에만 작용하기 때문에 종종 과소평가된다. 우리가 매일 관찰하고 수집한 자료들은 무의식에 저장되었다가 영감의 형태로 나타난다. 우리가 흔히 '육감'이라고 무르는 것은 실은 경험을 통해 습득된 직관적인 지식으로 쉽게 수량화하거나, 설명될 수는 없다. 그러나 육감이야말로 가장 위대한 사고의 한 형태이며, 천재적인 기업가들에 의해 자주 활용되는 자원이다.

변화의 촉매제가 되기 위해 기업가들은 부분적이 아닌 총체적으로 사고할 필요가 있다. 기업가로서 성공하고자 한다면 세부적(부분적)인 요소를 통합하여 총체적(전체적)이 되어야 한다. 꼭 비전이 심오하거나 난해할 필요는 없다. 휴 헤프너는 강력한 성욕과 생활력의 근원인 리비도를 과감하게 이용하여 젊은 남성들의 관음증적 욕구를 충족시켜주기 위해 〈플레이보이〉를 만들면서 이를 증명했다. 약 20년 후에 마사 스튜어트도 비슷하게 〈마사 스튜어트 리빙〉이라는 잡지를 발행하며 당대 여성들의 환타지를 이용했다. 마사는 여성들이 원하는 것이 무엇인지 파악하는 직관력이 있었고, 다양한 방면에서 그것들을 제고했다.

직관력은 내재적 지식에 대한 내재적 반응이다. 직관력은 대량 정보를 흡수하는 뇌에서 시작되어 무의식 속에서 반복유형을 찾기 위해 끊임없이 움직인다. 이렇게 반복유형을 찾아내면 뜻밖의 결과나 창조적인 비전으로 분출하게 된다.

세계는 흑과 백으로 나눠진 곳이 아니라 회색의 영역이다. 또 디지털이 아니라 아날로그다. 뛰어난 기업가의 세계는 영감에서 시작된 것이다. 결코 연산이다. 재무전망, 시장분석을 통해서가 아니다. 음악에 비유한다면, 뛰어난 재즈 음악가들은 결코 원곡 그대로 연주하지 않은 것과 비슷하다. 뛰어난 재즈 음악가는 마음과 영혼의 느낌대로 연주한다. 그래서 루이 암스트롱과 같은 대가는 선구자들이 악보에 충실할 때 자신의 느낌을 실어 즉흥 연주를 했다.

3) 인습 타파; 창조적인 파괴를 통한 혁신

위대한 기업가들의 성공은 모두 기존의 관념과 믿음을 어겼기 때문에 또는 파괴해 버렸기 때문에 가능했던 것들이다. 토마스 쿤은 고전으로 칭해지는 『과학 혁명의 구조(*The Structure of Scientific Revolutions*)』에서 최초로 패러다임의 전환이라는 개념을 발전시켰다.

> "모든 중요한 과학적 발견들은 패러다임 전환의 원인이 되었거나. 혹은 어떤 방식으로든 기여를 했다. 더 나아가 이런 발견들이 연루된 전환들은 건설적일 뿐 아니라 파괴적이기도 했다. 과학적 발견이 있은 후에 과학자들은 광범위한 자연 현상을 설명할 수 있었다. 그러나 그런 결과는 기존의 일반적인 믿음이나 과정을 폐기한 후에 획득한 것이다."

패러다임을 전환하려면 적어도 같은 분야에 종사하는 사람들의 수준을 뛰어넘는 깊은 이해가 선행되거나. 그 분야에 정통할 필요가 있다. 따라서 창조적인 파괴의 경지에 오르기 위해서는 특정영역에 대한 지식이 필수적이다. 그리고 바로 이런 이유 때문에 적어도 입문하여 일을 배우는 데 8~10년, 그리고 또 그 영역에 정통하기 위해 10여 년 정도의 오랜 시간이 필요한 것이다. 이런 정도로 자신만의 영역에 정통한 것에 내적 독립심이 더해져야만 현존하는 패러다임에 도전하는 자신감과 창조적 파괴, 즉 혁신으로의 길을 향해 나아가는 원동력이 나온다.

천부적 기업가들은 살펴보면 모두 인습타파적이라는 것을 알 수 있다. 포드는 고정된 자동차 조립라인을 움직이는 조립라인으로 바꾸어 생산성을 크게 증가시켰다. 샤넬은 복잡한 주름 장식이 달린 여성스런 패션 대신 소년풍의 플래퍼 룩을 선보이며 여성 패션의 새로운 트랜드를 만들어냈다. 베조스의 사이버 공간에서의 서점이라는 발상은 전통적인 구매방식에 혁명을 일으켰고, 인터넷 소매업을 시작하는 결과를 가져왔다. 어떤 발상이 기존의 전통적 영역을 크게 뛰어 넘어 참신하고 기발하면 할수록 대성공을 거둘 가능성이 커진다. 평범해서는 평범한 정도의 성공을 이를 수 있겠지만 대성공은 이를 수 없다. 대성공을 거두려면 비범한 구석이 있어야 한다.

몽상가적 기업가들은 전형적으로 어리석은 꿈과 손에 잡을 수 없는 목표를 좇는다는 비난을 받는다. 기업가들은 이런 비난에 맞서기 위해 강한 재적 통제력과 불굴의 자존심, 오뚝이와 같은 결코 꺾이지 않는 회복능력을 가져야 한다. 세상의 모든 창조적인 벤처 기업들은 인습타파주의자들이 보수주의자 군단에 저항하여 자신들의 꿈에 충실해 일궈낸 산물이라 해도 과언이 아니다.

4) 위험성에 대한 성향

세계적인 규모의 여론 조사에서 미국인들은 독립성과 위험 감수성에서 가장 높은 점수를 받고 있다. 2011년에는 27개국이 미국을 기업하기 가장 좋은 나라로 뽑아주었다. 미국인들은 개인이 아닌 집단으로 존재할 때 다른 나라 국민들보다 더 목표지향적인 성향을 보여준다. 아인슈타인도 다음과 같이 쓴 적이 있다.

> "미국인은 유럽인들보다 훨씬 더 미래의 목표를 위해 산다. 미국인의 삶은 한 번도 완성된 적이 없다. 항상 완성이 되어가는 중 일 뿐이다."

미국의 건국 초기를 돌아보면 미국인들의 기업가적 기질을 더 잘 이해할 수 있다. 기업가정신이 미국에 정착한 초기 개척자들의 정신과 닮았기 때문이다. 미국의 개척자들처럼 기업가들은 더 나은 제품을 만들기 위해 또는 더 나은 생계유지 방책을 바라면서 스릴을 쫓는 겁 없는 용사들이다.

기업가들은 자신의 운명을 좌우한다. 행위주의 심리학자들은 이렇게 자기 주도하는 개인을 내적 통제력이 있는 사람들이라고 설명한다. 천부적인 사업가들은 어떤 다른 외부적인 요인이 아닌 자기 자신이 운명을 좌우한다고 생각한다. 이들은 스스로 리드하고, 더 높은 목표를 세우고, 불굴의 의지를 갖추고 있으며, 덜 걱정하고, 권위자리고 무조건 따르지 않는 특징을 가지고 있다. 그들은 위기 속에 사는 것을 즐기면서 긍정적인 태도를 버리지 않는다. 그들에게 있어서 변화는 흥분을 현상유지는 평범한 것을 의미한다.

많은 사업가들은 위험에 직면했을 때, 큰 사건을 경험할 때, 그리고 안정지향형의 사람들이 위험하다고 생각하는 일에 막 달려들려고 할 때 오히려 기운이 솟아난다. 모험을 즐기는 사업가들은 겁 많은 사람들이 무서워하는 일에 흥분을 느낀다. 두려워하는 사람과 두려움을 모르는 사람들은 확연히 구분된다. 우리가 만난 기업가들은 모두 어렸을 때 이미 대담하고 두려움을 모르는 성격이 형성되었다. 그 중에는 잦은 이

사과정에서 이런 성격으로 성장한 사람들도 있었고, 실수해도 좋은 화경, 실패해도 큰 대가를 치르지 않는 환경에서 성장하면서 성향을 키운 사람들도 있었다. 트럼프의 아버지는 대학 재학 중이던 트럼프에게 "약이 될지, 독이 될지는 너에게 달려있다"고 말했다. 그 경험은 결국 트럼프에게 약이 되었다.

5) 높은 목표의식과 과도한 낙관론

기업가들은 전형적으로 정신분석학에서 심적 에너지라고 부르는 잠재적 에너지를 많이 갖고 있다. 혹자는 이를 '장에너지', '라비도 에너지'라고도 한다. 〈포춘〉도 제프 베조스를 '과잉 운동가'라고 묘사한 적이 있다. 마사 스튜어트 역시 하루에 네 시간 자지 않는 정력가이다. 샘 월튼은 나는 추진력과 야망면에서 과하게 은혜를 받았다. "나는 항상 모든 것을 진지한 열정으로 추구한다. 사람들은 이를 강박 관념이라고 부르기도 한다."고 말했고 브랜슨은 "나는 늘 폐허에서도 살아남았고 아드레날린으로 가득했다"고 증언했다. 에디슨은한 번에 며칠씩 또는 몇 주씩 작업장을 떠나지 않고 그곳 벤치에서 잠을 잔 것으로 유명하다. 그는 자는 동안 대단한 발견이라도 놓칠까봐 실험실을 떠나지 않으려고 했다.

천재 기업인들은 힘이 넘쳐나는 바람에 보통 사람들이 시달리는 병도 앓을 시간이 없을 정도이다. 엄청난 추진력 덕분에 이들은 남들보다 더 오래 사는 것처럼, 더 생산적인 삶을 사는 것처럼 보이기도 한다.

열정이 밖으로 드러나는 하나의 징후는 강한 목표의식과 그에 수반되어 나타나는 소위 멀티태스킹 능력이다. 한 번에 여러 가지 일을 처리하려는 사람들이 매순간 생산성을 높이기 위해 TV를 보면서 책을 읽는 식으로 흔히 보여주는 행동들이다. 이렇게 한 번에 여러 가지 일을 하려고 하는 이유는 비현실적으로 낙관적인 목표를 세우기 때문이다. 이들은 이 목표들을 성취하려고 여러 가지 일을 동시에 처리한다.

6) 천재 기업인들의 실체

우리는 천재 기업인을 연구한 결과 장남(혹은 장녀)이 유리하다는 사실을 알아냈지만 그렇다고 맏이로 태어나는 것이 성공의 필수조건은 아니었다. 맏이들은 형제자매와의 관계에서 리더십을 발휘해야 하는 위치이기 때문에 다른 때도 리드하려는 경향을 보였다. 그러나 맏이로 태어난다고 해서 리더십 능력도 같이 타고나는 것은 아니었다. 장남이 어렸을 째 형제자매와의 관계에서 리더 역할을 하면서 알게 모르게 형성된 리더십의 영향을 받는 것은 분명했다.

태어난 순서보다 훨씬 중요한 요소는 부모가 자영업자인가의 여부이다. 부모가 자영업자일 경우 협상과 독립심, 자립심에 대한 내적 감각을 키워주는 것으로 나타났다. 우리 연구대상 가운데 오직 두 명만이 9시부터 5시까지 근무하는 전형적인 샐러리맨을 부모로 두었다.

특정영역에서는 정식교육이 중요했다. 그러나 어떻게 그 교육이 행해졌느냐보다는 정식교육을 받은 적이 있느냐의 여부가 중요했다. 10명의 기업인 가원데서 대학교육을 받은 사람은 5명에 그쳤다. 그나마도 그들의 성공에 여향을 미친 것은 이런 학력이 아니라 이들의 다른 특성들 때문이었다. 트럼프는 경영역량을 강화하기 위해 와튼스쿨에 다녔지만 학문적인 목적보다는 사업적인 목적에서였다. 브랜슨, 포드, 코코, 샤넬은 고등학교 졸업장도 없지만 억만장자가 되었다.

기업인으로서 성공하기 위해서는 A 성적이 가득한 성적표와 대학 졸업장보다는 A형의 성격이냐가 훨씬 더 중요하다. 또 전통적인 관념을 무시할 수 있는 인습타파형이 되는 것도 중요하다. 뛰어난 기업인들 중 92%가 A형 성격의 사람들이었다. 이런 성격유형을 나타내는 심리학적 전문용어는 경조증(hypomanic)이다. 극도로 흥분되고 행복한 상태가 번갈아 나타나는 생태이다. 과도한 위기감은 이 성격유형의 특징이다. A형의 성격은 자신의 가치를 성취감과 결부시킨다. 따라서 이들은 성취하거나 대가를 지불하려 한다. 성공의 열매를 즐길 줄 알았던 코코 샤넬은 유일하게 A형 성격이 아니었다. 그러나 그녀도 역시 격렬한 경쟁을 즐기고, 까다로운 상사였던 것만은 사실이다.

〈표 4-6〉 천재 기업가들의 유형(女2, 男8)

기업가	출생 순서	자영업자 부모	정식 교육	인습타파 성향	성격 유형	Big T	경조증	카리스마	마키아벨리즘
헨리 포드	첫째	O	8학년	I+++	A++	T+++	M	C+	O
샘 월튼	첫째	O	문학사	I+++	A+	T+++	×	C+++	×
휴 헤프너	첫째	×	문학사	I+++	A+	T+++	M+	C+++	×
로스 페로	첫째	O	이학사	I+	A+++	T+++	M+++	C+++	O
도널드 트럼프	둘째	O	MBA	I+++	A+++	T+++	M+++	C+++	O
리처드 브랜슨	첫째	O	10학년	I+++	A+++	T+++	M++	C+++	O
제프 베조스	첫째	×	석사	I++	A+++	T++	M+++	C++	×
마이클 델	둘째	O	13학년	I++	A+++	T++	M+	C+	O

기업가	출생 순서	자영업자 부모	정식 교육	인습타파 성향	성격 유향	Big T	경조증	카리 스마	마키아 벨리즘
남성 계	첫째75%	O 75%	대졸 62.5%	인습타파 100%	A형 100%	Big T 100%	경조증 87.5%	카리스마 100%	O 62.5%
코코 샤넬	둘째	O	8학년	I+++	B	T+++	M+	C+++	O
마사 스튜어트	둘째	O	문학사	I++	A+++	T	M+++	C++	O
여성 계	첫째 0%	O 100%	대졸 50%	인습타파 100%	A형 50%	Big T 100%	경조증 100%	카리스마 100%	O 100%
계(10명)	60%	80%	60%	100%	90%	100%	90%	C+++	70%

인습 타파형(I+++) : 실수에 개의치 않고 전통적인 관습에 순응하기를 거부한다.
A형 성격(A+++) : 자신의 가치를 성취와 결부시키고 시간을 아주 중요하게 여긴다.
Big T(T+++) : 테스토스테론 수치가 높고, 스릴을 찾아다니는 성격(풍부한 창의력, 위험감수 경향, 호전적, 정력적)
경조증(M+++) : 흥분한 행동-극도의 조울증 증세나 조울증 경향의 행동(4시간수면)
카리스마(C+++) : 매력적이고 의욕적이며 지배적인 성격(종교집단의 교주와 같은 마력)
마키아벨리즘 : 목적달성을 위해 수단과 방법을 안 가리는 성향

위의 연구를 50명의 전부적인 기업가들에게 확대 실시했을 때, 비슷한 결과가 역시 발견되었다. 연구 결과를 막대그래프로 그러보면 [그림 4-1]의 양상을 띤다. 이 실험은 여성 기업인 12명, 남성 기업인 명을 대상으로 실시되었다. 일곱 가지 특성이 가로축에 표시되어 있다. 각각의 막대 50명의 기업인들이 갖고 있는 특성의 퍼센트를 표시하고 있다. 이 특성들은 결코 평범하지 않은 성질들이어서 각각의 특성들이 정상적인 행동에서 벗어났음을 보여준다. 그래프는 조사대상 기업인들의 80% 이상이 이러한 특이한 개성을 지니고 있음을 보여준다.

[그림 4-1] 기업가 50명의 성격 특징

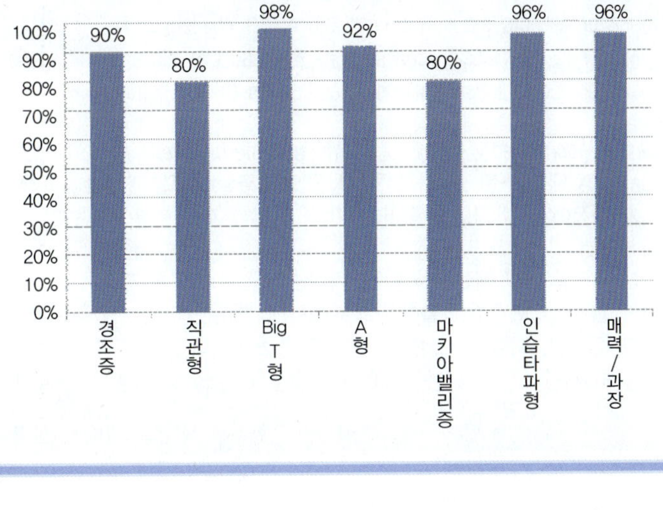

[책갈피] 리더와 관리자의 차이점

경영학의 Guru* 가운데 한 사람인 Warren G. Bennis는 그의 저서 『*On Becoming a Leader(1989)*』에서 관리자와 리더의 근본적인 차이점을 다음과 같이 12가지로 열거하였다.

1. 관리자는 관리를 하지만, 리더는 혁신을 한다.
2. 관리자는 비슷한 유형으로 나타나지만, 리더는 독창적 유형으로 나타난다.
3. 관리자는 유지하지만, 리더는 개발한다.
4. 관리자는 시스템과 구조에 초점을 두지만, 리더는 사람들에게 초점을 둔다.
5. 관리자는 통제에 의존하지만, 리더는 신뢰를 고취시킨다.
6. 관리자는 짧은 시각을 가지지만, 리더는 긴 전망을 갖는다.
7. 관리자는 '언제, 어떻게'를 묻지만, 리더는 '무엇, 왜'를 묻는다.
8. 관리자는 수직적이지만, 리더는 수평적이다.
9. 관리자는 모방되지만, 리더는 독창적으로 나타난다.
10. 관리자는 현상을 유지하려 하지만, 리더는 그것에 도전한다.
11. 관리자는 전형적으로 좋은 병사이지만, 리더는 솔선수범으로 일하는 사람이다.
12. 관리자는 주어진 일들을 잘 하지만, 리더는 옳은 일을 한다.

In the 『*On Becoming a Leader(1989)*』 volume Bennis listed the following differences :

1. The manager administers; the leader innovates.
2. The manager is a copy; the leader is an original.
3. The manager maintains; the leader develops.
4. The manager focuses on systems and structure; the leader focuses on people.
5. The manager relies on control; the leader inspires trust.
6. The manager has a short-range view; the leader has a long-range perspective.
7. The manager asks how and when; the leader asks what and why.
8. The manager has his or her eye always on the bottom line; the leader's eye is on the horizon.
9. The manager imitates; the leader originates.
10. The manager accepts the status quo; the leader challenges it.
11. The manager is the classic good soldier; the leader is his or her own person.
12. The manager does things right; the leader does the right thing.

그런데 『*Organization Theory and Design(South-Western College Pub; 11 edition, 2012)*』의 저자 Richard L. Daft는 위에 열거된 12 가지 차이점을 지휘통솔, 조정, 관계성, 개인적 자질 그리고 성과 등의 다섯 가지 관점에서 그 차이를 들여다보면서 여섯 가지를 덧붙이고 있다.

13. 관리자는 기획을 하고 예산을 짜지만, 리더는 비전과 전략을 창안해낸다.(지휘통솔)
14. 관리자는 일반적으로 지휘통솔하고 통제하지만, 리더는 다른 사람들이 성장하도록 여지를 제공해주고, 그러한 과정에서 그들을 변화하도록 도와준다.(조정)
15. 관리자는 벽과 경계를 만들지만, 리더는 그것들을 해소시키려 한다.(관계성)

* 힌두교 용어로 위대한 선각자, 대스승의 의미

16. 관리자의 사람들과의 관계성은 직위와 권력에 기초하지만, 리더의 관계성과 영향력은 개인적 권력에 근거한다.(관계성)
17. 관리자는 보스(두목)처럼 행동하지만, 리더는 코치, 조력자, 머슴처럼 행동한다.(관계성)
18. 관리자는 자신의 감정을 드러내고 감정적 거리감, 전문가적 생각, 말로 설명하기, 규칙의 준수, 조직 내부를 철저히 들여다보기 등에 초점을 맞추지만, 리더는 감정적 유대감, 열린 마음, 경청, 규칙이나 관습에 얽매이지 않음, 인간적 통찰 등에 초점을 맞춘다.(개인적 자질)
19. 관리자는 안정성을 유지하지만, 리더는 변화를 창조한다.(성과)
20. 관리자는 능률의 문화를 창조하려지만, 리더는 통합조정의 문화를 창조하려 한다.(성과)

※ 20 Differences Between Management & Leadership

Above-quoted Richard Daft looked at the differences between management and leadership from 5 different angles : (i) that of direction, (ii) alignment, (iii) relationships, (iv) personal qualities, and (v) outcomes. From characteristics that have not been mentioned by Bennis, Daft* listed :

13. The manager plans and budgets; the leader creates vision and strategy [direction]
14. The manager is generally directing and controlling; the leader allows room for others to grow, and change him/her in the process [alignment]
15. The manager creates boundaries; the leader reduces them [alignment]
16. The manager's relationship with people is based on position power; the leader's relationship and influence is based on personal power [relationships]
17. The manager acts as boss; the leader acts as coach, facilitator, and servant [relationships]
18. The manager exhibits and focuses on (a)emotional distance, (b)expert mind, © talking, (d)conformity, and (e)insight into organization; the leader : (a) emotional connectedness, (b)open mind, (c)listening, (d) nonconformity, and (e) insight into self [personal qualities]
19. The manager maintains stability; the leader creates change [outcome]
20. The manager creates a culture of efficiency; the leader creates a culture of integrity [outcome]

기업가는 기업의 유효성(effectiveness)과 성과향상을 위해서 일상적으로 경영관리 활동을 주도하는 경영자와는 다른 변화와 혁신, 위험감수, 창의성과 도전의식, 성취동기 등과 같은 개인적 특성과 행태를 보인다는 차이가 있다. 다음 〈표 4-7〉은 기업가와 경영자의 차이를 일목요연하게 비교해서 보여주고 있다. 말하자면 기업가란 일정한 수익을 기대하면서 위험을 무릅쓰고 사업을 일으켜서 경영을 하는 사람을 의미하며 사회적으로는 기업가들의 열성적 노력과 창의성에 의해 신제품 및 새로운 형태의 서비스 또는 새로운 시스템이 출현하고 그로 말미암아 경제시스템은 동태적으로 기능하면서 사회전반이 활력을 갖게 된다.

〈표 4-7〉 기업가와 경영자의 비교

구분	기업가	경영자
동기 및 감성지향성	• 성취지향성 • 자기 중심, 강한 명예욕 소유 • 높은 자율성 • 애사심 • 자발적 모험수용 • 위험부담	• 통합, 생존, 시장지향 • 권력과 영향력 지향 • 조직지향(회사 중심) • 전문성의 충실 • 위험부담에 보수적
분석적 경향	• 직감적(자신의 직감을 믿음) • 장기적 안목 • 전체성(Holistic)	• 분석적 • 단기적 안목 • 세부적 특수성
인간관계면	• 개인적 관계 중시 • 인사 및 정치성 • 가족·친족 우대 • 권위적 • 감성적으로 참을성 부족	• 일반성 • 탈인강성 및 분권위임 • 가족·친족 무관 • 탈감정성, 인내심, 꾸준함
조직 직분의 차이	• 소유주의 특권과 위험성 수용 • 확고한 자기 자리의 고수 • 일가친척의 지원 • 가족·인척 우선주의 • 약한 부하, 일인통치	• 적은 소유권과 열세한 특전 • 보장되지 않는 직분 • 단독 행위 또는 가족, 인척 지원 • 강한 상관

자료: E. H. Schein, Organizational Psychology, 3rd edition, Englewood Cliff, NJ : Prentice-Hall, 1980.

사례 들여다보기_자기 일의 기본-샘표식품 박승 회장의 경영철학

내가 몇 살처럼 보이나요? 쉰 살이요? 이래 뵈도 올해 아흔이예요. 이제부터 본격적으로 일을 시작할 나이죠" 샘표식품(대표 박진선)은 2011년 1월 4일 본사에서 박승복 회장과 올해 공채로 입사한 신입사원 27명이 함께 자리해 대화를 나누는 시간을 가졌다.

박 회장은 신입사원들과의 대화에서 70년 동안 직장생활을 해 온 인생의 선배 입장에서 그간 살아오며 느꼈던 삶의 교훈과 사회생활을 하며 잊지 말아야 할 기본예절을 이야기 했다.

박 회장은 '직장생활 10계명'이 적힌 A4 용지를 신입사원들에게 나눠주며 직장생활을 하는 동안 기본적으로 갖춰야 할 가치에 대해서도 이야기 했다.

여기에는 △시간을 엄수할 것 △거짓말을 하지 말 것 △상사나 동료의 흉을 보지 말 것 △의타심을 갖지 말 것 △출세를 서두르지 말 것 △물욕을 가지지 말 것 △일은 스스로 찾아서 할 것 △부재중 걸려온 전화는 반드시 회신할 것 △돈을 빌리지도 말고 빌려주지도 말 것 △매사에 최선을 다할 것 등의 내용이 담겨 있다.

박 회장은 특히 "모든 일에 후회 없이, 그리고 할 수 있는 혼신의 힘을 다해 최선을 다했던 것이 지금의 샘표를 이룰 수 있게 한 원동력"이라며 "어떤 상황에서도 하고자 하는 마음이 있고, 최선을 다하고, 원칙을 지키면 이루지 못할 것이 없다"고 신입사원들에게 매사에 최선을 다할 것을 부탁했다.

샘표식품 박승복 회장의 경영철학은 "내가 못 먹을 식품은 만들지 말라"이다.

간장 제조를 비위생적으로 하는 일부의 몰지각한 기업들 때문에 전체 간장 생산업체의 위기가 찾아온 적이 있었다. 이때 박회장은 동종 업계의 발전과 소비자의 불안을 없애기 위하여 간장 제조공정을 경쟁업체와 소비자들에게 공개하기로 결심을 한다. 당시 시대 여건상 제조공정은 기업의 비밀이었기 때문에 간부진들의 반대에도 불구하고 박회장은 과감하게 공개를 결단하였다. 박회장은 간장은 누구나 만들 수 있지만 기본을 꾸준하게 지킨다는 자신감이 있었기 때문이다.

제4절 경영자의 의의

1. CEO의 의의

CEO(Chief Executive Officer)는 기업활동의 총책임을 지고 전략적 의사결정을 실행하는 최고경영자를 말한다. 기업은 목적달성을 위해 많은 인원들이 각자의 역할을 가지고 상호작용을 주고받는 협동적 실체이다. 이처럼 많은 구성원들의 다양한 욕구와 노력을 조정함으로써 기업목적 달성에 도움이 되도록 조직화하는 것이 바로 최고경영자(top manager)인 CEO의 주요한 역할이다. 이러한 의미에서 볼 때 CEO, 즉 최고경영자는 마치 오케스트라의 지휘자 내지 선박의 함장과 같은 역할을 수행하게 된다. 즉, 그가 구성원 각자의 잠재적 능력이 최대한 발휘되도록 하고 하모니를 이루는 방식으로 이를 잘 배열할 때 기업은 의도하는 방향으로 나아가게 된다.[29)]

특히 현대기업에 있어서는 대부분 전문경영자가 기업경영을 지도·책임지고 있어 최고경영자의 역할은 기업 내부적 사항에만 국한되는 것이 아니다. 다양한 이해자집단과의 이해관계를 조정하고 기업의 사회적 책임을 실현하는 주체 역시 최고경영자이다. 이처럼 CEO는 현대사회에 있어 영향력이 매우 큰 독립적 계층으로써 기업 내·외부의 다양한 사안과 이해를 조정하여 기업목적을 실현하는 중추적 존재로서 인정받고 있다.

29) 이신모, 한만호, CEO에게서 배우는 경영학, 두양사, 2004, pp.173-174.

사례 들여다보기_"우리 회사 정년은 100세 입니다"

구로 디지털밸리 에이스하이엔드타워에 있는 온라인 경영교육업체 휴넷(대표 조영탁)에 들어서면 몇 가지 특이한 내용이 눈에 띈다.

첫째, 사장실이 없다. 조영탁 대표(45·사진)는 남들과 똑같은 크기의 책상에서 직원과 어깨를 맞대고 일한다. 둘째, 책이 많다. 사무실 곳곳에 책꽂이가 있고 책이 가득 꽂혀 있다. 약 1만권 정도 된다. '도서무한 지원제도'를 도입해 직원들이 원하는 책은 무엇이든 공급한다. 경제 경영 자기계발뿐 아니라 문학 철학 역사 여행과 만화책까지 구비하고 있다. 셋째, '학습휴가제'다. 4년 근속한 직원에게 한달간의 유급 학습휴가를 준다. 재충전을 위한 것이다. 2008년과 2009년에는 각각 9명이 학습휴가를 다녀왔다.

그러나 이들보다 더욱 독특한 것은 직원 정년이다. 이 회사 사무실 안으로 들어서면 가장 먼저 눈에 띄는 큰 액자가 있다. 거기엔 '정년은 만 100세로 하고 정년에 도달한 달에 퇴직한다'는 내용이 담겨 있다. 휴넷 취업규칙 제8장 56조가 씌어 있는 것이다. 사오정과 오륙도라는 말이 유행하는 요즘 100세까지 일할 수 있는 업체는 기네스북에 오를 만하다.

조 대표는 "지식정보화사회에선 육체적인 능력이 중요한 게 아니다"라며 "쓸모 있는 경험과 지식을 갖고 있으면 얼마든지 일할 수 있어야 한다"고 설명했다. 아직은 30~40대 젊은 직원들이 대부분이지만 이들이 열심히 노력하면 정년 걱정 없이 앞으로 60~70년은 더 일할 수 있다.

휴넷은 온 · 오프라인 교육기관이다. 그 중에서도 주로 경영 관련 온라인교육을 실시하며 과목은 인적자원관리 마케팅 전략 재무관리 등 경영 직무와 리더십 등이다. 조 대표는 "B2B교육의 경우 회원 수가 약 30만 명, B2C의 경우 약 30만 명에 이른다"며 "이 중 각각 절반가량이 수강 경험이 있는 사람들"이라고 말했다.

조 대표는 서울대 경영학과와 동대학원(경영학 석사 겸 공인회계사)을 나와 금호그룹에서 근무하다가 1999년 휴넷을 창업했다.

그는 직원의 행복이 회사 발전과 궤를 같이한다는 경영철학을 갖고 있다. 100세 정년, 한 달간 유급 학습휴가, 도서 무한지원제도도 이런 철학에서 나온 것이다.

- 출처: 한국경제신문(2010-10-10)

2. CEO의 역할

CEO를 포함한 전체 경영자들은 기업의 성장발전을 위해서 다양한 역할을 수행한다. 기업의 목표달성을 위해서 유효성의 증대와 성과향상을 위해서 역할과 기능이 매우 다양하다. 민츠버그(H. Mintzberg)는 CEO들이 어떻게 시간을 소비하며 어떠한 일을 수행하고 있느냐를 실증적으로 조사함으로써 각 수준의 경영자들의 역할을 규명하려 했다. 그에 따르면, CEO의 일상적 행동은 세 가지 상호작용 활동으로 구분할 수 있는데 대인적 역할, 정보적 역할, 의사결정적 역할이 그것이다.[30]

30) H. Mintzberg, The Nature of Managerial Work, New York : Harper Row, 1973.

CEO들은 자신들의 조직단위에 대해 공식적 권한을 가지며 여기서 그의 신분이 도출된다. 이러한 권한과 신분이 CEO로 하여금 대인적, 정보적, 의사결정적 역할수행에 관여하게 하는 것이다. 나아가 CEO는 이들 역할들을 가장 효율적으로 수행하기 위해 자신의 개인적·관리적 기술과 능력을 활용하게 된다.

1) 대인적 역할(interpersonal role)

이는 CEO로 하여금 다양한 대인관계를 수행케 하는 것이다.

(1) 조직의 대표자(figurehead)

한 단위 조직의 장으로서의 CEO는 때때로 방문자의 접견, 부하 결혼식 또는 장례식의 참석, 고객접대 등 의식적인 일을 수행함으로써 그 조직의 대표로서의 역할을 수행한다.

(2) 리더(leader)

CEO는 종업원을 동기부여시키고 격려하게 되며 부하들의 개인적 욕구를 만족시킬 수 있도록 돕는다. 나아가 종업원 평가나 성과평가 등도 행하게 된다.

(3) 연결자(liaison)

CEO는 자신의 조직과 다른 조직 또는 자신의 단위조직과 조직 내 다른 단위조직 사이를 연결시키는 역할을 수행한다.

[책갈피] 경영자에게 필요한 기술(설문조사 결과)

오늘날 경영자와 관리자가 성공하기 위해 아래 기술 중 어떤 것이 가장 중요하다고 생각합니까?	
커뮤니케이션 능력	94%
집중 능력	77%
협력 능력	74%
전체적인 시야를 갖는 능력	68%
학습 능력	64%
업무의 우선순위를 판단하는 능력	64%
기획 능력	62%
외부관계를 잘 관리하는 능력	60%
내부관계를 잘 관리하는 능력	57%
시간관리 능력	52%

경쟁하는 능력	51%
조직 능력	50%
데드라인에 맞추는 능력	49%
보유기술	47%
남을 지휘하는 능력	46%
고객문제를 다루는 능력	45%
기술을 활용하는 능력	41%
품위	39%
남을 관리는 능력	39%
기술전개 능력	35%

미래에 경영자와 관리자가 성공하기 위해 아래 기술 중 어떤 것이 가장 중요하다고 생각합니까?	
커뮤니케이션 능력	88%
집중 능력	79%
협력 능력	73%
전체적인 시야를 갖는 능력	66%
학습 능력	63%
기획 능력	62%
업무의 우선순위를 판단하는 능력	62%
경쟁하는 능력	58%
외부관계를 잘 관리하는 능력	57%
기술을 활용하는 능력	56%
내부관계를 잘 관리하는 능력	56%
보유기술	52%
시간관리 능력	50%
조직 능력	50%
기술전개 능력	47%
고객문제를 다루는 능력	47%
데드라인에 맞추는 능력	45%
남을 지휘하는 능력	40%
남을 관리는 능력	39%
품위	35%

- 출처 : Chuck Martin, Tough Management, McGraw-Hill Korea, 2005.

2) 정보적 역할(informational role)

이는 경영활동을 수행키 위해 여러 원천의 정보를 수집・전파하는 것이다.

(1) 모니터(monitor-receiving information)

이는 CEO가 다양한 정보원천에 개인적 접촉의 정보망을 유지하여 유용한 정보를 지속적으로 추구함으로서 자기 단위조직의 신경중추가 되는 것이다.

(2) 전파자(disseminator)

CEO는 부하에게 필요한 정보를 제공 · 전파하는 역할도 수행하게 된다. 정보를 전파하는데도 메모, 지시, 편지, 개인적 의사소통, 비공식적 회의 또는 공식적 발언 등의 수단이 이용된다.

(3) 대변인(spokesperson)

이는 그가 수집한 정보의 일부를 그 자신의 조직 혹은 조직 외부의 사람들에게 전달해 주는 역할을 일컫는다.

3) 의사결정적 역할(decision role)

이는 기업경영에 요구되는 의사결정과 관련된 역할이다.

(1) 기업가(entrepreneurial role)

이는 환경적 변화에 적응하기 위하여 계획된 변화를 이끌어 냄으로써 그들 단위조직의 성과를 기업가처럼 적극적으로 개선하려는 노력을 말한다. 예컨대, 새로운 동기부여 체계의 도입, 조직구조의 변화 등이 그것이다.

(2) 문제 해결자(disturbance handler role)

이는 의견대립, 대인간 갈등, 파업, 계약파기, 자재부족, 불평 및 고충 등과 같이 경영자에게 제기되는 문제나 압력을 처리하는 역할을 말한다.

(3) 자원 배분자(resource allocator role)

이는 한정된 조직자차원을 언제, 누구에게, 어떻게, 왜, 배분할 것인가를 결정하는 것으로 예컨대, 예산수립은 이에 속한다.

(4) 협상가(negotiator role)

이는 단위조직 외부의 인원들과 협상을 벌이는 것으로 가령 공급업자와 계약을 체결한다던가 노동조합과 노사문제를 협의한다든가 혹은 마케팅 전문가와 협상을 하는 등의 과업을 일컫는다.

히트(M. A. Hitt)와 그 동료들[31]은 경영자를 ① 의사결정을 하는 사람, ② 계획을 하는 사람, ③ 조직하는 사람, ④ 리더 및 동기유발을 하는 사람, ⑤ 정보를 처리하는

---

31) Hitt, M. A., Ireland, R. D., & Hoskisson, R. E., *Strategic management : Competitiveness and Globalization (4 ed.). Cincinatti: South-Western College Publishing,* 2001, pp.10-16.

사람, ⑥ 통제를 하는 사람, ⑦ 환경론자 및 ⑧ 조직변혁의 추진자 등으로 보았다.

예화 들여다보기_CEO는 다음의 두 사람에 비유될 수 있다

하나는 침몰하고 있는 상선의 선장이고, 다른 하나는 발레의 주연 무용수이다.

침몰하는 배의 선장은 선원들로 하여금 펌프로 배 밑바닥에 고이기 시작한 물을 퍼내도록 지시함과 동시에 어떤 짐을 버려야 할지 결정해야 한다. 뿐만 아니라 항구에 무사히 닿을 경우 비싼 값에 팔 수 있는 물건은 물에 젖지 않도록 관리해야 한다. 비용을 줄이고 수지를 맞추면서 매출을 올릴 수 있도록 신경써야 하는 최고경영자의 일이 '선장의 일'에 비유된다. 이렇듯 절체절명의 결정을 해야 하는 최고경영자는 항상 불안감에 휩싸이기 쉽다. 예를 들어, 인력을 정리할 때에도 그는 과연 자신이 유능한 직원을 정리하고 있는 것은 아닌지 불안하다. 그리고 제품 라인을 폐쇄할 때 역시 마찬가지이다. 정말 가치 있는 제품을 폐쇄하는 것일 수도 있기 때문이다.

최고경영자가 발레의 주연 무용수에 비유되는 이유는 동료 무용수들과 조화를 이루면서 공연을 해야 함과 동시에 다양한 관객의 취향 또한 맞춰야 하기 때문이다. 기업의 최고경영자는 그 기업의 고객, 직원, 투자자, 지역사회의 구성원 등, 수많은 사람들의 생각을 이해하고 있어야 한다. 물론 이들 이해집단이 원하는 것을 파악하는 일은 무척 어렵다. 그리고 최고경영자가 하는 모든 일에는 그 하나 하나마다 수천 가지의 의견이 따르게 마련이다.

3. CEO의 시간활동

CEO는 조직 내·외부의 인원들과 상호작용 하는 일에 상당한 시간, 노력 및 에너지를 소비하게 된다. CEO가 만나는 이들에는 공급업자, 고객, 노조지도자, 지역사회 지도자, 부하, 동료집단, 상급자 및 공무원 등이 폭넓게 포함된다. 따라서 CEO의 활동을 그가 만나는 사람들에게 소비하는 시간이나 활동유형을 기준으로 파악해 보는 것은 그의 일상적 행위를 이해하는데 도움이 된다. 먼저, 민츠버그(H. Mintzberg)에 의하면 CEO들은 약 48%의 시간을 부하에게 쓰고 나머지 52%의 시간을 외부인을 만나는데 소비한다고 한다. 외부인에게 쓰이는 52%의 시간은 의뢰인, 공급업자, 직업관계인 등에 20%, 동료집단에 16%, 이사회 인원에 7% 그리고 나머지가 8%의 비중을 보인다.[32)]

한편, 스튜워트(R. Stewart)에 의하면 영국의 중견관리자들은 40%의 시간을 부하

32) H. Mintzberg, op.cit.

와, 19%를 동료와, 13%를 전문가와, 12%를 상급자와, 8%를 다른 사람과, 8%의 시간은 조직 밖의 사람을 만나는데 소비한다고 한다.[33]

나아가, CEO들이 어떤 활동을 하면서 시간을 보낼 것인가와 관련하여 민츠버그는 78%의 시간을 회의에 참여하거나 전화통화를 하고, 공장을 둘러보는 등의 구두 의사소통활동에 소비한다고 제시하였다.[34] CEO들이 그들의 시간을 어떤 활동에 얼마만큼 소비하게 되는가는 아래 [그림 4-2]와 같이 요약할 수 있다. 한편, 중간관리자를 대상으로 한 또 다른 연구에는 80%의 시간을 구두 의사소통에 소비하는 것으로 보고되고 있다.

[그림 4-2] CEO들의 활동별 시간소비

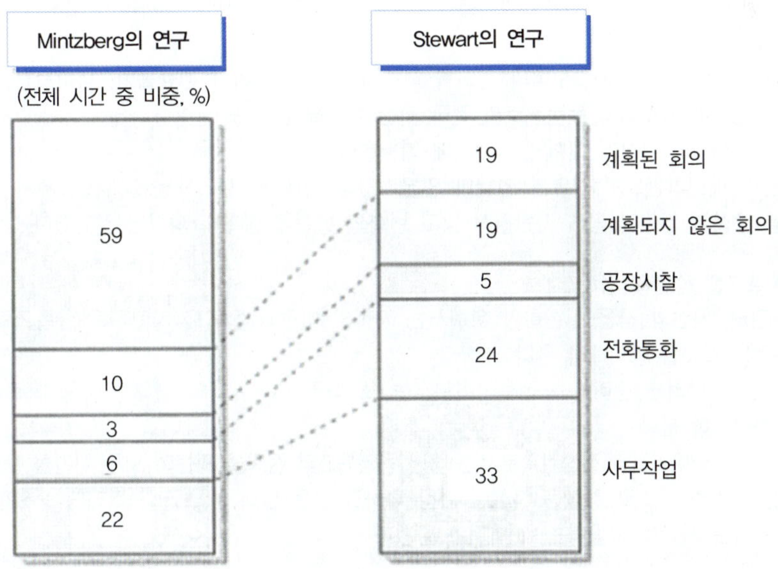

자료 : H. Mintzberg, The Nature of Managerial Work, New York: Harper Row, 1973, p.393.

33) R. Stewart, Managers and Their Jobs, New York: Macmillan, 1967.
34) H. Mintzberg, *op. cit.*

[책갈피] 장수하는 CEO가 되는 비결

LG경제연구원은 재임기간 단축현상으로 최고경영자(CEO)가 역량을 제대로 발휘할 시간과 기회를 확보하지 못하고 있다며 장수하는 CEO로 살아남기 위한 전략을 제시했다.

• 브랜드 가치를 관리해라

소니의 이데아 사장은 '전임 CEO의 업적은 존경하지만 결코 참고하지 않겠다'고 선언하고 '디지털 드림 키드'(Digital Dream Kid)를 통해 차별화를 시도했다.

대부분의 CEO는 자신을 차별화된 브랜드로 키우기 위해 끊임없는 변화를 시도하고 있다.

그러나 이러한 CEO브랜드 이미지 구축도 기업 정체성과 결부돼야 하며 궁극적인 브랜드 가치도 경영실적으로 증명돼야만 인정을 받게 된다.

코카콜라의 고이주에타가 유명한 이유는 취임 후 펩시와 시장가치 격차를 30배로 벌려 놓은 경영능력에 있고 잭웰치가 최고의 CEO로 평가받는 것도 GE를 시장가치 2위로 키웠기 때문이다.

• 변화를 주시해라

성공한 경영자들이 최적의 의사결정을 내리지 못하고 실패하는 사례는 오히려 기업이 잘 나갈 때 흔히 발생한다.

제록스는 새로운 사업모델의 변화를 꾀하지 못한 상태에서 환율불안, 남미시장문제 등을 이유로 변신을 시도하지 못함으로써 결국 파산의 길을 걷게 됐다.

이는 CEO의 변화에 대한 인식부족에 기인한다.

반면 메모리반도체 기업인 인텔이 일본기업의 거센 도전에 재빠르게 프로세서 사업으로 궤도를 수정한 것은 성공에 자만하지 않고 변화의 방향을 정확히 파악한 결과였다.

• 프로를 선발 · 육성하라

CEO가 자신의 꿈을 실현하기 위해서는 자신의 비전과 전략을 지지하고 행동으로 이끌어 갈 수 있는 프로를 양성해야 한다.

기업의 미래를 준비하는 전략기획부서는 또 다른 미래기업의 형태로 기존 프로세스와 별개로 운영돼야 한다.

그러나 국내기업의 전략기획부서는 내년 경영목표와 전략을 짜는데 모든 시간을 보내고 있다.

존 챔버스 시스코 회장은 자신이 가장 피하고 싶은 일이 '시스코의 미래에 중요한 역할을 하지 못하는 사람을 고용하는 것'이라고 말했다.

• CEO 승계체제를 구축해라

전문 CEO시장이 형성되지 않은 국내기업은 내부육성 의존도가 높지만 이를 체계적으로 지원할 시스템을 확보하지 못했다.

CEO의 체계적 육성 시스템은 우리 기업에 필요한 또 하나의 과정이다.

잭 웰치는 GE의 차기회장 후보로 추천된 뒤 9년간 준비기간을 거쳤고 소니는 매년 두 차례 경영인사위원회를 소집해 차세대 CEO후보자를 선발한 뒤 '소니대학'에 보내 집중 육성한다.

- 출처: 연합뉴스, 2006.3.30.

4. CEO의 유형

1) 직무범위에 의한 구분

이는 경영자가 수행하는 직무의 적용영역에 따른 구분이다.

(1) 직능경영자

직능경영자(functional manager)란 조직의 특정한 기능부문, 즉 생산, 마케팅, 재무, 인사 등 어느 한 부문활동에만 책임을 지는 경영자로 부문경영자라고도 한다.

(2) 총괄경영자

총괄경영자(general manager)란 조직의 어느 한 부문에 집중적인 관심을 보이기보다 조직 전체를 총괄적인 차원에서 관리하는 사람이다.

2) 조직 발전과정에 의한 구분

(1) 소유경영자

소유경영자(owner manager)란 기업의 출자자임과 동시에 경영자인 사람으로서 흔히 기업가(entrepreneur)라고도 불린다. 따라서 전형적인 소유경영자라 하면 자본의 직접적인 출연과 운영은 물론 기업경영상의 위험을 직접 부담하고 기업성장에 필요한 혁신활동마저도 스스로의 책임하에 수행하는 사람이다. 이는 특히 소규모 기업의 경영에서 많이 볼 수 있는 경영자 유형이며, 대규모 기업의 경영이라 할지라도 소유와 경영이 아직 분리되어 있지 않은 전근대적 기업에서도 흔히 찾아 볼 수 있다.

(2) 고용경영자

고용경영자(employed manager)는 소유경영자들이 직접 수행하던 지휘 및 감독기능의 일부를 대리 수행하는 이들이다. 따라서 이들은 궁극적으로는 소유경영자의 이익을 위해 활동하는 유급경영자로 볼 수 있다.

사례 들여다보기_2013년 '세계 100대 CEO'

애플의 창업주인 고(故) 스티브 잡스가 '2013년 세계 100대 최고경영자(CEO)'에서 최고의 CEO로 선정됐다고 파이낸셜타임스(FT)가 21일 보도했다.

미 하버드비즈니스리뷰(HBR : January-February 2013)가 이날 발표한 결과에 따르면 1995년 이후 CEO로 임명된 적이 있는 경영자 가운데 주주수익률, 시가총액 등 경영실적을 토대로 평가한 결과 잡스가 2010년에 이어 또다시 1위를 차지했다.

2위에는 아마존닷컴 창업자 제프 베조스 CEO가 뽑혔고 윤종용 전(前) 삼성전자 부회장과 정몽구 현대차 회장이 각각 3위, 6위에 이름을 올렸다.

HBR은 애플의 주가가 최근 몇 달간 급락하긴 했으나 잡스가 CEO로 있을 당시(1997~2011년) 6천621%의 주주수익률을 기록했고 시가총액도 3천590억 달러가 증가했다면서 "이는 오랫동안 깨지지 않을 놀라운 성과"라고 평가했다.

윤 전 부회장의 경우 2010년 차지한 2위보다는 한 단계 하락했지만 1996~2008년 재직 당시 1천437%의 주주수익률을 올렸다고 HBR은 밝혔다.

이에 비해 정 회장은 2010년 29위에서 6위로 순위가 급상승했다.

이 밖에 브라질 광산업체 발레(Vale)의 로저 아그넬리(2001~2011년), 미 쇼핑몰 운영업체 사이먼 프로퍼티그룹의 데이비드 사이먼(1995년~현재), 이베이의 멕 휘트먼(1998~2008년), 시스코의 존 챔버스(1995년~현재) 등이 상위 10위 안에 이름을 올렸다. 여성 CEO로는 휘트먼이 유일했다.

〈연합뉴스, 2012.12.22〉

(3) 전문경영자

전문경영자(professional manager)는 경영에 관련된 전문적인 지식과 교육적인 배경을 지닌 이들이다. 이러한 전문경영자는 오늘날 소유와 경영이 분리된 대규모의 주식회사에서 찾아볼 수 있으며 그의 권한은 출자기능만을 제외하고 혁신과 위험부담을 포함하여 경영활동에 전반에 걸쳐 포괄적으로 미치게 된다.

이들은 대내적 경영활동에 대한 성과책임 뿐만 아니라 대외적 이해관계를 조정할 사회적 책임까지 지게 되어 여러 이해집단에 대해 중립적 위치에서 활동하며 기업목적 뿐만 아니라 사회목적의 실현을 위해서도 노력하게 된다.

그런데 이러한 전문경영자가 현대 기업에 있어 대표적 유형으로 대두하게 된 것은 소유와 경영의 분리가 이루어졌기 때문이다. 이처럼 소유와 경영이 분리되게 된 이유는 자본과 경영의 두 가지 측면에서 찾아볼 수 있다.

첫째, 자본의 측면에서는 주식회사 제도 도입으로 인한 대중자본의 유입과 무기능 주주의 대거 등장을 들 수 있다.

둘째, 경영의 측면에서는 현대 경영자가 수행하는 경영활동의 특수성을 들 수 있다.

[책갈피] 톱 경영자(CEO)의 조건 = John McCarter

1. 자신의 힘을 축적하라
2. 세상 보는 눈을 넓혀라
3. 사람 움직이는 힘을 길러라
4. 신뢰받는 지혜를 기르라
5. 자기 계발에 힘쓰라
6. 예견력을 길러라
7. 인격을 기르라
8. 리더십을 기르라
9. 자기성찰을 게을리 하지 말라
10. 능력을 갖추라

3) 경영관리 계층에 의한 구분

(1) 최고경영층

최고경영층(top management)은 경영계층의 정점에서 기업환경과 관련하여 기업의 장기적 목표, 전략 등을 결정하고 아울러 기업의 사회적 책임도 지는 경영자이다. 오늘날 CEO는 일반적으로 경영자를 가리키는 광범한 의미로 쓰이는 경우도 많지만 좁은 의미로 사용할 때는 이들 최고경영층을 CEO라고 한다.

이들을 보다 세분하면 수탁경영층[35]과 전반관리층[36]으로 구분된다. 이들은 기업전체에 장기적으로 또 전반적으로 영향을 미치는 의사결정을 주로 하는 수뇌경영자(Chief Executive Officer: CEO)이다. 최고경영층의 주요 기능으로는 수탁기능, 전반 경영기능, 특정부문 관리기능, 경영전략기능, 대 환경기능, 최고인사기능, 조직(설립, 개편, 해산)기능 등이 있다.

(2) 중간경영층

중간경영층(Middle Management)은 최고경영층을 보좌, 조력하며 하위경영층을 관리하면서 양 계층간에 교량적 역할을 수행하는 경영자이다. 이들은 최고경영자의 지시를 받고 업무에 관한 보고를 하기도 하며 하위경영층을 지휘, 감독하고 때로는 노동자에게 직접 명령, 지시를 하기도 한다. 이들은 대개 부장, 차장, 과장의 직급에 해당되는 경영자들로 구체적으로는 상하간 커뮤니케이션 기능, 부문간 상호조정기능, 해당부문의 총괄 조정기능, 부하에 대한 교육기능을 담당한다.

(3) 하위경영층

하위경영층(Low Management)은 최고경영층에서 결정된 방침・계획에 의거하여 중간 관리층에서 구체화된 실행방침・실행계획에 따라 생산종업원을 지도・감독하는 직능을 수행하는 하위관리층으로서 현장관리층(shop management zone)・감독관리층(supervisory management zone)이라고 한다. 현장종업원과 직접 접촉, 현장 작업 활동을 지휘・감독하는 직장・반장 등이 이에 속한다.

이들은 구체적으로 다음의 활동들을 담당한다. ① 생산계획에 기초한 작업의 준비, ② 제품의 양・질의 유지, ③ 일정의 유지, ④ 원가의 유지・절감, ⑤ 작업의 공평한 할당, ⑥ 직장내 배치전환, ⑦ 작업성과 사정 및 상신

이상의 경영관리 계층상의 경영자들은 각기 고유한 업무를 수행함은 물론 상호간의 기능을 종합하고 있다.

---

35) 이는 주주로부터 경영권을 수탁받아 주주의 이익을 대표, 보호하고, 기업의 기본정책과 일반적 방향을 결정하며, 기업성과를 평가하고 기업재산의 관리와 활용을 책임지는 이들로 이사회를 말한다.

36) 이는 수탁경영층인 이사회가 정한 기본정책의 테두리 안에서 기업활동의 제반 영역을 적극적으로 계획, 조직, 통제하게 되는 이들로 사장, 부사장, 전무, 상무 등을 포함한다.

[그림 4-3] 기업조직의 경영관리 계층도

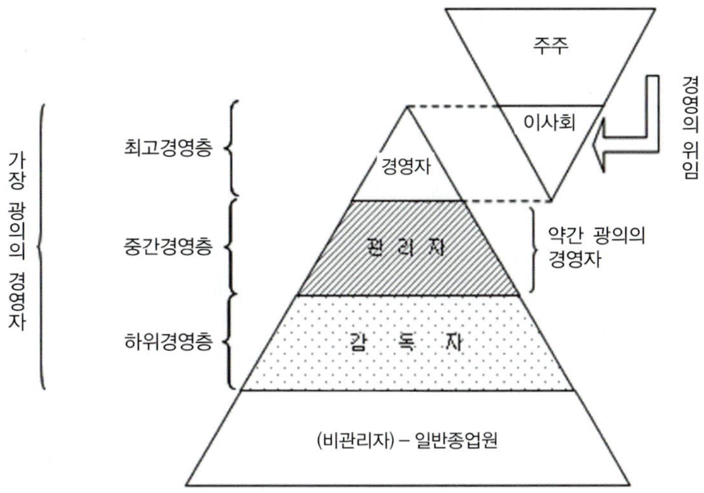

사례 들여다보기_이건희 회장의 리더십

삼성전자가 초일류 기업으로 성장하는 데는 여러 요인들이 복합적으로 작용했다.

그 중 전문가들이 으뜸 요인으로 꼽는 것은 이건희 회장의 강력한 오너십이다.

대부분의 경영학자들은 "오너십이 기업운명을 좌우한다"(롤프 H 칼슨)는데 공감한다. 이 회장이 어눌한 말과 단순한 몸짓으로 삼성전자를 기민하게 움직일 수 있었던 것은 오너십이 뒷받침됐기 때문이다.

위기를 기회로 활용, 경쟁력을 높일 수 있었던 것도 오너십이 적절히 작용했기 때문이다. 삼성에서 오너십이 제때 제대로 발동되지 않았다면 사업 위험이 큰 반도체 사업을 꽃피울 수 없었을 것이다.

• 인력 중시 경영

"우수 인력 한 사람이 10만 명을 먹여 살린다" "바둑 1급 열 명이 힘을 모아도 바둑 1단 한명을 이길 수 없다"

이 회장이 최근 던지는 화두는 핵심인력 영입이다.

기술이 기업의 경쟁력을 좌우한다는 것이다.

일단 인력을 영입했으면 최고의 대우를 해주고 최대한 활용하라고 주문한다.

영입한 우수 인력을 따돌리는 사태가 빚어지면 이 회장은 대로한다.

이를 상징적으로 보여주는 것이 90년대 초반의 "후쿠다보고서 사건"이다.

디자인 전문가인 일본인 후쿠다 씨를 고문으로 영입하고도 삼성전자 경영진들은 그의 조언을 무시했다. 후쿠다 씨는 이를 비판하는 보고서를 작성했고, 우연히 이를 본 이 회장이 불호령을 내렸다고 한다. 이후부터 삼성전자는 영업인사들이 최상의 환경에서 일할 수 있도록 세심하게 배려했다.

삼성전자가 "엔지니어 천국"으로 불리는 데는 다 그만한 이유가 있는 것이다.

삼성전자는 1천명이 넘는 박사인력을 보유하고 있다.

서울대보다 박사수가 많다.

그런데도 이 회장은 만족하지 않는다.

지난 2000년 11월 일본 오키나와에서 열린 삼성전자 사장단 회의에서 박사급 핵심 인력을 3천명까지 늘리도록 지시했다.

디자인 전문인력을 확보할 것도 당부했다.

이 회장은 특히 기술자는 자존심을 세워주는 곳에서 일한다는 점을 명심하라고 강조했다.

• **자율경영 철학 = "의인불용 용이불의(疑人不用 用而不疑)"**

미덥지 못하면 맡기지 말고 썼으면 믿고 맡겨라.

이건희 회장은 회사 경영에 거의 간섭하지 않는다.

선대 회장(고 이병철 회장)시절부터 정착된 자율경영 관행은 이 회장 들어 한층 강화됐다. 그래선지 삼성내에서는 "총수의 전횡"이란 푸념을 들어보기 어렵다.

그렇다고 그에게 카리스마가 없는 것은 결코 아니다.

오랜 침묵을 깨고 던진 회장의 한마디는 곧바로 새기고 실천해야 하는 훈수가 되곤 한다. 삼성 사장들은 이 회장 말은 쉬운 듯 어렵다고 말한다.

93년 신경영 때도 그랬다. 이 회장은 삼성전자를 말기 암환자에 비유했다.

회사의 미래를 생각하면 잠이 오지 않는다고 했다. 당시 삼성전자는 한창 잘 나갈 때여서 주위에선 고개를 갸우뚱했다.

이 회장은 한심하게 생각했다.

3만여 명이 제품을 만들고 6천명이 AS를 하는데 무슨 경쟁력이 있겠느냐는 것이다.

"불량을 줄여야 산다" 불량을 줄이면 적은 수의 AS 맨으로 완벽한 서비스를 할 수 있기 때문이다. 이 회장은 이런 생각을 "마누라와 자식을 빼고 모두 바꾸라"는 말로 대신했다.

삼성전자를 총괄하는 윤종용 부회장(당시 VTR사업부장)은 20년전 수원공장에서 들은 이건희 회장(당시 그룹 부회장)의 지시사항을 적은 수첩을 아직도 지니고 있다.

수첩의 메모를 수시로 살펴보며 이 회장의 전략과 지침을 경영에 반영하려는 노력을 오랫동안 지속해온 셈이다.

• **과감한 투자 결정**

반도체를 빼고는 삼성전자를 생각할 수 없다. 반도체 사업은 대규모 자금이 필요해 위험이 도박보다 크다고 한다. 미래에 대한 확신이 없으면 투자결정을 내리기 어렵다는 얘기다. 삼성전자가 반도체 사업의 전신인 한국반도체를 인수한 것은 지난 76년.

당시는 고 이병철 삼성 회장이 그룹 경영을 총괄할 때였다. 반도체회사를 인수하면서 선대 회장은 망설였다. 이때 3남인 이건희 회장(당시 중앙매스컴 이사)이 전자사업을 하려면 반도체가 대단히 중요하다며 필요하다면 개인출자까지 하겠다는 말로 선친을 설득했다고 한다.

(강진구 전 삼성전자 회장)

어렵게 시작한 반도체 사업에서 확실한 승기를 잡은 시점은 80년대 말과 90년대 초. 장기 불황으로 일본 반도체 업체들이 주춤주춤 할 때, 이건희 회장은 1메가 D램 및 4메가 D램 사업에 돈을 쏟아 부었다. 투자를 하기 위해 88년 이 회장은 삼성전자와 삼성반도체통신을 합병했다. 가전쪽 주주들의 반발이 적지 않았다.

하지만 반도체 사업에 대한 강한 집념으로 어려움을 극복해냈다. 적기 투자 덕분에 삼성전자는 메모리 사업을 시작한 지 11년 만에 2백56메가 D램을 시장에 내놓으면서 당당히 세계 1위에 올랐다.

• 초일류를 향한 승부욕

이 회장이 삼성 경영진에게 자주하는 골프 얘기가 있다.

"드라이버샷으로 1백80야드 나가는 사람이 코치를 받아 2백야드를 보내기는 쉽다.

더 배우면 2백20야드도 보낼 수 있다. 그러나 2백50야드 이상을 보내려면 그립잡는 법부터 스탠스 등 모든 것을 바꿔야 한다"

세계적 초일류 기업과의 미세한 기술 격차를 이런 자세로 극복하라고 당부한 말이다."초일류"를 강조하는 이 회장의 이 한 마디엔 경영인으로서의 자존심이 녹아 있다. 그래서 월드베스트 상품을 만들 것을 집요하게 주문한다. 휴대폰 사업은 초일류 정신의 산물이다. 지난 83년 휴대폰 사업을 시작한 삼성은 10년 넘게 고전했다. 국내에서조차 모토로라의 아성을 무너트릴 뾰족한 방법이 없었다.

94년 이 회장의 특명이 떨어졌다. "돈은 얼마든지 써도 좋으니 수단과 방법을 가리지 말고 모토로라 수준의 제품을 내놔라"

그래서 나온 제품이 SCH770. 애니콜이다. 95년 시판한 휴대폰 중 불량이 있다는 보고를 받고는 이 회장은 즉각 전제품 회수를 명했다. 15만대를 새 제품으로 교환해주거나 회수했다. 회수 제품은 공장 전체 임직원이 보는 앞에서 소각했다.

1백50억 원이 연기로 사라졌다. 사내방송인 SBC로 하여금 '카메라출동'식의 기습현장취재로 불량품을 고발토록 하는 방법도 동원됐다. 그때부터 삼성전자 내에서는 제품을 만들고 파는데도 명예를 중시하는 풍토가 자리잡았다고 한다.

삼성은 휴대폰 한 종목으로 지난해 7조원의 매출에 1조2천억 원의 이익을 남겼다.

• 비전으로 이어지는 통찰력

이 회장은 사색하길 좋아한다. 승마와 골프를 즐기고 애완견을 기르는 취미도 있다.

영화와 다큐멘터리 물도 즐겨 본다. 최근에는 KBS가 신년 특별기획으로 마련한 "세계를 움직이는 사람들"을 꼼꼼히 봤다고 비서실 관계자는 전했다. 때때로 항공 우주과학과 바이오 등 전문서적을 읽기도 한다. 이런 사색과 취미생활은 통찰력을 얻는 에너지원이 된다.

이 회장은 최근 중국 사업의 중요성을 강조하고 있다. 작년 11월 중국을 방문, 임원들에게 "중국을 더 이상 저가품의 생산기지로 생각하지 말고 그룹의 생존이 달린 전략 시장으로 보고 접근하라"고 촉구했다.

중국시장에 대한 이 회장의 관심은 훨씬 이전으로 거슬러 올라간다. 지난 97년 삼성전자는 태평로 본관 1층에서 첨단 전자제품 전시회를 갖기로 했다.

그런데 전시회가 열리기 하루 전 이 회장은 중국제품을 반드시 전시하라고 지시했다. 갑작스런 일이어서 실무자들은 여간 당황한 게 아니다.

작전을 펼치듯 중국에서 판매되는 각종 전자제품이 공수돼왔다.

이 회장은 중국이 우리를 어떻게 추격하고 있는지 많은 사람에게 보여주고 싶었다고 한다. 삼성의 비전은 이렇게 만들어지고 있다.

〈이익원 기자 iklee@hankyung.com〉

****

• 엔지니어 이건희 - 電子 마니아

이건희 회장은 일본 와세다대에서 경제학을, 미국 조지워싱턴대학에서 경영학을 전공했다.

하지만 엔지니어만큼 전자제품에 대한 깊숙한 전문지식을 갖추고 있다.

그는 세계 어느 경영자보다 과학기술을 중시한다.

특이한 점은 이런 지식을 습득한 과정이다.

이 회장은 직접 전자제품을 분해해보고 궁금한 점은 전문가에게 물어가며 전자기술을 터득했다.

파고들어 알려고 하는 천착(穿鑿)습관이 전자제품의 경쟁력을 향상시키는데 큰 도움이 됐다.

이 회장은 측근들에게 자신만큼 전자제품을 많이 사 본 최고경영자는 없을 것이라고 말하곤 한다.

그만큼 해박한 전자기술을 갖고 있음을 뜻한다.

지난 87년 삼성전자가 메모리 반도체 역사의 전환점이 되는 중대한 고비를 맞았을 때 이건희 회장의 이런 자질이 힘을 발휘했다.

4메가D램 개발을 스택(stack : 쌓는 방식)으로 할 것인가,트렌치(trench : 파는 방식)로 할 것인가를 결정해야 했다.

두 기술은 서로 장단점이 있어서 양산에 들어가기 전에는 어느 쪽이 유리한 지 전문가들도 판단하기 어려웠다고 한다.

이 회장은 "이건희 에세이"에서 당시를 이렇게 회상했다.

"복잡한 문제일수록 단순화시켜야 한다. 회로를 고층으로 쌓는 스택이 수월하다"

이 결정은 나중에 올바른 선택으로 판가름 났다.

트렌치를 채택한 도시바가 양산과정에서 생산성 저하로 D램 선두자리를 히타치(日立)에 빼앗겼고 16메가 D램과 64메가 D램에 스택 방식이 적용됐기 때문이다.

지난 93년 미국 출장 중에는 이런 일도 있었다.

이 회장은 호텔에 짐을 푼 직후 어디론가 사라졌다.

이 회장은 인근 백화점에서 일제 도시바 VCR을 사와 분해를 했다.

수행했던 이상익 삼성전기 기획팀장에게 이 회장은 이런 지적을 했다고 전했다.

"일본 제품의 부품수가 삼성 것보다 20% 가량 적은데도 비싸게 팔린다는 점을 염두에 두고 부품수를 줄이기 위해 노력해야 한다"

그래서 삼성이 개발한 VCR이 위너다.

이 회장은 제품에 대한 많은 아이디어를 냈다.

방송국에서 송출하는 화면의 20%를 시청자들이 못 본다는 얘기를 듣고 숨은 1인치 화면을 볼 수 있는 TV(플러스 원)을 개발토록 했다.

휴대폰의 센드 및 엔드 기능 버튼이 작은 것을 보고도 즉각 이를 시정토록 했다.

가장 많이 쓰는 단추가 왜 다른 버튼과 크기가 같고 밑에 있어야 하느냐는 지적이었다. 그래서 휴대폰의 센드와 엔드 버튼이 맨 위로 설계된 제품이 나오기 시작했고 이는 표준화로 이어지기까지 했다.

이 회장은 혁신적 제품을 개발하기 위해선 고정관념을 깨야 한다고 주장한다.
어릴 적부터 장난감 동화 놀이 속에서 과학을 생활화하는 것이 중요하다고 설명한다. 이 회장이 기술 다음으로 중요시하는 게 디자인이다.
훌륭한 디자인 능력이 없으면 명품도 없다는 게 이 회장 생각이다.
기술이 받쳐주고 디자인이 따라주면 마케팅의 절반은 성공했다고 이 회장은 강조한다.

• **李회장의 CEO론 '知行用訓評'**

삼성은 훈련된 전문경영인이 많은데다 이들의 재량권이 넓어 성과를 거두고 있다는 평가가 있다.
이에 대해 이건희 회장은 '의인물용 용인물의(疑人勿用 用人勿疑)', 즉 '미덥지 못하면 맡기지 말고 썼으면 믿고 맡겨라'라는 창업주 고 이병철 회장 시절부터 지켜져 온 삼성의 인사원칙을 들어 대답했다.
"삼성의 CEO들은 능력이나 자질 면에서 선진기업의 어느 CEO보다도 낫다고 자부합니다. 그래서 저는 미래 전략방향 등 경영의 큰 줄기를 제시하고 일상적인 경영은 사장들이 자율적으로 하도록 하고 있습니다."
이 회장은 "CEO를 선발할 때 가장 중점을 두는 사안은 무엇이냐"는 질문에 '지행용훈평(知行用訓評)'이라는 5가지 덕목을 소개했다.
"CEO까지 오르는 데는 수많은 성공과 좌절을 겪게 됩니다. 이를 감안하면 제대로 된 사장급 CEO 한 사람을 육성하기까지는 수백억 원 이상이 들고 기간도 30년 정도 걸립니다. CEO는 그만큼 중요하기 때문에 적어도 '지행용훈평(知行用訓評)'의 다섯 가지는 기본적으로 갖춰야 한다고 생각합니다."
지(知)란 업(業)의 개념, 기반 기술, 필요한 인재와 같은 사업의 핵심역량을 잘 알아야 한다는 것.
단순히 아는 데서 그치지 않고 아는 것을 솔선수범해서 행동으로 옮겨야 하고(行) 아랫사람에게 일을 제대로 시키고(用) 가르칠(訓) 줄도 알아야 한다는 얘기다.
여기에다 해 놓은 일을 정확하게 평가(評)할 줄 아는 것도 필요하다는 것.
"제 욕심인지는 몰라도 CEO라면 이 정도는 기본으로 갖춘 상태에서 세계적인 흐름, 시대적인 흐름을 읽는 안목이 있어야 한다고 생각합니다."

5. 새로운 시대의 CEO 유형

최근 경영환경의 급격한 변화와 이에 따른 CEO의 역할 다양화에 따라 CEO들은 종래의 구분으로만 파악하기 어려운 새로운 유형이 대거 등장하고 있다. 이들은 과거 경영의 전반적 영역을 최종적으로 의사결정하는 CEO라기보다는 경영관리의 주요 부문을 총괄 내지 책임지는 CEO들이라고 볼 수 있으며 종래의 최고경영자인 CEO를 보좌하거나 지원하는 역할을 수행한다. 이들이 출현하게 되는 기본배경은 크게 보아 경영관리기능의 복잡성 증대와 이에 따른 CEO 기능의 전문화와 분업화의 필요, 불확

실한 경영환경에 대비하는 책임경영의 실현이라는 과제를 달성하기 위해서이다.[37]

새로이 출현하게 된 CEO 유형들과 그들의 역할들을 살펴보도록 하자.

1) CMO(Chief Marketing Officer)

최근은 경영환경이 급격하게 변화하고 대량생산으로 인해 대부분의 공산품의 경우 공급이 수요를 크게 초과하는 수요자중심시장(buyer's market)의 시대이다. 이러한 수급체계와 급변하는 국내외 기업환경 변화는 예측하기 어려운 불확실성을 야기한다. 이러한 변화시대에서 기업은 기업활동의 핵심적 초점인 소비자의 관점을 가장 중요하게 고려하여야 한다. 즉, 기업은 소비자 쪽에 서서 바람직한 장래를 생각해 내야 하는 것이다. 이러한 상황에서 소비자의 장래를 읽을 수 있고 그에 대한 준비와 기업의 실천방향을 기획, 총괄하는 이가 곧 CMO, 즉 최고마케팅관리자이다.

CMO는 고객과 맞닿아 있는 마케팅 부서를 총괄 책임경영을 실천하는 이로서 회사의 눈과 귀, 입의 역할을 도맡는 자리라고 할 수 있다. 즉, 고객의 니즈와 다양한 트렌드를 빠르게 받아들여 자사의 제품에 반영하는 것은 물론 회사의 진로까지 제시하는 게 바로 CMO의 역할이다.

사례 들여다보기_한 CEO의 영광과 굴욕

1935년 매사추세츠주(州) 피바디에서 태어나 세일럼에서 어린 시절을 보낸 뒤, 1960년 일리노이대학교에서 화공학박사 학위를 취득하였다. 같은 해 제너럴일렉트릭(GE)에 입사해 독특하면서도 뛰어난 경영방식으로 승진을 거듭해, 1981년 최연소로 GE 회장(최고경영자)이 되었다.

이후 '고쳐라, 매각하라, 아니면 폐쇄하라'는 경영전략을 통해 10만 명 이상의 직원을 해고함으로써 언론으로부터 '중성자탄 잭'(Neutron Jack)이라는 별명을 얻었고, '6시그마·e비즈니스·세계화' 등의 전략으로 GE를 혁신해 세계 최고의 기업으로 성장시켰다.

2001년 말 현재 GE의 회사가치는 4500억 달러로, 이는 1981년 회장으로 부임할 당시의 120억 달러보다 40배나 늘어난 것으로, 세계 1위이다. 이러한 경영능력으로 그는 2001년 영국의 《파이낸셜 타임스》가 선정한 '세계에서 가장 존경받는 경영인'에 선정되었고, GE 역시 2000년에 이어 '세계에서 가장 존경받는 기업'으로 선정되었다.

2001년 9월 45세의 이멜트(Jeffrey R. Immelt)에게 회장 자리를 물려주고 퇴임할 때까지 총 1,700여 건에 달하는 기업의 인수합병을 성사시켰다. '경영의 달인', '세기의 경영인' 등 많은 별칭으로 불리며, 퇴임 직후 자서전 『가슴으로부터의 고백 (*Jack : Straight from the Gut*)』을 출간하였다.

- 잭 웰치의 리더십

관료주의(Bureaucracy)는 '생산성의 적'(Productivity's enemy)이다. 관료주의를 가지고는 세계 제

37) 이신모, 한만호, 앞의 책, p.181.

1 또는 제2위의 기업이 될 수 없다. 조직은 신뢰, 열정, 자유(Trust, Excitement, Informality)로 가득해야 한다. 매니저(Manager)라는 말 대신 리더(Leader)라는 말을 사용하라. 빠른 물살에 얼음이 얼지 못하듯이, 의욕을 가지고 역동적으로 일하는 분위기 속에는 관료주의가 자랄 수 없다. 나는 관료주의를 멸시(Disdain)한다.

"근로자는 거대한 경영체를 시간표에 따라 움직이기만 하면 된다"는 조립라인 식 사고방식이 미국기업을 학살하고 있지만 이를 알아차리는 리더는 그리 많지 않다. 이런 조립문화권에서 피어난 '지휘하고 통제한다'(Command & Control)는 개념은 매우 좋지 않은 것이다. 많은 사람들을 참여시키는 것이 계급에 의한 "지휘-통제" 방식보다 더욱 중요하다.

'더 많은 사람'은 '더 많은 아이디어'를 의미하고, '더 많은 아이디어'는 '더 위대한 지혜'(Greater Intellect)를 의미한다. '기업의 지혜'(Company Intellect) 를 개발하는 것이 성공의 열쇠다. '아이디어의 질'은 '수많은 참여'에서 나오는 것이지 '계급장'(Stripes on your shoulder)에서 나오는 것이 아니다.

'수치'(Numbers)를 만들어 내는 리더보다는 '가치에 충실하는 리더'(Leaders who live the values)가 더욱 중요하다. 'GE의 가치'에 충실하지 않으면서 금전적 수치의 크기만 늘리려 하는 리더는 GE를 떠나라.

A급 리더라면 비전을 만들어 내고, 타인들로 하여금 그 비전을 자신들의 것으로 받아들임으로써, 일하고 싶어 하도록 열정을 불러주고(Energizing others), 스스로는 학습문화(Learning culture)의 가치에 충실하고, 경쟁을 즐기고 경쟁에 이기겠다는 열정(Passion)을 가져야 하며, 보스가 아니라 코치로 행동해야 한다.

새로운 아이디어를 갈구(Craving new ideas)하지 않는 리더는 GE를 떠나라. GE가 경영적 발상(Management thought)에서 세계적인 진원지(Fountainhead)가 되라고는 주문하지 않는다. 하지만 우리는 세계에서 '아이디어에 가장 목말라하는 기업'(Thirstiest pursuer of big ideas)이 돼야 한다. GE가 가장 성공적으로 실천한 Six Sigma 역시 모토롤라(Motorola)가 그 진원지였다.

1988년, 그는 work-out이라는 용어를 만들어 냈다. 기업에 관련된 모든 사람들, 가장 높은 사람으로부터 가장 낮은 사람에 이르기까지, 조직의 모든 부서, 모든 협력업체, 고객들을 한 자리에 모아놓고 모든 문제를 발굴해내고 그 문제를 즉석에서 토의하여 당장 실행 가능한 방안을 만들어 내는 문제해결 시스템을 의미한다. 문제를 차후의 연구과제로 넘기는 습관을 없애버린 것이다. 잭 웰치가 가장 분노한 것이 바로 대화의 부재였다. 1988년9월, 잭 웰치가 크로톤빌 미팅을 끝내고 헬기를 타고 페어필드로 돌아오던 중 경영진과 근로자들 간에 대화가 전혀 이루어지고 있지 않는 데 대해 역정을 내면서 창안해낸 개념이 바로 워크아웃이었다.

"Work-Out"에는 4개의 목표(Goal)가 있다.

1) Build trust(신뢰구축): 경영진이 누구와도 진지하게 대화하는 자세를 보여 누구든 경영진과 대화할 수 있다는 믿음과 확신을 줄 것.
2) Empower employees(근로자의 의욕증진 또는 Energizing others): 근로자들로 하여금 소신껏 말할 수 있게 하고, 일하고 싶은 욕망이 나도록 격려할 것.
3) Eliminate unnecessary work(불필요한 일을 제거할 것): 타성적으로 해오던 일에는 불필요한 일이 많으니 모두 다 제거할 것.
4) Create a boundaryless culture(경계선을 없애라): 상하좌우, 기업 내와 기업 외 사이에 존재했던 모든 벽을 허물 것.

그는 또 "Managing less is managing more"라는 말을 지어냈다. "통제를 줄이는 것이 경영을 더 잘 하는 것이다". 한국 기업 간부들에게 가장 원하는 것이 무어냐고 묻는다면 아마도 10중

8,9는 사원들이 무슨 일을 하고 있는지를 투명하게 들여다봤으면 좋겠다는 말을 할 것이다. 부하들의 일거수일투족을 훤히 들여다보면서 통제를 가하고 싶어 하는 것이다. 바로 이것이 X-이론(Theory-X)이며, 성악설을 근본으로 하는 경영 철학인 것이다. 인간은 원래 나태하고 사악한 본질이 있기 때문에 모든 행동을 통제하고 간섭하면서 당근과 채찍으로 다루어야 한다는 것이다. 이러한 문화권에서는 창의력이 자라지 않는다.

이에 반해 Y-이론(Theory-Y)은 성선설을 근본으로 하는 경영 철학이다. 인간은 자아실현(self esteem) 동기를 가지고 있으며 남으로부터 인정받으려는 욕구를 가지고 있기 때문에 인격을 존중해야 생산성이 향상된다고 믿는 이론이다. 목표를 확실하게 정해주고(MBO : Management By Objective), 목표에 이르는 길에 대해서는 각자에게 맡겨주자는 것이다. 그러면 각자는 창의력을 가지고 그 목표를 달성해 보이려 한다는 이론이다.

일본에서 자라난 Theory-Z는 인간능력을 계발시키고, 인격적인 대우를 해주면(인본주의) 그 계발된 인간능력에 의해 품질과 생산성을 향상시킬 것이라는 경영철학이다.

잭 웰치 회장이 하버드 대학에 초대되어 강의를 마쳤을 때, 한 학생으로부터 질문을 받았다. "당신의 경영철학을 한 마디로 해서 어떻게 표현하고 싶습니까?". 그는 주머니에서 모의 수류탄을 꺼내 학생들을 향해 던지는 시늉을 냈다. 그리고 커다란 건물에 수류탄을 던지는 것이 그의 경영철학이라고 말했다. "수류탄을 던졌더니 아이디어 창출을 가로막고, 자유로운 정보의 흐름을 방해했던 수많은 벽들이 무너지고 층들이 무너져 하나의 공간(boundaryless space)이 되었습니다. 11개의 상하층을 4개 층으로 단순화시켰고, 각급 리더들은 문제를 '차차 연구할 과제'라며 뒤로 미루지 않고 즉시 해결합니다. 공장에서 일하는 근로자들에 이르기까지 참여시켜 그들의 지혜를 최대로 활용합니다. 이를 저는 work-out이라고 부르게 했습니다."

- 출처 : system club (http://www.systemclub.co.kr/board/bbs/board.php?bo_table=ko10&wr_id=5&page=2)

• 만신창이 된 잭 웰치 신화

'세계에서 가장 존경받는 경영인'으로 추앙받던 제너럴 일렉트릭(GE)의 잭 웰치 전회장이 만신창이가 됐다. 사연은 이혼소송을 제기한 부인이 위자료를 많이 받으려고 웰치가 GE로부터 제공받고 있는 은퇴 후 특전을 낱낱이 적시하면서 비롯됐다.

부인의 이혼 서류를 첫 보도한 뉴욕타임스의 기사는 아주 흥미롭다. 은퇴한 최고경영자(CEO)가 회사 소유의 맨해튼 고급 아파트, 업무용 항공기를 사용하고, 심지어 레스토랑, 포도주, 야구경기 1등석까지 회사 비용으로 처리하고 있다는 것.

이 사실이 폭로되자 어느 회계학자는 기소되어야 할 사안이라며 흥분했고, 주가가 떨어져 실망한 투자자들은 웰치가 회계부정으로 걸려든 기업인들과 다를 게 없다며 불만을 터뜨렸다.

이 같은 비난이 쏟아져도 웰치는 현역 경영인이었을 때의 뚝심을 보여줬다. 그는 며칠후 뉴욕 데일리와의 인터뷰에서 "20년동안 GE를 이끄는 과정에서 주가를 40배 이상 올려놓았기 때문에 그런 특전을 받을 자격이 있다"고 강력하게 항변했다.

그러나 여론이 악화되고 증권거래위원회(SEC)의 비공식 조사 보도가 나오면서 그는 지난주말에 공식적인 연금 이외의 특전을 포기하겠다고 회사에 제의했다.

또 식당비용은 자신이 냈고, 야구경기는 한번만 봤을 뿐이라고 변명하면서도, 회사 아파트와 비행기는 사용했다고 인정했다.

그는 월스트리트저널 기고문에서 연간 200만~250만 달러에 이르는 아파트와 비행기 사용료를 냄으로써 공짜로 GE와 주주들에게 자문을 해주게 됐다고 주장했다.

연금과 스톡옵션은 현역시절 경영을 잘 한데 대한 보상이고, 아파트와 비행기는 GE가 잘되라고 자문해주는 대가라는 얘기다.

그가 특전을 포기했다지만 회장시절 연봉의 절반이 넘는 연간 900만 달러의 연금을 받고, 지난 2월말 기준으로 2,190만 달러어치의 스톡옵션을 갖고 있다. 게다가 회고록 발간으로 710만 달러를 받았다.

펜실베니아대 와튼 경영대학원은 최근 '한때 잘 나갔으나 지금 무너진 경영인'으로 엔론의 케네스 레이, 월드컴의 버나드 에버스 전회장과 함께 웰치를 꼽았다.

그는 지난해 7월 하니웰 인수에 실패한 후 NBC 방송에 나와 "일찍이 고향으로 돌아가 영웅으로 살았어야 했다"며, CEO 자리를 1년 연장해서 이미지가 실추한 것을 후회했다. 그때라도 정말로 매사추세츠주 고향으로 돌아갔으면, 뉴욕에 살면서 생긴 지금 문제는 생기지 않았을 것이다.

〈뉴욕=김인영특파원 inkim@sed.co.kr〉

그러려면 이들은 단순히 구매, 판매, 촉진 등 마케팅 본연의 업무뿐만 아니라 재무・인사・전산 등 회사경영 전반을 파악하고 있어야 한다. IBM사의 아태지역 CMO인 캐롤라인 왕은 CMO의 자격요건으로 자신의 직업을 좋아해야 하고 일에 대한 열정이 필수적이라고 지적하고 있다. 또 마케팅 조직구성과 역할 등에 대한 나름대로의 청사진이 있어야 하는 것은 기본이다.38)

2) CFO(Chief Financial Officer)

재무구조 개선을 통한 주주가치의 극대화에 대한 주주들의 관심이 증가하고 있다. 이러한 역할을 선두에서 지휘하여야 할 기업의 전문인재가 바로 CFO, 즉 최고재무관리자들이다. 선진국기업의 경우 많은 기업들이 CFO를 별도로 두고 있으며 우리나라 기업들도 IMF사태를 겪으면서 구조조정의 와중에서 CFO의 중요성을 크게 인식하여 최근 많은 기업들에서 이를 도입, 활용하고 있다.

CFO는 사업구조와 재무구조에 관련된 주요한 의사결정과 관련해서 CEO가 정확한 의사결정을 내릴 수 있도록 보좌하는 최고경영진 중의 한 사람이다. CFO는 기업의 재무기능에 관한 모든 책임을 담당하고 있으며 최고경영자에게 직접 보고하게 된다.

일반적으로 CFO가 담당하고 있는 업무는 신규투자, 인수・합병, 사업매각 등 투자전략의 입안 및 평가, 인수・합병 후의 구조조정 등과 같은 전략기획업무에서부터, 투자자관리, 위험관리, 세무관리, 운전자본관리 등과 같은 일상적인 재무업무, 그리고 기업의 내부활용 및 외부보고를 위한 회계와 감사 업무 등에 이르기까지 매우 다양하다.

---

38) 위의 책, p.182.

3) CRO(Chief Risk Officer)

인터넷과 e-비즈니스의 발전, 산업의 경계를 뛰어넘는 초대형 합병과 전략과 제휴, 세계화를 통한 기업 성장전략의 보편화 등과 같은 경영환경의 변화로 인해 기업들은 이전보다 더욱 많은 위험에 노출될 수밖에 없다. 환율이나 금리의 변화로부터 발생하는 재무적 위험 이외에도 수많은 전략적 의사결정과 일상적인 영업활동의 과정에서 여러 가지 위험이 발생하고 있는 것이다.

이처럼 경영환경의 변화에 따른 다양한 위험들을 효과적으로 파악하고 이에 대응할 수 있는 위험관리 시스템을 갖추는 것이 기업의 성공과 실패를 결정하는 필수조건으로 부각되고 있다. 이에 따라 위험관리를 담당하는 책임자의 역할 또한 중요성을 더해가고 있다.[39)]

4) CIO(Chief Information Officer)

최근 정보기술의 급속한 발전으로 기업의 환경이 급격하게 변화하고 있다. 이런 상황에서 경영자들은 기업경영의 효과성과 효율성, 그리고 경쟁적 우위요소를 확보하기 위해 정보기술을 전략적으로 활용할 필요성이 점차 늘어나고 있다. CIO, 즉 최고정보관리자는 기업의 비즈니스전략과 정보기술전략을 통합함으로써 정보기술을 전략적으로 활용하는 역할을 맡고 있는 최고정보담당임원이다.

정보화의 중요성을 일찍 깨달은 미국, 일본 등 선진국에서는 CIO가 보편화되어 있으며 회사의 정보기술전략을 장기적으로 추진해나가고 있다. 이미 미국에서는 1,000대 기업중 90% 이상이 CIO를 활용하고 있고 연방정부는 물론 주정부까지 CIO의 채용을 의무화하고 있을 정도이다.[40)]

사례 들여다보기_CEO의 좋은 습관

"인생은 '하루들의 집합'이다. 하루를 장악하지 못하면 인생이 날아간다는 뜻이다. 하루를 결정하는 것은 바로 습관이다. 좋은 습관이 몇 분, 몇 시간만 잡아주어도 하루는 아주 건강해진다. 무엇이든 매일 하면 위대해질 수 있다."

성공·실패는 습관이 결정…"大家 되려면 '습관의 힘' 빌려야"
잘나가는 CEO의 한결같은 목소리…"20년 습관이 나를 만든다"
꼼꼼한 메모는 기본 중의 기본, 대화, 표정 관리까지 다듬어라

---

39) 이창엽, 주주가치실현의 리더 CFO, LG주간경제, 1998년, 498 · 9호, LG경제연구원.
40) 이신모, 한만호, 앞의 책, p.186.

1인 기업가이면서 변화 경영 전문가인 구본형 씨가 말하는 '습관론'이다. 구씨는 "대가(大家)가 되려면 반드시 습관의 힘을 빌려야 한다"고 강조한다. 그래서 모든 성공과 실패의 95%는 습관이 결정한다고 하지 않았나. 새삼 강조하지 않아도 습관은 분명히 힘이 세다. 스타 연예인이 그러하듯 기업의 CEO 역시 '아침에 일어나 보니' 일약 CEO가 돼 있더란 '신데렐라 형'은 거의 없다.

오히려 뒷방 생활을 하며 인고의 생활을 거치다 허물을 벗고 개화한 '박씨부인 형'이 훨씬 많다. 성공한 CEO들은, 보는 사람 눈에는 잘 다려진 양복바지처럼 오로지 가속 페달만 밟으며 달려온 것처럼 보인다. 하지만 찬찬히 들여다보면 굽이굽이 'S자 코스'를 조심스럽게 운전해왔고, 크고 작은 실패의 경험을 통해 오늘의 성취를 이룬 경우가 대부분이다.

CEO들은 분명 일반인과 다른 유전인자(DNA)가 존재하고 있었다. 이들은 습관과 훈련을 통해 이 DNA를 뼈에 새기고 피로 돌게 했다. 좋은 습관이 곧 성공 법칙이 된 것이다. 성공이라는 어휘가 부담스럽다면 굳이 성공이라고 부르지 않아도 된다. 성공이라기보다는 '성취의 법칙'도 좋다.

한 기업, 혹은 한 조직의 수장이 아니더라도 내 삶의 CEO가 되기 위해 이들이 익힌 습관 노하우는 유용하기 때문이다. 그런 점에서 CEO들의 성공 습관은 우리 삶을 주도적으로 몰고 가기 위한 '행복 습관'이기도 하다. '하루 15분'을 더 투자해 평범한 샐러리맨을 위대한 CEO로 만든 일곱 가지 행복 습관을 소개한다.

〈01〉 "새벽 별 보며 하루 시작"

열 명 중 여섯은 아침형 인간

인터뷰 전문작가로 유명한 언론인 오효진씨가 생전의 정주영 현대그룹 회장을 인터뷰했을 때 얘기다. 장소는 서해안의 서산농장. 아침부터 정 회장을 따라붙기로 작정한 그가 오전 5시에 일어나 정 회장의 방을 두드렸단다. 그러나 이미 정 회장은 밭에 나가고 없었다. 이튿날은 오전 4시에 달려갔지만 역시 허탕이었다.

결국 그는 '밤을 새워' 정 회장의 부지런함을 확인했다. 아무리 술을 거하게 마셔도 오전 3시 30분이면 정 회장 숙소에 불이 켜지더라는 것. 정 회장이 생전에 서울 청운동 자택에 '일근천하무난사(一勤天下無難事·한결같이 부지런하면 천하에 어려움이 없다)'라는 글귀를 걸어놓은 것은 유명하다.

잘나가는 CEO들은 무엇보다 아침이 다르다. 하나같이 '아침형 인간'이다. 얼마 전 대한상공회의소가 국내 기업 CEO 200명을 대상으로 조사한 자료에 따르면 59.2%의 CEO가 "오전 5~6시에 일어난다"고 대답했다. 오전 5시 이전에 일어나는 사람도 8.3%나 됐다. 여기에 한 가지 더 보태면 아침을 여는 좋은 습관을 함께 가졌다는 것이다.

"경북 경주에서 태어나 경주중학교에 입학한 뒤론 매일 30분씩 기차 통학을 했습니다. 이때부터 남들보다 일찍 일어나는 습관이 몸에 밴 탓일까요. 이상하게 아침잠이 사라졌네요."

오전 5시면 어김없이 눈이 떠진다는 손복조 대우증권 사장의 말이다. 손 사장은 전날 아무리 과음해도 오전 5시에 일어난다. 일어나자마자 습관적으로 신문부터 가져다 정독한다. 요즘은 20분 정도 좌욕을 하며 명상에 잠기는 습관이 새로 생겼다.

손 사장은 "나만의 '생각의 시간'을 갖는다는 것은 인생을 살아가는 데 아주 큰 힘이 된다"고 말했다. 출근시간은 대체로 오전 7시 전후. 직장생활을 시작한 이후 정해진 시간보다 항상 한 시간은 먼저 출근했다. 고요한 사무실에서 자기만의 시간을 가지는 것이 인생의 맛을 알게 하는 계기가 됐다고 한다.

유통업계의 대표 CEO로 통하는 구학서 신세계 부회장도 마찬가지다. 그는 매일 오전 5시에 일어나 집 근처 우면산을 오르는 것으로 하루를 시작한다. 구 부회장은 "그날 할 일을 미리 정리하고 계획을 세우는 데 큰 도움이 된다"고 말했다. 우면산을 뒤로하고 회사에 출근하면 오전 7시20분 정도. 밤새 온 e-메일을 열어보는 것으로 하루 업무를 시작한다.

구 부회장이 우면산을 오르내리는 길에 중견 건설업체인 우림건설의 심영섭 부회장을 만났을 지도 모를 일이다. 심 부회장 역시 유명한 '우면산 매니아'. 그는 1993년부터 매일 아침마다 우면산을 오른다. 심 부회장은 자신의 오랜 '아침 습관'에 대해 이렇게 의미를 부여한다. "산행 습관은 오류를 교정하는 '거울'의 역할을 합니다. 자신을 비출 거울이 있는 사람과 그렇지 않은 사람은 살아가면서 바뀌어 가는 모습이 전혀 다르지요."

김종훈 한미파슨스 사장은 가벼운 체조로 하루를 시작한다. 김 사장은 "일어나자마자 물 한 컵을 마시고 간단히 스트레칭을 한다"며 "그리고 회사에 와서는 업무 시작 전에 눈을 감고 명상하는 습관이 있다"고 말했다.

"책상 앞에 앉아 하루 일과를 먼저 그려보는 것입니다. 이런 5분 동안의 명상이 업무 효율에 엄청난 도움을 줍니다."

글쓰기와 강연, 출판 활동을 주로 하는 구본형 씨는 새벽이 주요한 업무 시간이다. 이 시간에 주로 글을 쓴다. "새벽에는 술 먹자는 사람이 없다. 그래서 잘 지키고 있다"는 농담을 하지만 가장 업무 집중도가 높은 시간이라고 한다.

〈02〉 "귀 열고 적고 또 적는다"

수첩·볼펜 들고 사는 메모광

윤종용 삼성전자 부회장. 설명이 필요 없는 한국을 대표하는 CEO 가운데 한 명이다. 윤 부회장을 더 유명하게 만든 것은 그가 유명한 메모광이란 사실이다. 중학교 시절부터 일기를 쓰기 시작했다는 윤 부회장은 회의 내용은 물론 자신의 지시사항까지 작은 수첩에 빼곡히 담아두는 습관이 있다.

몇 년 전에는 40여 년 동안 쌓아둔 메모를 바탕으로 경영 현장에서 느낀 소고를 담은 책을 펴내기도 했다. 50년 넘게 축적된 메모 습관이 그를 국내 대표적 전문경영인 반열에 오르게 한 밑거름이 됐음은 물론이다.

메모와 토론을 강조했던 재계의 대표적 인물은 고(故) 최종현 SK그룹 회장이다. 최 회장은 최태원 SK㈜ 회장, 최재원 SK E&S 부회장 등 두 아들과 과학 분야의 토론을 즐겼다. 그런 다음 꼭 중요한 내용을 기록해 두도록 당부했다. 그의 이런 습관은 두 아들에게, 다시 손자에게 대물림됐다.

최태원 회장은 중국 상하이에 유학 중인 자녀들에게 주말이나 휴가를 이용해 국내외 지역을 방문할 경우 현지에 가서 보고 들은 것뿐 아니라 물가·교통·문화 등을 항상 메모하도록 교육한다고 한다.

온라인 교육업체인 휴넷의 조영탁 사장도 늘 메모지를 포켓에 넣고 다닌다. 조 사장은 "이 메모지가 나에게 아이디어 뱅크 구실을 했고, 목표 궤도에서 이탈할 때 바로잡아주는 이정표 역할을 했다"고 말했다. 변화경영 전문가인 구본형 씨의 메모 습관은 조금 특이하다.

구씨는 책을 읽고 나서 몇 개의 '관심 상자' 안에 중요한 구절을 따로 나눠 보관한다. 메모의 내용이 미리 정해둔 주제일 때도 있고, 책을 읽다 불현듯 연상되는 새로운 주제일 때도 있다. 구씨는 "책을 읽을 때마다 얻게 된 지식이나 정보를 이런 관심 상자 속으로 배분하는 습관 덕분에 글쓰기가 3분의 1 정도 쉬워졌다"고 말한다.

미래에셋투자교육연구소의 강창희 소장(부회장)은 주말에 몰아서 스크랩하고 메모하는 습관이 있다. 여의도에 집이 있는 그는 주말이면 트레이닝복 차림으로 회사에 출근해 신문이나 잡지를 스크랩한다. 20년 전부터 '주말 출근'을 해오고 있는데 '투자 교육' '증권사 경영' '펀드' 등으로 나눠 자료 정리를 한다. 강 부회장은 "이렇게 20년 넘게 모아온 자료들이 글쓰기의 밑천이 된다"고 말했다.

오너 경영인 혹은 CEO가 메모 습관을 독려하기도 한다. 이건희 삼성 회장이 신규 임원진에게 만년필이나 휴대전화를 선물로 주는 것은 유명한 얘기다. 평소 "기록이 실수를 바로잡을 수 있다"고 강조하는 이 회장에게 이 선물은 '기록'을 철저히 해두라는 뜻이다. 금융계에서는 김남구 한국투자증권 부회장과 강정원 국민은행장의 메모 습관이 유명하다.

김 부회장 책상 서랍에는 자신의 2년치 수첩이 가득 쌓여 있다. 수첩의 오른쪽 면에는 회의 노트를 하고, 왼쪽에는 전화 메모를 적는데, 나중에 확인하기가 효율적이라고 한다. 김 부회장은 "한 달에 대학노트 한 권을 다 쓴다"며 "몇 년 전에 태블릿PC로 바꿨지만 여전히 볼펜을 들 기회가 많다"고 말했다.

지난 2005년 국내 최대 은행인 국민은행장에 취임한 강 행장은 사석에서 지인들을 만날 때마다 국민은행의 부족한 점을 물으며 메모하는 습관을 가졌다. '투신상품 종합 시스템' 같은 서비스도 은행권 최대 상품 판매사로서 서비스 제고가 필요하다는 의견을 수렴해 만든 것으로 알려졌다. 메모의 힘이 실제 경영에 발휘된 사례다.

'성공하는 사람=메모광'이라는 등식은 조금 과장해 불변의 법칙이다. 성공한 CEO들을 보면 대체로 두 가지 공통점이 있는데, 독서량이 많다는 것과 메모 습관이 몸에 배어 있다는 것이다. 링컨, 에디슨, 아인슈타인, 잭 웰치 등은 모두 '역사적인' 메모광이었다.

기업 CEO들도 비슷하다. 상사의 지시사항, 부하직원과 대화를 나누다 나온 업무 개선안, 혹은 길거리를 걷다가 갑자기 생각난 아이디어를 메모하는 것이 체질이 된 사람들이다.

그런데 메모와 관련한 다양한 기법을 터득하는 것보다 더 중요한 사실이 있다. 메모를 '재창조'하는 것이다. 그러나 모 재벌 회사의 A사장은 "100번 메모하면 그중에 2~3개가 훌륭한 작품이 된다"고 말한다. 거꾸로 나머지 97~98개는 그냥 묻힐 수 있다는 말이다. A사장은 "그래도 메모 습관은 소중한 자산"이라고 강조했다. 메모광으로 통하는 모 금융재벌 2세 역시 비슷한 말을 한다.

"메모는 그 자체만으로도 재산입니다. 오른손에 펜을 쥐고 있으면 남의 말을 듣는 태도와 주변을 바라보는 자세가 달라지지요. 이것이 메모 습관으로 얻을 수 있는 첫 번째 수확이에요. 그 다음 중요한 것이 '사후 관리'입니다. 사실 메모 습관 자체가 경영 성과를 높여주는 것은 아닙니다. 그래도 계속 (메모한 결과를) 다시 봐야 해요. 진주가 묻혀있을 수 있기 때문이지요."

〈03〉 "막대에도 절을 한다"

타고난 겸손과 자기 절제 돋보여

기업의 CEO 하면 으레 어깨와 목에 상당히 깁스를 한 채 뻣뻣할 것이란 선입견을 갖기 쉽다. 그러나 정말 선입견에 불과하다. 이른바 '장수 CEO'일수록 겸손이 생활에, 습관에 배어 있다. 모 대기업의 임원 중 악수만 하고 나면 상대방의 '수명'이 얼마나 갈지 늘 족집게처럼 맞히는 이가 있었다.

그 비결이 궁금해 물어보니 의외로 간단했다. "자신이 갑(甲)의 입장에 있더라도 겸손하게 90도로 허리를 굽혀 인사를 정식으로 하는 이는 장수하는 반면, 힘이 좀 있는 갑이랍시고 꺼떡대며 악수를 하는 둥 마는 둥 하는 이는 대부분 단명하더라"는 이야기였다.

재능이 칼이라면 겸손은 칼집이다. 재능은 자신을 현재의 위치에서 한발 더 나아가도록 해준다. 이때 겸손은 시기의 칼날을 막아내고 견제의 지뢰를 제거하는 역할을 한다. 또한 겸손은 귀와 눈을 겸허하게 열어 놓고, 남의 말을 받아들이고 분발하게끔 한다. 그래서 재능만 있는 이는 현재완료형에 머물지만, 겸손을 겸비한 이는 미래를 향해 진행형으로 늘 발전한다.

이채욱 GE헬스케어아시아 사장은 세계를 무대로 뛰고 있는 한국의 대표적 글로벌 CEO다. 그는 삼성에서 신입사원으로서 첫발을 디뎠는데 출근해 보니 한강 이남 대학 출신은 자신밖에 없더란다. 명문대 출신 동기들을 제치고 그가 오늘날 입지전적 성공을 거둔 비결은 간단했다. "명문대를 나온 그들에게 늘 나는 배우고자 했는데, 그들은 나에게 배우려고 하지 않더군요."

지난해 그가 자서전 『백만불짜리 열정』을 펴내고 강연회를 할 때였다. 강연을 듣고 나서 이 사장과 e-메일로 인사를 나누었다. 잘 보았다는 답장이 바로 돌아왔다. 그런데 내용이 "부족한 것이 많지만 고칠 사항 세 가지만 꼭 적어 달라"는 것이다.

10년이 넘게 최고의 자리에 있던 인물이 이렇게 늘 남에게 자신을 낮추고 배우려는 자세를 가진다는 것은 쉬운 일이 아니다. 아니 어쩌면 그런 이유 덕분에 '직업이 CEO'인 생활을 했는지도 모른다.

이처럼 성공한 CEO들의 '타고난' 습관은 겸손과 자기 절제가 남다르다는 것이다. 가령 식사를 해도 절대 과식하지 않는다. 저녁 때 풀코스 식사가 나올 경우 "스테이크를 작은 것으로 달라"는 주문을 가끔 들을 때가 있다. 건강관리가 몸에 배어 있다는 얘기다.

겸손이 몸에 밴 습관이라면 자기 절제는 훈련된 습관이다. 대개 명상 습관을 가진 CEO들이 그렇다. 독실한 불교신자인 장경작 롯데호텔 사장은 불경을 작은 글씨로 베껴 쓰는 사경(寫經)으로 심신 훈련을 한다. 퇴근하고 나서 오후 9시부터 2시간가량 사경을 하는데 '천수경' '금강경' '법화경' 등 세 개의 경전을 모두 썼다고 한다.

조금 다른 이야기지만 미래에셋투자교육연구소 강창희 부회장의 겸손 이야기도 흥미롭다. 기업에서 인사는 늘 뒷얘기를 낳게 마련이다. 강 부회장은 대우증권 초년병 시절 들은 인사 이야기를 가슴에 새기고 산다.

"우연히 인사에 불만을 품은 한 선배가 인사팀 직원과 나누는 대화를 들었어요. 부당한 인사 조치라는 항의에 인사부 직원이 '인사는 자기에게 무조건 유리하게 해석하는 게 좋다. 그리고 더 좋은 것은 빨리 잊는 것이다'고 대답하더군요. 저는 이것을 대인관계에 적용했습니다. 언짢은 얘기도 새옹지마로 받아들일 수 있는 좋은 지혜를 주더군요. 스스로 생각하기에도 좋은 습관 아닌가요?"

불경에 '막대에도 큰절을 하라'는 말이 있다. 성공에 오르는 데 시기의 지뢰를 제공해주는 것도 겸손이지만, 오래 유지하도록 도와주는 것도 겸손이다. 그래서 장수하는 CEO들의 대답은 한 목소리다. "겸손은 인생의 만병통치약입니다. 겸손하면 늘 자신의 부족함을 알기에 미래를 준비하게 되고, 또 현재 자신의 처지에 감사하게 됩니다."

〈04〉 "15분 먼저 도착하는 센스"

'한 방' 보다 디테일이 경쟁력

제갈정웅 대림대학 이사장은 지인들에게 '15분 맨'으로 통한다. 가령 4월 2일 오전 11시30분에 서울 보신각 앞에서 만나기로 했다고 하자. 제갈 이사장은 어김없이 11시15분에 보신각 앞에서 시계를 보고 있다.

'15분 맨'은 예정 시각보다 15분가량 일찍 약속 장소에 도착하는 습관 때문에 붙은 별명이다. 10년 넘게 대림그룹의 CEO를 지낸 인물이 시간이 남아도는 것일까? 10분을 쪼개 써도 시간이 모자란 CEO에게 15분 일찍 도착하는 습관은 혹시 시간 낭비가 아닐까?

제갈 이사장은 "정반대"라고 말한다. 오히려 '선(先)투자'이면서 '선(善)투자'라는 것이다. "약속 장소에 미리 도착해 그날 만날 사람과 대화하고자 하는 내용을 미리 적어 봅니다. 어떨 땐 그 장소에 대한 단상도 짤막하게 적어 놓습니다. 15분 투자가 아주 효율적인 결과를 낳지요."

15분 선(先)투자 습관이 비즈니스에서 '준비된 인물'이라는 이미지를 심어주는 것은 물론, 신선한 아이디어까지 덤으로 얻으니 확실히 선(善)투자인 셈이다. "하루 15분 습관이 평생 경쟁력"이라는 말이 실감나는 대목이다. 제갈 이사장 사례처럼 대개 하루 습관이라는 것이 15분 투자다. 운동을 하든, 명상에 잠기든, 약속 시간에 앞서 도착하든 이 짧은 시간이 평생 경쟁력을 쥐고 흔드는 것이다.

오너 경영인 중에 약속 시간 잘 지키기로는 구본무 LG 회장이 특별히 유명하다. 몇 년 전 LG 그룹의 지방 행사장에서 생긴 일이다. 구 회장이 행사 시작 전 30분이나 일찍 나타나 주변을 당황하게 했다. 우리 사회에서 약간의 거드름은 권위로 인정받는 세상, 오너 경영인이 가장 늦게 나타나 테이프를 끊는 것은 관례 아닌 관례다.

그러나 구 회장에겐 "있을 수 없는 일"이다. "한번 결정한 약속은 꼭 지켜야 한다"는 것이 구 회장의 좌우명. 구 회장에게 '시간 약속'은 기본 중의 기본이다. 그래서 무슨 약속이 있든지 20~30분 일찍 도착하는 것을 습관으로 삼고 있다.

구 회장의 습관이 '30분 경쟁력'이라면 심갑보 삼익THK 부회장은 '앞자리 경쟁력'이라고 할 수 있다. 대구에 본사를 둔 자동화 설비 업체인 삼익THK를 경영하는 심 부회장은 '공부광(狂)'으로 유명하다. 서울 시내에서 진행되는 주요한 조찬 특강 자리에 가면 심심찮게 심 부회장의 진지한 얼굴과 마주칠 수 있다.

그러나 심 부회장을 더 유명하게 하는 캐릭터는 그의 '자리'다. 심 부회장은 무슨 강연에서든지 맨 앞자리에 앉는다. 어떨 땐 비디오 카메라까지 동원해 세미나를 녹화한다. 특별한 행사 때 앞자리에 앉아본 사람은 그 자리의 '부담감'을 안다.

강사와 눈을 맞추고 영혼으로 대화하듯 강의를 들어야 하기 때문이다. 심 부회장은 이것이 즐겁단다. 남의 장기를 내 것으로 온전히 흡수할 수 있는 자리를 차지하는 것이 자신의 가장 좋은 습관이라고 한다.

일 처리도 군더더기가 없다. 허투루 시간을 버리지 않기 위해서다. HP·IBM·모토로라 등 내로라하는 외국계 회사에서 늘 여성 최초라는 유행어를 낳는 김남희씨를 만나 성공 비결을 들어본 적이 있다. 그녀를 임원의 자리에 오르게 한 것은 신출귀몰한 경영 전략이나 카리스마적 리더십이 아니었다. 바로 정성스러운 복사 실력이었다.

"부산에 있는 대학을 졸업하고 상경해 제일 먼저 맡은 일이 복사였어요. 그러다가 터득했지요. 여기에 의미 부여를 하자고! 저는 복사할 때 앞판 뚜껑을 모두 걸레로 깨끗이 닦고 종이도 정확하게 제 위치로 놓고 복사했어요. 언제부터인가 사람들이 복사 서류만 보고도 제가 한 것인 줄 알게 되더군요."

복사를 통한 자기 브랜드 구축이 그 회사 사장의 귀에까지 들어갔고, 결국 "이렇게 정성스럽고 책임 있게 일 처리를 하는 직원이라면 무엇을 맡겨도 잘할 것"이라며 인사과에 배치됐다. 김씨는 지금도 언제든지 믿을 수 있는 인사 전문가로 통한다. 인생은 화살처럼 과녁을 향해 한 방에 꽂히는 비법은 없다. 사소한 것을 치열하게 완수하고, 지루한 반복을 견뎌야 하는 담금질 과정이 인생을 진정으로 단련시킨다.

가끔 CEO들과 사무실 인근의 식당에 가서 밥을 먹게 되는 경우가 있다. 그런데 CEO와 함께 식당에 가면 콩나물 한 접시, 김치 한 보시기라도 더 얻어먹을 수 있다. 이들이 VIP 고객이어서 그러려니 했지만 그것 때문만은 아니었다. 바로 식당 종업원에게도 늘 같은 관심과 배려를 보여주기 때문이다.

"어이, 자네 안경 바뀌지 않았나?" 이 같은 말에 식당 종업원은 화들짝 놀라며 "어, 우리 동료도 몰랐는데 사장님이 어떻게 아셨어요"하면서 얼굴에 미소가 퍼진다. 자기에게 관심을 기울여 주는데 좋아하지 않을 이는 없다.

이처럼 CEO들은 대부분 디테일한 곳에도 지극정성을 기울이는 '소심쟁이'다. 삶을 한꺼번에 굵은 칠로 일필휘지 휘갈기며 승부를 걸기보다는 사소한 약속을 조심스럽게 확인하며 조심조심 밑그림을 그려나가며 '덧칠하기'로 성공을 만들어냈다. 당장은 삼진 당해도 홈런만 치면 된다는 슬러거보다는 단타라도 팀의 승리에 기여하는 안타 제조기를 지향하는 소심파가 정상에 오르는 확률이 높았다.

손욱 삼성SDI 상담역은 사소함의 중요성을 이렇게 정리한다. "이까짓 것이란 말은 결코 있을 수 없습니다. 이까짓 것을 못하는 사람은 큰 것도 못하는 법이고, 상사도 못 미더워 일을 맡길 수 없습니다."

〈05〉 "섹시한 커뮤니케이션의 도사"

구멍가게 주인 같은 '스킨십'

CEO는 현대 사회의 영웅이다. 기업의 CEO들은 작게는 수명에서부터 많게는 수만 명에 이르기까지의 구성원들을 하나의 방향으로 이끌고, 이들을 통해 가시적인 성과를 만들어낸다. 이건 그야말로 전장을 지휘, 승리로 이끌어내는 야전 사령관 아니겠는가.

영웅을 영웅으로 만드는 비결은 뭐니뭐니 해도 커뮤니케이션이다. 잘되는 조직치고 커뮤니케이션 안 되는 곳 없고, 잘 안 되는 조직치고 커뮤니케이션 제대로 되는 곳 없다고 한다. 사람의 마음을 사지 않고 되는 일은 하나도 없다. 사람을 홀리는 힘, 그것이 곧 '섹시한 커뮤니케이션' 아닐까.

벤처 기업가 조현정 비트컴퓨터 회장은 자신의 컴퓨터 엑셀 파일에 식사한 장소와 상대, 심지어 연하장 받은 것에 대해 e-메일로 답장이 왔나, 아니면 오프라인으로 왔나까지 다 적어 놓는다. 자신이 감사해야 할 일에 제대로 감사를 표하지 못하면 그만큼 불편함을 겪을 수 있어서다. '사람 부자'로 소문난 그의 인기 비결은 바로 이 같은 엄격한 자기 관리에 있다.

샐러리맨들의 자기 계발 모임에 참석한 적이 있다. 모임 주최 측에서 이들에게 업무의 방해 요소를 현장에서 즉석 조사했다. 이들이 가장 불평하는 요소는 바로 '사람'이었다. 사람을 대하느라 업무를 제대로 볼 겨를이 없다는 것이었다.

그러나 성공한 CEO일수록 사람과의 만남이 업무의 방해 요소가 아니고, 촉진 요소임을 확실히 인식한다. 그래서 이들은 사람을 쫓아내기보다는 맨발로라도 맞아들이기 위해 온갖 최선을 다한다.

세계 최고의 기업인 제너럴일렉트릭(GE)의 잭 웰치 전 회장은 최근 "GE는 커뮤니케이션이 단절되고, 벽이 생기는 대기업이 아니라 서로 자유롭게 이야기하고, 재미있게 일하는 구멍가게 방식의 회사가 됐으면 좋겠다"고 말했다. 그의 말은 퍽 시사적이다.

한동안 업무 효율성을 증진시키기 위해 e-메일 커뮤니케이션, 전자결재가 유행했다. 하지만 성공한 CEO일수록 효율성을 위해 직접 얼굴을 대하는 스킨십 커뮤니케이션을 소홀히 하는 이는 거의 없다. 가령 매주 월요일마다 임직원들에게 경영 편지를 보내는 것으로 유명한 김인 삼성SDS 사장이나 정이만 한화63시티 사장은 직원들의 이름을 한 명씩 불러가면서 가슴속 이야기를 나눌 줄 아는 '스킨십 커뮤니케이션의 달인'이다.

이처럼 성공한 CEO들은 시간이 걸리더라도 사내, 혹은 현장을 방문해 인사를 나누고 어깨를 툭툭 치는 직접적 커뮤니케이션을 선호한다. 그리고 심지어 집무실 문을 활짝 열어놓고 손님을 기다리는 '호객 행위'도 서슴지 않는다. 수만 명을 거느린 CEO라도 스킨십은 구멍가게 사장처럼 한다는 얘기다.

"골든벨 울리는 것과 비슷해요. 사장이든, 직원이든 언제든지 파티를 열 수 있는 회사가 우리 회삽니다." 박인순 전 스파이렉스사코 사장의 회사 자랑이다. 이 회사는 영업을 잘해서든, 개인적인 경사가 있어서든 회사에 뉴스가 있으면 언제든지 파티를 연다. 파티라고 해서 전혀 거창한 것이 아니다. 회사 옥상에 캔맥주 몇 개, 스낵 몇 개를 깔면 그만이다. 상대방의 일을 내 일처럼 축하해주면서 건배를 외치는 사이 경쟁자는 한 가족이 된다.

만성적자에다 강성 노조가 주인 행세를 하던 한국전기초자를 알짜배기 회사로 회생시켜 단박에 유명해진 서두칠 동원시스템즈 부회장의 별명은 '원탁의 기사'다. 건물 음지 한구석 후미진 곳(?)에 있는 서 부회장의 사무실엔 원탁의 테이블이 놓여 있다.

의자도 엉덩이가 푹 들어가는 소파가 아니라 식탁 의자 스타일이라서 찾아오는 방문객과 눈높이를 나란히 하게 돼 있다. 그는 사무실 문을 열어놓고, 정보를 공유하며 CEO가 마음의 문을 연 것이 성공 경영의 한 비결이라고 귀띔했다.

어떤 중소기업 CEO는 방문객과 편안한 분위기를 만들기 위해 아예 테이블에서 중앙 자리엔 의자를 놓지 않는다. 늘 손님과 마주보고 이야기하기 위해서란다. 좌장의 개념이 생기는 순간, 아래위 '서열'이 생기게 마련이고, 그러면 이야기가 원활하게 돌아가지 않는다고 생각해서다.

그런데 임직원과 원활하게 소통하면서, 혹은 커뮤니케이션에 엄청난 열정을 쏟아부으면서 가정에 돌아오면 '벙어리'가 되는 CEO도 있다. 한 CEO 조찬 모임에서 만난 부인 B씨의 얘기다. "내 일은 와이셔츠 다리는 것밖에 없다"는 하소연이다.

실제 B씨의 남편인 한 중견기업 CEO는 "회사일 때문에 온갖 신경이 곤두서 있다 보니 집에 들어가면 피곤이 밀려든다. 그러다 보니 대화보다는 짜증을 내기 일쑤다"고 토로한다. 오너 경영인으로부터 '인정받는 간부'가 되면서부터 생긴 부담이 결과적으로 가정에 소홀하게 됐다는 것이다.

충분히 이해가 가는 대목이다. 그러나 이 역시 습관 들이기 나름이다. 그런 면에서 이채욱 사장의 '자투리 시간 활용하기'가 추천될 만하다. 이 사장은 여유 시간이 생길 때마다 세 딸에게 e-메일이나 전화로 안부를 묻는 것이 습관화돼 있다. 그래서 구학서 부회장은 "이 사장에게 정말 닮고 싶은 습관이 바로 하루 세 번 가족에게 전화하는 것"이라고 치켜세운다.

'한국인보다 더 능력 있는 한국 전문가'라는 평가를 받는 제프리 존스 전 주한미국상공회의소 회장은 매주 금요일 'NO! 저녁 약속'을 선언하면서 새로운 가정생활을 하고 있다. 두 아들과 요리하는 습관을 만들면서 귀가시간이 더욱 즐거워졌다는 것.

정이만 한화63시티 사장은 "직장생활 초기 때부터 '세 개의 원'을 그리며 살았다"고 전한다. 크리스천인 정 사장은 교회와 직장, 가정을 세 개의 생활 축으로 해 자신의 스케줄을 정한다. 일요일에 골프 약속이 있어도 아침 일찍 기도를 하고, 골프 라운딩을 다녀와서는 회사에 들른다. 그리고 집에 들어가면 세 아들과 농구 시합을 벌인다.

〈06〉 "밥값 낼 때 신발 끈 매지 않는다"

길게 승부하는 '장기 투자자 '

'신발끈을 오래 묶는다, 혹은 갑자기 화장실로 줄행랑을 친다'. 가끔 직장인들의 점심식사 자리에서 볼 수 있는 풍경이다. 전통적인 방법(?)이지만 아직도 유용한 '공짜 점심' 이용 노하우다. 그러나 CEO들은 하나같이 '먼저' 계산할 줄 안다.

"계산속은 밝지만 타산쟁이는 아니다"는 뜻이다. 될 사람은 식사 계산하기에 앞서 화장실을 다녀온다거나 신발끈을 길게 매는 버릇이 없다. 최근 한 대기업 사장과 점심식사를 한 적이 있다. 그가 외환위기 시절 이야기를 추억하며 농담 삼아 들려준 얘기다.

"시쳇말로 구두끈 맨다며 밥값 안 내던 이들이 먼저 옷을 벗는 경우가 많더군요. 흔히 밥값, 술값 안 내면 돈이 굳고 제일 먼저 부자 될 것 같은데 그게 아니더라고요. '앞으로는 절약이지만 뒤로는 새는 격'이라고나 할까요. 사실 어느 정도 위로 올라가면 실력이란 어느 정도 검증된 것이고, 결국 휴먼 비즈니스 아닙니까! 허허."

CEO들과 사적으로, 공적으로 밥을 함께 먹으며 유심히 관찰한 것이 있다. 승산은 생각하지만 타산쟁이는 아니라는 것이다. 이것이 일반인들과 뚜렷하게 구분되는 습관 특징이다. 이해타산이 적어도 30일 이내의 짧은 기간에 이익을 따지는 데이 트레이더라면, 승산이란 롱텀(Long term)의 장기 투자자란 점에서 분명한 차이가 있다.

이들이 비록 억대 연봉을 받는 이라 할지라도 돈이 피처럼 귀하다는 점에서는 일반인과 전혀 다를 게 없다. 가치 있는 일이라면 1억원이라도 아낌없이 투척하지만, 그렇지 않다면 10원이라도 쓰기를 주저한다. 기부 습관도 마찬가지다.

김종욱 우리투자증권 회장의 '특별한 기부 계좌' 습관이 좋은 사례다. 김 회장은 별도의 '기부 통장'을 관리하고 있는데 어느 정도 예정된 잔고가 차면 무조건 남을 위해 쓴다. CEO들 치고 계산속이 어두운 사람은 없다.

식당에 들어가서 분위기를 한번만 슬쩍 둘러봐도 "음, 이런 곳을 운영하려면 얼마가 들겠고, 손님이 어느 정도 들어야 수익구조가 맞겠는 걸"하는 것이 개점 인사다. 하지만 '하루 장사'할 것인가, 1년 장사할 것인가, 10년 장사할 것인가에 따라 계산기 두드리는 방식이 다를 뿐이다. 세상에 공짜는 없다.

세상에 공짜는 없음을 알기에 자신 있게 선뜻 베풀 수 있다. 마찬가지로 반드시 보답을 해야 함을 알기에 선뜻 공짜라고 받아먹지도 않는다. 그러기에 분명한 처신과 엄정한 자기 관리를 할 수 있다.

〈07〉 "왜? 왜?? 왜???"

그때서야 본질이 보인다

CEO에겐 무엇보다 스스로와의 커뮤니케이션도 중요하다. 이럴 땐 '부적' 같은 습관을 한두 개 가지는 것도 추천할 만하다. 초심(初心)을 잡을 때마다 차석용 LG생활건강 사장은 손때 묻은 수첩을 펼쳐든다. 회사의 나아갈 방향과 자신의 업무 자세를 적은 일종의 '이정표'다. 차 사장은 "옛 기록을 볼 때마다 새로운 초심을 충전하게 된다"고 말했다.

대학생 벤처의 원조로 불리는 비트컴퓨터의 조현정 회장. 조 회장 사무실에는 조금 색다른 소품이 있다. 커다란 스탠드형 태극기가 세워져 있는 것. 민간 기업에 태극기가 걸려 있다는 것이 아무래도 이상하다? 조 회장은 심각한 고민에 빠질 때면 으레 이 태극기를 어루만지는 버릇이 있다.

"대학 3학년 때 서클룸에서 벤처기업을 창업했습니다. 젊은 나이에 벤처기업을 시작하면서 사업으로 보국하겠다는 마음가짐이 있었어요. 그런 초심을 확인하고 싶을 때 태극기를 다시 만져봅니다."

손병두 서강대 총장도 조금 독특한 습관이 있다. 가끔 집무실 전화기 옆에 있는 거북이 상(像)을 만지작거리는 것이다. 손 총장은 힘든 일이 있을 때마다 이 거북이 상을 매만지며 마음을 다잡는다. 거북이 상이 알라딘의 요술램프는 될 수 없겠지만 심기일전하는 데는 좋은 벗이라고. 손 총장은 40대 초반에 직장에서 명예퇴직한 후 미국으로 유학을 떠났다. 동년배보다 20여 년 늦게 늦깎이 유학을 떠난 것이다.

늦은 나이에 공부를 다시 하는 것이 워낙 힘들다 보니 마음속으로 후회하기를 수십 차례. 그럴 때마다 그에게 용기를 준 것이 바로 대학 도서관에 있던 거북이 상이다. 손 총장은 "그 거북이 상을 매만지면서 용기를 냈다"고 회고했다. 이제는 거북이 상 모으기가 아주 특별한 취미가 됐고, 테이블에 놓인 거북이 상을 만지작거리는 것이 중요한 습관이 됐다.

김재우 아주그룹 부회장은 스스로에 대한 질문을 통해 마음을 정돈한다. 김 부회장은 새로운 사업을 시작할 때 '왜(WHY)'를 다섯 번 하는 습관이 있다. '왜 유행일까' '어떻게 할까' '언제 시작할까' 등을 반복해 질문하면서 본질을 살펴야 한다는 것이다. 김 부회장은 "다섯 번 물으면 안 풀릴 것이 없다"며 "이런 질문이 없으면 수박 먹을 때 껍질만 먹는 것과 같다"고 말한다.

"왜"라고 묻는 습관은 이건희 삼성 회장을 빼먹을 수 없다. 이 회장은 과묵하기로 유명하다. 선친인 고 이병철 회장으로부터 물려받은 '경청(傾聽)'이라는 휘호를 최고의 덕목으로 삼고 있기도 하다. 이 회장은 상대방의 얘기를 귀담아 들은 다음 "왜"라고 묻고, 그제야 '준비된 말'을 꺼내는 스타일이다. 대표적인 것이 '도미'에 얽힌 일화다. 90년대 초 당시 신라호텔 조리 책임자와의 대화다.

"도미는 어디 산이 좋죠?" "남해가 플랑크톤이 많아 최고입니다." "몇 kg짜리가 가장 맛있죠?" "1.5kg입니다." "수율은 얼마나?" "30~35% 수준입니다." "열량은요?" "……" 이런 식으로 "왜" "왜" "왜"를 반복하면서 본질을 캐묻는 것이다.

이 회장은 "경영이든 일상사든 문제가 생기면 최소한 다섯 번 정도는 '왜?'라는 질문을 던지고 그 원인을 분석한 후 대화로 풀어야 한다"고 강조한다. 삼성 경쟁력의 한 바탕에 이 회장의 '질문' 습관이 있음은 물론이다.

- 출처 : 중앙일보 [Special Report] "생각 없이 무턱대고 걷고 있는가?"(2007.4.10)

5) CKO(Chief Knowledge Officer)

최근 지식경영(Knowledge Management)이라는 새로운 조류의 전 세계적인 확산에 따라 많은 기업들이 지식경영을 효율적으로 추진, 선도할 역할을 수행하는 CKO, 즉 최고지식관리자를 두고 있다. Fortune 500대 기업 중 20%나 CKO를 두고 있으며, 이러한 추세는 점차 증가할 것이라고 한다. 결국 지식경영의 실천이 조직 전체적으로 힘을 받기 위해서는, CKO가 별도로 필요하다는 인식이 확산되고 있는 것이다.

CKO는 지식경영을 총괄 책임지는 CEO로 나타낼 수 있다. 그의 중요한 역할은 지식경영과 관련된 일들의 전략과 우선순위를 결정하는 일, 지식경영의 하부구조(Infrastructure)를 구축하는 일, 지식경영에 대한 CEO의 지속적인 지원을 확보하는 일 등을 들 수 있다.

6) COO(Chief Operating Officer)

COO, 즉 최고운영관리자는 일반적으로 최고 CEO의 정책방침 밑에서 일상 업무를 원활하게 추진하기 위한 결정을 행하고 업무를 집행, 감독하는 역할을 수행한다. 우리나라 일반기업에서는 사장이 CEO, 수석부사장이 COO의 역할을 맡는 수가 많다.

7) CDO(Chief Destruction Officer)

최근의 기업경영에서는 창조적 파괴가 강조되고 있다. 이러한 견지에서 드러커(P.F. Druker)는 현대기업은 고객창조를 위해 지속적으로 혁신을 수행해야 한다고 지적한 바 있다. 이처럼 최고경영자는 기존의 것에 대한 보호자라는 기존의 통념을 벗어나 미래경영환경에 대응하여 파괴자의 역할을 해야 한다는 의미에서 CDO, 즉 최고파괴자라는 단어가 생겨났다. 즉, 기존의 질서와 관행을 파괴하고 과감한 경영혁신을 시도하는 최고경영자를 말하는 것이다.

8) CTO(Chief Technology Officer)

CTO란 기업에서 기술에 관한 의사결정의 전 과정을 책임지면서 최고경영자(CEO)를 보좌하는 전사적 최고기술책임자로서 흔히 테크노 CEO와 유사한 의미로 받아들여지기도 한다. 초기에는 대부분 연구소장을 가리켰으나 기업간 기술경쟁이 치열해지면서 그 비중이 높아지고 있다. 현재 CTO는 시장상황과 기술발전단계를 파악해 특정부문(예를 들어 모바일 분야, PDP)에 대한 참여 여부와 시기를 정하고 이를 위해 사업부간 자원을 배분・조정하는 일을 맡는다.

9) CSO(Chief Strategy Officer)

기업경영의 경우 전체적인 방향을 총괄하는 경영전략이 있어야 목표점이 생기고 그에 따라 지금 할 일, 당장 내릴 판단이 정해질 수 있다. 피터 드러커의 말대로 "장기적 계획은 미래의 결정을 다루는 것이 아니라 현재 내리는 결정의 미래를 다루는 것"이기 때문이다. 물론 기업의 미래 진로에 대한 거대계획은 CEO의 몫이지만 실현가능성이 높은 비전이나 전략을 제대로 짜기 위해서는 회사마다 중장기적인 시각에서 회사의 미래에 관심을 갖는 기획기능이 필요하다. 따라서 이러한 기능을 담당하는 임원으로서 최근에 주목되고 있는 역할이 바로 CSO, 즉 최고전략경영자라고 볼 수 있다.

10) CCO(Chief Communication Officer)

최근 기업의 대 사회적 영향력과 기업에 대한 사회적 기대와 요구가 커지면서 기업의 홍보부문을 총괄 책임자는 CCO, 즉 최고홍보관리자의 역할이 강조되고 있다. 이들 CCO들은 대 언론기관 접촉, 해외홍보, 국내외 광고, 행사 후원 등 다양한 경로를 통해 업체 이익을 챙기고 이미지를 높이기 위해 밤낮없이 뛰고 있다.

이들은 경조사에서부터 요즘은 인터넷 매체까지도 챙겨야 한다. 일반적으로 CCO들의 공식일과는 오후 6시쯤 배포되는 다음 날자 가판신문 확인으로 끝난다. 하지만 자기 회사와 관련된 불리한 기사가 나기라도 하면 공식 일과가 다음날 새벽까지 연장되곤 한다.

11) CeO(Chief e-Trade Officer)

디지털 혁명과 전자상거래의 급속한 성장은 기업활동에 새로운 도전을 제기하고 있다. 이에 따라 전자상거래 분야를 총괄 지휘하는 경영자가 크게 중요시되고 있는데 이들이 CeO, 즉 최고전자상거래관리자이며 선진기업들의 경우 상당수 많은 기업들이 이미 이러한 역할을 담당하는 임원을 운용하고 있다.

12) 기타의 CEO들[41)]

최근 CEO의 중요성에 대한 인식이 높아지고 CEO 기능의 분업화 경향이 뚜렷해지면서 CEO 기능을 나누어 수행하는 다양한 CEO들이 속속 나타나고 있다. 받아들이기에 따라서는 심하다 할 정도로 매우 세분화되어 사용되기도 하지만 이러한 경향은 결국 CEO의 기능영역이 매우 방대하며 이를 통해 책임경영을 실현하는데 도움이 된다는 점에서 긍정적인 면이 많다. 위에서 살펴 본 CEO유형들 외도 최근에 등장하기 시작한 CEO 유사개념들을 소개하면 다음과 같다.

(1) CAO(Chief Administrative Officer)는 최고행정관리자를 지칭한다.
(2) CVO(Chief Vision Officer)는 기업의 향후 진로와 비전을 기획 총괄하는 임원을 가리킨다.
(3) CBO(Chief Budget Officer)는 기업의 예산부문을 총괄 책임지는 임원을 가리킨다.

사례 들여다보기_스타벅스 CEO가 주목받는 까닭은

[솔직담백한 태도 · 도전의식 · 실패를 인정하는 자세]

"그는 자신이 하고 있는 일에 대해 비정상적으로 미친 사람이다. 동시에 그는 그 일을 배짱 있게 해 낼 수 있는 사람이다."

41) 이신모, 한만호, 앞의 책, p.191.

하워드 슐츠 스타벅스 최고경영자(CEO)에 대해 미 경제전문지 포브스가 내린 극찬이다. 포브스는 '내가 하워드 슐츠를 스토킹 할 수밖에 없는 이유(Why I'm Stalking Starbucks CEO Howard Schultz)'라는 제목의 글을 통해 그의 성공전략에 대해 분석했다.

슐츠는 결단력과 적극성 사이의 미묘한 균형을 발견하면서 현실에 접근하는 CEO라는 점에서 애플의 창업주 고 스티브 잡스나 제너럴일렉트릭(GE)의 전 CEO 잭 웰치와 같은 상징적인 리더와는 다르다고 포브스는 전했다. 그가 보여준 리더십의 특징은 다음과 같다.

• **자신의 이야기를 공유한다.**

많은 사람들이 슐츠가 '자신의 얘기'를 전하는 것을 어렵지 않게 들어왔을 것이다. 뉴욕 브룩클린 빈민가에서 블루칼라 노동자의 아들로 태어난 그는 다양한 서비스업종에서 경험을 쌓았다. 제록스 등 여러 회사에서 영업사원으로 일하며 승승장구하던 그는 스타벅스라는 당시 영세한 규모의 커피전문점에 홀딱 반한다.

그는 '한 잔에 4달러하는 커피를 살 사람은 아무도 없을 것'이라는 비관론자들의 반대에도 불구, 스타벅스의 성공신화를 일궈냈다. 우여곡절을 겪으며 성공한 과정을 많은 사람들과 공유하는 솔직담백한 태도가 다른 CEO들과 다른 점이라 할 수 있다.

• **선례가 없는 일에 대한 도전을 두려워하지 않는다.**

슐츠의 목표는 애당초 '4달러짜리 커피'를 파는 것이 아니었다. 스타벅스를 가정과 직장에서 벗어나 여가를 즐길 수 있는 제3의 장소로 만드는 것이 그의 진짜 목표였다. 그의 생각은 항상 시대를 앞서 있었고 오늘날 그것은 우리사회의 문화를 형성했다.

그의 꿈은 여기서 그치지 않는다. 지난 2008년 9월 UCLA에서 가졌던 강연에서 그는 '사회적 양심과 영혼'을 겸비한 또 다른 종류의 회사를 창업할 계획임을 밝혔다. 슐츠는 기업이 추구하는 이익과 지역사회 환원, 직원의 복지 사이에서 여전히 균형을 찾고 있다.

• **실패를 인정하고 책임을 질 수 있는 자세를 겸비했다.**

슐츠가 잠시 스타벅스를 떠나있을 무렵, 스타벅스는 정체성을 잃어버릴 위기에 처한 적이 있다. 이를 감지한 슐츠는 2008년 스타벅스에 복귀해 적극적인 구조조정에 착수했다. 900개 매장의 문을 닫고 11만5000명 직원의 재교육에 들어갔다.

허리케인 카트리나가 몰아쳐 매장들이 피해를 입었을 당시 각 매장의 메니저들은 자발적으로 5만4000 시간 이상을 복구 작업에 쏟아 부었다. 슐츠도 매장 복구를 위해 솔선수범했기에 가능했던 일이었다.

• **계획한 것은 적극적으로 시행한다.**

슐츠의 적극성은 지난해 포춘지가 선정한 올해의 기업인 부문에서 1위를 기록했다. 기업에 대한 아이디어를 얻으면 그것을 널리 전파하는 것을 주저하지 않는다는 것이 그의 리더십의 특징이다.

혼자가 아닌 더 많은 이들과 함께하는 방식을 추구하는 것도 그가 가진 장점이다. 슐츠가 정치인에 대한 기부 중단 운동에 많은 기업들이 동참해줄 것을 촉구한 적이 있었는데 당시 펩시를 비롯한 디즈니, AOL, J 크루, 뉴욕 증권거래소와 나스닥 등 100명 이상의 CEO들이 동참하겠다는 의사를 밝혔다. 지난해 9월에는 버락 오바마 대통령이 슐츠와 개인적인 면담 요청까지 한 것으로 보도돼 화제가 되기도 했다.

• 자신의 처한 위치를 제대로 인식할 줄 안다.

지난해 슐츠가 대권에 도전한다는 루머가 나돈 적이 있었지만 오래가지 않아 이러한 소문은 숨죽었다. 슐츠는 종종 자신을 잘 드러내지 않는 CEO로 묘사된다. 자신에게 향하는 스포트라이트를 어떻게 활용할지 알고 있다는 점이 슐츠가 가진 장점 중 하나다.

- 출처 : 머니투데이, 2012.4.12, 저자가 게재한 글

제5장 여성 창업과 여성 기업가

제1절 여성과 직업선택

개인의 특성과 직업을 연결시키는 과정, 개인의 발달과정으로서의 직업선택, 의사결정 과정으로서의 직업선택을 연구하는 직업선택 이론에서는 직업선택에 있어서 의사결정자를 직업을 가지려는 동기가 있는 사람으로 간주한다. 직업선택과 관련된 사회적 현상을 이해하기 위해 개발된 이론은 여성과 남성 모두에게 동일하게 적용되는 것일까? 이 분야에 대한 연구는 이제 태동기 단계에 있기 때문에 주로 사회 및 문화가 직업결정에 미치는 영향에 초점을 두고 있다.[1]

현재의 경력개발 이론이 완전히 여성에게 적용될 수 있는지에 대해서는 여러 의견이 있다. 예를 들어, 구텍과 랄우드(Barbara Gutek과 Laurie Larwood)[2]는 남성의 경력에 관한 현 이론은 여성은 남성이 경험하는 것과는 다른 기회나 문제에 직면하기 때문에 여성의 경험에 적합하지 않다고 주장하고 있다. 대조적으로 피츠게랄드(Louis Fitzgerald)와 크리테스(John Crites)는 여성에 경력개발 과정은 기본적으로 남성과 동일하다고 주장한다.[3] 이들의 견해는 레빈선(Levinson)[4]의 연구를 지지하는 것이다.

남성과 여성이 직업결정에 접근하는 과정에서의 가장 큰 차이점을 몇 가지 설명하면 아래와 같다.[5]

---

1) J. H. Greenhaus, G. A. Callanan, & V. M. Godshalk(탁진국 역), Career Management(경력개발 및 관리), Harcourt Inc., 2002, p.171.

2) Barbara A. Gutek, Laurie Larwood, Ann H. Stromberg, Women and Work : An Annual Review : Volume Three (Women and Work: A Research and Policy Series), Sage Publications, Inc, 1988.

3) Fitzgerald, L. F. , & Crites, J. O., Toward a career psychology of women : What do we know? What do we need to know? Journal of Counseling Psychology 27, 1980, pp.44-62.

4) Levinson, D. J. and Levinson, J. D., Seasons of a Woman's Life. New York, NY: Alfred A. Knopf. 1996.

5) J. H. Greenhaus, G. A. Callanan, & V. M. Godshalk(탁진국 역), 앞의 책, p.171.

① 많은 직업들은 성적으로 고정관념화되어 있다. 일부 직업(예: 엔지니어링)은 남성에게 더 적합하다고 볼 수 있고, 다른 직업(예: 간호사)은 여성에게 더 적합한 것으로 볼 수 있다. 아이들은 직업에 대한 성 고정관념을 어릴 때(빠르면 2년 6개월)부터 배운다. 5~6세 아이들을 대상으로 한 연구에서 이들의 성 고정관념은 엄마가 갖고 있는 전통적인(여성이 지배적인) 직업의 영향을 크게 받는 것으로 나타났다. 그럼에도 불구하고 최근 대학생 사이에서는 직업에 대한 성 고정관념이 감소하고 있는 것으로 나타났다.

② 여성의 직무는 임금이 낮고 훈련요건도 평범한 것으로 고정관념화되어 있는 특징이 있다. 또한, 이러한 직무는 여성적인(예: 따뜻함, 배려) 특성을 요구하며 남성이 대부분인 직업보다 경력의 연속성이 떨어진다.

③ 여성은 남성보다 선택의 폭이 훨씬 좁은 가운데 직업을 선택하게 된다. 여성은 비록 많지 않은 대안 중에서 경력을 선택하는 경향이 있지만 이는 단순히 고정관념 때문만은 아니다. 남성 위주의 전공(예: 공학, 물리, 컴퓨터 과학, 의학 및 법률)을 하고 있는 여학생이 의학이나 법률을 전공으로 택한 이유는 이러한 전공이 기술적인 분야보다 대인접촉을 더 많이 요구하기 때문인 것으로 밝혀졌다. 즉, 여성은 타인과의 사회적 접촉이 많은 직업을 택하려고 하며, 이는 여성이 사회관계에 대한 선호도가 높다는 과거의 연구결과와 일치하는 것이다.

④ 과거에 여성들은 남성에 비해 낮은 수준과 사회적으로 덜 알려진 직업, 직위를 목표로 하였다. 그러나 많은 변화가 일어나 지금의 일부 여성들은 전통적으로 여성이 가졌던 직업보다 임금도 더 높고 승진기회도 더 많은 비전통적인 직업이나 직무를 추구하고 있다. 비전통적인 직무를 추구하는 여성은 위험추구 성향이 더 높고 결혼계획에 대한 확실성이 부족하며, 아이를 적게 가지려 하고 양성적 성향을 지니는 경향이 있었다. 그러나 비전통적인 직업을 추구하는 여성에게 부정적 결과가 발생하는 것으로 나타났다. 즉, 직무 스트레스가 더 많고 작업조건이 더 열악하며 직무만족이 낮고 성희롱, 성차별, 인종차별이 더 심하게 나타났다.

⑤ 더 중요한 것은 여성은 일부 고정관념화된 직업 가운데서 선택하기 때문에 해당 직업에서 자신의 재능과 능력을 충분히 발휘하지 못한다는 것이다. 여성의 경력 야망과 선택은 유사한 능력을 가진 남성의 열망에 비해 매우 낮은 것으로 나타나고 있다.

많은 여성들은 왜 몇 안 되는 직업만을 고려할까? 많은 여성들은 왜 전통적이고 여성이 많으며 여성 고정관념화된 직업을 아직도 선택하는 것일까? 이에 대해 가능한 3가지 답을 살펴보기로 하자. 첫째는 일과 가정생활간의 관계이고, 둘째는 여성이 생각하는 해당 작업에서의 자신의 역량이며, 마지막은 사회적 지원의 부족이다.[6)]

[책갈피] "한국 CEO 경쟁력은 78점"

외환위기를 겪으면서 일반인들에게 아주 익숙해진 경제용어 중 하나가 CEO(최고경영자)다. 특히 CEO의 능력에 따라 수천, 수만 명의 일자리가 왔다 갔다 한다는 점이 부각되고, 또 능력이 특출한 CEO들은 엄청난 부와 사회적 지위를 누리게 되면서 CEO들은 샐러리맨들에게 동경의 대상으로 자리 잡았다.

그렇다면 CEO들은 자신의 능력을 어떻게 평가하고 있을까. 또 대학원생들은 CEO들을 어떻게 생각하며, CEO가 장수하려면 어떤 능력을 갖춰야 할까.

◇CEO들, "우리 경쟁력은 78점"

=한국능률협회는 27일 발행한 'CHIEF EXECUTIVE(최고경영자)' 창간호(12월호) 기획특집 'CEO 100인이 바라본 한국기업 및 CEO 경쟁력 분석'을 통해 "우리 기업의 CEO들은 자신들의 경쟁력이 미국을 100점으로 할 때 77.9점 정도로 자체평가하고 있다"고 밝혔다.

CEO들은 또 자신들의 경쟁력을 결정짓는 가장 중요한 요소로 리더십(26.7%)을 가장 많이 꼽았으며, 변화관리능력(22.8%), 미래비전(15.8%) 등의 순으로 들었다. 경영철학(7.9%)이나 전문성(5.9%)은 중요도에서 처졌으며, 특히 도덕성(1.0%)은 인간관계(1.0%)와 함께 가장 적게 꼽혔다.

◇ "CEO들 윤리의식 부족"

=CEO들이 경쟁력 결정요인에서 윤리적 덕목을 가장 낮게 꼽고 있는 것을 지적이라도 하듯, 한국과학기술원(KAIST) 테크노경영대학원이 재학 중인 경영학 석사과정(MBA) 학생들을 대상으로 조사한 결과 우리 CEO의 가장 부족한 점으로 48%가 윤리의식을 꼽았다. 다음으로는 전략적 사고(22.7%), 세계화 능력(12%) 등이었다.

한국 기업 CEO 체제의 가장 큰 문제점으로는 체계적인 CEO 양성 체제 부재(47%)가 수위를 차지했고, 순혈주의에 의한 승계방식(36%), 경영인재 양성을 위한 교육제도 부실(9.3%)이 뒤를 이었다. 바람직한 CEO상으로는 국내에서는 이건희 삼성그룹 회장(21.3%)이, 해외 기업 중에는 잭 웰치 전 GE회장(48%)이 꼽혔다.

◇ CEO로서 장수하려면…

=LG경제연구원이 이날 내놓은 연구보고서를 보면 CEO로서 장수하는 비결이 그리 녹록치 않다. 연구원이 제시한 첫 번째 비결은 자신을 차별화된 브랜드로 키우기 위해 끊임없이 변화를 시도해야 한다는 것. 이런 'CEO브랜드' 이미지 제고가 경영실적으로 이어져야 함은 물론이다. 또 변화를 주시하고 능동적으로 변화를 꾀해야 한다고 연구원은 지적했다. 연구원은 이와 함께 CEO가 자신의

6) J. H. Greenhaus, G. A. Callanan, & V. M. Godshalk(탁진국 역), 앞의 책, p.173.

꿈을 실현하기 위해서는 자신의 비전과 전략을 지지하고 행동으로 이끌어 갈 수 있는 프로를 양성해야 하며, 이의 연장선상에서 CEO의 체계적 육성시스템을 개발하는 것도 필요하다고 설명했다.

〈국민일보, 2002.11.27〉

1) 일과 가정간의 관계

먼저 가장 중요한 이유는 여성은 직업선택 시 자신의 현재와 미래의 가정생활을 고려한다는 것이다. 젊은 남성이 공학분야를 선택하려 할 때, 엔지니어가 되면 결혼해서 가정을 가질 수 있을지에 대해 고려하는 경우는 거의 없다. 남성이 가정에 대해 고려하지 않고 자신의 경력을 추구해 나가는 것은 당연한 것으로 생각되어 왔다. 그러나 많은 여성은 일과 결혼/가정간에 선택을 해야 한다고 생각하고 있다. 만약 여성이 일이 많고 높은 직위에 있다면 누가 아이를 돌보겠는가? 아이를 돌보는 보모? 그러나 주말에 회의가 있거나 출장을 갈 경우에는 어떻게 하겠는가? 아이가 아플 때 누가 집에서 돌볼 것인가? 집안일과 아이 돌보는 일을 남편이 같이 하는가? 연구결과, 여자 대학생은 남학생보다 이러한 일-가정 갈등의 존재를 인식하는 경향이 강하고, 이러한 갈등이 여성의 경력희망과 동기를 약화시키는 것으로 나타났다. 많은 여성은 처음에 라이프스타일에 관해서 선택을 하는 것으로 나타났다. 결혼을 할 것인가? 어떤 형태의 결혼을 할 것인가? 전통적인 전업주부 모형을 추구할 것인가, 아니면 비전통적인 경력여성 모형을 추구할 것인가? 아이들은 둘 것인가? 아이를 돌보는 동안 직장은 그만 둘 것인가? 일이 얼마나 중요한가? 여성은 이러한 질문에 답한 후에야 비로소 자신의 라이프스타일과 적합한 직업을 선택할 준비가 되는 것이다. 언제, 어느 곳에 취업할 것인지에 대한 결정은 가정의 요구와 욕구의 영향을 받는다. 갤로스(Joan Gallos)는 경력이 아닌 결혼 및 관계가 많은 여성의 꿈과 정체성에서 중요하다고 말하고 있다.[7] 아마도 이러한 복잡함 때문에 여성은 직업선택에 관한 결정을 내릴 때 자신의 목표를 명확히 하는 데서 남성보다 부족하다.[8]

따라서 여성은 직업선택 시 가정과 생활을 크게 고려하는 경향이 있다. 여성은 이

---

7) J. V. Gallos, Exploring women's development: Implications for career theory, practice, and research, MB Arthur, DT Hall, BS Lawrence (Eds.), Handbook of career theory, Cambridge Univ. Press, Boston, 1989, pp.110-132.

8) Jeffry H. Larson , Mark Butler, Stephan Wilson, Nilufer Medora, and Scot Allgood, "The Effects of Gender on Career Decision Problems in Young Adults," Journal of Counseling & Development, September-October 1994, Volume 73, Issue 1, pp.79-84.

러한 갈등을 예견하기 때문에 필요하면 파트타임이나 시간을 적게 빼앗겨도 되는 수준과 사회적 명성이 낮고 여성이 지배적인 직업을 선택하게 된다. 이 조건하에서 여성의 본래 흥미와 재능이 자신의 직업분야에서 충분히 발휘될 가능성은 적어 보인다.[9)]

2) 자신의 역량에 대한 지각

많은 여성이 제한된 범위에서 직업선택을 하게 되는 이유는 다양한 직업에서 잘 해낼 수 있는 자신의 역량에 대한 지각 때문이다. 일반적으로 여성은 남성보다 자신의 능력에 대해 자신감이 부족하고, 자신감이 부족한 사람은 자존심이 강한 사람보다 사회적으로 수준이 떨어지는 직업을 택하게 되는 경향이 있다.[10)]

자신의 역량에 대한 지각은 사회학습 이론과 자기 효능성의 역할을 토대로 한다.[11)] 자기 효능성 기대는 개인이 특정영역에서 잘 해 낼 수 있는 역량이 있다는 믿음으로서 목표와 활동을 결정하는 중요요인이다. 즉, 사람은 자신이 잘 할 수 있는 행동을 더 하고 높은 자기 효능감 기대가 있는 직업을 추구하게 된다. 여러 연구결과, 여성은 남성보다 수학에 대한 자기 효능감 기대가 낮은 것으로 나타났다. 수학능력은 많은 전문직과 기술직에서 중요한 요인이기 때문에 이 분야에서 여성의 낮은 자기 효능감 기대는 직업선택의 폭을 많이 좁히는 역할을 할 수 있다.[12)]

---

9) J. H. Greenhaus, G. A. Callanan, & V. M. Godshalk(탁진국 역), 앞의 책, p.174.

10) Nancy E. Betz and Louise F. Fitzgerald, The career psychology of women, Academic Press, Inc. Harcourt, Brace, Jovanovich, Publishers San Diego, 1987; Arthur P. Brief, Mary van Sell and Ramon J. Aldag, Vocational Decision Making among Women: Implications for Organizational Behavior, The Academy of Management Review, Vol. 4, No. 4, Oct., 1979, pp.521-530; Arthur G Bedeian, "The roles of self-esteem and n achievement in aspiring to prestigious vocations," Journal of Vocational Behavior, Volume 11, Issue 1, August 1977, pp.109-119.

11) Albert Bandura, "Self-efficacy: Toward a unifying theory of behavioral change," Psychological Review, Vol 84(2), Mar 1977, pp.191-215; Nancy E. Betz and Gail Hackett, "The relationship of mathematics self-efficacy expectations to the selection of science-based college majors," Journal of Vocational Behavior, Volume 23, Issue 3, December 1983, pp.329-345; Gail Hackett and Nancy K. Campbell, "Task self-efficacy and task interest as a function of performance on a gender-neutral task," Journal of Vocational Behavior, Volume 30, Issue 2, April 1987, pp.203-215.

12) Nancy E. Betz, Gail Hackett, "The relationship of mathematics self-efficacy expectations to the selection of science-based college majors," Journal of Vocational Behavior, Volume 23, Issue 3, December 1983, pp.329-345; Nancy K. Campbell and Gail Hackett, "The effects of mathematics task performance on math self-efficacy and task interest," Journal of Vocational Behavior, Volume 28, Issue 2, April 1986, pp.149-162; Susan F Chipman, David H. Krantz and Rae Silver, "Mathematics Anxiety and Science Careers Among Able College Women," Psuchological Science 3, 1992, pp.292-295; Richard T. Lapan, Kathleen

수학 이외에도 여성은 남성 위주의 직업에서 남성보다 자기 효능감 기대가 낮은 것으로 나타났다. 또한, 비전통적인 직업에서 자기 효능감이 낮을수록 비전통적인 직업을 선택하려는 경향이 낮아진다.[13] 반면에 비전통적인 직업을 추구하는 여성은 자기 개념이 강하고 자기 효능감도 높은 것으로 나타났다.[14]

이러한 연구결과는 직업 의사결정에서 자기 효능감 기대가 중요한 역할을 한다는 것을 말해 준다. 그렇다면 특정영역에서의 자기 효능감 기대는 어떻게 발달되는 것일까? 밴두리(Bandura)는 높은 자기 효능감 기대는 ① 과거 특정행동을 성공적으로 수행한 경험, ② 행동을 성공적으로 수행한 사람을 관찰함으로써 얻는 대리학습 경험, ③ 설득과 격려, ④ 행동에 대한 낮은 불안수준 등과 같은 4가지 요인으로부터 얻어진다고 하였다.[15]

이 4가지 근원은 여성의 경력개발에 많은 시사점을 준다. 일반적으로 여성은 수학과 다른 육체활동을 잘 못하고 불안해하거나 또는 잘 했다 하더라도 그 가치를 낮추어 생각한다면 해당 분야에서 자기 효능감 기대는 낮아지고 비전통적인 직업을 회피하려는 경향이 강해진다.[16] 또한, 지금까지 비전통적인 직업에서 성공한 여성의 역할모형이 부족했기 때문에 여성이 성공을 간접적으로 관찰하기가 어려우며, 따라서 비전통적인 직업을 추구하는 여성에 대한 격려와 지원의 부족도 많은 여성의 직업결정에 중요한 영향을 미친다. 베츠(Nancy Betz)와 피츠제랄드(Louise Fitzgerald)는 여성의 자기 효능감 기대를 높이기 위한 여러 가지 제안을 하고 있다. 이 제안들을 살펴보면 목표를 성취하도록 돕고 여성 역할모형을 제시하며, 여성이 비전통적인 영

R. Boggs and Weston H. Morrill, "Self-efficacy as a mediator of investigative and realistic general occupational themes on the Strong-Campbell Interest Inventory," Journal of Counseling Psychology, Vol 36(2), Apr 1989, pp.176-182; Tamao Matsui, Kenji Matsui and Ritsuko Ohnishi, "Mechanisms underlying math self-efficacy learning of college students," Journal of Vocational Behavior, Volume 37, Issue 2, October 1990, pp.225-238.

13) T. Matsui, H. Ikeda and R. Ohnishi, "Relations of sex-typed socializations to career self-efficacy expectations of college students," Journal of Vocational Behavior, Volume 35, Issue 1, August 1989, pp.1-16; Nancy E. Betz and Gail Hackett, "The relationship of career-related self-efficacy expectations to perceived career options in college women and men," Journal of Counseling Psychology, Vol 28(5), Sep 1981, pp.399-410.

14) Cherry K. Greene, Wanda L. Stitt-Gohdes, "Factors that influence women's choices to work in the trades," Journal of Career Development, Summer 1997, Volume 23, Issue 4, pp.265-278.

15) Albert Bandura, *op. cit.*

16) Scott T. Meier, "Vocational behavior, 1988-1990: Vocational choice, decision-making, career development interventions, and assessment," Journal of Vocational Behavior, Volume 39, Issue 2, October 1991, pp.131-181.

역에 관한 불안을 관리하도록 돕고 여성의 역량정도와 범위를 확대하려는 노력을 지원해 주는 것 등이다.[17]

3) 사회적 지원

대부분의 사람에게 타인으로부터의 격려, 칭찬, 지원은 중요하다. 비전통적인 직업을 추구하려는 여성은 자신의 노력에 대해 다양한 곳으로부터 격려와 지원을 받는 것으로 나타났다.[18] 부모, 배우자, 형제/자매, 친구, 선생님 등이 이들을 격려해 줄 수 있다.

부모가 딸의 직업선택에 어떻게 영향을 줄 수 있는지를 살펴보도록 하자. 자신의 분야에서 성공한 아버지가 딸의 역할모형과 직업동일 시의 대상으로 작용하는 과정에 관한 연구를 보면, 비전통적인 직업을 갖고 있는 여성의 아버지는 전통적인 직업에 종사하는 여성의 아버지보다 더 많은 교육을 받은 것으로 나타났다.[19] 이러한 영향은 아버지에게만 국한된 것은 아니다. 비전통적인 직업에 종사하는 여성은 직장이 있고 교육수준이 높은 어머니에게서 자라난 경우가 많았다. 부모의 희망, 기대, 격려, 지원은 여성의 경력개발에 중요한 역할을 한다. 특히, 부모의 지원은 여성이 매우 비전통적인 직업을 선택하는 데 중요한 영향을 미치는 것으로 나타났다.[20]

많은 여성에게 이러한 지원을 제대로 해 주고 있지 않다는 입증자료가 있는가? 초기 연구에 따르면 대학교수들은 여학생의 경력에 대해 낮은 기대감을 갖고 있는 것으로 나타났다.[21] 또한, 여성 관리자들은 대학시절 교수로부터 경력 상담을 남성 관리

17) Nancy E. Betz and Louise F. Fitzgerald, The career psychology of women, Academic Press, Inc. Harcourt, Brace, Jovanovich, Publishers San Diego, 1987, p.253.

18) Betsy B. Houser and Chris Garvey, "The impact of family, peers, and educational personnel upon career decision making," Journal of Vocational Behavior, Vol 23(1), Aug 1983, pp.35-44; Patricia W Lunneborg, "Role model influencers of nontraditional professional women," Journal of Vocational Behavior, Volume 20, Issue 3, June 1982, pp.276-281.

19) "Factors Influencing Women's Choice of Nontraditional Careers: The Role of Family, Peers, and Counselors," Vocational Guidance Quarterly, Volume 29, Issue 3, March 1981, pp.253-263; S. Greenfield, L. Greiner and M. M. Wood, "The 'Feminine Mystique' in Male-Dominated Jobs: A Comparison of Attitudes and Background Factors in Male-Domonated Versus Female-Dominated Jobs," Journal of Voactional Behavior 17, 1980, pp.291-309.

20) Carol J. Auster and Donald Auster, *op. cit.*; Nancy E. Betz and Louise F. Fitzgerald, *op. cit.*(1987); Jody L Fitzpatrick and Traci Silverman, "Women's selection of careers in engineering: Do traditional-nontraditional differences still exist?" Journal of Vocational Behavior, Volume 34, Issue 3, June 1989, pp.266-278.

21) Thad E. Dickinson, "Looking at the Male Librarian Stereotype," The Reference Librarian, Volume 37, Issue 78, 2003, pp.97-110; Veronica F. Nieva and Barbara A. Gutek, "Sex

자들보다 덜 받았다고 보고하였다. 많은 학교 상담가들도 여성이 비전통적인 직업을 고려하는 것에 대해 지원과 격려를 제대로 하지 않고 여성에게 충분한 정보를 제공하지 않았으며, 가정과 경력을 둘 다 추구하려는 여성에게 편견을 가지고 있는 것으로 나타났다.[22)]

경력과 가정간의 갈등, 낮은 가지 효능감 기대, 지원부족과 같은 3가지 요인은 여러 측면에서 서로 보상하는 역할을 한다. 지나친 일-가정간의 갈등을 피하기 위해 전통적인 여성위주의 직업을 선호하는 여성은 스스로 비전통적인 경력분야에 관심이 없음을 부모와 선생님에게 전하게 되며, 이로 인해 이들의 지원과 격려를 거의 받지 못하게 된다. 격려를 받지 못할 경우 특정분야에서의 여성의 자기 효능감 기대는 낮아진다.[23)]

또한 이 3요인은 변화할 수 있다. 과거보다 현재 많은 여성들이 남성위주의 직업에 진출하고 있다. 이는 여성이 경력과 가정을 동시에 추구하려는 의지가 높아졌기 때문인가? 아니면 가정의 중요성보다 자신의 경력을 우선시하는 여성이 많아지고 있는 것인가? 또는 최근 들어 여성이 비전통적인 직업을 택하는 결정에 대한 지원을 많이 받으며, 다양한 직업에 대한 자기 효능감 기대가 높아졌기 때문인가? 아마도 이러한 모든 질문에 대한 답은 "예"일 것이다. 이에 대한 궁극적인 답은 여성이 현재와 미래에 어떤 삶을 살아가는지를 살펴봄으로써 알게 될 것이다.[24)]

[책갈피] 창업성공을 위한 기본조건

A. Bhidé는 창업에 성공하기 위해서 다음과 같은 기본조건이 만족되어야 한다고 제시한다.

- 창업목표를 분명히 정의한다.
- 어느 업종의 벤처를 어느 정도 규모로 창업하고 싶은가?

Effects on Evaluation," The Academy of Management Review, Vol. 5, No. 2, Apr., 1980, pp.267-276.

22) Nancy E. Betz and Louise F. Fitzgerald, *op. cit.*(1987); F. E. Gordon and M. H. Strober, "Initial Observations on a Pioneer Cohort : 1974 Women MBAs," Sloan Management Review 19, no.2, 1978, pp.15-23; D. L. Keierleber and L. S. Hansen, "A Comibg of Age: Addressing the Career Development Needs of Adult Students in University Settings," in Adult Career Development: Concept, Issues and Practices, ed. H. D. Lea and Z. B. Leibowitz, Alexandria, VA: The National Career Development Association, 1992, pp.312-339.

23) J. H. Greenhaus, G. A. Callanan, & V. M. Godshalk(탁진국 역), 앞의 책, p.176.

24) 위의 책, p.176.

- 우리의 고객은 누구이며 시장의 규모는?
- 우리는 고객에게 어떤 가치를 창조해 줄 것인가?
- 목표를 달성하기 위한 전략을 수립한다.
- 전략은 명확하게 정의되어 있는가?
- 수립된 전략으로 충분한 이익과 성장률 달성이 가능한가?
- 수립된 전략이 너무 낙관적이거나 비관적이지 않는가?
- 창업성공을 위한 조건
- 전략의 실행가능성을 살펴본다.
- 자본, 인력, 기술 등 전략의 실행에 필요한 충분한 자원을 보유하고 있는가?
- 조직의 구조, 관리시스템, 문화 그리고 규범 등이 효과적이고 설득력이 있는가?
- 자신이 필요한 역할을 담당할 수 있는가?

-출처: Amar Bhidé, "The Questions Every Entrepreneur Must Answer," Harvard Business Review, Nov.-Dec. 1996.

제2절 여성 창업의 현황

최근의 인구의 고령화, 저출산현상은 노동력의 부족현상을 불러와 한국뿐만 아니라 전 세계적인 것으로 국가발전에 걸림돌로 우려되고 있는 실정이다. 따라서 국가발전의 신 동력을 찾기 위해서 그동안 유휴자원으로 간주되었던 여성인력의 개발 및 활용에 대한 관심이 고조되고 있다. 뿐만 아니라, 21세기의 지식정보화 시대, 감성시대에 접어들면서 산업구조도 다품종 소량생산 시스템, 서비스 산업의 확대, 감성 컨텐츠 산업의 발전 등으로 여성 창업의 기회가 계속 확대되고 있다. 한국의 경우는 1999년 "여성기업 지원에 관한 법률"이 제정되면서 여성의 창업교육 및 자금지원, 창업 보육센터의 운영, 기술 및 판로의 지원, 정보화 및 수출 지원 등의 여성 창업 및 기업활동 전반에 대한 다양한 지원이 이루어지고 있다.

그럼에도 불구하고 우리나라 여성의 경제활동 참가율은 주요 선진국과 비교해 볼 때 매우 낮은 수준이며, 특히 30대 출산·육아기 여성의 경력단절과 노동시장 탈피현상, 노동시장 재진입의 어려움이 여전히 해소되지 않는 것으로 보고되고 있다. 이에 따라 여성부를 중심으로 여성경제활동 참가율을 높이기 위한 다각적인 정책방향을 모색하고 있다.[25]

25) 손기영 외, 『경기도 여성창업지원 정책점검 및 개선방안 연구』, (재)경기도가족여성연구원, 2009.

통계청의 「경제활동인구조사보고서」에 따르면, 우리나라 경제활동인구는 2010년 현재 총 24,748천명이며, 경제활동참가율은 61.0%인데 이 가운데 여성경제활동인구는 최근 5년간 50% 수준에 머물러 있는 실정이다.

〈표 5-1〉 경제활동인구 및 참가율

(단위: 천명, %)

구분	전체		여성		남성	
	인구	참가율	인구	참가율	인구	참가율
2006년	23,979	61.9	10,001	50.3	13,978	74.1
2007년	24,216	61.8	10,092	50.2	14,124	74.0
2008년	24,347	61.5	10,139	50.0	14,208	73.5
2009년	24,394	60.8	10,076	49.2	14,318	73.1
2010년	24,748	61.0	10,256	49.4	14,492	73.0

자료: 통계청, 경제활동인구조사보고서

한편 통계청에서 발간된 「전국사업체조사보고서」의 2009년 기준 원자료를 이용하여 파악한 2009년 기준 여성이 대표로 있는 사업체수는 총 1,221,653개사로, 전체 사업체의 37.1%를 차지하고 있다. 이 수치는 2007년에서 2009년까지 연평균 1.2% 증가하여 전체사업체수 연평균성장률 0.5%보다 0.7%p 높은 것으로 나타났다. 하지만 여성기업의 매출이나 업종별 분포를 살펴보면 아직까지도 대다수가 5인 미만의 도소매, 숙박, 음식, 개인 서비스 등의 영세업종에 분포하고 있어서 총매출 자체도 미미한 것으로 파악되고 있다.

일반적으로 여성의 경제활동참가율을 높이기 위한 여성노동정책은 크게 두 가지 축으로 구분된다. 즉 노동시장의 성평등을 제고함으로써 여성의 경제활동 지속성을 높이기 위한 고용평등정책과 직업훈련, 창업지원 등을 통하여 일하고자 하는 여성들의 노동시장 진입을 지원하는 여성인력개발정책이 그것이다.[26]

여성창업 지원정책은 여성취업 지원정책과 함께 여성인력개발을 통해 경제활동 활성화를 도모하는 중요한 정책 중의 하나이다. 1997년 경제위기 이후 실업자 구제와 일자리 창출을 위해 정책적으로 벤처기업 등의 창업을 장려함으로써 보다 활성화되었고, 특히 1999년부터는 여성의 창업 및 기업활동을 지원하는 법적 근거를 신설함으

26) 경북여성정책개발원, 경상북도 여성창업 활성화를 위한 정책과제, 2010. 12, p.4.

로써 여성창업을 특별히 지원하기 시작하였다.[27] 이러한 정책적 지원을 바탕으로 여성창업은 매년 지속적으로 증가하는 추세를 보이고 있다.

여성창업을 활성화하는 것이 중요한 이유는 여성창업이 기존 노동시장의 남성편향적 구성과 남성문화를 수정할 수 있는 적극적인 방법 중 하나이기 때문이다. 여성의 창업을 활성화한다면 여성의 경제적 의사결정권을 확대하며 세력화를 도모하고, 남성중심적 기업문화와 경영환경을 변화시킬 수 있을 것으로 기대된다. 무엇보다 여성의 일자리 창출에 기여하는 효과가 클 것으로 생각된다.

여성창업에 대해 관심을 가져야 하는 보다 현실적인 이유는 중·장년 경력단절여성들의 경우 취업진입장벽이 높은 현실에서 창업이 경제활동을 가능하게 하는 피할 수 없는 대안이 되고 있기 때문이다. 최근의 경기불황은 수많은 실업자들을 양산하였고, 이들은 생계유지를 위해 상대적으로 진입이 쉬운 소규모 창업을 선택할 수밖에 없는 상황에 내몰리고 있는 상황이다. 여성 창업자들은 창업 및 기업활동 과정에서 남성들과는 다른 애로사항을 겪게 된다. 가사와 사업을 병행해야 하고 여성 경영인에 대한 편향되고 부정적인 인식에 기반한 보이지 않는 차별적 관행을 극복해야 하며, 소규모 서비스업의 경영 등으로 인한 전문적인 경영의 곤란함 등의 문제에 직면하게 된다.[28] 때문에 여성창업의 과정에서 실패의 위험을 최대한 줄이고 창업후 경영활동의 어려움을 적극적으로 지원할 수 있는 내실 있는 여성창업 지원정책이 어느 때보다 요구되고 있다고 할 수 있다.

최근 들어 여성의 경제활동 참여가 확대됨에 따라 여성기업체 및 여성경영인 수가 지속적으로 증가하고 있는 것으로 파악되고 있다. 그러나 아직까지 한국 여성기업의 경영환경, 자금조달, 인적 네트워크 형성의 어려움 등 여성기업 발전에 어려움이 초래되고 있으며, 특히, 대부분의 여성기업이 5인 미만의 소상공인 형태로 기업을 운영하는데 많은 애로사항이 있는 것으로 밝혀졌다.[29]

---

27) 김창연·고선주, 『서울시 여성창업지원체계 개선방안 연구』, (재)서울여성, 2006.
28) 손기영 외, 앞의 자료, 2009.
29) 한국여성경제인협회, 2011년 여성기업실태조사, 중소기업청/한국여성경제인협회, 2012. 12.

〈표 5-2〉 여성사업체수 추이 분석

(단위: 개)

구분	2007년	2008년	2009년	연평균 성장률
전체 사업자	3,262,925	3,264,782	3,293,558	0.5%
여성 사업자	1,192,048	1,202,411	1,221,653	1.2%
전체 사업자 대비 여성 사업자 비율	36.5%	36.8%	37.1%	0.8%

자료: 통계청, 전국사업체조사

한국경제의 지속성장과 신 성장동력의 대안으로서 여성기업인에 대한 새로운 시각을 가져야 할 필요성이 제기되고 있을 뿐만 아니라, 산업구조 등 경제적 환경변화에 따른 여성의 경제활동 참여 증대에 따른 여성기업 관련 정책의 발굴이 긴요한 실정이다. 다시 말하자면, 여성친화적인 디자인, 문화 콘텐츠, 바이오 등 지식·감성기반 분야가 새로운 성장동력으로 등장함에 따라 여성의 특성을 고려한 여성기업으로서 적합한 업종들에 대한 현황의 파악 및 발굴이 필요하게 되었고 여성기업의 업종을 세분화하여 적합업종에 대한 현황파악 및 육성방안의 도출이 필요하게 되었다.

미국의 경우에는 여성이 소유하고 경영하는 회사의 수는 50%나 더 빠르게 성장하고 있는 것으로 나타났는데, 실제로 지난 1987~1996년에 여성이 소유한 회사의 수는 78% 증가하였다.[30] 1998년에 여성이 소유한 회사는 8백만 개, 종업원은 1,850만 명이었으며, 이러한 종업원의 수는 Fortun지 500대 기업의 종업원 수보다도 80%나 더 많은 것이다.[31] 여성소유의 회사가 증가하면서 많은 연구들이 여성 창업자에 관하여 조사분석을 행하였다. 연구문헌들을 바탕으로 다음과 같은 몇 가지 질문을 해 볼 수 있다.[32]

- 여성 창업자는 남성 창업자나 일반 조직의 여성관리자와 특성면에서 다른가?
- 여성이 창업경력을 추구하려는 근본적인 이유는 무엇인가?
- 여성 창업자의 경력선택에서 장애가 되는 요인은 무엇인가?

30) J. H. Greenhaus, G. A. Callanan, & V. M. Godshalk(탁진국 역), Career Management(경력개발 및 관리), Harcourt Inc., 2002, p.336.

31) L. Kroll, "Entrepreneurial Moms", Forbes, May 18, 1998, pp.84-92; Main, "A Golde Age for Entrepreneurs,"; Schoenberger, "Understanding the Sprit of Entrepreneurship,"

32) J. H. Greenhaus, G. A. Callanan, & V. M. Godshalk(탁진국 역), 앞의 책, p.336.

[책갈피] 창업에 성공하는 사람들의 7가지 '습관'

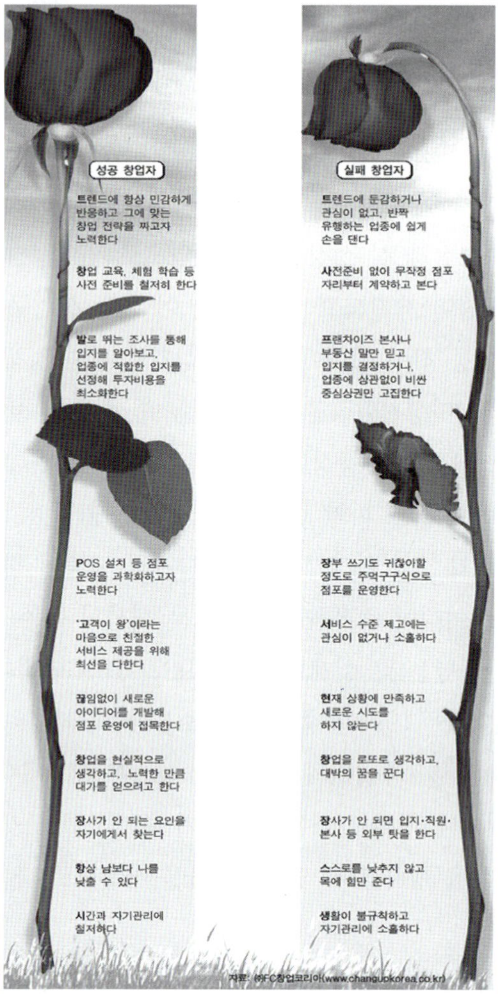

창업 성공률은 얼마나 될까. 강병오 FC창업코리아 대표는 "창업 후 1년 이상을 버티는 창업자 비율이 20~30% 정도 밖에 안 된다"며 "대기업의 엘리트 직원 출신도 창업시장에서는 종종 맥없이 실패한다"고 말했다. 그렇다면 과연 어떤 사람들이 성공하는 것일까. 성공 창업자들의 공통적인 특성을 살펴봤다.

1. 1년 앞서 트렌드를 읽는다

한성원(37)씨는 지난해 7월 서울 전농동의 한 아파트 상가에 10여 평 규모의 배달 전문 패밀리 레스토랑 '조이스' 배봉점을 열었다. 립바비큐 · 칠리폭찹 · 치킨샐러드 등 패밀리 레스토랑의 메뉴를 배달한다. 한씨는 "패밀리 레스토랑이 갈수록 인기를 끌고 있지만 번화가로 나가지 않으면 먹기 힘들다는 점에 착안해 이 사업을 하게 됐다"고 말했다. 립바비큐를 포함해 3~4가지 음식을 조합한 1만원대의 세트 메뉴를 내놨다. 성공 창업자들은 현재 혹은 1년 뒤의 흐름을 잘 읽는다. 반짝 유행

업종으로 끝날 것인지, 유망 업종으로 자리 잡을 것인지를 예측한다. 이를 위해 ▶창업의 외부환경을 분석하고 ▶주변의 충고도 많이 들은 뒤 ▶자신의 경험에 따라 판단한다.

2. 6개월 이상 철저한 사전준비

창업정보를 수집하면서 이론과 실무를 익힌다. 창업하기 전 공공기관 및 컨설팅사들에서 창업교육을 받거나 창업박람회장이나 창업설명회장에 부지런히 다닌다. 창업 인턴십 프로그램에 참여해 경험을 충분히 쌓는다. 이렇게 하면 운영전략도 배울 수 있고, 어떤 게 내가 잘할 수 있는 분야인지 가늠할 수 있다. 프랜차이즈 창업아이템을 고르는 혜안도 갖출 수 있다. 가맹하기 전 본사의 도덕적·재정적 건전성을 확인하고, 정보공개서와 가맹계약서의 내용을 검토한다. 창업 준비기간은 대개 6개월이 넘었다.

3. 쓸 만한 점포 나올 때까지 발품

업종에 적합한 점포 입지를 잘 골랐다. 아무리 잘되는 업종도 입지가 나쁘면 장사가 안 된다. 불황일수록 점포 입지는 더 중요하다. 불황 때는 창업시장이 얼어붙기 때문에 입지가 좋아야 살아남을 가능성이 크다. 따라서 이들은 점포를 구하는 데 시간을 아끼지 않았다. 시간이 다소 걸리더라도 적당한 점포가 나올 때까지 계속 탐색했다. 많은 점포를 살피면 '보는 눈'이 생긴다고 했다.

4. 잘 나가는 물건 체크해 재고관리

이종민(38)씨는 경기도 의정부시 용현동에 세계맥주 전문점 '와바'를 열면서 판매시점관리(POS) 시스템을 설치했다. 매일 판매한 주류 및 안주의 품목·가격·수량 등의 정보를 컴퓨터에서 분석했다. 잘 팔리는 주류·안주 등을 파악해 메뉴를 조정했다. 판매량을 예측해 재고를 줄였다. 원가·매출·재고 등을 체계적으로 관리했고 직원관리에도 힘썼다. 고객을 직접 대면하는 사람은 직원이기 때문에 채용부터 서비스 정신이 강한 사람을 뽑고, 채용 후에는 충분히 대우해 준다.

5. 고객 위한 테스트용 제품 준비

지난해 10월 서울 목동에 천연화장품 전문점 '베로니떼'를 연 정미영(47)씨는 다소 손해를 보더라도 테스트용 제품을 고객에게 나눠줬다. 그러자 구매를 망설이던 여성 고객이 테스트 제품을 써본 뒤 바로 구매해 가는 일이 많았다. 또 창업 전 배운 메이크업 기술을 응용해 간단한 메이크업 서비스까지 해줬다. 동네 화장품 전문점은 고객과의 친밀도가 매출을 좌우한다는 점을 잘 파악한 것이다. 요즘은 친절하다는 입소문을 듣고 찾아온 고객이 많아져 10평 매장에서 한 달에 1000만~1200만원가량의 매출을 올리고 있다. 이 중 순수입은 300만~400만원 정도다.

6. '사각피자' 같은 이색 아이디어

'에뜨나피자' 약수점은 흔히 볼 수 있는 동그란 피자가 아니라 직사각형으로 길쭉한 모양의 피자를 판매, 창업한 지 4개월 만에 하루 70만원 안팎의 매출을 올리고 있다. 점주 이윤우(36)씨는 "후발주자로서 다른 점포들과 똑같은 피자를 만들면 아무리 해도 승산이 없다"며 "길쭉한 피자를 만들기 위해 구이판은 물론 포장박스까지 따로 주문 제작해야 했지만 고객 반응이 좋다"고 말했다.

7. 고객 불만을 대박 아이템으로

전북 익산에서 방문 PC수리 전문점 '컴드림'을 하는 김현태(36)씨는 자신이 평소 느꼈던 불편함을 사업 아이템으로 삼았다. 자신이 사용하는 컴퓨터가 잔고장을 일으킬 때마다 수리하는 시간과 비용이 많이 들어 불편함을 많이 느꼈고 저렴한 가격으로 빠르게 수리할 수 있는 기술만 있다면 충분히 승산이 있다고 판단했다. 김씨는 '수리비용 9800원, 수리시간 5분'이라는 슬로건을 내세워 자리를 잡았다. 방문 잉크·토너 충전업 '잉크가이'도 고객의 불편을 상품화해 성공한 사례다. 지난해 초 프랜차이즈 사업을 시작한 뒤 불과 1년3개월 만에 600호점을 돌파했다.

- 출처: 중앙일보, 2006.4.24.

제3절 여성 창업자의 특성

창업가의 특성에 있어서 성별의 차이는 창업연구에 있어서 주된 관심의 대상이 되어 왔다. 창업에 있어서 남성과 여성의 성차(性差)에 대한 설명은 크게 개인의 창업동기에 초점을 맞추는 개인수준의 설명과 사회구조적, 조직적 수준의 설명이라는 두 가지 차원으로 구분할 수 있다.[33] 먼저 개인수준의 설명에서는 창업동기에서 성차가 있는가, 있다면 남성과 여성의 창업과정에서 심리적인 특성들이 어떠한 차이를 가지고 있는가에 관심을 가지고 있다. 여성의 창업활동을 설명하는 심리적인 특성으로는 창업동기를 크게 밀어내는 요인(push factor)과 끌어당기는 요인(pull factor)으로 구분하고 있다.[34]

여성이 창업하게 되는 "pull" 요인과 관련된 동기들로는 독립성, 자아실현, 기업가적 충동, 소득, 사회적 사명감, 그리고 사회적 지위와 권력 등을 들 수 있다. 독립성의 경우 기업가들은 "자신이 보스"가 되는 것, 시간조정이 자유로운 것, 책임감을 느끼는 것, 상급자에게 보고하지 않아도 되는 것, 바퀴의 한 부분이 되지 않는 것 등으로 인식하는데, 대부분의 연구에서 가장 중요한 동기로 나타나며, 남녀 성별의 차이는 크게 나타나지 않는 동기들이다. 그 외에도 자아실현의 욕구, 기업가적 충동에서 여성기업인과 남성기업인간에는 대체로 큰 차이를 보이지 않는 것으로 나타나기는 하나, 위험감수에서 여성의 경우 기업실패 시 가족에 대한 위험에 보다 더 큰 비중을 두는 것으로 보고되고 있다. 이러한 "pull" 요인들 중 상대적 중요성에 대해서 기존

33) 경북여성정책개발원, 앞의 자료, p.15.
34) 전방지,「기업조직과 여성 리더십: 여성기업활동의 특성」,『여성의 취업과 창업』, 동덕여자대학교, 1997;「여성과 기업: 여성의 창업과 경영의 특성」,『경제와 사회』51호, 2001.

연구들은 다소간의 차이가 있지만 대체로 여성의 경우 독립성, 자아실현, 소득, 사회적 사명, 사회적 지위와 권력의 순서로 중요함을 보여준다.[35]

여성이 창업하게 되는 "push" 요인과 관련된 동기들로는 이전 직장에 대한 불만, 직장을 구하기 어려움, 실업, 유동적 스케줄 선호와 가족에 대한 걱정 등을 들 수 있다. 이전 직장에 대한 불만은 여성이 창업하게 되는 가장 중요한 이유의 하나인데, 성별 격리의 경험, 승진상의 어려움, 자격과 맞지 않는 직종 등이 주요 사유로 거론되며, 여성이 창업을 통해 경력궤도를 재고하고 새로운 방향을 모색하는 강력한 동기로 작용한다. 아이를 가진 기혼여성이 다시 일을 하고자 하나 기존 직장에 취업이 어렵고, 또 직장생활과 가족생활을 동시에 해 나가기 위해 새로이 자영업을 시작하는 경우가 많다. 이러한 "push" 요인에서 시작한 창업활동은 "pull" 요인에서 시작한 창업과 비교하여 성장지향의 추동력이 약하다고 할 수 있다.

이 두 가지 요인 중 여성기업인의 경우 창업과정에서 어느 요인이 더 중요하게 작용하는가 하는 점에 관해서는 서구의 연구에서는 아직 분명한 결론이 나지 않은 것으로 보인다. 실제 많은 경우 이 두 가지 요인은 어느 정도 혼합된 양상으로 나타나는데, 선택적 요인이 크고 약간의 필요에 의해 창업하는 경우가 많다는 연구가 있는 한편, 필요에 의한 창업 쪽이 더 크다는 연구도 있다.[36]

한편 여성의 사회경제적 환경에 초점을 맞추어 여성기업인을 분석하는 접근에 따르면 여성은 인적 자원과 사회적 자원의 특성으로 인하여 산업부문에 따라 여성의 경험이 다르며, 기업의 창업 및 성공 가능성도 차이가 난다고 한다.[37] 여성기업은 주로 여성의 가정내 역할의 확장으로 간주되는 산업에 집중되어 있는데, 이는 전통적으로 여성적이라 간주되는 산업부문에서보다 비전통적 산업부문에서 특히 어려움을 겪기

---

35) Stanley Cromie, "Motivations of Aspiring Male and Female Entrepreneurs." Journal of Organizational Behavior, Volume 8, Issue 3, pages 251-261, July 1987; Longstreth, M., Stafford, K., and Mauldin, T., Self-employed Women and their Families: Time Use and Socio-economic Characteristics, Journal of Small Business Management, 1988, 25(3), pp 30-37; Birley, S., "Female Entrepreneurs: Are They Really Different?" Journal of Small Business Management 27(1), 1989, pp. 7-31.

36) Goffee, R. and R. Scase eds., Entrepreneurship in Europe: The Social Processes, Croom Helm, 1987.; WDA, Gateway Europe, 「Athena-Women entrepreneurs skills training and enterprise development」, Prepared by Gateway European for European Commission Task Force Human Resources, Education, Training and Youth, 1993.

37) Brush, C., 「A Resource Perspective on Women's Entrepreneurship Research, Relevance and Recognition」, paper presented at 1997 OECD Conference on Women Entrepreneurs in SMEs, Paris; Zaludovsky, Gina and Salo Grabinsky, 「Workshop on Management Issues」, paper presented at 1997 OECD Conference on Women Entrepreneurs in SMEs, Paris.

때문인 것으로 분석하고 있다. 따라서 여성은 제조업, 농업, 광업 등에서보다 서비스, 통신, 교육 등에서, 그리고 이윤추구를 목적으로 하는 사기업보다는 공공서비스 분야에서 성공할 가능성이 높다. 또한 해당 산업에서 취업경험이 있는가 하는 것이 여성기업인의 성공에 가장 중요한 요소인데, 이는 노동시장에서 성별 분리가 여성의 취업경험에 차이를 가져오고, 이는 다시 여성의 인적 자본 및 사회적 자본의 크기와 내용에 차이를 가져와 기업활동의 성별 산업분리현상과 연결됨을 보여주는 것이다.[38)]

일반적으로 여성 창업자와 남성 창업자나 일반 조직의 여성관리자 사이에는 위험감수 경향, 성취욕구, 자율성에 대한 바람, 교육수준, 과거 업무경험, 계획의 실행정도 등에서 차이가 없는 것으로 나타났다.[39)] 따라서 여성 창업자의 동기는 남성과 유사하여 재정적으로 독립하려 하고 자율적이고 성취지향적이며 자신만의 능력과 재능을 활용하려고 한다.[40)] 보웬과 히스리치(Donald Bowen and Robert Hisrich)는 여성 창업자에 관한 문헌을 개관하면서 여성 창업자는 ① 일반적으로 교육수준이 높지만 경영능력이 그렇지 못하고, ② 통제위치가 내적이고, ③ 다른 여성에 비해 도구적 가치를 중시하고, ④ 아버지가 창업자인 경우가 많고, ⑤ 첫째이거나 무남독녀일 가능성이 많고, ⑥ 전통적인 남성위주의 사업을 시작하려 하지 않고, ⑦ 미혼인 경우가 많고, ⑧ 큰 규모의 사업체를 거느린 경우는 거의 없고, ⑨ 경영훈련을 받으려는 욕구가 있다고 보고하였다.[41)] 물론 이러한 특성과 경험은 여성뿐만이 아니라 모든 창업자의 공통적인 특성이기도 하다.[42)]

---

38) 경북여성정책개발원, 앞의 자료, p.17.

39) Birley, S., Moss, C., and Saunders, P., 'Do Women Entrepreneurs Require Different Training?', AJSB, 1987, 12(1), pp. 27-35; Brush, C.G., Research on Women Business Owners: Past Trends, a New Perspective and Future Directions', Entrepreneurship Theory and Practice, Summer 1992, 17, pp.5-30; Stanley Cromie(1987), *op. cit.*; E. Kaplan, "Women Entrepreneurs : Constructing a Framework to Examine Venture Success and Failure," Proceedings of the Babson Entrepreneurship Conference, 1988, pp.643-653; R. Masters and R. Meier, "Sex Differences and Risk-Taking Propensity of Entrepreneurs," Journal of Small Business Management, January 1988, pp.31-35; L. Neider, "A Preliminary Investigation of Female Entrepreneurs in Florida," Journal of Small Business Management, July 1987, pp.22-29; Smeltzer, L. and Fann, G., 'Gender differences in external networks of small business owners/managers', Journal of Small Business Management, 1989, 27(2), pp.25-32.

40) Longstreth, M., Stafford, K., and Mauldin, T., Self-employed Women and their Families: Time Use and Socio-economic Characteristics, Journal of Small Business Management, 1988, 25(3), pp 30-37.

41) D. Bowen and R. Hisrich, "The Female Entrepreneur : A Career Development Perspective," Journal of Small Business and Entrepreneurship, vol. 15, no.4, winter 2000-2001, pp. 67-81.

그렇다면 우리나라에서의 여성창업은 어떠한 특징을 보여주고 있는가? 우리나라의 자영업자 비율은 임금근로자와 비교하면 23.1%로 선진국의 10% 안팎 수준에 비교하면 2~3배가 높아 세계최고를 기록하고 있으며, 실제로 2008년 10월 22일 한국은행이 발표한 "생계형 서비스산업의 현황과 과제"[43]라는 보고서에 따르면 우리나라 생계형 서비스산업의 경쟁강도는 미국에 비해 이미용업의 경우 8.3배, 음식업 7.0배, 부동산 중개업 5.6배이며 일본과 비교해도 부동산중개업은 4.1배, 음식업은 2.2배로 나타나고 있어 구조조정의 가능성이 높으며 창업성공률도 갈수록 낮아지고 있는 현실이다.

특히 중·장년 경력단절여성들의 경우 취업진입장벽이 매우 높은 현실에서 창업이 경제활동을 가능하게 하는 피할 수 없는 대안이 되고 있다. 더욱이 여성들은 이러한 높은 창업실패의 위험을 감수해야 할 뿐 아니라 창업 및 기업 활동 과정에서 남성들과는 다른 애로사항들을 겪게 된다. 즉 가사와 사업을 병행해야 하고 여성 경영인에 대한 편향되고 부정적인 인식에 기반한 보이지 않는 차별적인 관행을 극복해야 하며, 소규모 서비스업의 경영 등으로 인한 전문적인 경영의 곤란함 등의 문제에 직면하게 된다. 따라서 여성창업의 실패위험을 최대한 줄이고 창업후 경영활동의 어려움을 지원할 수 있는 내실 있는 여성창업지원 정책이 어느 때보다도 요구된다고 하겠다.[44]

[책갈피] 창업성공 11가지 불변의 법칙

소자본 창업을 준비하는 예비 창업자들이 적지 않다. 또 취업이 어려워 곧바로 창업에 들어가는 젊은이도 많다. 따라서 창업자들이 유의해야 할 점은 성급하게 대박만을 노려서는 안 된다는 것, 비용이 적게 들면서 대중적인 업종을 선택하는 등 정도를 택해야 한다. 정도 경영을 하면 안정된 수입도 가능하고 더 이상의 발전도 기대할 수 있기 때문이다. 특히 독립형 창업보다는 프랜차이즈를 택하는 게 상대적으로 안전하다. 하지만 무조건 프랜차이즈라고 해서 좋은 것은 아니다. 본사의 실적과 경영투명성 등을 고려, 꼼꼼하게 따져봐야 한다.

1. 결단의 법칙 = 모든 시작은 어렵다.

소자본 창업가의 관심은 소액의 자금을 투자해서 한 가족이 거뜬하게 생활하는 터전을 확보하는 데 있다. 일단 결단을 내려야 하고 결심을 하면 신속하게 행동에 옮겨야 한다. 모든 사람에게 똑같은 기회가 오지만 기회를 활용할 줄 아는 사람은 소수에 불과하다는 것을 명심해야 한다.

---

42) *Ibid.*
43) 한국은행, 생계형 서비스산업의 현황과 과제, 한은조사연구 2008-28.
44) 손기영, 정책제안서 2009-04, 경기도 여성창업지원협의체 운영(안), (재)경기도가족여성연구원, 2009.

2. 역설의 법칙 = 창업은 모순으로 가득 차 있다.

창업가는 어떤 경우에는 역동적이고 열정적으로 행동해야 하지만, 어떤 경우에는 신중하고 사려 깊게 생각할 것을 강요당한다. 창업가는 아는 것은 많지만, 행동하지 않는 '범생이'도 아니고, 아는 것도 없이 설쳐대기만 하는 '건달'도 아니다. 창업가는 위대한 몽상가이며 불도저와 같은 실행가이다.

3. 열정의 법칙 = 열정 없이 이룰 수 있는 일은 아무 것도 없다.

사람들은 때때로 전혀 일할 기분이 나지 않을 때가 있다. 이를 극복하는 방법으로는 오히려 더 열심히 일에 열중하는 것이 가장 효과적인 방법이다. 창업가들의 사업에 대한 열정은 종종 주위의 사람들에게 전파되어 전체 분위기를 일신하고 마는 위력을 지닌다. 두말할 것도 없이 열정 없이 이룰 수 있는 것은 아무 것도 없다.

4. 도전의 법칙 = 누군가 할 수 있다면 나도 할 수 있다.

최후의 승자가 되기 위해서는 많은 준비와 실행 그리고 백전불굴의 의지가 필요하다. 누군가 할 수 있다면 '나도 할 수 있다'는 자신감으로 단단히 무장해야 한다. 사업은 전쟁이고 믿을 것이 자기 자신밖에 없다. 때로는 이기고 때로는 지겠지만 싸움에 나서지도 않고 이기는 사람은 없다.

5. 혁신의 법칙 = 머리로 돈을 번다.

창조적 파괴력은 두말할 것도 없이 사람들의 머릿속에서 나온다. 사업기회는 항상 변화하는 상황에 의존한다. 시장이 불완전하면 그 만큼 기회는 더욱 커진다. 변화의 속도와 불연속성 그리고 혼란이 크면 클수록 사업기회는 많아지는 것이다.

6. 돈의 법칙 = 이익을 내지 못하면 파멸이다.

사업은 돈을 버는 기술이다. 돈을 벌기 위해서는 고객의 수를 늘리고, 고객 1인당 매출액을 높이고, 구매회수를 많게 해야 한다. 창업가는 결코 이 원칙을 간과해서는 안 된다. 돈은 사업을 움직이는 수단이나 방법이다. 돈을 벌기 위해서는 돈을 능숙하게 다룰 줄 알아야 한다.

7. 동료의 법칙 = 종업원과 비전을 공유하라

창업가는 창업 팀을 이끌어나가는 리더이다. 이를 위해서 창업가는 '동료'들에게 비전을 제시해야 한다. 명확한 비전은 성공으로 이끄는 견인차의 역할을 하며, 어려운 시기에는 흐트러지지 않고 중심을 잡고 목표를 향해 나아가게 할 것이다.

8. 변화의 법칙 = 빠르지 않으면 죽음이다.

비즈니스 세계는 변화하고 있다. 변화의 내용과 방향을 알아차리기 위하여 촉각을 곤두세우고 그 변화에 발맞추기 위해 기민하게 움직여야 한다. 변화를 두려워하거나 중단해서는 안 된다. 끊임없이 변화를 만들지 않으면 다른 사람들이 만든 변화의 물결에 휩쓸리게 된다는 것을 명심해야 한다.

9. 학습의 법칙 = 창업가는 태어나지 않고 만들어진다.

창업가는 기술과 노하우, 경험의 축적에 의해서 만들어지는 것이다. 창업가로서의 능력은 마치 근육과 같아서 단련하면 발달하고, 사용하지 않으면 퇴화한다. 일단 목표가 결정되면 그것에 도달하기 위해서 알아야 될 모든 것을 배워야 한다. 창업가는 시행착오를 반복한다. 하지만 이런 것들은 학습과정의 필수적인 부분이다.

10. 일인자의 법칙 = 압도적인 경쟁우위를 확보하라.

경쟁에서 이기기 위해서는 자기 자신의 상황을 냉정하게 살펴보아야 한다. 1위가 될 가망이 없다면 분야를 좁혀서 자신이 1위가 될 수 있는 새로운 분야를 만들어 내야 한다. 사업의 세계는 어떤 분야의 제1인자 혹은 최고의 전문가에게 성공이라는 '보수'를 주는 곳이라는 것을 잊어서는 안 된다.

11. 놀람(wow!)의 법칙 = 사업은 고객을 놀라게 하는 것이다.

어느 신문발행인은 신문을 내는 목적에 대해 새로운 소식을 전하는 데 있지 않고 사람들을 놀라게 하는 데 있다고 말했다. 고객이 없는 사업은 상상할 수 없다. 고객이 늘면 흥하고 고객이 줄면 망한다. 고객에게 높은 수준의 서비스를 제공하는 것은 경쟁에서 이기기 위한 방법 이상의 의미를 내포하고 있다.

- 출처: 한국여성창업교육협회

제4절 여성 창업자의 창업 이유와 동기

앞의 논의에서 보았듯이 여성 창업자들은 남성 창업자나 일반 조직의 여성관리자와 비교할 때에 성격면에서는 큰 차이를 보이지 않는 것으로 밝혀졌지만, 여성의 창업경력 선택의 근본적인 이유나 동기는 무엇인지에 대해서는 알아볼 필요가 있을 것이다. 메인(Jeremy Main)은 "창업은 여성에게 특히 적합하다고 볼 수 있는데, 부분적인 이유로는 회사에서 이들이 접하는 차별을 피할 수 있기 때문이다. 자기 사업을 시작하면 그러한 차별에서 벗어날 수 있다."고 주장하였다.[45] 30세 이하의 여성에게는 경력 불만족이 창업경력을 추구하려는 가장 중요한 이유인 것으로 나타났다. 이러한 여성은 현재의 경영진에 불만족하고 승진이 늦은데 대해서 좌절하고 있기 때문에 창업은 자신을 확립할 수 있는 주요한 수단이 될 수 있다.[46] 자신의 경력에 대한 불만족은 남성의 경우에도 창업 경력을 선택하는 데 영향을 미치는 중요한 요인이지만 조직에서 유리천장이 실제로 존재하거나 존재한다고 지각하게 되면 여성의 좌절과 불만족은 더욱 증대될 수 있다. 1998년에 미국 인력 중 여성은 50% 가까이 되지만 Fortune지 선정 500대 기업의 관리직에 있는 여성은 10% 미만이었다.[47] 이와 같이

45) J. Main, "A Golden Age for Entrepreneurs," Fortune, February 12, 1990, pp.120-125.

46) E. Kaplan, "Women Entrepreneurs: Constructing a Framework to Examine Venture Success and Failure," Proceedings of the Babson Entrepreneurship Conference, 1988, pp.643-653.

승진이 힘들기 때문에 성취지향적인 많은 여성들이 자신의 능력과 노력이 성공에 중요한 영향을 미치는 자기 사업을 운영하기 위해 회사를 떠나는 것은 놀라운 일이 아니다.[48]

여성의 창업경력 선택에 영향을 미치는 또 다른 요인은 경력 열망과 어머니의 역할을 통합하려는 욕망이다. 사업운영에 그렇게까지 많은 시간을 뺏기지 않을 경우 여성은 업무일정을 조정하는 데 융통성을 가질 수 있으며, 따라서 가정에서 좀 더 많은 시간을 보낼 수 있다. 자식이 있는 여성창업자는 창업노력을 통해 시간과 업무지역에서 융통성을 발휘할 수 있는 기회를 갖게 된다. 여성 창업자는 이러한 융통성으로 아이들의 욕구충족을 위해 좀 더 노력할 수 있다.[49] 실제로 4명의 여성 기업가 가운데 3명은 대학 졸업자로 30~40대이고 아이들이 있으며 업무경험이 많았다.[50]

여성 창업자는 업무와 아이 돌보는 역할을 동시에 수행해야 하기 때문에 파트타임으로 일하는 것을 원하는 경향이 높다. 물론 업무-가정간의 갈등이 심하면 회사의 성공을 가로막을 수 있기 때문에 가정에 많은 시간을 투자하면서 창업을 하는 것은 바람직하지 않다. 여성 창업자가 성공하기 위해서는 가정문제로 인한 갈등을 해결할 필요가 있다. 업무-가정간 갈등은 특히 회사의 초창기에 문제가 될 수 있다.[51]

따라서 창업과 가정에 대한 의무의 관계는 모순적인 것처럼 보인다. 한편으로는 창업으로 개인적인 자유시간이 더 늘어나기 때문에 가정에 좀 더 몰입할 수 있는 융통성을 가질 수 있다. 그러나 다른 한편으로는 창업이 성공하면 업무시간이 많아져서 창업자가 가정에서 보낼 수 있는 시간이 줄어들게 된다. 여성 창업자는 남성 창업자보다 자신의 경력에 더 만족하는 것으로 나타났다.[52] 그 이유는 업무-가정 갈등을 해결한 여성 창업자의 경우, 자신의 삶에서 중요한 또 다른 영역을 선택한 것이고 그 선택에 의미와 보람을 느끼면서 만족하고 있기 때문일 수 있다.

---

47) M. Ewell, "Valley Women Are Pressed for Success: Rewards and Challenges Great for Female Execs," San Jose Mercury News, January 20, 1998, 1A; A. T. Segal and Q. Zelner, "Corporate Women," Business Week, June 8, 1992, pp.74-78.
48) J. H. Greenhaus, G. A. Callanan, & V. M. Godshalk(탁진국 역), p.337.
49) E. Kaplan, *op. cit.*
50) L. Kroll, *op. cit.*
51) Longstreth, M., Stafford, K., and Mauldin, T., *op. cit.*
52) A. C. Cooper and K. W. Artz, "Determinants of Satisfaction for Entrepreneurs," Journal of Business Venturing 10, 1995, pp.439-457.

제5절 여성 창업자의 창업 장애요인

여성 기업가들이 창업을 함에 있어서 여러 가지 한계와 사회적 제약들로 말미암아 다양한 장애요인들에 봉착하게 된다. 가장 먼저 여성으로서 사회적 활동 영역과 산업의 구조적 특성으로 인하여 업종선택에 상당한 제약을 느낀다는 점이다.

베츠와 피츠제랄드(N. E. Betz and L. F. Fitzgerald)의 연구결과에 따르면 여성은 남성에 비해 창업에 대한 전반적인 선호도가 낮으며, 여성 창업자는 주로 소매업과 서비스 회사에 몰려있는 것으로 나타났다.[53] 1992년 미국 인구조사 통계를 보면 최고경영자가 여성인 100명 이하의 회사 가운데 약 40%가 서비스 조직이며 31%가 소매업이었다. 그러나 비전통 사업영역에서 여성이 운영하는 회사의 비율은 크게 증가하고 있으며 건설분야에서 12%, 광산 및 제조업에서 22%가 증가하였다.[54]

한국에 있어서, 여성 기업인들이 경험하는 어려움으로는 남성 중심적 기업 환경으로 인한 여러 가지 장애들이 가장 많이 지적되고 있다. 산업환경이 여성 창업에 우호적으로 조성되고 있음과 더불어 구직난과 승진장애 등에 부딪힌 여성들에게 창업이 새로운 대안으로 부각되면서 여성의 창업이 증가하고 있으나, 여성 기업인들은 '기업인=남성'으로 간주하는 사회적 인식으로 인해 판로개척이나 자금대출 등에서 경영상의 어려움을 경험하고 있는 것으로 나타났다.[55] 뿐만 아니라, 여성 창업자들이 남성 중심적인 사업관행 등에 익숙하지 못함에 따라 어려움을 겪는다고 지적한다.[56]

지식기반산업에서의 여성 창업 활성화 방안을 모색한 한 연구에서도 여성 창업자들이 창업 당시 성차별과 남성위주의 접대문화로 인해 어려움을 겪고 있다고 보고한다. 그러나 이러한 어려움은 창업후 상당부분 극복되는 것으로 나타나는 것으로 밝히고

---

53) N. E. Betz and L. F. Fitzgerald, The Career Psychology of Women, Orlando, FL: Academic Press, 1987; S. Birley, "Female Entrepreneurs: Are They Really Different?", Journal of Small Business Management, January 1989, pp.32-37; D. Bowen and R. Hisrich, *op. cit.*; S. Hess-Bober, "Male and Female Students' Perception of Their Academic Environment and Future Career Plans," Human Relations 38, 1985, pp.91-105; E. Kaplan, *op. cit.*; L. Neider, *op. cit.*

54) U.S. Bureau of the Census, Statistical abstracts of the United States: 1997.

55) 김영옥, 여성 의 창업 과 기업 경영: 현황 과 정책 과제, 한국여성개발원, 1998.

56) 김종철,「여성창업지원센터의 설립 및 운영방향」, 충남여성정책개발원, 2001.

있어, 대상의 특성에 따라 일관되지 않은 결과가 나타날 수 있음을 보이고 있다.[57)]

또 다른 연구에서는 가사 및 육아와의 병행에서 경험하는 어려움도 논의되고 있다.[58)] 특히 정보기술 분야에서 소기업을 창업하고 운영하는 여성기업 소유주들의 창업동기와 자원확보 과정을 통해 여성기업의 생존력에 대해 분석한 연구논문에 따르면 여성 기업인들의 창업동기 중 하나가 육아 등의 가사책임으로 인해 집에서 일을 할 수 있는 소호창업이 자신의 상황에 적합했기 때문이라는 점이지만, 이러한 장점 하나만 보고 시작한 여성들은 이중노동으로 힘들어하거나, 육아 및 가사책임이 더 중요하다고 생각되면 기업활동을 그만두고 있음을 지적하고 있다.[59)] 서울시 여성창업지원체계 개선방안을 연구한 보고서 역시 여성 창업자가 가사·양육과 사업을 병행하는 것이 어렵다는 현실을 지적하며 취업보다는 창업이 여성들에게 유리한 경제활동 방식일 것이라는 기대의 근거가 취약함을 지적하였다.[60)]

한편 여성교육훈련기관의 창업과정 수료생을 대상으로 여성창업과정에서의 어려운 점을 조사 분석한 결과에 따르면, 여성들이 창업과정 및 준비과정에서 겪는 가장 큰 어려움은 자금지원과 실무능력부족이라는 점이 지적되었다. 실제 창업자금도 자기자본으로 창업을 한 경우가 대부분일 정도로 여성들은 창업자금지원의 접근성이 매우 떨어지는 경향을 보이고 있다고 한다. 또한 창업지원정책에 대한 인지도도 매우 낮은 상황이라고 지적하였다.[61)]

부산지역의 소상공인 지원정책에서의 성 주류화 실행모델 개발 연구를 진행한 보고서에서는 여성 창업자(소상공인)의 경우 고객관리를 비롯한 인사, 재무, 회계에 대한 지식과 교육이 필요하며, 정보와 네트워크 부문에서도 연쇄적으로 취약성이 강화될 우려가 있다고 지적하며 기존의 소상공인 지원정책에 '성(性)'이라는 변수를 고려하여 정책을 기획하고 결정하는 구조를 만드는 것이 필요하다고 강조하였다.[62)]

창업에 대한 여성의 선호도가 낮은 이유는 다양하다. 문화조건화(cultural conditioning), 사회학습, 역할모델의 부족, 낮은 자신감 등의 문제는 여성이 창업경력을 추구하는 것을 가로막고 있다.[63)] 또한 여성은 경영이나 전문능력의 부족, 재무,

57) 양인숙 외, 『여성 전문인력의 창업 활성화 방안』, 한국여성개발원, 2004.
58) 김영옥, 앞의 자료; 이정화, "여성의 정보기술분야 소기업 창업과 기업 활동에 관한연구", 이화여대 여성학과 석사학위논문, 2004.
59) 이정화, 앞의 논문.
60) 김창연·고선주(2006), 앞의 보고서.
61) 손기영, 앞의 보고서.
62) 홍미영, 부산지역 소상공인 지원정책에서의 성 주류화 실행모델 개발, 한국여성정책연구원, 2009.

마케팅, 구매능력에 대한 자신감 결여 때문에 특정분야에 진출하지 않는 경향이 있다.[64] 여성 창업자 가운데 가장 일관성 있게 지적되는 어려움은 책임과 권한을 부하에게 위임하지 못하는 점, 업무와 가정/개인생활간의 갈등이다.[65]

한국의 경우, 여성 기업인이 창업을 준비하는 과정에서 느끼고 실제로 봉착하는 애로사항은 자금조달이 가장 큰 것으로 나타났고 그 다음으로는 입지선정 및 확보, 사업타당성 분석, 판로개척, 업종선정 등의 순인데 자금조달의 경우, 2008년 대비 그 비율은 큰 폭으로 낮아진 반면 사업타당성 분석 애로는 높아진 것으로 나타났다. 이는 여성기업이 사업업종을 선택할 때 보다 신중해지고 있는 것으로 볼 수 있으며, 이에 대한 정책지원 요구가 높아지는 것으로 풀이된다. 그리고 창업 초기에 있어서 경영관리상의 애로사항으로는 판매·마케팅관리 60.0%, 재무·자금관리 16.7%, 인력관리 7.2%, 경영정보 분석 6.9% 순으로 나타났다.[66] 그래서 여성 기업가들이 성공적인 창업을 위한 중요 요인으로 꼽은 사항들도 입지(상권)선정 29.8%, 자금조달능력 25.5%, 경영 및 마케팅 능력 21.0%의 순으로 나타났다.[67]

사례 들여다보기_ 영혼이 충만한 경영자, Mary Kay Ash

"성공의 핵심 요소는 삶의 균형이다. 인생의 한 부분에서 신나는 성공을 해도 다른 쪽에서 여지없이 무너지면 상쇄작용으로 끝나고 만다. 성공은 결국 균형을 유지하는 것이다." 화장품 산업계의 여제(女帝)로 불리운 Mary Kay Cosmetic의 전 CEO Mary Kay Ash는 회사를 한 가족으로, 즉 영원히 함께 해야 할 유기적 공동체로 보았다. 그녀는 P&L이 손익계산서(Profit & Loss)가 아닌 '사람과 사랑'(People & Love)을 의미한다고 주장하였다. Mary Kay Ash는 이익은 중요하지만, 목적에 도달하기 위한 수단일 뿐이라고 생각하였다. 직원들에게 아낌없이 투자하여 신뢰와 충성의 고리를 만들고 직원의 가족에서부터, 수천만 명의 고객까지를 하나의 가족으로 만들어 나가는 것, 그것이 바로 기업의 궁극적 목적이라고 생각하였다. 그래서 그녀

---

63) S. Birley, *op. cit.*; Stanley Cromie, *op. cit.*; L. Neider, *op. cit.*; R. F. Scherer, J. D. Brodzinski, and F. A. Wiebe, "Entrepreneur Career Selection and Gender: A Socialization Approach," Journal of Small Business Management 28, no. 2 (1990): 37-44.

64) D. Bowen and R. Hisrich, *op. cit.*; R. D. Hisrich andC. G. Brush, "The Woman Entrepreneur: Implications of Family, Educational, and Occupational Experience," in Frontiers of Entrepreneurship Research, ed. J. A. Hornaday, J. A. Timmons, and K. H. Vesper, Weslet, MA: Bason College Center for Entrepreneurial Studies, 1983, pp.255–270; L. Neider, *op. cit.*

65) Stanley Cromie, *op. cit.*; R. Cuba, D. Decenzo, and A. Anish, "Management Practices of Successful Female Business Owners," American Journal of Small Business 8(1983), pp.40–46; E. Kaplan, *op. cit.*; L. Neider, *op. cit.*

66) 한국여성경제인협회, 앞의 자료.

67) 위의 자료.

는 다음과 같이 강조한 바 있다. "어떤 사람들은 선의의 기업과 이익 목표는 항상 상충관계에 있다고 생각한다. 그런데 사실은 두 가지가 조화를 이룬다. 종업원이 만족을 하면 헌신적으로 일해서 손익계산서에 흑자를 기록한다. 이익은 결코 더러운 단어가 아니다. 단지 그것이 유일한 우선순위가 되어서는 안 된다는 점이다."

1963년 9월 13일, 과거 그녀의 비즈니스 경험과 계획, 통장의 $5,000와 20살이었던 아들, 리처드의 도움을 받아 Mary Kay Ash는 화장품 회사를 설립하게 된다. 그것은 여성의 삶을 더욱 아름답게 한다는 사명을 띤 최초의 회사였다. 메리케이는 경쟁이 아닌 '황금률'(Golden Rule)[68]에 기초해 사람들의 성공을 기원하는 동시에, 첫째, '믿음과 신앙', 둘째, '가족', 셋째, '일'이라는 원칙 안에서 조화를 이루도록 권장하였다. 그녀의 말 그대로 메리케이는 '사랑을 전하는 회사'였던 것이다.

9명의 여성 직원과 함께 시작한 화장품 가게는 메리케이는 포춘지에 의해 '미국에서 가장 일하고 싶은 100대 우수기업'에 선정되었고, 또한 '여성들을 위한 10대 우수기업'으로도 알려지게 되었다. 메리케이사는 현재 전 세계 40여 개국에 200만 여명의 독립뷰티컨설턴트(IBC)를 둔 글로벌 화장품 전문 기업으로 성장하였다. 미국 내 스킨케어 화장품 점유율 1위를 달리며 '가장 일하고 싶은 기업 100위'에도 매년 이름을 올린다.

"활기 있고, 풍요로우며, 힘이 있는 여성은 큰 업적을 이루어낸다."

메리 케이 애시는 '일하는 여성은 여성다워서는 안 된다'는 고정관념이 가득했던 시대에 '가장 여성다운 것이 가장 강한 것'이라는 목표로 사업을 일궜고 결국 성공했다. 주부를 여자의 미덕으로 여기던 시대에 세상에 나와 '마더(Mother) 리더십'을 전파했다. 그래서 메리 케이 애시의 리더십은 여성 리더십의 고전이라고도 불린다.

"일에 너무 매달려서 가장 소중한 것을 잃으면 안 된다. 남편과 함께 시간을 보내고 아이들 크는 것을 지켜보는 것이 우선이다. 아이들이 훌륭하게 자라도록 해야 한다. 어린 시절은 대단히 중요하다. 아이에게 엄마를 대신할 수 있는 사람은 아무도 없다."(...) "직장에서 성공을 좇다가 남편과 아이들을 잃는다면 무슨 소용이 있는가? 일의 열매를 함께 나눌 사람이 없으면 성공은 무의미하다. 가족을 잃는다면 온 세상 돈을 다 쓴다 해도 결코 행복을 살 수는 없다."

"항상 마주 보고 있는 사람의 목에 '나는 정말 중요한 사람이에요'(I'm very important)라는 문장이 쓰여 있는 목걸이를 걸고 있다고 생각하면 그 사람을 더 많이 존중할 수 있어요. 누군가가 원하는 것을 얻을 수 있게 도와주면 나 역시 원하는 것을 얻게 되기도 하고요."

메리 케이 애시는 여성 사업가로서 뿐만 아니라, 역동적인 연설가, 동기부여 전문가로 수많은 수상과 함께 전무후무한 명예를 누렸다. 미국 포브스지는 그녀를 헨리 포드, 빌 게이츠 등과 함께 '미국을 만든 비즈니스 영웅 20인'에 선정하기도 했다.

* 1978년, 호라시오 엘거(Alger) 협회로부터 '존경하는 미국 시민' 수상
* 1985년판 세계 연감 사전에 실린 미국의 가장 영향력 있는 여성 25인' 중 1인으로 선정
* 1989년 뉴욕 판매와 마케팅 경영자 단체가 꼽은 올해 최고의 전미 판매 명예의 전당에 선정
* 방판 교육 재단이 선정한 1989년의 명예 회원 상, 1992년의 살아있는 전설의 인물상 수상

* 1995년, 전미 여성 기업인 협회 선정, 위대한 개척자상 수상
* 1996년, 포춘(Fortune)지 선정, 전미 경영인 명예의 전당 선출
* 1999년, 텍사스 여성 상공 회의소 선정, 20 세기 최고의 텍사스 여성
* 1999년, 라이프타임 TV선정, 20세기 가장 성공적인 비즈니스 여성
* 전미 여성 비즈니스 오너 협회의 90년대를 이끈 비즈니스 리더상 수상
* 2002년, 메리 케이는 지역 공동체의 리더로서 비즈니스에 영감을 불러일으키고, 사업성 있는 통찰력과 서비스 정신을 몸소 보여준 지역사회의 본보기로서 달라스 비즈니스 명예의 전당 수상자로 임명됨
* 2002년, 국가 협의회 중 의료 보호 및 가정 폭력 예방 서비스 상 수상(현재, 메리케이 애시 상)
* 2003년, 베일러 대학이 제정한 미국 역사상 최고의 여성 기업가상 수상
* 2004년, PBS와 와튼 비즈니스 스쿨 선정, '지난 25년간 가장 영향력 있는 비즈니스 리더 25인'
* 2006년, A&E TV 바이오그래피 채널 "메리 케이 전기" 방영

"You can do it" - 당신은 할 수 있습니다!

위의 어록은 메리 케이 애시의 열정과 그녀가 설립한 회사로서 구체화 되었다. 이것은 텍사스, 핫 웰스에서 유년기를 보내던 어린 시절 그녀가 배웠던 교훈이었다. 새롭고 어려운 문제에 부딪힐 때마다, 그녀의 어머니는 "할 수 있어! 메리 케이, 넌 할 수 있어!"라며 격려를 아끼지 않았다. 메리 케이 애시는 이 교훈을 단순히 받아들이는 것을 넘어 주목할 만한 기업 설립을 통해 세대를 거쳐 수백 명의 사람들에게 영감을 주었던 것이다. 특히나 메리 케이 애시의 통찰력, 용기와 확고한 신념은 여성의 삶 속에서 그들의 잠재력과 꿈을 개척하는 기회를 제공해 왔었다.

"나는 어떤 여성이든지 그녀가 원하는 만큼 성공할 수 있는 회사를 꿈꿔왔다. 꿈을 향해 노력하는 용기 있는 여성을 위한 기회의 문은 활짝 열려있을 것이다."

그녀의 회사 창립 취지는 여성에게 무제한의 자유로운 성공의 기회를 제공함으로써 재정적인 독립과 성공을 이룩하도록 하는 것이었다. 메리케이는 황금률에 기초해 독립뷰티컨설턴트(IBC)들을 격려하는 동시에, 믿음과 신앙, 가족, 일의 조화를 이룬다는 우선순위를 매우 중요하게 여긴다. 그래서 그녀는 "행복이란 좋아하는 일을 하고 사랑하는 사람과 함께 하며 미래에 대한 기대를 가지고 있는 상태를 의미한다."고 말했다.

"사람은 누구나 자기에게 관심을 가져주는 사람을 좋아하기 마련입니다. 그것은 당연한 일입니다. 그 사람에게 자꾸 마음이 기울고 단점을 풀어주고 장점을 발견하려고 노력합니다. 인생의 성공은 이런 사람 경영에 달려 있습니다. 사람과의 관계를 제대로 경영하지 못한다면 당신은 어떤 기회도 얻을 수 없습니다. 기회는 사람과의 관계 안에 깃들어 있기 때문입니다. 타인이 나를 진심으로 따를 때 기회 또한 나에게로 찾아오는 것입니다."

메리케이의 성공 뒤에는 직원들을 향한 그녀의 관심과 사랑이 숨어 있었다. 백만 명이 넘는 직원들이 병에 걸리거나 가슴 아픈 일을 당했을 때 그들에게 직접 전화를 걸어 따듯한 위로를 잊지 않았던 것이다. 그녀는 자신이 다른 사람에게 대우받고 싶은 방식으로 직원과 거

래처, 그리고 고객을 대하였다. 언젠가 그녀는 대통령 주재 백악관 만찬에 초청을 받았다. 웬만큼 성공한 사람이라도 쉽게 오지 않을 기회였다. 하지만 그녀는 비서에게 정중히 거절하라고 지시했다. 비서는 자기가 잘못 들은 줄 알고 되물었다. "오늘 나는 신입사원들과 만나기로 약속되어 있어요. 당신도 그걸 잊지 않았지요?" 그때 그녀는 사업차 백악관이 있는 워싱턴 D.C.에 와 있었다. 그런데도 그녀는 신입사원들을 만나기로 한 댈러스로 달려갔다. 그녀는 자기 회사 직원과의 약속이 대통령을 만나는 것보다 훨씬 중요하다고 진심으로 믿었던 것이다.

****

역사상 위대한 기업가나 크게 성공한 경영인들이 자서전을 통해서 또는 후일담으로 남기는 말 가운데 대표적인 내용이 바로 "사람 경영", 즉 "인사가 만사다"이다. 유능한 인재를 발굴해서 길러내고, 사람의 마음을 사고, 사람을 경영하는 능력을 가진 사람은 불패의 성공신화를 창출할 수 있는 자격이 있다는 말이다.

"기업은 사람이다!" 그리고 "인사가 만사다!"

제6절 여성기업의 장점과 유망업종

여성창업자가 직면하고 있는 여러 가지 문제점에도 불구하고 이들이 갖고 있는 긍정적인 특성도 있다. 에너지 수준이 높고 타인에게 영향을 미치고 합의를 이루어 내는 능력이 뛰어나며 사업에 관한 결정을 내릴 때에 실용적이라는 장점이 있다.[69]

창업자의 남녀를 불문하고 이미 창업 중이거나 앞으로 창업을 하게 될 잠재적 창업자들은 거의 예외 없이 사업을 시작하고 또 운영하는 데 수없이 많은 도전과 어려움에 직면하게 될 것이다. 그러자 여성 창업자는 사회적 구조와 환경 그리고 문화적 조건화로 인하여 남성 창업자들이 겪지 않아도 될 독특한 어려움과 문제에 봉착하거나 겪게 되기도 한다. 앞으로 여성들의 창업비율이 점점 늘어나고 또 성공적인 여성 창업자들이 많이 배출됨으로써 그들 간의 유대와 정보 교류 및 체험이나 노하우의 공유를 통하여 이러한 어려움과 장애, 한계나 문제들은 점점 쉽게 극복되어나갈 것으로 기대된다.

---

68) 예수님의 가르침의 요체랄 수 있는 요절, "그러므로 무엇이든지 남에게 대접을 받고자 하는 대로 너희도 남을 대접하라."(신약성서 마태복음 7장 12) 과 "남에게 대접을 받고자 하는 대로 너희도 남에게 대접하라"(누가복음 6장 31)를 지칭하는 것이다.

69) L. Neider, *op. cit.*; Nelson, G. W., Factors of friendship: Relevance of significant others to female business owners. Entrepreneurship Theory and Practice, (1989) 13(4), pp.7-18.

[그림 5-1] 창업 준비 시 애로사항

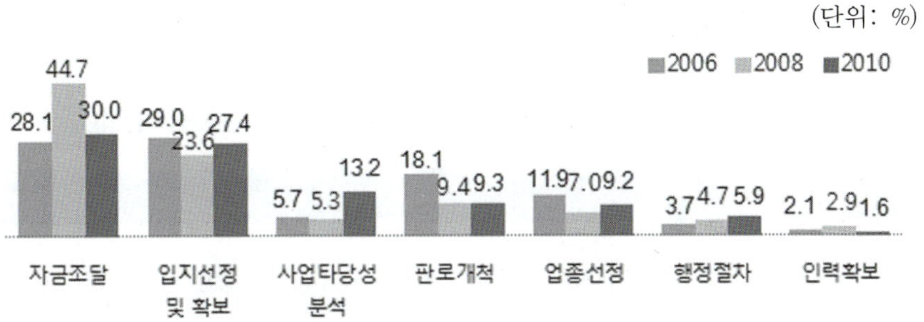

자료: 한국여성경제인협회, 2011년 여성기업실태조사, 중소기업청/한국여성경제인협회, 2012. 12.

지식정보화 사회에서는 상대적으로 여성이 남성에 비해 더 많은 장점을 가지고 있다. 여성특유의 친화력, 성실함, 세심한 상대에 대한 배려, 인내심 등과 남성에 비해 소비자의 니즈를 정확히 파악하기 쉽고, 끝까지 신용을 얻을 수 있는 신뢰관계 구축과, 불필요한 간접비를 최소화하여 실리적인 경영을 원칙으로 하고 있어 많은 여성들이 창업에 성공하는 사례를 자주 볼 수 있다. 특히 인터넷 분야에서 여성들은 소프트웨어 콘텐츠는 물론 디자인, 애니메이션, 멀티미디어 교육분야에서 중요한 위치를 차지하고 있다.[70]

한국여성경제인협회의 조사보고서에 따르면, 일반 중소기업과 비교했을 경우, 여성기업은 여성특유의 감성을 반영한 제품출시를 장점으로 살릴 수 있다는 응답자가 40.8%로 가장 많았으며, 여성기업에 대한 긍정적 이미지(신뢰성) 28.8%, 철저한 사후관리를 통한 고객만족도 제고 25.1% 등의 순으로 여성기업의 장점으로 꼽고 있어서 여성이라는 이유로 늘 불리하거나 애로사항이 많은 것만은 아닌 것으로 나타났다.[71]

여성 기업가들이 관심을 가지고 있는 기술분야에 대해서 조사한 결과 지식기반 서비스업 보다는 감성 서비스업 분야에 관심이 높은 것으로 나타났다. 감성 서비스업에서는 스트레스 해소 21.0%, 친환경 생활・가정용품 제조 및 판매 20.0%, 영유아 보육・교육 등 전문 케어서비스 14.5%, 가사노동 경감 대행 서비스 12.2%, 실버 홈헬스 케어 서비스 9.4% 등에 대한 관심이 높은 것으로 나타났다.[72]

70) 황미애, '21세기 한국경제 새로운 원동력 여성창업!!', Business & Franchise, 2007년 8월호.
71) 한국여성경제인협회, 앞의 자료.
72) 위의 자료

여성창업 유망업종으로는 영유아 보육, 교육 등의 전문 케어서비스, 스트레스 해소 서비스업 등 여성기업이 관심을 가지고 있는 기술분야와 유사하게 감성 서비스업에 대한 비중이 높은 것으로 나타나고 있다.[73)]

〈표 5-3〉 여성기업이 관심을 가지고 있는 기술분야(중복응답)

(단위 : %)

구 분	세부 분야	응답 결과
감성 서비스업	스트레스 해소 서비스업 (스파, 네일케어, 두피케어, 풋케어 등의 테라피 서비스)	21.0
	친환경 생활, 가정용품 제조 및 판매	20.0
	영유아 보육, 교육 등의 전문 케어서비스	14.5
	가사 노동 경감을 위한 각종 대행서비스	12.2
	실버 홈 헬스케어 서비스(건강 모니터링, 카운슬링, 기기 렌탈 등)	9.4
	라이프케어 서비스 (자산 관리, 식단 및 운동 관리 등)	8.8
	디자인 아웃소싱업 (기업체, 개인)	8.7
	색채, 조명, 경관 등 첨단 인테리어업	6.0
	스마트폰, 스마트TV 등에 대한 콘텐츠 개발 및 제공업	2.8
	게임 관련업 (게임 콘텐츠 기획 및 SW 개발업)	1.7
지식기반 서비스업	가정 원예 및 조경업	8.7
	레저 여행 관련 서비스업	8.1
	마케팅 조사 및 사회조사업	7.7
	광고 및 PR대행업	7.7
	경영, 기술 관련 전문 상담(컨설팅)업	7.3
	영화, 방송, 공연 등 문화 콘텐츠 기획, 제작업	4.5
	자료처리, 호스팅, 포털 등 인터넷 기반 서비스업	4.3
	건물, 설비 청소 및 방제서비스업	3.3
	e-러닝, 디지털 출판업	2.7
	소프트웨어 자문, 개발업	2.3

※ 위의 결과는 해당없음 응답자 15.5%를 제외하고 재환산한 결과임

자료: 한국여성경제인협회, 2011년 여성기업실태조사, 중소기업청/한국여성경제인협회, 2012. 12.

73) 한국여성경제인협회, 앞의 자료.

〈표 5-4〉 여성기업의 장점

(단위: %)

내 용	2008년	2010년
여성 특유의 감성 디자인을 반영한 제품 출시	34.3	40.8
여성 기업에 대한 긍정적 이미지(신뢰성)	24.4	28.8
철저한 사후관리를 통한 고객만족도 제고	32.1	25.1
계획적이고 투명한 회사경영	5.3	3.4
비권위적 회사운영에 따른 임직원간 비전 공유	2.1	0.4
기타	1.8	1.5

자료: 한국여성경제인협회, 2011년 여성기업실태조사, 중소기업청/한국여성경제인협회, 2012.12.

사례 들여다보기_무너지는 여성창업.. 철저한 준비만이 살 길

50대 여성 가장이 늘고 있다. 직장은퇴를 앞둔 남편을 대신해 직접 생계에 뛰어든 주부들. 사업수단이 없다 보니 매출은 영세한 상황이다. 서울시 강남구에서 한우구이&식사 전문점을 운영하는 김미*(56)씨. 김 씨는 두 명의 고등학생 자녀를 두고 있다. 새벽 6시면 집에서 가장 먼저 나와 가게 문을 열고, 음식준비를 한다. 자녀 대학등록금과 생활비 충당을 위해 하루도 거를 수 없다. 경기불황이 지속될수록 이른 아침부터 저녁까지 장사를 계속해야 한다. 김씨와 같은 생계형 창업은 노후자금까지 마련하려면 하루하루 빠듯하다. 생계유지를 위해 등 떠밀려 나온 여성 창업자들의 현실이다.

◇ 여성창업, 철저한 준비 없으면 파산

통계청이 지난해 2012년 12월에 발표한 '2010년 기준 여성대표자 사업체 현황 및 특성'에 따르면 여성대표 사업체수가 전체 사업체 335만 5,000개에서 124만 8,000개로 37.2%를 차지했다. 전체 연간 매출액 4,332조 2,930억 원 중 여성대표자 연간 매출액은 274조 6,910억 원을 차지해 6.3%에 불과했다.

무조건적인 창업은 철저한 준비가 없으면 가계부채만 증가하고, 파산신청에 이르게 된다. 처음부터 창업 아이템에 맞는 창업자금 선정이 안 돼 있다면 매출도 쉽게 기대할 수 없다. 창업에 대한 정보가 없다 보면 고객유입에 유리한 상권보다는 비교적 저렴한 임차를 택하고, 식자재까지 싼 값으로 택하게 된다. 기타 인건비 등은 엄두도 내지 못한다. 점심특선에 고객들이 몰리더라도 '반짝'효과만 누릴 수 있어 손익분기점 이상을 내기 힘들다.

◇ '2013 창업', 보완정책 필요한 해

창업전문가들은 창업실패를 줄이기 위해 정부와 지방자치단체, 소상공인 관련 기관에서 구체적인 방법으로 지원해야 한다고 목소리를 높였다. 누구나 쉽게 '창업교육'을 받을 수 있는 기회제공이 절실하다.

자영업 부채위기가 심각한 만큼 서민금융을 활성화하고, 재래시장처럼 지역상권을 살리는 운동이 필요하다. 또한, 전문기관이나 전문가들을 통한 컨설팅이 활성화될 수 있는 정책마련도 조속히 요구된다.

유태상 한국외식경제연구소 선임연구원은 "생계형 창업은 상황이 절박할수록 놓치는 부분이 많다"며, "2013년에는 맞춤형 창업에 대비한 보완정책이 필요하며, 창업자 스스로도 수준 높은 사전교육을 찾아야 한다"고 말했다.

-출처: 머니위크, 2013.1.4.

제6장 기업가정신의 의의

제1절 기업가정신이란?

삼성그룹의 창업주인 호암 이병철 회장은 지난 1976년 4월 서울경제신문에 기고한 글을 통해 기업가정신을 다음과 같이 정의하였다.

> "모든 것은 나라가 기본이다. 자기만 잘살아보겠다는 것은 기업의 목적이 될 수 없다. 국가와 사회가 먼저 있고 그 다음에 기업이 있다. 참다운 기업인은 거시적 안목으로 기업을 발전시키고 국부형성에 이바지하도록 해야 한다. 이것이 참다운 기업가정신이다."

이미 슘페터(Schumpeter)에 의해 '경제성장의 원동력은 기업가정신에 의해 발현되는 창조적 파괴과정'이라는 점이 강조된 이래, 경제발전에서 창업이 지니는 중요성에 대해서는 대체로 많은 사람들이 동의하고 있다. 사업분야의 기업가들(business entrepreneurs)은 혁신을 주도적으로 실천하고, 경제의 구조적 변화를 촉진하며, 새로운 경쟁구조를 도입함으로써, 결국 생산성에 기여한다. 창업가나 기업가들의 영향력 정도는 경제발전 국면에 따라 다르지만, 그들이 경제에 미치는 영향은 매우 중요하다. 세계 60개국의 기업가정신을 비교 연구하는 글로벌기업가정신연구(GEM)[1]는 보고서를 통해 "중진국까지의 성장은 열심히 일하는 효율성이 주도하지만 선진국 진입은 혁신을 이끄는 기업가정신이 주도한다."며 "결국 혁신적인 창업이 성장과 고용의 두 마리 토끼를 잡는 유일한 대안"이라고 밝혔다.

"조직은 리더의 그릇만큼 성공하고 기업은 기업가의 그릇만큼 성장・발전한다."고 했다. 특히 창업 기업의 경우는 기업가의 자질과 능력, 태도와 마음가짐 등 이른바

1) 반성식 외, 글로벌기업가정신연구(GEM) 2011 보고서, 경남과학기술대학교, 2012.

기업가정신에 의해 그 성패가 좌우된다고 하겠다. 한 기업을 이끌면서 그 기업의 운명을 좌우하는 경영자를 판단하는 데 가장 중요한 잣대 가운데 하나는 기업인의 정신적 자세와 자질, 즉 무언가를 이루려는 '기업가정신(entrepreneurship)'[2]이다. 기업가정신이란 한마디로 말하면 '무언가 이루려는 정신'을 의미한다. 창의성, 용기와 결단, 희생과 솔선수범, 끈질긴 추진력, 개척정신 등이 대표적인 특성이다. 그래서 성공한 기업들은 하나같이 불확실한 미래에 대한 도전정신, 왕성한 추진력과 필사적인 자세를 갖춘 경영자가 주도해 나간다. 기업가에게는 어떤 어려운 상황에서도 새로운 기회를 모색하고 위기에 도전하는 불굴의 정신력이 필요하다. 다른 사람들에 비해서 소규모 사업체를 성공적으로 운영해나가는 데 보다 적합한 특성과 태도를 지닌 그런 사람들이 있다.

기업가(enrepreneur)라는 용어를 처음으로 사용한 깡띠용(R. Cantillon)은 기업가를 "위험을 부담하는 자"이며 "기업가의 소득은 토지임대료나 임금이 아닌 이윤으로 구성된다"고 정의하였다. 이와 같이 깡띠용이 정의한 위험부담자로서의 기업가 이론은 나이트(F. H. Knight)[3]에 의해 기업가정신으로 발전되었다. 기업가와 경영자의 구분은 불확실성을 부담하는 기업가 고유의 정신에 있으며, 우월한 판단력과 예견력으로 현재의 생산과 미래의 수요 사이의 시차로 인한 불확실성을 줄이는 경영자가 기업가로 변화한다고 나이트는 지적하고 있다.

나이트는 "기업가란 궁극적으로 사업을 통제하고 모든 수입과 지출을 책임지며, 이

---

2) 앞서 기업가(entrepreneur)에 대한 한자어 표기나 의미에 대하여 논급한 바 있지만, 국내에서 출간된 저서나 연구 논문 및 보고서 등에서 entrepreneur나 entrepreneurship을 한국어로 번역하여 표기하는 어휘들이 조금씩 다르고 그 의미에도 일관성이 없다보니 약간의 혼동과 혼란이 있어 보인다. 우선 윤종록 교수 등이 entrepreneurship을 창업(創業)이라고 번역하여 쓰는가 하면, 어떤 이는 '창업자 기질'이라고 쓰기도 하고, 국내에서 작성된 GEM보고서에서도 혼란스럽게 뒤섞어가며 쓰고 있다. 보고서 명칭에는 Global Entrepreneurship Monitor를 글로벌기업가정신연구(보고서)라고 쓰면서 보고서 내용에서는 entrepreneurship이 '창업'으로 번역되어 쓰이다가 어떤 경우에는 기업가정신으로 쓰이기도 한다. 예컨대, business entrepreneur를 기업 창업가로 쓰는가 하면 entrepreneurial attitude는 창업태도, entrepreneurial activity는 창업활동, entrepreneurial aspiration을 창업열망, entrepreneurial frame conditions를 창업의 구조적 여건, opportunity-based entrepreneurship을 기회를 추구하는 창업이라고 번역하여 쓰고 있다. 한국어에서 창업의 단순한 의미를 '업(業-사업이나 기업)을 새로이 창조하는 과정'으로 이해한다면 entrepreneur는 창업가로 국한되고 entrepreneurship은 창업가정신이나 창업가의 자질과 태도를 의미하는 것으로 이해되어야 한다. 따라서 창업자들에게만 국한하여 entrepreneurship을 적용하거나 논하게 되면 적잖은 문제점을 야기하고 만다. 그러므로 본서에서는 entrepreneur는 기업가, entrepreneurship은 '기업가정신'으로 쓰고자 한다. 그럴 경우에 GEM에서 사용하는 창업태도는 '기업가적 태도', 창업활동은 '기업가적 활동', 창업열망은 '기업가적 열망', 창업의 구조적 여건은 '기업가활동에 영향을 미치는 사회구조적 여건', 기회를 추구하는 창업은 '기회를 추구하는 기업가정신'으로 번역하는 것이 타당할 것이다.

3) Frank H. Knight, Risk, Uncertainty and Profit, New York: Houghton Mifflin, 1921.

들 간의 차액을 둘러싼 불확실성을 담당하는 역할을 수행하는데, 이윤은 경제활동의 수행과정에서 여러 대안들의 성과와 관련된 불확실성의 결과로 발생되는 것"이라고 설명하였다. 나이트가 주장하는 이윤은 이러한 불확실성을 감수하는 것에 대한 보수의 측면보다는, 자원서비스의 예상가치와 현재가치간의 불확실성에 의해서 발생되는 차액으로 이해되고 있다. 그러나 기업가에 의해 획득되는 이윤은 시장에서의 제품서비스의 진취성과 기업가의 능력 및 행운에도 의존된다.[4)]

이후 1934년 슘페터에 의해 경제성장의 원동력은 기업가정신에 의해 발현되는 창조적 파괴과정이라는 점이 강조되면서 일반대중들에게 기업가정신의 개념이 널리 알려지게 됐다. 슘페터는 기업가들이 경쟁적으로 수행하는 창조적 파괴과정(creative destruction) 또는 생산요소의 새로운 결합(new combination)이 자본주의를 자본주의답게 만드는 경제발전의 본질이라고 지적했다. 또한 창조적 파괴로 성공한 기업가는 그의 새로운 결합을 모방하는 기업들이 출현할 때까지 임대료나 임금과 같은 생산요소의 용역에 대한 보상과는 다른 독점적 이윤을 누린다고 지적했다.

슘페터는 기업가정신을 일상적인 경제순환을 교란하고, 균형으로부터 불균형을 창조하는 것으로 설명한 것이다. 슘페터는 기업가정신이란 새로운 생산과정, 즉 새로운 제품의 생산이나 제품생산의 새로운 방법을 도입하는 것으로 이루어진다고 설명하였다. 혁신자인 기업가는 어떤 재화를 새로운 방법으로 창조하거나 새로운 일을 창조함으로써 생산과 시장의 평탄한 흐름을 교란시키는데, 그는 이러한 역할을 수행하면서 동시에 자신의 이윤을 창조한다는 것이다. 이와 같이 기업가는 일상행동에서 이탈함으로써 재화의 투입물 가격과 산출물 가격간의 일시적인 괴리를 만들어 내는데, 이러한 혁신이 될 때까지 혁신자는 순수이윤을 획득할 수 있다는 것이다. 이러한 슘페터의 이론은 기업가정신에 의해 생성되는 순수이윤을 기업가의 역할과 관련하여 분명하게 논의하였다는 점에서 높게 평가받고 있다. 그는 또한 기업가에 대해 첫째, 항상 위대한 업적, 훌륭한 과업을 이루어 보겠다는 꿈을 가지고 있어야 한다고 주장하였는데, 이러한 일을 왕국과 왕조에 비유했다. 어떠한 일이든 보람을 느낄 수 있는 훌륭한 일을 성취하는 것은 그 개인의 왕국을 건립하는 것과 같다고 할 수 있다. 이러한 왕국을 찾기 위해서는 항상 무엇을 보거나 무엇을 생각하거나 간에 뚜렷한 성취목표를 어떤 사태나 사물에서든 찾으려 노력해야 한다. 그 다음에는 이 왕국을 건립하는

4) 윤종록 외, 창업과 경영, 형설출판사, 2006, pp.55-56.

투지, 어떠한 역경에도 꿈을 실현시키겠다는 굳은 의지와 신념을 가지고 왕국의 건립 그 자체를 위해 온힘을 쏟아 넣을 수 있어야 한다.[5)]

슘페터의 '창조적 파괴론' 이후 일반대중들에게는 잘 알려지지는 않았지만 신오스트리아학파의 미세스(L. V. Mises)[6)]와 키르즈너(I. Kirzner)[7)]에 의해 기업가정신의 이론적 배경이 발전되었다. 미세스는 인간의 일반적 속성에서 기업가정신을 도출하려는 인간행동이론(praxeology)을 정립하고 있으며, 이를 토대로 키르즈너에 의해 신오스트리학파의 기업가정신 이론이 체계화됐다. 키르즈너는 제2차 세계대전 이후 오스트리아학파의 부흥에 결정적 역할을 하였던 미세스와 하이에크(Hayek)의 이론을 나름대로 종합하여 자신의 저작 『*Competition and Entrepreneurship*』(1973)을 통해 "기업가정신"에 대한 이론을 체계화하여 오스트리아학파의 전통을 이어가고 있는 대표적 경제학자이다. 그는 경제학의 수리화의 진전과 함께 미시경제학 교과서에서 사라진 기업가와 기업가정신을 '경각심'(alertness)으로 다시 정의하여 새로이 우리 앞에 불러 내세웠다. 그는 슘페터의 혁신을 통한 '창조적 파괴자'(creative destructor), 나이트의 '불확실성을 짊어진 자'(uncertainty bearer)라는 정식화 이후 경제학자들의 관심에서 멀어져 가던 기업가를 우리의 관심 속으로 끌어들여 기업가정신에 대한 이론을 말할 때 빼놓을 수 없는 학자가 되었다.[8)] 요컨대, 키르즈너의 기업가정신의 본질은 기업가의 아이디어를 사업화하는 데 필요한 자본을 대부해 주는 자본가에게 전가할 수 있는 위험을 부담하는 것이 아니라 "이윤을 획득할 수 있는 기회에 대한 궁극적 지식을 갖고 기민하게 행동"으로 옮기는 것에 있다.

한편 브론펜브렌너(Bronfenbrenner)[9)]는 그의 순수이윤이론(Naive Profit Theory)을 통하여 이윤을 생산과정에서 기업가의 기여에 대한 보수로 설명하였다. 기업가의 기여는 최종 의사결정이나 최종 불확실성에 대한 부담으로 모든 생산과정에서 필요한 것이므로, 이윤은 정상적인 배분 몫, 즉 위험이나 불확실성을 감수하는 것에 대한 보수로 나타나는 것이라 설명하였다. 이러한 순수이윤이론은 이윤을 소득에 대한 계약

5) 윤종록 외, 앞의 책, pp.54-55.
6) Mises, L.V., Nationalökonomie-Theorie des Handelns und Wirtschaftens, Genève, Éditions Union, 1949.
7) Kirzner, Israel M., Competition and Entrepreneurship, Chicago, Ill.: University of Chicago Press, 1973.
8) 김이석, "이윤동기가 불붙이는 기업가정신과 시장과정-커즈너의 세계," 에머지, 2002.12.
9) Martin Bronfenbrenner, "A Reformulation of Naive Profit Theory," Southern Economic Journal, Vol. 26, No. 4, Apr., 1960.

청구권을 갖지 않음으로써 야기되는 불확실성의 일부분에 대한 보상으로 간주하고 있으며, 기업가정신을 경영적 · 조직적 · 혁신적 책임으로 인식하기보다는 오로지 법적 청구권이라는 성격으로 인식하였다.[10)]

[책갈피] 기업가정신이 충만한 조직 만들기

"미국이 기업가정신을 가장 잘 실천하는 나라라는 주장에 동의하십니까?"

"그것은 아주 위험한 착각이다. 기업가정신을 가장 잘 실천하는 나라는 의심할 여지없이 한국이다" 다른 사람이 아닌 피터 드러커의 주장입니다.

우리나라, 대한민국이 세계 1등 국가가 될 수밖에 없는 여러 이유 중 하나입니다.

피터 드러커 교수가 언급한 기업가정신에 일부 내용을 덧 붙여 정리한 자료를 보내드립니다. 기업가정신으로 충만한 개인, 조직, 사회, 국가가 될 수 있기를 간절히 희망합니다.

〈기업가정신〉

기업가정신은 현재 시점에서 장래를 선취하는 정신이다. 대부분의 사람들이 환경변화 속에서 위협을 느끼고 있을 때, 그와 같은 변화 속에서 기회를 식별하는 정신이다.

기업가는 안정적일 때 오히려 위기를 느끼는 사람이다. 고요 속에서 위기를 느끼고, 그러한 위기 속에서의 기회를 느끼고, 현재를 위험 속으로 끌고 가는 사람이다.

훌륭한 내일을 창조하기 위해서 오늘의 안정된 상태를 주체적이며 의도적으로 파괴하는, 창조적 파괴가 기업가의 역할이다.

기업가는 오늘을 성공의 날로 만드는 것과 동시에 오늘의 희생을 통해서 보다 훌륭한 내일을 만들어 간다. 비연속적 변화의 시대에는 오늘을 부정하는 것이 내일은 곧 현실이 된다.

풍요로움에 익숙해져 안주한다면 조직은 느슨해지고 약해진다. 기업가의 마지막 임무는 자신을 떠나 회사 전체에 헝그리정신과 기업가정신을 뿌리박도록 하는 것이다.

사업이란 결국 도박이다. 모든 사업은 현재의 자원을 미래의 가능성을 향해 투자하는 것이다. 모든 사업의 시도나 계획은 암흑 속으로의 비약이다.

사업에 관한 결단은 인간을 과거에 묶어 놓는 것이 아니라, 불확실한 미래를 위해 일부러 한발 내딛게 하는 것이다.

불안하지만 용기와 신념을 가지고 암흑 속의 미래에 자신을 일부러 던져 넣는 것이 기업가정신이다.

- 출처: 행복한 경영이야기

앞에서 살펴본 기업가와 기업가정신의 정의에 관련된 주요 고전들의 핵심내용들은 대체로 기업가정신은 미래의 불확실성에도 불구하고 이윤을 추구할 수 있는 사업기회를 부단히 탐색하며 '필요한 지식'을 이용하여 사업기회를 실현하는 기업가의 행동으

10) 윤종록 외, 앞의 책, p.54.

로 요약된다. 이 정도로 정의되는 기업가정신은 경제학의 발전과 함께 오랜 기간 주류 경제학이론에서 제대로 평가받지 못했다.

기업가정신에 관한 초기의 체계적 연구로는 히스리흐(R. D. Hisrich) and 피터스(M. P. Peters)의 '기업가정신-신규 사업의 창업, 발전 그리고 경영관리'(Entrepreneurship: Starting, Developing and Managing a New Enterprise)[11]라 할 수 있다. 이 연구에서는 역사적 고찰과 연구동향을 통하여 기업가와 기업가적 과정, 자본조달의 대안적 원천에 대한 논의를 다루고 있다.

그 이후 비로소 20여 년 전부터 아우드레취와 투릭(Audretch and Thurik)[12], 아우드레취와 케일바흐(Audretch and Keilbach)[13] 등에 의해 "기업가정신이 경제성장에 미치는 영향은 독자적이고 매우 중요하다"는 점이 강조되기 시작했다. 이들은 새로운 내생적 생산요소로서 인식되고 있는 신기술과 창의적 아이디어와 같은 새로운 지식은 기업가정신에 의해 활용되지 않으면 성장동력으로 기능할 수 없다는 점을 지적한 것이다. 이러한 지적은 이윤기회를 실현할 수 있는 궁극적 지식을 가지고 기민하게 행동하는 것으로 규정하고 있는 키르즈너의 기업가정신의 본질과 매우 밀접하게 관련된 것으로 볼 수 있다. 기업가정신은 경제성장에 독자적이고 가치 있는 기여를 한다는 점이 강조되고 이후 여러 이론 및 실증연구를 통해 기업가정신은 새로운 지식과 함께 새로운 경제성장의 동력이라는 점이 명시적으로 분석되고 있다.

비교적 최근에 기업가정신의 과거와 현재 그리고 미래를 조망하면서 카오(Kao)[14]는 기업가정신에 대한 정의를 다음과 같이 제시하고 있다. "기업가정신이란 개인을 위해서 부를 창출하고 사회를 위해서는 가치를 부가적으로 창출할 목적으로 뭔가 새로운 것, 뭔가 다른 것을 하는 실행하는 과정이다."

티몬스(Timmons)[15]에 의하면 기업가정신은 기존의 기업 혹은 새로 창업한 기업 모두에서 나타날 수도 있고 나타나지 않을 수도 있다. 또한 대기업과 중소기업, 빠르

11) R. D. Hisrich and M. P. Peters, Entrepreneurship: Starting, Developing and Managing a New Enterprise, 3rd Ed., Chicago: Irwin, 1995.
12) David B. Audretsch and A. Roy Thurik, Soutrces of Growth: the Entrepreneurial Versus the Managed Economy, Paper presented at The Inbergen Institute, 1997.
13) David B. Audretscha & Max Keilbachb, Entrepreneurship Capital and Economic Performance, Regional Studies, Volume 38, Issue 8, 2004.
14) Raymond W. Y. Kao, "Defining Entrepreneurship: Past, Present and?" Creativity and Innovation Management, 2(1), 1993, pp.69-70.
15) J. Timmons, New Venture Creation: Entrepreneurship for the 21st Century, Boston: McGraw-Hill, 1994.

게 성장하는 기업과 느리게 성장하는 기업, 나아가 수익을 목적으로 하지 않는 사회적 기업에서도 나타날 수 있다.

이 기업가정신의 핵심에는 '기업가'(entrepreneur)가 있다. 소수의 경제학자만이 기업가를 좀 더 깊이 분석하여, 시장간의 중간자 내지는 새로운 기회에 민감한 '간격을 메우는 자'(gab filler)로 인식한다.[16] 기업가정신에 대한 훌륭한 이론가인 슘페터는 기업가정신을 '혁신' 자체로서 정의하고 있으므로, 새로운 가치창출이 기업가에게 가장 중요한 역할임을 알 수 있다.

실제로 기업가의 역할은 상황에 따라 매우 다양하게 나타난다.[17] 일반적으로

① 기존의 사업체가 아닌 새로운 사업체를 창업하거나 신규 사업부서를 만드는 조직자(organizer),

② 경제/사회 발전의 원동력이 되는 '창조적 파괴'를 수행하는 혁신자(innovator) 역할,

③ 기존 시장에서 채우거나 도달하지 못한 지점에 도달하는 전략가(strategist) 역할,

④ 새로운 비전 제시와 구성원 동기유발을 통해 목표를 달성하는 지도자(leader) 역할,

⑤ 두 가지 이상의 사회적 그룹이나 지역을 연결하는 중개자(linker) 역할,

⑥ 위험을 감수하고, 이에 대한 보상적 수익을 추구하는 투자자(investor) 역할, 그리고

⑦ 기술, 시장, 조직, 사회의 대안을 제시하고 구현하려고 노력하는 설계자(architect) 역할 등으로 구분해볼 수 있다.

기업가는 기본적으로 '실패와 성공의 가능성, 수익과 손실의 가능성이 동시에 존재하는' 불확실성의 상황에서 경제활동을 하는 사람이다. 특히 이들 중에서 불확실성에 대해 잘 판단하는 이들이 불확실성의 비용인 위험을 감수한다. 위험을 감수하고 특정 자원에 대한 소유와 활용을 통해서 새로운 결합(new combination)인 '기술혁신'을 실현한다.[18]

---

16) A. Martinelli, "Entrepreneurship and Management," in The Handbook of Economic Sociology, Ed. N. J. Smelser and R. Swedberg, Princeton: Princeton University Press, 1994, pp.476-503.

17) 배종태 · 차민석, 앞의 보고서.

18) 위의 보고서

사례 들여다보기_기업가정신이 창조경제 만든다<10> 창업 DNA 되찾아야

24세. 국내 재계를 대표하는 5대 그룹 창업주들이 사업을 시작했을 당시의 평균 나이다. 정주영 현대 회장은 23세 때 쌀가게인 경일상회를 열었고 이병철 삼성 회장은 26세 때 마산에서 협동정미소를 시작했다. 구인회 LG 회장은 22세에 협동조합을, 신격호 롯데 회장은 22세 때 일본에서 커팅오일 공장을 시작했다. 그나마 27세 때 직물회사를 시작한 최종건 SK 회장이 가장 늦다. 요즘으로 치자면 아직 대학을 졸업하기도 전인 나이에 1세대 창업주들은 사업이라는 꿈에 도전해 성공을 일궈낸 것이다.

삼성경제연구소 고위관계자는 "우리나라가 지난 1960~1970년대 급격한 산업성장을 이룰 수 있었던 것은 정부가 주도하는 산업정책, 잘살아보자는 사회적 분위기에 1세대 창업가들의 투철한 기업가정신이 더해졌기 때문"이라고 설명했다. 산업기반이 갖춰지지 않았던 시절 일찌감치 창업을 택했던 20대 기업가들의 도전이 한국을 세계 무역 1조 달러, 명목 국내총생산(GDP) 기준 세계 15위 경제 강국을 이뤄내는 데 기여한 것이다.

물론 1세대 창업주들이 사업을 시작했던 1930~1940년대와 2013년 현재 한국의 산업구조는 크게 달라졌다. 그러나 전문가들은 경제성장을 위해 청년창업은 여전히 필수적이라고 입을 모은다. 김원규 산업연구원 선임 연구위원은 "과거 1세대들은 당시로 따지면 혁신형 기업가로 분류할 수 있다"며 "혁신형 기업가들이 더 늘어나야 한다"고 강조했다.

• 무에서 유로, 창조에 도전한 20대 기업가들=경남 울주군에서 도립 종축장(품종을 기르는 목장) 기술자로 근무하던 19세 젊은이가 1941년 관부연락선을 타고 일본으로 건너갔다. 우유배달을 하며 고학하던 젊은이는 70여년이 지난 지금 한국과 일본 두 나라 재계에서 손꼽히는 그룹을 일궈냈다. 신격호 롯데 회장의 이야기다.

신 회장뿐 아니라 국내 주요 그룹 창업주들은 대부분 안정된 삶을 추구하기보다 일찌감치 기업가로서의 성공을 노렸다. 이병철 회장의 경우 일본유학 이후에도 취업에 뜻이 없었던 것으로 전해진다. 선친에게 물려받은 1만원을 종잣돈 삼아 1936년 마산에서 정미소를 열었던 것이 첫 돈벌이였다. 최종건 회장은 예외적으로 선경직물주식회사 수원공장 공무부 견습 기사로 사회생활을 시작했지만 27세 때인 1953년 전쟁으로 폐허가 된 선경직물주식회사 공장을 정부에서 직접 매수하며 사업에 도전하게 된다.

눈길을 끄는 점은 우리나라 대표 기업가들인 이들도 현재의 청년 기업가들과 마찬가지로 20~30대 창업 초기 숱한 실패를 겪었다는 점이다. 신격호 회장은 사업이 한창 잘 풀리는 와중에 연합군 폭격기의 폭격으로 공장이 잿더미가 되는 악재를 만났다. 이병철 회장 역시 마산 협동정미소를 운영하며 운수회사까지 인수할 정도로 승승장구했지만 사업으로 번 돈에 은행 대출을 더해 매입한 땅이 중일전쟁 발발 등으로 가격이 하락하며 큰 실패를 맛봤다. 한진그룹 창업주인 조중훈 회장 역시 25세 때 설립한 수송회사 한진상사가 6·25전쟁으로 쓰러질 위기를 겪은 것으로 전해진다.

1세대 청년 기업가들은 다만 실패 이후에도 또 다른 사업에 도전했으며 이 같은 도전과 실패·극복의 과정은 결국 한국경제사의 성과로 이어졌다. 현재 국내 10대 그룹은 2011년 기준 58만 명을 고용하고 653조원의 매출을 올리고 있다. 성공적인 청년 창업으로 나타나는 경제적 효과는 이미 한국경제발전사에서 증명된 셈이다.

• 희석되는 청년 기업가정신, '창업이 늙고 있다'=지난해 교육과학기술부와 한국직업능력개발원 조사에 따르면 우리나라 청소년들의 희망직업 1위는 초등학교 교사였다. 이를 이어

의사와 공무원, 중고교 교사, 회사원 등이 순위에 올랐다. 10위권에 기업가는 없었으며 안정적이고 위험이 작은 직업을 선호하는 경향이 뚜렷하게 나타났다.

이 같은 성향은 결국 청년창업 축소로 이어진다는 것이 일반적인 분석이다. 실제 2012년 벤처기업 실태조사에 따르면 20~30대 창업은 2011년 19.5%로 2010년(19.3%)보다 소폭 늘었지만 2000년대 벤처붐이 일었던 시절의 54.5%와 비교하면 확연히 쪼그라든 모습이다.

창업 역시 혁신기업보다 상대적으로 손쉬운 자영업에 몰리는 추세다. LG경제연구원에 따르면 우리나라 자영업자 수는 2000년대 들어 감소경향을 보이다 2011년 8월부터 다시 늘기 시작했다. 특히 29세 이하 청년들의 자영업 증가율은 지난해 1~5월 8.4%에 이르렀다.

정부 역시 부가가치가 낮은 자영업이 늘면 결국 국가경제에 부담이 되는 만큼 청년들의 혁신형 창업을 적극적으로 추진하고 있다. 김동선 중소기업연구원장은 이와 관련해 "청년창업은 생계형 창업과 달리 기술창업을 수반하기 때문에 창업 파급효과가 상대적으로 큰 편"이라며 "실업·저성장·고령화·양극화 등 국내경제 상황을 고려할 때 창업을 통해 새로운 성장 모멘텀을 수혈해야 할 시점"이라고 강조했다.

지난해 20·30대 벤처기업 최고경영자(CEO)의 비중이 5년 전보다 6%포인트 이상 늘어나는 등 일부 변화는 있지만 여전히 갈 길이 멀다는 것이 벤처업계의 시각이다. 제도보다 창업에 대한 정서가 뒷받침되지 못하고 있어서다. 경제협력개발기구(OECD)가 지난해 회원사 등 40개국을 대상으로 조사한 결과 한국은 창업규제가 적은 나라 순위에서 7위를 차지할 만큼 높은 수준의 창업제도를 갖추고 있다. 다만 인식 면에서 한국은 창업에 대한 두려움이 큰 국가 2위로 꼽혔다. 기업가정신에 대한 사회문화적 접근이 필요함을 알 수 있는 대목이다.

김 원장은 "사업실패에 대한 부담이 높게 인식되면서 창업은 힘들고 위험하다는 생각이 확산되고 창업을 기피하는 것"이라며 "실추된 기업가정신을 회복하기 위해서는 초등학교 단계부터 교육과정에 기업가정신 등을 체계적으로 교육해야 한다"고 강조했다.

- 출처 : 서울경제, 2013.1.23.

기업가의 본질적 특성은 다음 세 가지로 정리해볼 수 있다.[19]

첫째, 기업가정신은 기회에 대한 갈망과 애착, 집요한 추구(obsession to opportunity)로 설명할 수 있다. 기회는 떠다니는 것처럼 잘 잡히지 않지만 어디엔가는 있는 것이다. 기업가정신은 기회에 집착한다. 새로운 가치를 창출하는 기회에 대해 헌신한다. 그리고 기회는 드러나기 전에는 잘 보이지 않지만, 준비되고 안목이 있는 기업가에게는 열렬하고 명확하다.

둘째, 기업가정신은 새로움을 향한 모험과 탐험의 여정(entrepreneurial journey)이다. 기업가는 불확실성과 위험, 새로운 발견을 향해 나아가는 항해의 길을 간다. 모든 사람이 가는 길을 간다면 그곳에는 별다른 성취가 있을 수 없는 것이다. 기업가는 사람들이 잘 가지 않는 길 중에서 흥미로운 길을 선택하여 그 길을 가는 것이다.

19) 배종태·차민석, 앞의 보고서.

그리고 예상치 못한 많은 시련들을 극복하고 나서 마침내 새로운 곳에 다다른다. 신대륙 탐험가들은 모두 기업가정신을 가진 사람들이다.

셋째, 기업가정신은 혁신을 통해 문제를 해결하고 새로운 가치창출을 지향한다. 기업가정신은 시장과 사회에 존재하는 문제에 대한 솔루션을 개발/제공한다. 사회에 아무 문제가 없고 새로운 요구가 없다면, 어떤 사업도 필요 없을 것이다. 물론 사업을 시작한다고 해서 모두 기업가는 아니다. 단순 경작이나 유사반복 행위에는 새로운 가치가 없다. “기존의 방식이 아니라 새롭게 문제를 해결하는 방식을 만들어내는 것, 그것이 바로 혁신이며 기업가정신은 혁신을 추구한다.”

한편 바론(Baron)[20]은 기업가정신을 정의하기를 “특정의 개인들이 기회를 찾아내고 이러한 기회를 새로운 모험적 사업(venture)의 창업을 통하여 구체적인 경제적 이익으로 바꿔내려고 시도하는 어려운 과정”이라고 하였다. 이러한 정의는 슘페터의 기업가와 기업가정신에 대한 정의와 부합하는 것이다. 그는 모험사업이라는 것은 ‘새로운 결합(combination)[21]을 수행해내는 것’이라고 하였고 기업가의 과업은 그러한 결합을 수행해내는 것이라고 하였다. 그런데 슘페터에 따르면 각 개인은 모두가 기업가로 불릴 수 있지만 실제로 새로운 결합을 수행해낼 때에만 그러하다고 하였다. 기업가의 명칭은 그의 사업을 구축하게 되면 상실될 수 있다는 것이다. 그러면 그는 단지 소기업의 소유주가 되는 것이다.[22]

또한 자신이 기업가이기도한 브로드스키(Norm Brodsky)[23]는 “기업가는 새로운 벤처에 대한 아이디어만으로 시작하여 그러한 아이디어를 스스로 성장시키며, 그 사업으로부터 나온 자금을 통하여 지속적으로 발전하는 기업으로 변모시키는 사람(entrepreneurs are people who, starting with nothing more than an idea for a new venture, have the ability to take it to the point at which the business can sustain itself on its own internally generated cash flow.)”이라

---

20) Baron, R. A., OB and entrepreneurship: the reciprocal benefits of closer conceptual links. Research in Organizational Behavior, 2002, 24, pp.225 – 269.

21) 여기서 새로운 결합이란 생산요소들 또는 다양한 자원들 간의 새로운 조합이나 결합을 뜻하지만 실제로는 그러한 결합은 물리적이거나 화학적이든 또는 인적이거나 기술적이든 간에 새로운 부가가치의 창출이 있어야 함을 의미하는 것이다.

22) Carland, J. W., Hoy, F., Boulton, W. R. and Carland, J. A. C., Differentiating entrepreneurs from small business owners: a conceptualization. Academy of Management Review, 1984, 9, pp.354-359.

23) Norm Brodsky, “Who Are the Real Entrepreneurs?” Inc. Magazine, 1996, 12, 01 (http://www.inc.com/magazine/19961201/1893.html)

고 정의하였다.

기업가정신은 "현재 보유하고 있는 자원이나 능력에 구애받지 않고, 기회를 포착하고 추구하는 사고방식 및 행동양식"(a way of thinking and acting to seize and pursue an opportunity without concern for opportunity)이라고 할 수 있다.[24]

기업가정신은 인간의 창조적 행동으로서 무에서 유를 창조하는 것이며 무조건 위험에 무모하게 달려드는 것이 아니라 개인적인 그리고 재무적인 "계산된 위험"(calculated risk)을 감수하는 것이라고 할 수 있다. 기업가정신은 자원보다 기회를 먼저 생각하고 기회 포착에 더 중점을 둔다.

세계적 우량기업인 애플, 구글, 마이크로소프트, 삼성 등과 같은 혁신적 기업들이 '새로운 기술 또는 지식'을 '경쟁'적으로 '사업화'함으로써 급성장하고 경제성장에 크게 기여하고 있다는 사실만으로도 기업가정신이 무엇이고 왜 중요한지 짐작할 수 있다. 말하자면 새로운 지식을 이용하여 아직 알려지지 않은 이윤기회를 추구하는 모든 행동이 기업가적 행동이고 기업가정신의 발현인 것이다.

이와 같은 기업가정신의 중요성에 대하여 인식하면서부터 많은 학자들이 기업가와 기업가정신의 다양한 측면에 대한 연구에 커다란 관심을 보이기 시작하였다. 연구의 흐름은 기업가들의 세부적이고 구체적 특성에 관한 분야, 기업가정신의 고취에 기여하는 요인들에 관한 분야, 그리고 잠재적 기업가들의 발굴방안에 관한 분야로 나뉘어 진행되어왔다. 그런데 기업가정신에 관한 연구들은 대체로 기업가의 경제적 기능과 역할에 초점을 맞추는 관점과 기업가의 개인적인 사회·심리적 특성에 초점을 맞추는 관점, 그리고 이 두 가지를 종합한 관점으로 나눠볼 수 있다.

1. 기능적 접근에 의한 관점

이러한 관점은 주로 기업가의 경제적 기능과 역할에 초점을 맞춘다. 예를 들자면 18세기 깡띠용(R. Cantillon)은 기업가정신을 "불확실한 가격의 상품을 구입하여 불확실한 가격으로 팖으로써 발행하는 위험의 부담"으로 정의하였고 19세기에 들어와 세이(J. B. Say)는 이 정의에 생산의 기능을 첨가하였다. 즉, 기업가는 자본가와는 달리 생산의 기능을 담당함으로써 이윤을 창출한다고 하였다. 그러니까 제품혁신, 생

24) 배종태·차민석, 앞의 보고서.

산공정혁신, 시장혁신, 생산요소혁신, 조직혁신 등 다양한 혁신을 담당해야 하는 것이 기업가의 핵심적인 역할이라는 것이다. 기업가가 사회적으로 기여하는 기본적인 기능과 역할들을 살펴보면 일자리의 창출, 혁신, 생산성 및 경제능률 향상, 수출신장, 경제력의 분산, 자아실현과 인류의 행복 등을 들 수 있다.

21세기에 접어들면서 정보화 사회는 더욱 고도화됨과 동시에 지식기반 사회로 진일보하고 있다. 따라서 새로운 지식을 창출하고 위험을 무릅쓰면서 그것을 사업화하거나 사업에 반영하려는 의지와 행동인 기업가정신의 개인 및 기업차원에서 뿐만 아니라 국가 경제발전 차원에서도 매우 중요해지고 있다. 이와 같이 기업가정신은 새로운 과학적 지식을 제품과 서비스로 구현해냄으로써 과학과 산업을 연결시키는 매우 중요한 역할을 한다. 말하자면 기업가는 새로운 과학적 지식을 사업화하여 기업을 창업하고 새로운 제품과 서비스를 시장에 내보내는 역할을 한다. 이러한 기업가적 행위는 경제를 활성화하고 일자리를 창출하는 등 국가경제에 커다란 공헌을 한다.

2. 기업가의 개인 특성론적 관점

이러한 관점은 기업가의 개인적인 사회·심리적 특성에 초점을 맞춘다. 예를 들자면 성취욕구, 자유 실천의지, 위험감수성향 등 심리적 특성을 강조하기도 하며, 가정환경과 교육수준 등 사회적 배경요인을 중시한다.

제닝스(Jennings)가 기업가들에게 일련의 속성들의 리스트를 제시하고 성공을 위해서 중요하게 요구되는 것의 순위를 매기도록 한 연구결과에서, 일곱 가지 최상위의 자질들로는 꼽힌 것은 집요함, 주도권을 행사하고자 하는 열망과 의지, 경쟁심, 독립독행심, 강한 성취욕구, 자신감, 육체적 강건함 등의 순이다.[25] 이들 자질 가운데 어느 것도 놀라울 것은 없다. 성공적인 기업가라면 독립독행하고 자신감이 넘치는 사람으로 기대하게 될 것이기 때문이다. 그렇지만 성공을 위해 최소한 필요한 것들로 순위를 매긴 같은 그룹의 기업가들의 특성들은 조금 놀라울 수도 있다. 돈에 대한 강한 열망, 인내심, 잘 조직되도록 하는 것, 그리고 권력욕구를 갖는 것 등은 리스트의 하위 서열로 나타났다.[26] 경영자의 도전정신, 위험부담을 두려워하지 않는 의지, 이런

---

25) William E. Jennings, *Are you an entrepreneur'? ("A profile of the entrepreneur" in Entrepreneurship*: A premier for Canadians) Google ; down loaded on 10/28/10 http://www.score.org/entrepreneurship_career.html

것이 없으면 다른 조건이 아무리 잘 갖춰져 있어도 기업의 미래는 보장받기 힘들다. 성공한 기업가는 자신이 설정한 도전적인 목표를 뛰어넘는 데 주력하며 일의 결과에 대해 스스로 책임지는 등의 남다른 특성을 보인다.

한편 Human Resources Development Canada가 성공적 기업가에게 필요한 자질들에 대하여 비슷한 관점을 제시하고 있다. 그들이 소기업 소유경영자들의 현실감각으로 강조하는 바로는 집요함, 자신감 그리고 유연성과 같은 자질들이다. 예를 들자면 기업가들은 그들 자신의 운명을 통제하고 다른 사람들이나 사건들에 대하여 몰인정해질 수도 있음을 믿는다는 것이다. 그래서 결과적으로 그들은 프로젝트를 시작하고 그러한 아이디어들을 순조롭게 진행해나가는 데 주도적이 된다는 것이다.

기업가는 일반 경영자나 전문경영자와는 다른 특성을 지닌다고 할 수 있는데, 일반적으로 행동지향적, 모험적, 창의적, 성장지향적인 성격을 갖는다고 평가된다. 좀 더 구체적으로 열거하자면 다음과 같은 태도와 자세, 정신적 특성들을 들 수 있다.[27)]

① 어려운 일을 해내는 데서 성취감을 즐기는 성취욕
② 자신의 운명을 스스로 개척한다고 믿는 비숙명론
③ 상황의 불안정시에도 참을성을 보이는 불확실성에 대한 인정
④ 위험이 따르는 것을 결코 마다하지 않는 모험심
⑤ 주저 없이 결정을 내리고 모든 일을 뜻한 대로 이룰 수 있다는 자신감
⑥ 행동으로 옮기는 것을 좋아하며 시간낭비를 싫어하는 행동 지향성
⑦ 늘 끈기 있게 일에 몰두할 수 있고 정열적으로 일할 수 있는 정력
⑧ 자신의 해야 할 일을 타인에게 전가하지 않는 성실성
⑨ 약속을 꼭 지키며 실행하는 신뢰성 등.

직크(Todd Jick)[28)]와 그 동료들이 기업가정신을 측정하는 설문지를 개발하여 제시한 바 있다. 그 내용은 기업가정신을 이루는 다양한 요소들을 포괄하고 있는 데 다음 표와 같다.

---

26) Susan Ward, 'Thinking of Starting a Small Business?' – Part 2: Characteristics of an Entrepreneur About.com Guide
27) 이상근, 창업과 경영론, 형설출판사, 2007, p.75.
28) Todd Jick, Robert D. Marx and Peter Frost, Management Live!: The Video Book, Englewood Cliffs, NJ: Prentice Hall, 1999.

〈표 6-1〉 기업가정신 측정 설문문항

기업가정신의 요소	−2	−1	0	+1	+2
융통성					
도전성					
박력					
리더십					
타인과의 동화					
다른 사람 의견에 관심을 가짐					
비판적인 견해에 귀를 기울임					
끈기					
자금동원 능력					
성취욕					
주도적으로 일을 함					
독립심					
앞을 내다보는 능력					
이익 지향성					
낙관적 태도					
다양한 재주					
타인에 대한 긍정성					
계획에 의한 실천성					

−2: 전혀 갖고 있지 않다. −1: 갖고 있지 않다. 0: 잘 모르겠다.
+1: 약간 갖고 있다. +2: 대단히 많이 갖고 있다.
※ 점수가 높을수록 기업가정신이 강함.
자료: Todd Jick, Robert D. Marx and Peter Frost, Management Live!: The Video Book, Englewood Cliffs, NJ: Prentice Hall, 1999.

3. 성공한 기업가와 실패한 기업가의 특성

기업가들에게는 보통사람들과는 구별되는 그들만의 고유한 특성을 발견할 수 있듯이 기업가들 가운데서도 성공한 기업가와 실패한 기업가의 특성은 다를 수밖에 없을 것이다. 성공한 기업가의 특성은 분명 연구의 대상이 될 수밖에 없고 학습대상이 될 수 있는 것이다. 물론 앞에서 살펴본 기업가의 개인적 특성들이 사업성공에 도움을 주는 것은 사실이지만 사업의 성공은 이러한 개인적인 특성들 이외에 핵심인력 간의 조화라든가 환경으로부터의 기회나 여건 등 많은 상황적 요인에 영향을 받기 때문에 기업의 성패나 기업가의 성패가 전적으로 기업가의 개인적인 특성에 의해 좌우된다고 볼 수는 없는 것이다. 뿐만 아니라 기업가가 갖추어야 할 바람직한 특성들을 두루 갖춘 '완전한' 기업가란 현실적으로 존재하기 어려운 것이다.

일반적으로 기업가들은 동업자나 협조자 또는 참모나 관리자들로부터 지혜와 경험, 그들의 역량을 통하여 자신의 약점을 보완할 수 있으며, 특히 이미 성공한 기업가들로부터 바람직한 개인특성을 체득하고 성공비결을 배울 수도 있는 것이다. 가령 혼아데이(Hornaday)와 티켄(Tieken)[29]은 DEC사의 올슨(Ken Olson), Wang Computer 사의 왕(An wang), 혼다자동차의 혼다 소이치로 등 성공한 기업가들의 공통된 특성과 행태를 연구하고, 그들로 부터 배울 수 있는 특성을 다음과 같이 제시하였다.

① 적극적인 도전의식과 실패로부터 배우려는 자세
② 주도적으로 일처리를 하고 솔선수범함
③ 강한 인내력과 결단력

[책갈피] 기업가정신으로 재무장하라

최근 우리 기업들의 위험기피 성향이 확산되면서, 기업가정신의 쇠퇴를 우려하는 목소리가 부쩍 늘고 있다. 어려운 시기일수록 이를 극복할 수 있는 가장 현실적인 방법은 기업가정신을 발휘하는 일이다. 기업가정신의 발현을 가로막는 잘못된 통념들에서 벗어나 기업가정신이 충만한 리더로 거듭나는 사고의 일대 전환을 모색할 때이다.

◆ 역경에 빠진 코닥

1990년대 중반, 두루마리 형태의 현대식 필름을 처음 시판했던 코닥은 중요한 선택의 기로에 서 있었다. 전자공학으로 기술이전 작업을 벌이면서 '전자 영상으로 기술이전을 가속화할 것인가, 아니면 기존의 화학 영상사업을 계속 유지할 것인가'를 결정해야만 했다. 당시 코닥은 수익성이 보장되는 안정된 화학 영상사업을 기반으로 필름 제조분야에서 세계 제일의 위치를 차지하고 있었다. 이에 반해, 전자 영상분야는 미래 사업 성장성은 뛰어나지만 많은 불확실성과 위험을 갖고 있었다. 전자 영상 사업으로의 진출은 기존의 방식과는 전혀 다른 새로운 경영방식을 요구한다는 면에서 경영진에게는 도전적인 과제였다. 신중하고 방어적인 경영이 필요한 화학 영상사업과는 달리, 전자 영상분야는 공격적인 신투자와 위험부담, 실패를 용인할 수 있는 실험정신 등이 요구되었기 때문이다. 여기서 코닥의 경영진들은 '모든 것이 잘 돌아가고 있는데 굳이 새로운 모험을 할 필요가 있을까'라는 반문을 던지며, 화학 영상 사업에 주력하기로 결정한다.

---

29) J. A. Hornday and N. B. Tieken, "Capturing Twenty-one Heffalumps," Frontiers of Entrepreneurship Research, Babson College, Wellesley, 1983, pp.23-50.

그로부터 5년 여 뒤, 전자 영상기술의 급발전으로 디지털 카메라와 손쉽게 사진을 인쇄할 수 있는 프린터가 대중화되면서, 새로운 실험과 도전을 거부했던 코닥이 설 자리는 날로 좁아졌다. 경영악화로 인해 약 1만 5000 여 명의 감원과 유럽 지역의 공장 폐쇄라는 최악의 상황으로 치달았다. 한 때 회사 수익의 90% 정도를 차지했던 필름 사업은 재봉틀, 라디오처럼 사양 업종의 길로 진입했다. 지난 해 4월에는 미국 다우존스의 산업 평균 지수를 구성하는 종목에서 탈락되는 수모도 겪었다. 최근 의료 영상과 디지털 카메라 등 새로운 비즈니스 모델을 추진하면서 다시 부활의 기지개를 켜려고 노력하고 하지만, 과거의 화려한 명성을 되찾을 수 있을지는 두고 봐야 할 것 같다.

◆ 한국 기업가정신의 현 주소는?

오늘날 역경에 빠진 코닥은 기업가정신(Entrepreneurship)이 발휘되지 못한 기업의 미래가 어떻게 되는 지를 잘 보여주는 사례이다. 변화의 속도가 빠르고 불확실성이 높은 경영환경 하에서, 기업가정신이 발휘되지 않는 기업은 혁신 마인드가 소멸하게 되고 결국 늙어 사라질 위기에 처할 가능성이 높다. 끊임없이 새로운 기회를 찾아 신 성장 엔진을 발굴하고, 사업방식이나 업(業)의 개념을 근본적으로 다시 생각하는 기업가정신의 중요성은 새삼 강조할 필요가 없을 것이다.

그렇다면, 과연 우리 기업들의 현 주소는 어떠한가? 안타깝게도 최근에 기업가정신의 쇠퇴를 우려하는 목소리가 부쩍 늘고 있다. 기업들의 위험기피 성향이 점점 확산되고 있어 심지어 '무기력증후군'에 빠질 위험이 있다고 경고하는 이들도 있다. 원화절상, 유가급등, 내수침체 등 제반 경제여건이 어려워지면서 단기 실적만을 중시하는 경영형태, 위험을 기피하려는 보수적 경영분위기가 확산되는 조짐이 일고 있다.

기업가의 책무를 '창조적 파괴'라고 이야기했던 슘페터는 어려운 시기일수록 이를 극복할 수 있는 가장 현실적인 방법은 기업가정신의 발현이라고 강조하였다. 오늘날의 경영여건을 볼 때 기업가정신의 발목을 잡는 요소들이 많은 것도 사실이지만, 지금이야말로 그런 외부 여건 탓만을 하기보다는 기업가 본연의 임무인 도전과 혁신에 매진해야 할 때인 것 같다. 이에 기업가정신을 무기력하게 만들 수 있는 잘못된 통념들을 살펴본 후, 쇠퇴하는 기업가정신을 살릴 수 있는 사고의 전환을 모색해 보기로 한다.

◆ 기업가정신 = 'High Risk'?

기업가정신의 특성은 크게 세 가지 측면에서 살펴볼 수 있다. 첫째, 새로운 제품과 서비스로 새로운 고객을 창출하려는 이노베이션 마인드이다. 둘째, 실패의 위험을 감수하면서 적극적으로 새로운 기회를 찾아 도전하는 자세이다. 마지막으로 기존의 관행을 깨는 창조적 발상과 행동이다.

이러한 특성으로 인해 기업가정신의 발휘는 비용절감, 예산관리 등을 통해 기존 사업을 안정적으로 운영하는 것보다 훨씬 더 위험하다고들 한다. 과거에 검증된 바가 없기 때문에 성공에 대한 불확실성도 클 뿐만 아니라, 새로운 아이디어가 시장에서 판매될 수 있는 제품이나 서비스로 현실화되기까지 오랜 기간이 걸리기 때문이다. 대부분의 기업들이 당장 큰 문제가 없으면 현상 그대로 유지하려는 이유도 바로 여기에 있다. 앞서 언급한 코닥처럼, 실패할 위험을 감수하기 보다는 최소의 위험을 부담하면서 점진적인 개선을 추구하는 것을 선택한다.

물론 새로운 도전과 기회를 추진하는 데에는 불확실성이 뒤따르기 때문에, 기업가정신의 발현은 기본적으로 위험을 전제로 한다. 하지만, 미래에 도전하는 기업과 현재를 지키려는 기업은 위험을 바라보는 관점과 시각이 근본적으로 다르다. 현재를 지키려는 기업은 안정적인 환경에서 최소의 위험을 부담하면서 기존 사업의 최적화를 추구한다. 반면에 미래에 도전하는 기업은 고객을 위한 새로운 가치창출에 초점을 두고 공격적으로 미래의 성장기회를 모색한다. 그들은 미래의 위험을 무시하고 기존 사업을 잘하는 것에만 매달리는 것이야말로 오히려 더 위험할 수 있다는 것을 잘 알고 있다. 오랫동안 기업가정신을 연구해 온 피터 드러커 역시 어제의 것을 지키는 일이 오히려 내일을 준비하는 일보다 훨씬 더 위험할 수 있다고 경고하였다. 변화와 혁신을 정상적인 것으로 인식하고 지속적으로 성장의 돌파구를 마련하지 않는다면, 조직의 생존 자체가 위기에 빠질 수밖에 없다.

세계적인 우량기업들은 '기업가정신의 발휘는 위험부담이 높다'라는 일반적인 통념을 버리고, 창의적 사고, 발상의 전환을 통해 남들이 보지 못하는 새로운 성장기회에 과감히 도전한 회사들이다. 예를 들어, 해마다 100여 종 이상의 신제품을 개발할 정도로 혁신의 대명사가 된 3M은 '성공은 실패 없이 이루어질 수 없다'는 철학을 가지고 있다. 구성원들이 실패를 두려워하지 않고 창조적인 실험정신을 발휘하도록 격려하고, 이를 통해 기업가정신이 왕성한 조직을 구축해 나가는 기업문화가 바로 3M 성장의 원동력이다. 빠르게 변화하는 하이테크 분야에 진출한 IBM 역시, 쉴 새 없이 첨단에 도전하면서 신제품과 새로운 시장을 개척해 나가고 있다. 최근 IBM은 컴퓨터 하드웨어를 대표하는 기업에서 IT 솔루션 중심의 소프트웨어 기업으로 대변신을 추구하고 있다. 고객욕구 및 시장상황의 변화에 맞게 사업구조를 변화하여 고부가가치를 창조하는 기업으로의 새로운 모험을 선택한 것이다.

◆ 기업가형 리더 = '갬블러(Gambler)'?

기업가형 리더는 위험추구 성향이 강한 사람처럼 보이기도 한다. 때로는 불확실한 미래에 개의치 않고 고위험 고수익을 쫓아 새로운 사업을 추진하는 사람으로도 비춰진다. 그러나 성공하는 기업가들은 카지노의 슬롯 머신을 몇 번이고 계속 끌어 당기면 돈을 딸 수 있다는 환상을 가지고 있는 갬블러들이 아니다.

미래에 대한 장미빛 전망으로 일확천금을 꿈꾸며 우후죽순처럼 창업을 했던 몇 년 전의 벤처 열풍을 떠올려 보자. 초기에 이들은 모험적 사업에 도전하여 성취하려는 왕성한 기업가정신을 가진 기업가로 생각되었다. 물론, 진정한 기업가정신을 바탕으로 성공한 기업도 있지만, 이들 중 상당수의 기업들은 한탕주의를 노리는 투기자로 변질되어 오랜 시간을 버티지 못하고 시장에서 퇴출되었다.

의외로 기업가형 리더들은 실용적인 사고와 행동을 중시하면서 현실에서의 실현가능성을 꼼꼼하게 따진다. 무모하게 위험을 감수하는 것이 아니라, 계산된 위험을 감수하는 것이다. 확률상 지는 게임에는 베팅을 하지 않으며, 일단 베팅을 한 뒤에는 '반드시 성공하겠다'라는 각오로 최종 목표를 달성하기 위해 모든 수단과 방법을 동원한다. 이들은 어떤 경우에도 포기하지 않는 승부근성을 지닌 일종의 승부사라고 할 수 있다.

성공하는 기업가형 리더가 되기 위해서는 미래 지향적인 관점에서 새로운 기회를 탐색하는 역할과 포착한 기회를 과감하게 실행하여 최종 성과를 이끌어 내는 역할을 동시에 수행할 수 있어야 한다([그림 2] 참고). 세계 최대 칩 메인커인 인텔의 앤드류 그로브, 마이크로소프트의 빌 게이츠, GE의 젝 웰치, 포드 자동차의 창업가 핸리 포드 등 성공적인 기업가로 이야기되는 이들은 위험을 최소화하면서 기회를 추구한 사람들이었다. 그들은 실현 가능한 기회를 찾았고, 동시에 그 기회를 실제 실천으로 옮겨 시장에서 성공적으로 구현한 실행가들이었다. 예를 들어, PC 시장점유율 세계 1위 업체인 델 컴퓨터사의 CEO 마이클 델은 거대기업 IBM을 목표로 단 돈 1000달러를 가지고 사업을 시작하였다. 설립할 당시 델은 고객들이 직접 인터넷을 통해 자신이 원하는 컴퓨터를 구성하도록 하면 중개업자를 통하는 것보다 훨씬 저렴하게 컴퓨터를 조립하는 것이 가능하다고 생각하였다. 실제로 델사의 컴퓨터는 중간 판매상의 개입을 없앰으로써 IBM, 컴팩, HP 등 주요 PC 업체들의 제품보다 평균 20%나 저렴했다. 고객입장에서도 자기가 원하는 사양의 컴퓨터를 빠른 시일 안에 구입할 수 있었기 때문에 그만큼 만족도가 높았다. 당시로서는 획기적이었던 이 발상을 유통구조

개혁으로 현실화시키면서, 델 컴퓨터의 매출액은 매년 50%씩 성장하기 시작하였으며 CEO 마이클 델은 미국 5대 부자 중에 한 명이 되었다.

◆ 기업가정신 = '無에서 有를 창조'?

20여 년 전에도 미국에서 커피는 단지 매일 마시는 일상 음료였다. 하지만, 스타벅스는 커피라는 상품을 단순 음료에서 감성적 경험으로 바꿨다. 기존 커피와는 차별화한 독특한 커피를 제공함과 동시에 커피를 마시는 장소도 고급스럽고 우아한 곳으로 바꿔나간 것이다. 커피라는 음료 뒤에 숨어 있는 고객의 욕구를 간파한 스타벅스는 현재 8,500 여 개 매장을 보유한 세계적인 커피 체인점으로 성장했다.

또한 햄버거 역시 미국의 웬만한 식당이면 오랜 전부터 만들어 왔던 음식이었다. 사실 세계적인 햄버거 체인 업체인 맥도날드의 경우, 특별히 새로운 것을 발명해 낸 것은 아니다. 단지 그들은 고객이 바라는 가치가 무엇인가를 연구함으로써 제품을 표준화하여 일정 자원으로부터 생산성을 급격하게 향상시킬 수 있었다. 혁명적인 발명 없이도 맥도날드는 심지어 북극에도 체인점을 개점할 정도로 전세계에서 가장 많은 체인점을 가지고 있는 기업이 되었다.

흔히 사람들은 기업가정신을 이야기할 때, 바이오, 나노, IT, 반도체 등과 같은 하이테크 제품을 떠올리곤 한다. 기업가를 세상에 존재하지 않는 새로운 것을 발명하거나, 위대한 과학적 발견을 하는 사람이라고 생각하기 때문이다. 하지만, 스타벅스나 맥도날드의 경우처럼 로우테크(Low-tech) 분야에서도 기업가정신에 의한 경영은 중요하다. 성숙된 시장이나 평범한 제품에서도 기존의 제품 컨셉을 바꾸거나 새롭게 재조합하여 성공을 거둔 회사가 상당 수 있다.

기업가는 무(無)에서 유(有)를 창조하는 사람이 아니라, 넓은 시야를 갖고 새로운 사업기회를 감지하는 아이디어 발견자이다. 때문에 기업가형 리더에게는 다른 무엇보다도 시장에서 기회를 간파하는 가치(Value) 통찰력이 중요하다.

◆ 기업가정신 = '벤처의 전유물'?

일반적으로 규모가 큰 기업일수록, 그리고 오랜 역사를 가진 기업일수록 변화에 둔감하고 조직이 경직되어 있다고 이야기한다. 조직 내에서 오랜 동안 굳어진 관행이나 고정관념에 대한 집착이 새로운 기회를 포착하거나 창조적인 실험정신을 발휘하는데 있어 결정적인 장애요인이 된다는 것이다. 이로 인해 기업가정신이 충만한 기업이 되기 위해서는 소규모이거나 신생기업이어야 한다는 것이 일반적인 통념이다.

하지만, 오랜 역사를 가진 대기업에서도 기업가정신은 활성화될 수 있다. 대기업은 오히려 몇 번의 실패를 하더라도 이를 견뎌낼 수 있는 자원의 여유를 가지고 있다는 측면에서 중소기업보다 비교 우위를 가질 수 있다. 여러 기회에 도전해 보고, 때로는 실패를 새로운 기회 발굴의 원천으로 활용할 수 있다는 면에서 유리할 수 있다는 것이다.

대표적인 예가 100년 이상의 역사를 이어오면서 세계 최대 규모의 기업으로 발전한 GE이다. GE의 전 CEO 잭 웰치는 월 스트리트 애널리스트들과의 첫 기자 회견에서 GE라는 거대한 규모의 회사 안에 작은 회사의 정신을 불어 넣는 것이 자신의 목표라고 이야기했다. GE의 15분의 1도 안 되는 작은 회사보다도 더 생기 있고, 더 유연하며, 더 도전적인 조직으로 만들겠다고 선언한 것이다. 거대기업이었던 GE는 고객과 시장의 잠재적인 요구들을 새로운 사업의 기회로 발전시켜 나가면서 성공적으로 성장의 동력을 확보해 나갔다.

GE가 사업 다각화를 통해 새로운 기회를 발굴해 왔다면, 반도체 칩 기술의 선도자인 인텔은 신제품 개발 측면에서 탁월한 기업가정신을 발휘해 온 기업이다. 인텔은 스스로 가능하다고 생각하는 목표보다 더 짧은 신제품 개발시간을 설정하면서 자기혁신 역량을 강화해 나갔다. 도전적 목표

설정을 통해 구성원들이 기존의 틀을 초월하여 새로운 방법이나 아이디어를 모색하도록 유도한 것이다. "현재 인텔의 임직원 수는 8만 명 수준이다. 인텔이 5년이나 10년 전에 가졌던 기업가정신을 아직 가지고 있다고 보는가?" 오는 2005년 봄에 인텔의 5대 회장으로 취임할 예정인 폴 오텔리니가 어느 인터뷰에서 받았던 질문이다. 오텔리니는 "처음 회사를 설립할 때와 지금을 비교한다면 규모면에서 차이가 나기 때문에 대답은 '그렇지 않다'이지만, 5년 전이나 10년 전과 비교해서는 크게 변한 것이 없다"고 답변을 했다. 10년 전에 비해 상당히 규모가 커졌지만, 그때나 지금이나 제품에 중점을 두고 기업가정신을 발휘하는 것은 한결같다는 이야기이다.

최근 대기업들의 기업가정신에 대한 관심은 점점 높아지고 있다. 대기업병을 극복하고 새로운 아이디어를 촉진하기 위해 '사내 기업가정신'(Intrapreneurship)을 활성화하려는 것이다. 선진 기업들뿐만 아니라 몇몇 국내 대기업들에서도 사내 벤처 창업(Internal Corporate Venturing)을 적극 지원하는 기업들이 늘고 있다. 또한 기업가정신은 타고 나는 것이다라는 통념을 깨고, 적극적으로 이를 훈련시키려는 기업들도 있다. 예를 들어, AT&T에서 분사된 Bell Atlantic은 과거 독점기업 시절에 형성된 조직의 경직성을 깨뜨리기 위해 사내 기업가 육성 프로그램을 도입하였다. 130명 이상의 종업원들이 이 프로그램에 참가하였으며, 이들이 수행한 프로젝트는 100개가 넘었다. 이 중 4분의 1은 실제 사업으로 연결시키는 중이며, 15개의 신제품이 시장에 곧 출시될 예정이라고 한다. Bell Atlantic은 이 프로그램이 앞으로 5년 동안 1억 달러의 수익을 거둘 것으로 기대하고 있다.

◆ 지금 우리에게 진정 필요한 리더

반도체, 전자, 자동차, 철강, 조선, 화학 등 한국경제를 이끌고 있는 주역들은 기업가정신이 투철했던 기업가들의 유작이다. 그들은 아무도 가지 않는 험한 길을 택했다. 기존에 전혀 현실화되지 않았던 새로운 제품이나 서비스를 창출하여 기업 성장의 발판을 마련한 것이다.

지금 우리에게 필요한 리더는 어느 정도 기반이 다져진 사업의 틀 내에서 큰 무리 없이 시스템 개선이나 비용관리를 통해 안정적으로 조직을 운영해 나가는 관리형 리더들이 아니다. GE의 경우, 과거 60년대 신사업을 포함한 거의 모든 사업분야에 관리형 리더들을 배치했다가 낭패를 본 적이 있다고 한다. 경쟁이 치열해지고 시장의 여건이 점점 나빠지는 상황에서 신사업, 신시장을 개척하면서 이를 공격적으로 극복해 나갈 수 있는 기업가형 리더가 그 어느 때보다도 절실하게 필요한 시기이다. 비바람도 없고 언덕도 없는 평탄한 길은 비즈니스 세계에 더 이상 남아 있지 않기 때문이다.

- 출처: 정영철, '기업가정신으로 재무장하라', LG주간경제, 2005.2.2 (817호), LG경제연구원.

1) 성공한 기업가의 특성

팀몬스(Timmons), 스몰론(Smallon), 딘기(Dingee)[30]는 50 여개의 기존 연구결과들을 종합하여 성공한 기업가들의 특성과 행태에 대하여 정리하여 제시하였다. 이러한 공통된 특성들은 장차 기업가정신의 함양이나 성공적인 기업가들을 양성하기 위한 훌륭한 학습의 지침이 될 수 있을 것이다.

30) J. Timmons, L. Smollen and A. Dingee, New Venture Creation: A Guide to Entrepreneurship, Hamate, Ill: Irwin, 1985.

① 높은 사업 몰입도, 결단력, 인내심

성공한 기업가들은 사업에 대한 몰입도가 높고 결단력과 인내심이 강하다고 한다. 특히 많은 벤처캐피탈 회사들은 투자 여부의 결정에 있어 기업가가 얼마나 자신의 시간적, 재정적 자원을 실제적으로 투여하고 있는가를 중시한다고 한다. 이는 사업에 대한 몰입정도가 사업성공에 중요한 영향을 미침을 나타낸다.

② 강한 성취욕구와 성장욕구

성공한 기업가들은 스스로 설정한 도전적인 목표를 뛰어넘는 데 주력한다. 그리고 이 목표가 달성되면 상향조정된 새로운 목표와 기준을 설정하여 계속적으로 도전한다. 따라서 이들은 다른 사람을 능가하는 데 주력하기보다는 자신의 과거실적을 계속하여 뛰어넘는 데 주력한다.

③ 기회 및 목표 지향적

현재 보유하고 있는 자원에 근거하여 행동하기보다는 기회를 먼저 포착하고 자원과 전략을 거기에 맞추어 나가려는 기회지향적 성향이 있다. 그리고 높지만 달성가능한 목표를 설정하고 거기에 모든 힘을 집중하려 한다.

④ 주도적이고 책임감이 강함

주도적으로 문제를 탐색하고 해결책을 제시하려 한다. 그리고 일의 결과에 대해 스스로 책임지려 한다.

사례 들여다보기_대부호의 비밀이 꽉 차있는 과자

100개가 넘는 상장기업 대주주로 일본 제일의 투자가인 다케다(竹田和平)씨. 그는 '다마고 보로'(TAMAGO BORO)로 유명한 과자 회사, 다케다(竹田)제과의 경영자이기도 하다.

실은 이 '다마고 보로'에 대부호의 비밀이 가득 들어있다.

다케다 씨는 이 '다마고 보로'를 만드는데, 절대로 질이 나쁘고 싼 계란은 사용하지 않고, 전후 창업기부터 유정란만을 고집하여 써 왔다.

어떤 계란을 써도 과자의 맛은 거의 똑같고, 더구나 전란이 끝난 지 얼마 지나지 않은 때라서 과자를 만드는 재료를 따지는 사람은 아무도 없었는데도 말이다.

유정란의 가격은 세 배나 비쌌으므로, 라이벌 회사는 당연히 값싼 계란을 선택했다.

"다케다 씨! 돈을 벌지 못하는 데도 계속 유정란만을 고집했다는 것입니까?"라는 질문에 그는 이렇게 답변했다.

"그게 참 신기해요. 그렇게 했더니 어느 순간부터 돈이 벌리기 시작하더라고요."

최고의 품질을 고집하는 그의 신념이 마침내 고객의 입맛과 마음을 사로잡은 것이다. 그렇게 해서 65년에는 시장 점유율이 60%를 넘어섰다.

"이대로 가면 100%가 되어 버리겠는걸."

순간 다케다 씨는 경쟁상대가 없어지면 자기 자신들을 잃어버릴 수도 있다는 생각에, 그 이상의 점유율을 늘리지 않으려고 노력했다고 한다.

멋진 다케다 씨의 이야기는 여기에서 끝나지 않는다.

최고 품질의 '다마고 보로'를 만들기 위해 다케다 씨는 최근 새로운 전략을 구사하고 있다. 그 전략이라는 것은, 공장에서 직원들이 과자를 향해 '감사합니다.'라고 말하게 하는 것이다. 다케다 회장의 '감사합니다' 인사법 전략은 한 실험 연구결과에서 힌트를 얻었다고 한다. 사람들이 화를 낼 때 내뱉는 숨을 봉지에 담아서 그 안에 모기를 넣어두면, 모기는 몇 분 안에 죽어버린다고 한다. 반대로 싱글벙글 웃을 때 나오는 숨에서는 훨씬 오래 산다고 한다. 다케다 씨의 새로운 전략은 여기에서 착안된 것이다.

"소재 다음에는 만드는 사람의 행복도를 따지는 시대가 올 것입니다. 만드는 사람의 심리적 파동이 물건으로 이동하기 때문이죠."

계속해서 다케다 씨는 이야기 한다.

"하루에 3000번씩 '감사합니다.'라고 말해보세요. 인생이 바뀔 테니까요."

'감사합니다.'라고 소리 내어 말을 하다 보면, 자연적으로 싱글벙글 웃는 얼굴을 하게 되고, 덩달아 운도 좋아지게 된다고 한다.

'감사합니다.'를 3000번 말하는 데는 대략 40분 정도가 소요된다고 한다.

더 재미있는 것은 한 시간 동안 '감사합니다.'라고 말한 직원들에게는 급여와는 별도로 상여금을 지급한다고 한다.

그것도 한 시간에 8000원이나!!

최고의 '다마고 보로'를 만들기 위해서라면 그 정도의 비용은 투자할 가치가 있다고 본 것이다.

다케다 씨의 예상은 적중했다. 이 전략을 쓴 후 판매가 폭발적으로 늘어난 것이다. 다케다 씨는 요즘 공장에 "감사합니다. 감사합니다."라고 녹음한 테이프를 24시간 틀어놓는다고 한다. 결과적으로 제품이 출하될 때까지 "감사합니다."란 말이 100만 번 과자에 들어가 있는 것이다.

조금은 황당한 이야기일지는 모르겠지만, 지금으로부터 10년 후의 미래에는 혹시 물건을 만들 때마다 '감사합니다.'라는 말을 하는 것이 제조공정의 표준으로 되어 있지는 않을까?

-출처 : 히스이 고타로, '3초만에 행복해지는 명언 테라피'

※ 상당히 희한한 방법이긴 합니다.
하지만 '감사'함을 느끼는 것은
분명 우리의 삶을 어떻게든
풍요롭게 만들어 주는 것이 틀림없습니다.
정신적으로는 물론이고,
물리적으로도 그럴지도 모른다는 생각이 듭니다.
"물은 답을 알고 있다."라는 책을 보면
'감사'의 마음가짐이 물의 결정까지도 바꾼다는 사실을
사진을 통해 직접 볼 수 있으니까요.

> 정말 미래 시대에는
> 만드는 사람의 감정 상태가
> 제조 공정의 표준이 될 지도 모르겠다는 생각을 해봅니다. - 히스이 고타로

⑤ 끈질긴 문제해결 노력

하고자 하는 일에 장애요인들이 나타날 경우 이를 극복하려는 욕구가 강하며 문제해결을 위해 끈기 있게 노력한다. 이에 따라 인내심이 강한 편이나 불가능하다고 판단되는 일에 대하여는 단념도 빠르다.

⑥ 낙관적 현실주의와 유머감각

외부환경과 자신의 강점, 약점 등에 관한 냉철한 판단을 중시하는 등 매우 현실적이나 매사를 긍정적으로 보는 낙관적 자세를 견지한다. 그리고 어려운 여건에서도 유머를 잃지 않는 등 정신적 여유를 갖고 있는 경우가 많다.

⑦ 피드백의 활용

피드백을 효과적으로 활용함으로써 자신의 잘못을 신속하게 파악하고 잘못된 부분을 재빨리 수정한다. 이에 따라 유능한 기업가들은 대부분 남의 이야기를 잘 청취하고 학습능력이 뛰어난 편이다.

⑧ 계산된 위험함수와 위험의 공유

뛰어난 기업가는 도박사가 아니다. 그들은 미리 세심하게 계산을 한 후 결정을 내리며 공동투자 또는 동업을 통해 곧잘 위험을 공유하려 한다.

⑨ 지위와 권력에 대한 낮은 욕구

권력욕구보다는 성취욕구에 의해 행동한다. 지위나 권력은 성공의 결과 주어지는 것이지 처음부터 이것을 얻기 위해 노력하지는 않는다. 이에 따라 유능한 기업가는 독재자보다는 중재자 또는 협조자의 역할을 수행한다.

⑩ 정직과 신뢰

정직과 신뢰가 없이 달성한 일시적 성공은 궁극적으로 실패한다는 신념으로 장기적 관점에서 인간관계를 유지하고 사업활동을 한다.

⑪ 신속한 결단과 실천, 그리고 인내

신속하게 움직여야 하는 일에 대하여는 빠른 결정을 내리고 곧바로 실천에 들어간다. 그러나 그 일이 장기적으로 진행되어야 하거나 일의 결과가 장기적으로 나타나는 경우 인내심을 가지고 기다린다.

⑫ 실패에 관한 적절한 관리

실패에 실망하지 않고 두려워하지도 않는다. 오히려 실패를 통하여 배우려는 자세가 강하다. 비관적 상황에서 낙관을 발견하고 위기 속에서 기회를 발견하는 지혜를 발휘한다.

⑬ 팀구축자이자 영웅 메이커

유능한 기업가는 독불장군식으로 일하기보다는 열의에 가득찬 팀을 만들어 공동으로 일을 추진한다. 또한 자기혼자 영웅이 되기보다는 관리자들을 영웅으로 만듦으로써 동기부여한다. 아울러 뛰어난 기업가는 성과를 나누어 갖는 데에 관심을 두기보다는 성과 자체를 키우는 데 주력한다.

한편 윤종록과 그 동료들[31]은 성공한 기업가의 특성들을 다음과 같이 제시하고 있다.

① 독립욕구(Desire)

성공한 사업가는 성공에 대한 집념이 강하며 성공한 사업가의 대부분은 오너가 되고 싶은 강한 욕구가 있다. 성공한 사업가는 남의 지시에 따라 움직이는 것을 싫어하는 사람이 많다.

② 주도성 또는 적극성(Initiative & Aggressiveness)

자신이 사업을 할 때는 스스로 움직이지 않으면 아무 일도 되지 않는다. 기발한 아이디어가 있다고 하더라도 자신이 먼저 적극적으로 움직이지 않으면 아무 소용이 없는 것이다. 성공한 사업가는 아무도 자신의 일을 대신해 주지 않는다는 것을 알고 있으므로 스스로 모든 일을 처리하고자 한다.

③ 활동에너지(Energy)

활동성은 사람에 따라 다르다. 건강하고 적극적인 성격을 가진 사람은 다른 사람에

---

31) 윤종록 외, 앞의 책, pp.77-81.

비해 더 활동적이다. 성공한 사업가들은 대부분 활동에너지 레벨이 높다. 한시도 가만히 있지 못하고 항상 무언가를 하고 있어야 하는 사람이 많으며 따라서 하나의 사업만으로는 만족하지 못해 여러 사업을 동시에 벌이거나 한 사업에 싫증이 나면 그걸 처분하고 새로운 일을 찾는다.

④ 낮은 지원의존도(Low Support Needs)

사업을 처음 시작할 때는 주위의 도움을 받기가 매우 어렵다. 자신의 능력에는 한계가 있음에도 불구하고 모든 일을 혼자 처리해야 하는 경우가 많이 발생한다. 대기업에서 오래 근무하던 사람이 자신의 사업을 벌일 때 흔히 볼 수 있는 약점 중의 하나는 새로운 환경에서 혼자 모든 책임을 지고 처리해 나가는 방법을 잘 모른다는 것이다.

⑤ 눈치(Thrives on Ambiguity)

사업의 세계에서는 확실성이나 체계를 찾아보기가 힘들다. 시시각각 변해가는 불확실한 환경 속에서 일은 벌어지고, 벌어지는 문제들을 계속 해결해 나가야 한다. 이처럼 혼란스러운 환경에서 견디기 힘든 사람은 처음부터 포기하는 것이 낫다. 진정한 사업가는 혼란스러운 상황을 즐기며 아주 좋아해야 한다는 것을 명심해야 한다.

⑥ 끈기와 각오(Perseverance)

성공한 사업가들은 끈기와 각오, 강인한 정신력으로 성공을 향해 자신을 내몰아간다. 이들은 포기하는 것이 가장 현명할 것 같은 경우에도 쉽게 포기하지 않는다. 각오는 사람을 성공으로 이끄는 주요한 이유 중의 하나이다. 사업가는 실패하지 않겠다는 각오를 가져야 한다. 지금까지 인류의 많은 문제는 우직하게 밀고 나가는 추진력과 끈기에 의해 해결되어 왔으며 비즈니스의 주요 성공요인으로는 성공하겠노라는 정신력, 할 수 있다는 정신력이 중요하다.

⑦ 책임의식(Responsibility)

성공하는 사람들은 자신이 전적으로 책임지는 한 성공하지 못한다는 것을 잘 알고 있다. 이들은 자신의 인생과 주변의 모든 것을 책임진다는 생각이 강하기 때문에 정부의 후원 같은 것을 별로 기대하지 않는 성향이 있다. 큰 조직체일수록 하루의 대부분을 책임을 회피하며 보내는 사람이 많은데, 이러한 태도는 자기 사업을 하는 사람들에게는 실패로 가는 지름길이다. 아무도 돌보아 주지 않을 것이라고 인식하고 스스로 책임의식을 갖고 돌보아야만 한다.

⑧ 문제해결능력(Problem Solving)

사업을 하다보면 많은 문제가 발생한다. 자신이 경험하지 못한 전혀 생소한 문제를 해결하는 것은 힘든 일이지만 이를 회피하거나 이를 힘들게 생각한다면 사업에서 성공하기는 힘들다. 문제에 직면했을 때 이를 침착하게 처리할 능력이 없는 사람은 성공적인 사업을 운영하기 힘들다.

⑨ 설득력(Persuade)

성공적인 창업가들은 대게 설득력 또는 협상력이 강한 사람들이다. 그럴 수밖에 없는 것이 자기 사업을 위해서 다른 사람들을 설득하여 성사시켜야 할 일들이 많기 때문이다. 따라서 사업을 하고자 한다면 다른 사람이 당신이 원하는 바를 해 주도록 설득하여야 한다. 만약 당신에게 그런 소질이 없다면 그런 능력을 갖춘 사람을 필히 끌어들이도록 해야 한다. 특히 판매기술을 갖추지 못하면 성공하기 힘들다. 협상기술은 설득의 한 응용일 뿐이다. 사업에 성공하려면 유능한 협상가가 되어야만 한다. 협상을 잘못하면 기업의 성공은 물론 생존마저 위태로워진다. 협상의 열쇠는 설득력이다. 당신이 필요로 하는 협상을 맺기 위해서는 상대방을 만족시키면서 설득할 수 있어야 한다. 그러나 설득기술이 없더라도 결코 낙망할 일은 아니다. 왜냐하면 무엇이든지 진정으로 원하면 갖추어질 수 있기 때문이다.

⑩ 자제력 또는 자기관리통제(Self-discipline)

사업을 하다보면 원하지 않는 일도 해야 하는 경우가 많다. 자기로서는 사무실에 앉아 일을 하는 편이 좋고 일의 해결에도 그 방법이 빠르다는 것을 알면서도 단골고객과 함께 어쩔 수 없이 교제골프를 쳐야하는 경우가 있다. 따라서 사업상 필요하다면 어떠한 성질의 일이든 처리해 낼 수 있는 능력을 갖추어야 한다.

⑪ 돈의 가치에 대한 인식(Value of Money)

창업시작단계에서 고급 자동차, 화려한 사무실, 대규모 공장, 상류생활 등 사업적인 성공과는 별 상관없는 곳에 지나치게 돈을 쓴 사업가들은 오래가지 못하고 실패를 경험한다. 성공적인 창업가는 돈을 벌기가 얼마나 어려운가를 잘 알기 때문에 돈을 귀히 여기고 특히 창업 초기에는 자금의 지출에 신중을 기한다.

⑫ 자신감(Self-confidence)

독립적으로 자신의 사업을 시작한다는 것은 대단한 자신감을 필요로 한다. 그러므로 크게 성공한 사람들 대부분이 거만해 보일 정도로 자신감에 가득 차 있는 것은 당연한 일이다. 물론 자신감이 지나쳐 무엇을 해도 성공할 수 있다고 믿게 되면 그 때문에 낭패를 볼 수 있다. 그러나 사업상 문제의 대부분은 실패가 겁이 나서 일을 제대로 하지를 못하는 자신감의 결여에서 생겨난다. 창업가로 성공하기 위해서는 무엇보다도 이러한 두려움을 잘 극복해야 한다.

⑬ 자부심(Ego Development)

성공한 사람들은 스스로를 좋아하며 자신이 과거에 성공한 일에 긍지를 느낀다. 그러나 더러는 이러한 자부심이 지나쳐 교만해지거나 독선적이 되기도 한다.

⑭ 시장 감각(Market Awareness)

사업에 성공하기 위해서는 시장에서 어떤 일이 어떻게 돌아가고 있는지를 잘 파악하고 그 시장의 동향에 따라 사업방향을 잡아나가야 한다. 사업상 호기를 포착해 내는 뛰어난 사업 감각이야말로 사업가에게 가장 필요한 요소일 것이라고 성공한 사람들은 말한다. 사실 좋은 기회에 둘러싸여 있으면서도 그러한 사실을 인식하지는 못하는 사람들이 많이 있다.

추가적으로 국내의 창업지원센터와 같은 관련 기관이나 전문가들이 제시하는 성공적인 기업가들의 특성들을 더 살펴보면 다음과 같다.

① 낙관적 현실주의와 유머감각
② 계산된 위험감수와 위험의 공유
③ 정직과 신뢰
④ 지위와 권력에 대한 낮은 욕구
⑤ 신속한 결단과 실천, 그리고 인내
⑥ 실패에 관한 적절한 관리

사례 들여다보기_란체스터의 법칙 - 한수 아래 도전에도 총력 다하라.

A국과 B국의 비행기가 전투를 벌인다고 치자. A국의 비행기는 5대, B국의 비행기는 3대다. 같은 조건에 같은 성능, 같은 비행술을 가지고 있다면 결과는 어떻게 될까. 상식적으로는 A국이 비행기가 2대 더 많으므로 A국의 비행기 2대가 잔존할 가능성이 높아 보인다. 그러나 결

과는 그렇지 않다. B국의 비행기는 모두 격추당하고, A국의 비행기 4대가 잔존한다.

이것이 바로 란체스터의 법칙이다.

즉 양국의 비행기 여러 대가 싸우게 되는 경우 결과는 전력차이의 제곱으로 나타난다. A국과 B국의 전력 차이는 비행기 2대다. 그러니까 란체스터 법칙에 따르면 '2대×2'가 돼서 4대가 잔존하는 것이다. 이 법칙은 영국 왕립과학대학을 졸업한 엘리트이자 엔니지어 출신인 란체스터(F. W. Lanchester)가 다방면에 걸쳐 해박한 지식을 토대로 1916년에 출간한 'Aircraft in Warfare'라는 책에서 1, 2차 대전의 공중전 결과를 분석해 제시한 것이었다.

세월이 흘러 이 법칙은 기업들 간의 경쟁원리를 설명하는 중요한 이론으로 자리를 잡아가고 있다. 최근 출간된 '란체스터의 법칙'이 바로 그런 이론을 현실에 적용해 설명한 책이다. 이 법칙은 강자 약자 모두에게 많은 시사점을 안겨준다.

우선 강자는 아무리 약한 적이 쳐들어오더라도 총력전을 펼쳐야 한다. 란체스터의 법칙대로 강한 전력으로 맞설수록 아군의 피해는 줄어들기 때문이다. 50g의 구슬이 굴러온다고 치자. 그걸 막기 위해 55g의 구슬을 굴리면 서로 부딪혀 뒤로 밀리게 된다. 50g의 구슬이 더 많이 밀리긴 하겠지만 말이다. 그러나 아예 100g의 구슬을 내보내면 이야기는 달라진다. 50g의 구슬을 밀어내고도 앞으로 계속 굴러간다.

상대적으로 약한 기업이라고 해서 도전을 우습게 받아들이면 안 된다. 절대 우위를 차지하고 있는 기업들은 이 법칙을 철저히 지킨다.

수동 면도기 시장에서 선두를 달리는 질레트의 예를 들자. 후발기업들이 일회용 면도기로 도전하자 질레트는 총력을 다 해 자신들도 일회용 면도기 시장에 뛰어들었고, 결국 1위 자리를 지키고 일회용 시장이라는 전리품도 얻어냈다.

태평양화학이 세제류를 만들면서 도전을 해올 때 LG의 대응 역시 마찬가지였다. 전력을 기울여 태평양의 본토인 화장품 시장을 공격했다. 결과는 성공이었다. 슈퍼마켓 라인도 지키고 화장품 시장 진출까지 성공했다.

'강자일수록 전쟁에 총력을 기울여야 많은 걸 얻어낸다'는 란체스터 의 법칙은 미국의 패권전략에도 적용된다. 미국은 아무리 미미한 도전에도 전면적으로 대응한다. 압도우위를 지키기 위한 전략이다.

란체스터 법칙은 약자에게도 시사점을 던져준다. 약자는 정면 승부로는 절대로 강자를 이길 수 없다. 이기기 위해선 몇 가지 원칙을 지켜야 한다.

첫째 전쟁터를 바꿔야 한다. 동등한 조건에서 싸움을 피해야 한다는 뜻이다.

인터넷서점 아마존이 반스앤노블이 장악하고 있는 오프라인 전쟁터를 피해, 온라인 전쟁터에서 승리를 거둔 것은 좋은 예다.

전쟁터를 바꿀 수 없다면 무기를 바꿔야 한다.

농심이 신라면으로 라면시장을 장악하자 다른 업체들은 핫 라면 열라면 등 비슷한 라면으로 승부를 걸었다. 란체스터의 법칙상 같은 무기로 강자를 이긴다는 건 무리다.

이 방면에서 캐논은 좋은 예다.

캐논은 카메라에 전자기술을 도입한 신무기로 니콘을 이겼고, 같은 전자기술을 복사기에도 도입해 건식 복사기에 안주하고 있던 황제 제록스를 끌어내렸다.

일본 맥주시장 만년 2위 기업이었던 아사히는 결국 발포 맥주라는 신무기를 개발해 선두를 따라잡았다.

전쟁터나 무기를 바꾸는 것이 어렵다면 속도로 승부를 해야 한다. 기습작전을 감행하라는 이야기다. 독일 차인 폴크스바겐이 미국 시장에 진출해 성공한 것도 기습작전 덕이었다. 폴크스바겐은 자동차왕국 미국에 진출하기 전 먼저 미국 전역의 자동차 수리점과 계약을 맺었다.

자동차 수리 점에서 딜러까지 겸하는 계약이었다. 계약이 끝난 후 폴크스바겐이 기습적으로 미국에 상륙했다. 가까운 자동차 수리점에서 차도 팔고, 문제가 생기면 완벽하게 수리까지 해 준다는 말을 듣고 미국 소비자들이 몰려들기 시작했다. 기습의 결과는 완벽한 성공. 폴크스바겐은 미국에서 가장 많이 팔린 차에 포함됐다.

'강자에겐 강자의 길이 있고 약자에겐 약자의 길이 있다'는 평범한 진리를 확인시켜 주는 것이다. 약자는 강자와 정면 승부를 걸어서는 승리할 확률이 희박하기 때문에, 강자를 반으로 나누어 힘을 분산시킨 뒤 각개격파를 해야 한다. 리 아이아코카는 이러한 란체스터의 전략에 충실했다. 그는 업계 1위였던 포드의 최고경영자(CEO)에서 3위인 크라이슬러로 옮긴 뒤, 포드에서 썼던 전략을 절대 사용하지 않고 오히려 그 반대에 가까운 전략들을 구사하여 쓰러져가는 기업을 살려냈다.

하버드 비즈니스 스쿨의 교수로 경쟁전략의 대가인 마이클 포터(Michael Eugene Porter)는 약자가 강자에게 이기기 위한 법으로 첫째, 같은 장소에서 싸움을 하려면 우선 상품을 차별화하고 둘째, 그것이 어렵다면 판매영업의 방식을 바꾸고 셋째, 이마저 안 된다면 낮은 가격으로 승부하고 마지막으로 그것도 여의치 않으면 틈새시장을 개발하라고 제시하였다. 적이 강하면 적을 둘로 나누어 싸우고, 강하지 않을 때는 약한 점 하나에 병력을 집중하면 그 점에서는 강자가 될 수 있는 것이다.

- 출처 : 이영직, 란체스터의 법칙, 청년정신, 2002.

〈표 6-2〉 성공적인 기업가 및 팀의 핵심 특성

1. 헌신/몰입과 결단성(commitment and Determination)
결단성
규율/원칙성
끈기, 문제 해결과정에서의 집요함
전적인 몰입, 자발적 희생
2. 용기(courage)
도덕성
두려움 없는 실험정신
실패나 갈등을 두려워하지 않는 용기, 실패를 두려워하지 않는 담대함
위험상황에서도 생기는 강한 호기심
3. 기회에 대한 집착(opportunity obsession)
기회 파악능력
고객 욕구에 대한 지식
시장 지향성
가치 창조 및 확장에 대한 집착

4. 위험, 모호성, 불확실성의 수용(Tolerance of risk/ambiguity/uncertainty)
계산된 위험 감수, 위험 공유/분산/극소화
불확실성과 비체계적 구조에 대한 수용/적응
스트레스와 갈등의 수용
문제해결 및 대안 조정 능력
5. 창의력, 자생력, 적응력(Creativity, self-confidence, and Ability to adapt)
비전통적인 열린 사고, 수평적 사고, 혁신성
현 상태에 머물지 않고 끊임없는 변화 추구
적응력
개념화 능력과 꼼꼼함
6. 남보다 앞서려는 동기(Motivation to excel)
목표/결과 지향성, 성취와 성장에 대한 강한 욕구
타인에게 경쟁자보다 지원자라는 인식을 주는 능력
자신의 강점/약점 파악 능력
자신의 주관과 유머감각
7. 리더십(Leadership)
솔선수범
내재론자(남의 탓보다 자신의 책임으로 생각하는 사람)
성실성과 정직성, 신뢰감, 인내력
팀을 구축하고 구성원들에게 영감을 주고, 영웅을 만드는 능력

자료: J. Timmons & S. Spinelli, "The Distinctive Domain of Entrepreneurship Research: An Editor's Perspective," in Advances in Entrepreneurship, Firm Emergence, and Growth, vol.3, Ed., J. A. Katz and R. H. Brockhaus, Greenwich, CT: JAI, 2009. in 배종태·차민석, 앞의 보고서.

2) 실패한 기업가의 특성

다음에 열거되는 측면들은 기업가의 바람직하지 못한 특성 또는 행태로서 실패한 기업가들로부터 도출될 수 있는 것들이다.[32)]

① 불사조형

자신에게는 실패란 일어나지 않는다는 망상에 사로잡힌 경우를 말한다. 이 경우 방만하고 경솔한 투자로 실패할 가능성이 높다.

② 천하무적형

항상 남보다 우월하고 어떤 경쟁자라도 제거할 수 있다는 자만을 의미한다. 이 경

32) 이장형교수(대구대학교)의 강의안 중에서

우 경쟁자와 소모적 경쟁을 벌임으로써 사업에 해를 끼칠 수 있다.

③ '간섭마라' 병

남으로부터의 지시와 조언을 불필요하게 기피하는 성향으로서, 이 경우 주위로부터 피드백이 부족하여 잘못된 의사결정이나 행동을 수정할 기회를 놓치기 쉽다.

④ 즉흥형

매사를 그 당시의 상황과 기분으로 결정하고 처리하는 성향을 의미한다. 이 경우 어떤 행위나 결정에 대하여 그것이 갖는 궁극적인 의미나 실제 결과를 파악하기 어렵다. 또한 더 나은 대안을 찾지 못하는 결점을 갖는다.

⑤ '운수때문에' 병

잘되면 운이 좋아서, 안되면 운이 나빠서 그렇게 되었다고 생각하는 성향이다. 운명주의적 철학을 가진 사람들에게 많이 나타난다.

⑥ 완벽주의형

완벽한 일처리를 지나치게 강조하는 성향을 의미한다. 이 경우 소요되는 비용, 시장의 여건, 타이밍 등을 무시한 결정을 내리기 쉽다.

⑦ '다안다' 병

문제에 관한 해답을 자신이 모두 안다는 자만심을 의미한다. 이 경우 주위로부터 더 나은 해답을 얻을 기회를 잃기 쉽다.

⑧ '신세안진다' 병

주위로부터의 도움이나 협조를 받지 않고 모든 것을 혼자 결정하고 처리하려는 자세를 말한다.

[책갈피] 외식창업 성공창업 10계명

1. 창업은 현실이다.
처음부터 대박을 기대하지 말고 하루 매출의 계획부터 세워라.

2. 벤치마킹은 기본이다.
성공한 외식기업 CEO들은 아직까지 국내·외 수많은 음식점을 다니며 벤치마킹 한다.

3. 4S를 기억하라.
- 스마트 기기 본격화(Smart Platform Consumer)

- 소셜 미디어 소비 보편화(Social Media Consumer)
- 여유와 행복 추구 가치 확산(Slow Life People)
- 누리 장터꾼 증가(Sellsumer)

4. 식재료는 반드시 엄선해라.

외식업 흥망성쇠의 열쇠는 신선하고 좋은 식재료에 있다.

5. 여성 고객의 마음을 사로잡아라.

여성은 과정지향적인 존재다. 따라서 음식점을 방문하는 순간부터 메뉴를 고르고 먹고, 계산하고 나가는 과정들을 꼼꼼하고 디테일하게 살핀다. 그들의 마음에 들 만한 음식 맛과 서비스, 분위기라면 고객이 방문해도 만족할 것이다.

6. 수제와 웰빙의 힘

계속해서 건강식을 지향하는 추세다. 수제음식과 웰빙 콘셉트는 기본으로 갖춰라.

7. 창업은 차선책이 아니다.

취업이나 월급쟁이 생활이 싫어서 '음식점이나 해볼까'하는 마인드는 빈털터리 인생의 시작이다.

8. 퍼주는 게 남는 것이다.

식재료 원가가 인상되었어도 꾸준히 푸짐하게 서비스하는 집은 반드시 성공했다.
고객은 인심을 기억한다.

9. 작게 시작해라.

경험이 쌓여야 성공 노하우가 생긴다.

10. 역으로 손님에게 물어라.

주인 입장에서는 잘 모른다. 음식점의 장·단점은 손님이 가장 빠르고 정확하게 파악한다.

- 출처 : 월간외식경영 2012년 3월호

한편 윤종록과 그 동료들[33]은 실패한 사업가의 특성들을 다음과 같이 제시하고 있다.

① 탐욕(Greed)

사업상의 탐욕은 몇 가지 형태로 나타날 수 있다. 어떤 사람들은 종업원들의 도움 없이는 성공할 수 없었을 텐데도 탐욕에 사로잡혀 종업원들과 사업성과를 나누려 하지 않는다. 이러한 일이 반복되면 제대로 보상받지 못한 종업원들은 고용주를 떠나거나 심할 경우 고용주의 재산은 사취하려 할 것이다. 성공한 고용주가 '나누어 먹기'를 거부해 우수한 핵심 종업원들이 다른 경쟁사를 차려 나갔다는 이야기는 흔히 들을 수 있는 이야기이다.

또 다른 형태의 탐욕은 이윤에 집착한 나머지 고객들에게 정당한 서비스를 제공하

33) 윤종록 외, 앞의 책, pp.81-83.

지 않은 사람들에게 찾아 볼 수 있다.

어떤 경우이든 고객이 지불하는 돈에 충분한 대가를 주지 못하면 그 사업은 지지부진하게 된다. 탐욕이 심한 나머지 자신이 이룬 성공에 만족하지 못하는 사람도 있다. 이러한 사람들은 겉으로는 성공적으로 사업을 확장해 나가는 것으로 보이지만 그 무리한 확장 때문에 실패하는 경우가 더 많다.

② 불성실 또는 부정직함(Dishonesty)

신용이 성공에 미치는 중요성은 아무리 강조해도 지나치지 않다. 다른 사람들이 믿어 주어야만 좋은 일이 많이 발생할 수 있는 것이다. 반면 다른 사람들의 불신을 산다면 큰 어려움에 봉착하고 말 것이다.

③ 피해망상(Paranoia)

어떤 사람들은 남을 지나치게 믿지 못하므로 다른 사람들과 제대로 인간관계를 맺지 못한다. 이들은 상대적으로 적대시하고 항상 경계자세를 취하기 때문에 상대방에게서 자신이 필요로 하는 협조를 얻어내기가 아주 어렵다. 심리학에서 사람들은 자신의 행동패턴을 타인의 행동에 투사하는 경향이 있다는 이론이 있다. 이 이론에 따르면 자기가 대하는 모든 사람의 동기를 의심하는 사람은 실은 자신 속에 이러한 의심스러운 행동성향이 있기 때문인지도 모른다.

④ 낮은 대안안목(Poor People Judgement)

사업에 성공하기 위해서는 적재적소에 인재를 고용해야 한다. 그러나 많은 사업가들이 사람 보는 눈이 부족해 실패를 경험한다. 사람을 제대로 고르는 능력은 사업상 아주 중요한 기술이다. 그 사람의 성격 중에서 자신을 위한 업무를 수행하는 데에 무관한 것은 무시하도록 한다. 그리고 사람의 외모보다는 업적에 초점을 맞추고 말보다는 행동을 중시해야 한다. 그러나 무엇보다도 성실성에 주안점을 두어야 한다. 아무리 기술이 뛰어나도 성실성이 부족하면 그 사람에게서 얻을 수 있는 것은 별로 없기 때문이다.

⑤ 조급함(Impatience)

새로운 사업을 영위하다 보면 정상화까지는 상당히 긴 시간이 필요하다. 그 중에는 급하게 처리될 수 없는 성격의 일도 있다. 조급하게 일을 처리하다 보면 종종 나중에 가서 후회하게 된다. 인내심은 기를 수 있다. 어떤 일들이 당신의 기대 이상으로 시간이 걸릴 수 있다는 사실을 받아들인다면 걱정을 줄이고 밤잠을 제대로 잘 수 있을 것이다. 조급해서는 안 된다고 해서 사업을 정상의 궤도에 올려놓는 데에 필요한 만반의 작업을 게을리 하라는 것은 아니다. 인내심이 게으름의 구실로 사용되어서는 안 될 것이다. 성공적인 사업가는 열심히 밀어붙이지만 그 결과가 금방 눈앞에 나타나는 것이 아니라 응분의 시간이 걸린다는 것을 알아야 한다.

⑥ 사업지식의 결여(Lack of Business Knowhow)

사업에 실패하는 큰 이유는 사업지식의 결여에서 기인된다. 어떤 종류의 사업이든 그 분야에 대해 알아야 할 지식은 엄청나게 많다. 자신의 사업에 필요한 경영관리체제를 세우는 법을 모른다면 실패할 위험이 많다.

⑦ 관리체계의 결여(Lack of Control System)

사업실패의 원인에 관한 연구결과를 살펴보면 파산의 가장 큰 이유가 관리체계가 결여될 것이 명확하게 나타난다. 그러나 근본적인 문제는 경영관리체계를 아주 싫어하는 기질이 있다. 많은 사업가들이 제약받는 것을 아주 싫어하고 무엇이든 자기 좋을 대로 하고 싶어 하는 경향이 있다. 그러나 비즈니스 세계에서는 자기의 뜻대로만 되지는 않는다. 스스로 경비, 자산과 소유물들을 잘 관리하지 않으면 안 된다.

만약 관리체계와 관리의 필요성을 제대로 이행하지 못하면 불행한 일들을 경험할 것이다. 훌륭한 비즈니스는 잘 관리된 경제활동이다.

이외에 열거될 수 있는 실패한 기업가의 특성 또는 행태들은 다음과 같다.[34)]

① 전문 노하우 없이 타인의 성공 경험담에 의한 막연한 창업
② 시대, 연령, 장소에 맞는 지속적인 상품개발 노력부족(새로운 형태의 서비스개발 노력 결여)
③ 판매가 산출이 주변시세에 의하여 결정되고 검증되지 않은 경우
④ 주먹구구식에 의한 경영(창업자의 경영능력 부족)
⑤ 잘못된 업종선택(불경기나 사회적인 물의로 인한 치명타)
⑥ 경영주의 체력 또는 정신력 조절 실패
⑦ 가족의 동의나 지원 부족

34) 연합창업지원센터(최재희 소장)

⑧ 너무 많은 경쟁업체

⑨ 자금을 과다하게 투자해서 경영압박 요인으로 작용하였을 경우

⑩ 영업개시 후 문제점 파악 및 개선노력 결여

⑪ 완벽주의: 완벽한 일 처리를 지나치게 강조하는 성향으로서 소요되는 비용, 시장의 여건, 타이밍을 무시한 결정을 내리기 쉽다.

⑫ 독불장군: 타인으로부터 조언과 간섭을 기피하는 성향으로 피드백이 부족하여 잘못된 의사결정이나 행동을 할 수 있다. 기술 및 상품개발을 개발단계부터 대학, 연구소, 소비자의 공동 참여가 필요하다.

⑬ 과거집착: 내일의 성공가능성을 무너뜨린다. 자신에게 실패란 일어나지 않는다는 망상에 사로잡히게 된다. 방만하고 경솔한 투자가 일어나기 쉽다.

⑭ 관계무시나 관계의존: 주위로부터 협조를 받지 않고 모든 것을 혼자 결정하고 처리하려는 자세. 모든 일을 혈연, 지연, 학연 등의 관계중심으로만 해결하려는 자세

⑮ 자만주의: 타인의 조언을 들으려 하지 않는다. 문제에 대한 해답을 자신이 모두 안다는 자세. 주위로부터 더 나은 해답을 얻을 기회를 잃기 쉽다.

⑯ 책임회피: 잘되면 운이 좋아서, 안되면 운이 나빠서 그런 것으로 생각하는 성향. 열정적인 자세가 나타나지 않는다.

⑰ 비용주의: 비용중심으로 가격을 책정하는 자세. 가격의 결정권자는 고객이다.

⑱ 지원 의존주의: 지원에만 의존하려는 자세. 주도적이지 못하므로 새로운 길을 찾지 못한다.

아무튼 지금까지 추출되고 제시된 기업가정신의 대표적 특성들을 요약하자면 다음과 같다.[35)]

① 조직과 시간을 관리하는 능력,

② 열의,

③ 포기하지 않고 끝까지 일을 처리하는 인내력,

④ 풍부한 창의성,

⑤ 도덕성,

35) http://www.theuntoday.com/category/기업가정신과%20국제개발

⑥ 감독이나 지시 없이 스스로 일을 처리하는 능력,
⑦ 신속성,
⑧ 계획성,
⑨ 목표설정 능력,
⑩ 적절한 모험심,
⑪ 효율적인 스트레스 관리,
⑫ 확신감,
⑬ 다른 사람으로부터 배척당하는 것을 두려워하지 않는 정신,
⑭ 유머감각,
⑮ 정보를 다루는 능력,
⑯ 다른 사람에게 편안하게 요청하고 지원하는 능력,
⑰ 유연성,
⑱ 불분명한 상황과 악조건에 대응하는 능력,
⑲ 쾌활함,
⑳ 문제해결을 위한 대안구상 능력,
㉑ 새로운 아이디어를 내는 창조성,
㉒ 의사결정능력,
㉓ 도전정신,
㉔ 실수를 하나의 학습경험으로 간주하는 능력,
㉕ 장기적으로 전망하고 전체를 투시할 수 있는 능력,
㉖ 긍정적으로 전망하고 이를 실현시키려는 자세.

4. 종합적 관점

기업가란 발명가도 아니며, 흥행사도 아니다. 기술을 개발하거나 틈새시장(niche market)을 발견하여 자신의 꿈을 실현하려는 사람이다. 그러나 이러한 꿈은 사리사욕만을 위한 이기적인 꿈만은 아니다. 기업가는 그런 자신의 꿈을 통해 자신이 속한 사회에 새로운 일자리를 만들고 부를 창출한다. 끊임없이 새로운 사업기회를 찾아가야 할 뿐 아니라, 비전과 전략을 수립하여야 하며, 소비자들을 찾아가야 하고, 유능

한 사람들을 뽑아 적재적소에 배치하여야 하며, 원자재와 중간부품을 구입하여야 하며, 필요한 자금을 투자할 투자가를 찾아 나서야 하며, 생산 및 판매계획을 세워야 한다.

따라서 기업가정신이란 기업가들이 갖는 사고체계와 행위양식을 통칭하는 것이다. 그것은 무에서 유를 창조하는, 그러면서도 그에 따르는 위험과 책임을 감내하는 능력이다. 그것은 일반사람과 다른 전문적 능력이다. 그 능력이란 구체적으로 어떤 능력인가? 첫째, 사업기회를 발견하는 능력이다. 기업가는 기회의 창(window of opportunity)을 통해 새로운 사업기회를 포착하고 그 기회에 투자하는 사람이다. 일반적으로 기업의 경영자란 물적, 인적 자원을 동원하고 관리하여 제품을 생산, 판매하는 전문적 능력을 갖고 있는 사람이다. 자원의 동원능력, 제품의 생산기술, 판매의 노하우 등이 그에게 있다. 경영을 위한 비전(vision)과 전략도 있어야 한다. 그러나 기업가에게는 이런 경영자로서의 역량 이외에 새로운 사업기회를 알아보는 능력이 있어야 한다. 만일 그 기회가 모든 사람들이 쉽게 알아 볼 수 있는 확실한 기회라면 다른 사람들도 그것에 뛰어들 것이고 따라서 어느 누구도 이윤을 내기 어려울 것이다. 그래서 기업가는 남들이 쉽게 보지 못하는 기회를 보아야 하고, 기업가에 주어지는 이윤은 그런 사업기회의 포착능력에 대한 대가라 할 수 있다. 기술혁신자들이 창업기업가들로 많이 등장하는 것은 혁신의 과정에서 그러한 사업기회를 포착할 수 있기 때문이다.

영국의 철학자 베이컨(F. Bacon)은 "현명한 사람은 자신에게 주어진 기회를 찾기보다 더 많은 기회를 만든다"(A wise man will make more opportunities than he finds.)고 설파하였고, '하늘은 스스로 돕는 자를 돕는다.'라는 명언으로 유명한 스마일스(S. Smiles)도 "인간은 기회를 발견하려고 노력하는 동시에, 스스로 그것을 만들어내기도 해야 한다."고 했다. 또한 도산 안창호선생도 "흔히 사람들은 기회를 기다리고 있지만, 기회는 기다리는 사람에게 잡히지 않는 법이다. 우리는 기회를 기다리는 사람이 되기 전에 기회를 얻을 수 있는 실력을 갖춰야 한다."고 하였다. 기업가는 여러 선각자들이 설파한 바처럼 기회를 발견하려고 부단히 노력하는 한편, 자신의 역량을 키우면서 기회를 만들어내는 사람들이다.

둘째, 위험을 감수하고 기회에 도전하는 도전정신이다. 새로운 사업기회란 불확실한 미래의 기회다. 그것은 안개에 가려 있다. 과연 제품의 시장이 존재할지, 소비자들은 어떤 반응을 보일지, 모든 것들이 불확실하다. 기업가는 그런 어려운 상태에서 불확실한 기회에 도전하는 것이다. 그렇기에 기업가에게는 특별한 도전정신, 특별한 추진력이 필요하다. 기업가는 현재 자신이 갖고 있는 돈과 시간을 불확실한 미래에 투자함으로써 매우 큰 위험을 스스로 지는 것이다.

셋째, 분별력 있게 의사결정을 내리는 능력이다. 자원은 항상 희소하며, 특히 새로운 사업기회에 있어서는 더욱 그러하다. 신규사업은 위험부담이 크므로 자원을 제공하고자 하는 사람들이 드물며, 기업가는 이러한 희소자원을 다양한 기능들에게 배분・조정하여야 하므로 그 결정이 기업의 경쟁력을 결정할 것이다. 경쟁기업보다 효율적 자원배분을 가져오는 의사결정을 할 수 있다면 그 기업은 경쟁기업보다 생산비용이 낮아져 싼 가격으로 소비자에게 판매하거나 높은 이윤을 얻을 수 있는 것이다.

앞에서 살펴본 기업가와 기업가정신의 정의에 관련된 주요 고전들의 핵심내용들은 대체로 기업가정신은 미래의 불확실성에도 불구하고 이윤을 추구할 수 있는 사업기회를 부단히 탐색하며 '필요한 지식'을 이용하여 사업기회를 실현하는 기업가의 행동으로 요약된다. 이 정도로 정의되는 기업가정신은 경제학의 발전과 함께 오랜 기간 주류 경제학이론에서 제대로 평가받지 못했다.

그런데 경영학의 구루 가운데 한 사람인 드러커(P. F. Drucker)는 그의 저서, 『*Innovation and Entrepreneurship*(1985)』[36]의 서언에서 다음과 같이 지적하고 있다. "대부분의 저서들이 기업가정신을 약간은 신비스럽고 천부적인 재능이나 또는 '천재의 영감'으로서 이해하고 있는 데 반하여 나의 책에서는 이노베이션과 기업가정신을 조직할 수 있는, 우리가 지향하는 하나의 과제로서 또한 체계적인 과업으로서 이해하고 있다." 그래서 "기업가정신이란 과학도 기술도 아니며 다만 실천일 뿐이다. 물론 여기에는 지적인 기반을 갖고 있으며... 의술이나 또는 공학기술 등과 같은 실천적 학문에서와 마찬가지로 기업가정신의 지식도 목적을 위한 수단이다. 실로 실천에서의 지식의 구성은 대체적으로 그 결과, 즉 실천성에 의하여 결정된다."고 강조한 바 있다.

그렇지만 맥도날드의 예는 기업가정신이 발휘된 것이다. 그들은 아무것도 새로 발명해낸 것은 없다. 햄버거란 제품은 웬만한 미국의 식당이면 오래 전부터 만들어 왔던 것이다. 그러나 그들은 경영학의 개념과 기술을 적용하여, 즉 고객이 바라는 '가치'가 무엇인가를 연구함으로써 제품을 표준화하였고, 제조과정과 기구를 설계하였으며 종업원이 해야 할 일을 분석하고 이를 훈련시켰으며, 또한 나아가서는 필요한 부

36) P. F. Drucker, Innovation and Entrepreneurship, Harper Business, 1985.

분은 이를 표준화시킴으로써 일정자원으로부터 생산을 급격하게 향상시킬 수 있었으며 새로운 고객을 창출해낼 수 있었던 것이다. 이것이 바로 기업가정신인 것이다.[37)]

〈표 6-3〉 기업가정신에 대한 다양한 정의들

연 구 자	정 의	중심 내용
Knight(1921)	불확실성과 위험의 부담으로부터 생기는 이윤을 추구하는 행위	위험 감수 이윤 추구
Schumpeter(1934)	생산적 요소의 새로운 조합을 발견하고 촉진하는 창조적 파괴의 과정	새로운 결합 촉진
McClelland(1961)	개인의 적절한 위험 도전 성향	위험 감수
Leibenstein(1968)	조직의 비효율성을 제거하고 조직의 엔트로피를 역전시키는 과정/활동	비효율성 제거 가치 창출
Casson(1982)	희소자원을 조정하는 의사결정 활동과 과정	자원의 조정
Stevenson(1983)	현재 보유하고 있는 자원에 구애받지 않고 기회를 추구하는 것	기회 추구
Burgelman(1983)	사내 벤처(팀)를 창출하는 과정	조직체 창조
Ronstadt(1984)	점진적인 부 창출을 창조하는 역동적 과정	이윤 추구
Gartner(1985)	신조직의 창조(과정/활동)	혁신(자원의 할당)
Drucker(1985)	새로운 부 창출 능력을 가진 기존자원의 할당을 포함한 혁신의 한 행동	혁신 (자원의 할당)
Hisrich(1985)	또 다른 가치를 창조하는 과정	가치 창출
Schuler(1986)	사내 기업가들의 혁신적, 위험 감수적 활동	혁신과 위험 감수
Stevenson & Jarillo-Mossi(1986)	기회를 개발하기 위해 자원을 결합함으로써 가치를 창조하는 과정	가치 창출
Amit, Glosten & Muller (1993)	불확실하고 모호한 환경 하에서 새롭고, 독특하고, 가치 있는 자원의 조합으로부터 수익을 창출하는 과정	자원의 조합
Timmons(1994)	기회에 초점을 두고 총체적 접근방법과 균형 잡힌 리더십을 바탕으로 하는 사고/추론/행동 방식	기회추구/사고/추론/행동 방식
Kao(1995)	부가가치를 창출하는 과정	가치 창출
Limpkin & Dess(1996)	조직의 신규 진입	조직체 창조
Sexton & Smilor(1997)	지속적인 성장을 위해 새로운 사업 기회를 추구하는 행위	사업 기회 추구와 성장성
Ireland & Hitt(1997)	파악된 기회의 이점을 취하기 위해 자원을 수집하고 통합하는 것	자원 수집과 통합 이윤 추구
배종태 · 차민석	현재 보유하고 있는 자원이나 능력에 구애받지 않고 기회를 포착하고 추구하는 사고방식 및 행동 양식	기회추구 사고방식 및 행동양식

자료 : 배종태 · 차민석, 한국형 기업가정신 모델 정립에 관한 연구, KAIST 혁신 및 기업가정신 연구센터, 2009.

37) P. F. Drucker, *op. cit.*,, p.38.

위의 표에서 제시된 여러 학자들의 기업가정신에 대한 정의에서 주목하게 되는 단어들은 '새로움', '창조', '위험', '기회', '자원', '불확실성' 등이다.

기업가에 대한 관점을 정리하거나 기업가의 특성을 탐색해내려고 하다보면, 혁신가, 관리자, 리더의 자질과 특성들을 가지고 있으면서 위험의 감수, 창의성, 기회포착 능력, 난관과 불확실성에 대한 도전 등을 발견하게 된다. 그래서 그린하우스(Greenhaus) 등은 기업가정신(entrepreneurship)을 "가치를 창조하기 위하여 개인의 희생, 혁신, 위험감수를 요구하는 자신의 사업을 관리하는 사람의 태도와 자세"로 정의하고 있다.[38] 이러한 정의는 소유권, 관리, 혁신, 위험감수, 창의성을 포함하는 과거의 정의들과 관련된 측면들을 통합한 것으로 보인다.

여기서 잠시 짚고 넘어가야 할 것은 주지하는 바와 같이, 리더십 특성이론에 있어서 리더의 특성에 관한 연구결과들은 "성공적인 리더가 되기 위해서는 어떤 특정한 특성을 가지고 있어야 한다."는 전제가 성립될 수 없음을 확인된 바 있다. 리더의 특성들이 일반적인 리더십 현상과 관련되기는 하지만 모든 리더에게 공통적이며 불가결한 특성이라고 주장할 근거는 거의 없다는 것이다. 더 나아가서 이들 특성을 모두 구비하거나 구비할 수 있는 리더란 도대체 없을 뿐더러, 이들 특성 가운데서 특정한 조직의 특정한 리더가 갖추어야 할 우선적인 가치가 있는 것들이 있는가에 관해서는 아직 일치된 주장이나 이론적 배경이 없다. 그럼에도 불구하고 훌륭한 리더나 경영관리자가 갖추어야 할 특성이나 자질을 밝혀내려는 학자들의 연구는 계속되고 있다는 것이다.

분명한 것은 모든 기업들에 통용될 만병통치의 자질이 있는 기업가도 없거니와 그러한 자질을 온전히 갖춘 기업가만이 성공한다는 전제도 성립될 수 없다는 사실이다. 그럼에도 기업가정신을 개념적으로 정립하려는 노력의 일환으로 성공한 기업가들의 공통된 특성들을 탐구해내려는 노력들이 계속되고 있다.

성공적인 기업가정신에 요구되는 자질들(qualities)에 대한 새로운 연구들이 그에 대한 통계적 기초자료들을 생성해내고 있는 카우프만(Kauffman) 연구소[39]로부터 나오는 주목할 만한 작업들과 더불어 계속 진행 중이다. 그런데 페레즈(Adrian Perez)

38) J. H. Greenhaus, G. A. Callanan, & V. M. Godshalk(탁진국 역), Career Management(경력개발 및 관리), Harcourt Inc., 2002, p.321.

39) Kauffman Institute는 1960년 대 중반 기업가이자 사회사업가였던 Ewing Marion Kauffman이 미국 미주리주 Kansas City에 설립한 The Ewing Marion Kauffman Foundation의 부설 연구소로서 기업가정신 및 혁신에 관한 연구와 교육 훈련을 주도하고 있다.

가 카우프만(Kauffman) 연구소의 공동창설 팀을 위해 성공적 속성에 관한 연구를 계속 진행 중인 데 반하여 미국에서 기업가활동에 대한 연구의 전문가이자 Case Western Reserve University의 Weatherhead 경영대학원 교수인 셰인(Scott A. Shane)[40]은 이러한 연구와는 달리 직관에 반하는(counter-intuitive) 수많은 결론들을 도출하여 제시하고 있다. 그는 그의 책에서 "기업가정신의 실상을 제대로 이해하고 있는가, 아니면 그 신화를 믿는가?"라고 물음을 제기하면서 기업가정신의 실상은 기업가정신을 둘러싼 신화들과는 판이하게 다르다는 사실을 보여주고 있다. 그는 누가 기업가가 되며 왜, 그리고 어떻게 기업이 창설되고 어떤 요인들이 성공으로 이끌기도 하고 더러는 실패할 거라고 예언되어지는지 등에 관한 정확하고도 유용한 정보를 제공하기 위해 광범한 연구들로부터 자료들을 도출해내고 있다. 그는 다음과 같은 물음들에 대하여 연구에 근거한 해답들을 제시해주고 있다.

- 왜 사람들은 창업을 하는가?
- 어떤 산업들이 창업에 보다 대중적일까?
- 새로운 창업이 얼마나 많은 일자리들을 만들어낼까?
- 기업가들은 창업에 필요한 자금을 어떻게 조달해낼까?
- 어떤 지역이나 나라의 어떤 것들이 여타 다른 지역에 비해 좀 더 기업가적이도록 만드는 걸까?
- 전형적인 기업가의 특성들은 무엇일까?
- 전형적인 창업이 어떻게 하면 잘 수행될 수 있을까?
- 어떤 전략들이 시간의 흐름에 따라 새로 창업된 기업의 존립이나 수익성에 기여할 수 있을까?

사실이지 밀(Mill)이나 슘페터(Schumpeter)가 바라보았던 사회문화적 환경이나 시대적 상황에 비하여 오늘날은 산업구조적 측면이나 사회시스템 차원에서 상당히 달라져 있기 때문에 그 본질은 크게 변함이 없을지라도 기업가정신의 다른 측면이나 요소들은 달라진 것으로 보아야 할 것이다. 왜냐하면 사람들의 가치관이나 정신, 또는 태도나 자세 등은 시대가 변함에 따라 바뀌고 또 변하기 때문이다. 그래서 드러커(P. F. Drucker)는 그의 저서 『*Drucker on Innovation*』[41]에서 "오늘날은 '기업가정신

40) Scott A. Shane, Illusion of Entrepreneurship, yale University Press, 2008.
41) P. F. Drucker(권영설/전미옥역), Peter F. Drucker on Innovation(피터 드러커의 위대한 혁신_),

(entrepreneurship)의 시대'라고 할 수 있다. 그러나 지금 중시되는 기업가정신은 150여 년 전의 이른바 '위대한 기업가 시대'라고 불린 그 시기에 논의되었던 기업가 정신과는 다르다."고 지적하였다. "우리가 현재 말하는 기업가정신은 예전의 기업가 정신, 즉 한 사람이 혼자서 스스로 운영 · 통제하고, 모든 것을 해결하며, 특정한 사업체를 운영할 수 있는 능력을 뜻하는 것은 아니다. 우리에게 필요한 기업가정신은 오히려 새로운 것을 위해 조직을 창출하고, 지휘하는 능력이다."[42]라고 강조한다.

그러면서 그는 "기업가정신은 자연발생적인 것이 아니다. 창조적인 것도 아니다. 기업가정신은 노력의 산물이다. 그래서 기업가정신과 혁신을 실현하기 위해서는 의식적으로 노력하지 않으면 안 된다."[43]고 강조한다.

한편 배종태와 차민석은 "현재 보유하고 있는 자원이나 능력에 구애받지 않고, 기회를 포착하고 추구하는, 사고방식 및 행동 양식"이라고 정의하면서 기업가정신의 핵심 요소로 ① 기업가, ② 기회, ③ 자원 및 ④ 생태계(habitat)를 들고 있다.[44]

지금까지 살펴본 기업가정신에 대한 여러 관점과 정의들을 종합해보면, 기업가정신(entrepreneurship)이란 "새로운 가치의 창출 또는 기존의 가치에 덧붙여 부가가치를 창출하는 태도와 접근 또는 과정"이라고 정의될 수 있으며 이러한 기업가정신이란 하나의 역량(competency)과 같아서 과거에 그런 아무리 작고 사소한 것이라 할지라도 시도를 했더라면 지속적으로 발현될 수 있는 속성이 있다는 것이다.

아무튼 기업가정신(entrepreneurship)이란 모험적 기업(business venture)의 어떠한 위험을 무릅쓰고라도 이익을 창출하기 위해 개발하고 조직하고 관리하려는 능력과 의지이다. 가장 분명한 기업가정신의 예는 바로 새로 창업하여 출범한 기업이다. 경제학에서는 토지와 노동, 자연자원 그리고 자본을 적절히 조합해내는 기업가정신이 이익을 창출해낼 수 있다고 본다. 기업가적 정신(entrepreneurial spirit)은 혁신(innovation)과 위험부담(risk-taking)으로 특징지어지고 끊임없이 변화하고 점점 경쟁이 치열해지는 글로벌 시장에서 성공할 수 있는 국가적 능력의 필수불가결한 한 부분이기도 하다.[45] 따라서 오늘날 기업가에게 요구되는 것은 미래 환경에 대한 통찰

한국경제신문, 2006.

42) 위의 책, p.13.

43) 위의 책, p.183.

44) 배종태 · 차민석, 한국형 기업가정신 모델 정립에 관한 연구, KAIST 혁신 및 기업가정신 연구센터, 2009, p.8.

45) http://www.businessdictionary.com/definition/entrepreneurship.html#ixzz2Hxsnjk1h

력과 판단력을 발휘하여 장기적인 비전을 가지고 이에 입각한 경영활동을 하는 창의적인 기업가정신이다.

[책갈피] 창업 동기는 '목표'-직업관과 비례하는 성공

상담을 하다보면 참으로 다양한 사람들을 만난다.

창업을 준비하는 예비창업자들과의 첫 번째 물음은 왜 사업을 시작하려는가의 창업동기이다. 매우 쉬운 질문임에도 불구하고 모두가 겸연쩍어 하거나 질문답지 않은 질문을 왜 하는가의 눈초리이다. 마지못해 하는 대답 대부분은 먹고 살려고, 돈 벌려고 창업한다는 답변이다. 이외에 별다른 것이 있느냐는 표정이다. 매우 현실적인 답변이지만 이들의 답변에서 성공의 길이 잘 보이지 않는다. 왜냐 직업관이 박약하기 때문이다.

직업관은 직업에서 추구하려는 목적들이 그것들을 추구하는 사람들에게 강도와 심도의 높이에서 제각기 상이한 만족감을 준다. 그래서 목적이 중요하다. 어떤 목적은 순간적으로 만족감을 주기도 하지만 곧 실증과 권태감을 준다. 순간적인 만족감만을 계속 추구하고 즐기려고 할 때 우려되는 문제는 삶의 질 저하와 삶의 파국이다. 반면에 어떤 목적은 깊고 지속적인 만족감을 주며 삶의 질을 높이고 풍성하게 만든다. 한 차원 더 높은 목적은 그것의 구현 때문에 발생하는 고통을 감수하며 급기야는 목숨까지 스스로 바치게 하는 의의와 보람을 발견하게 하고 고통과 죽음의 위협에도 불구하고 희열을 맛볼 수 있게 한다. 때문에 직업관은 행복을 추구하는 성공의 중요한 잣대라 말할 수 있다.

◆ 생계수단형 직업관

호구지책(糊口之策)이 전부다. 다시 말해 오직 먹고 살기 위한 수단으로의 직업이다. 인간이 의식주(衣食住)를 떠나서 직업을 논할 수 없지만 직업에 종사하는 목적이 오직 먹고 살기 위해 있다면 심각한 문제가 있다. 이러한 직업관을 가진 사람은 자기 직업에 대한 자긍심이 부족하기 때문에 하는 일이 고통스럽고 지겹다고 생각한다. 자연 자신의 일에 대한 헌신이 부족하다. 능률이 오르지 않을 뿐만 아니라 조그만 어려운 일에 봉착하게 되면 극복하려는 의지가 부족하여 쉽게 포기한다. 경쟁력이 부족하여 낙후될 수밖에 없다. 피동적인 행동이 전부이고 프로정신이 약하다. 상품의 하자와 서비스의 부재 등으로 고객 불만사항이 많이 발생하기 마련이다. 개인이든 조직이든 브랜드 파워가 미약하다. 치열한 국제경제시대에서는 살아남을 수가 없다. 차원을 높여야 한다.

◆ 물질추구형 직업관

이 직업관은 생존수단으로서의 직업관과 대동소이(大同小異)하나 물질만이 오직 행복의 수단이라 여기고 물질의 소유에만 관심이 있는 직업관을 말한다. 물질을 통해서만 편리와 여유를 가지려는 점에서 생존수단으로의 직업관과 다소 다르다. 얼핏 생각하면 지극히 당연하고 자연스럽게 보일지 모르지만 직업에 종사하는 이유가 물질적 풍요만을 누리는 데만 있다면 이 역시 심각한 문제가 있다 하겠다. 왜냐하면 물질적 욕구나 생리적인 본능적 욕구의 충족에서 오는 만족감과 쾌락은 순간적인 자극과 흥분을 주지만 그것은 곧 권태를 가져오기 때문이다.

권태는 공허함과 무의미성을 수반한다. 그래서 일하는 목적이 오직 물질을 얻는 데만 있을 경우 문제가 발생한다. 이는 사람이 직업을 통해서 물질적 풍요와 편리한 삶을 추구하는 것이 잘못된

것은 아니지만 목적 자체가 오직 물질의 여유와 편리라면 행복과는 다소 거리가 멀기 때문이다. 비록 생존적, 본능적 욕구는 충족될지 몰라도 실존적 만족은 얻지 못한다. 인간은 실존적 욕구가 충족될 때 행복해 질 수 있다.

◆ 성공수단형 직업관

말 그대로 직업을 성공의 수단으로만 생각한다. 직업을 출세의 수단으로 삼는다는 말이다. 우리나라에서와 같이 신분지향적인 문화가 강한 나라에서 특히 강력한 힘을 발휘한다. 못 먹고 헐벗어도 자식만은 가르쳐야 한다는 우리나라의 교육열도 여기에서 비롯됨이 크다. 인간은 본능적으로 지배욕과 지위 상승의 욕망이 있다. 이러한 야망은 개인과 사회를 발전시키는 동인(動因)이 되기도 한다. 하지만 신분상승의 집착에 매달리면 승진과 출세를 위한 부정한 게임에 동참하게 되고 급기야 도덕성을 상실하게 된다. 이러한 사람들이 많아지면 정의가 상실된 비합리적인 사회가 된다.

정직하고 실력 있는 사람이 인정받는 합리적이 사회가 실종될 수 있다는 말이다. 다음으로 성공의 우상에 맹종하게 되는 문제점을 발견할 수가 있다. 모든 가치가 물질에 있다며 물질만을 숭상하는 것을 말한다. 달리 말하면 돈만 있으면 안 되는 것이 없다는 생각이 지배하는 사회를 말한다. 돈이 만사형통의 절대적 도구로 물질이 신의 경지에 이른다. 이러한 측면에서 산업사회에서 나타나는 성공의 열병은 많은 부작용을 나타내고 있다.

앞서 말한 바와 같이 정당한 게임의 룰에 의하지 않은 변칙으로 승리를 훔치기도 하며, 일 보다는 사교와 교제를 통한 아부와 청탁 특히 돈으로 지위를 사고파는 매관매직(賣官賣職)으로 직위를 얻기도 한다. 과정은 무시되고 결과만을 중요시하다 보니 사회 부패가 심각해진다. 비합리적인 후진사회로 퇴보할 수밖에 없다. 정직과 원칙을 고수하는 사람이 요령 없는 바보로 취급당하고 손해 보는 경우가 당연시 되는 사회로 발전의 여지가 없다. 상식과 합리성이 통하는 이성적 사회로 지향되어야 함이 당연하다.

◆ 자기계발형 직업관

자기계발이란 의미는 인간 각자가 타고난 저마다의 소질을 가꾸는 것을 말한다. 부연(敷衍)하면 기술과 기능 및 예술에 관계된 잠재적 능력을 발휘하고 발전시키고 또는 추구하는 이상이나 가치와 사랑을 실현시키는 것을 의미한다. 이러한 직업관을 가지고 직업에 종사하는 사람은 단순한 호구지책 또는 물질적 행복이나 성공수단으로 직업에 종사하는 사람이 얻지 못하는 깊고, 풍성하고 오래 지속하는 만족감과 기쁨을 체험한다.

한마디로 정리한다면 장인정신(匠人精神)을 갖은 사람이라고 표현할 수가 있다. 단순히 먹고 살기 위해서 또는 물질적 소비의 향연에서 또는 지위가 높아져서 지배하고 살려는 우월감의 만족에서 벗어나 헌신과 보람과 긍지를 체험하며 사는 사람들이다. 자기의 직업에 관련된 기술이나 기능을 완벽한 경지에 도달하려는 마음에서 본인이 갖고 있는 모든 에너지를 집중시킨다. 때문에 힘들고 고통스러운 일을 만나더라도 흔들림 없이 초지일관(初志一貫) 보람과 긍지를 느끼며 살아간다.

◆ 소명(召命)형 직업관

직업을 하늘에서 부여한 책임이나 사명으로 받아들이는 직업관이다. 직업을 신(神)으로부터의 위임이라 여기며 천명(天命)으로 받아들인다. 소명으로써의 직업관은 신앙차원서 접근하여 해석함이 무방하다. 이러한 직업관을 가진 사람들은 헌신적 투신정신이 강하여 고통과 고난을 이기는 것은 물론이고 때로는 자신의 죽음까지도 불사하는 성스러운 의의를 발견하게 되며 사명감을 갖는다. 일생을 가난한 이웃을 위해 공헌한 테레사(Maria Teresa) 수녀의 삶이 이를 대표한다 하겠다. 직업에 대한 헌신적 투신이 가장 높다. 때문에 종교적 직업관이나 직업윤리가 발달한 지역이나 국가가

경제적으로 발전하고 번영한다. 항상 자기가 하는 일에 대해 기쁨과 행복을 만끽하며 사는 사람들이 갖는 직업관이다.

직업은 인간을 행복하게 만들어 주는 중요한 요건중의 하나임에 틀림없다. 그러나 자기의 직업에 대해 만족하는 사람들은 그리 많지 않다. 수입의 많고 적음을 떠나 자신의 직업이 자발성에 의하기 보다는 다른 목적에 의하여 이루어졌다는 생각 때문이다. 인간은 혼자 살 수 없는 존재이다. 때문에 자신이 맡은 역할을 충실히 해낸다는 것은 더불어 사는 아름다운 세상을 만드는데 더 없이 중요한 요소이다. 그래서 직장공동체의 일원으로 살아가는 직업생활은 인간관계에서 매우 중요한 의미를 갖는다. 서로 어울려 살아가야만 하는 인간의 숙명 앞에서 직업은 단순한 삶의 수단이 아니라 인생을 윤택하게 하는 과정으로 승화되어야 한다. 왜냐 직업 속에 진정한 자기 발전과 행복이 숨어있기 때문이다. 요즈음 6월2일 실시될 지방선거에 앞서 많은 사람들이 출마를 선언하고 있다. 진짜 이들이 계산하고 있는 속마음과 이들의 마음을 읽어내는 유권자들의 평가가 어느 직업관에 시선이 머물지 궁금하다.

- 조병무(趙炳武): 경영학 박사, 경영지도사, 대전북부 소상공인 지원센터장

출처: http://www.dtnews24.com/news/articleView.html?idxno=78089

제7장 기업가정신과 성취동기

제1절 기업가정신과 경제발전

일찍이 서구에서 자본주의적 경제가 발전할 수 있었던 것은 개신교와 이에 따르는 문화적 가치가 그 주춧돌이 되었다고 주장하는 웨버(M. Weber)[1] 이후에 경제발전을 촉진하거나 저해하는 이른바 경제외적 요인, 즉 인간요인의 중요성을 강조한 대표적인 사람으로 슘페터(Schumpeter)와 하겐(Hagen)을 들 수 있다.

우선 슘페터는 일찍이 경제발전의 이론을 전개함에 있어서 인간요인인 기업가정신을 강조한 바 있다. 그는 경제발전에 있어서 중추적인 역할을 담당하는 것이 기업가라고 하면서 기업가는 다음과 같은 정신을 가져야 진정한 의미의 기업가라고 하였다. 즉, 기업가는 우선 자기 나름의 왕국, 자기 고유의 왕조를 건립하려는 꿈과 의지가 있어야 하고, 다음으로 정복하려는 의지가 있어야 한다. 즉, 싸워서 남보다 우월함을 과시하고 성공의 열매가 아니라 성공 그 자체를 위하여 노력하려는 충동이 있고 마지막으로 일을 만들어내어 끝내는 데서 즐거움을 찾고 순전히 자신의 정력과 독창성을 행사하는 가운데 즐거움을 찾는 사람이라고 하였다.[2]

한편 하겐[3]은 경제성장의 중심적 문제는 자본형성보다는 심리적 요인인 창조적 성격이라고 하였다. 즉, 아무리 훌륭한 기술이나 풍부한 자본을 가지고 있더라도 이를 효율적으로 활용해야 할 사람이 창조적인 성격을 가지지 못했을 경우 경제발전을 촉진할 수 없다는 것이다.

---

1) M. Weber, The Protstant Ethics and the Spirit of Capitalism, New York: Scriber's Sons, 1930.

2) 김홍길, 김태식, "한국 중소기업인의 성취동기에 관한 조사연구," 중소기업연구, 제13집, 1986, pp.159-183.

3) E. E. Hagen, On the Theory of Social Change, Homewood, Ill.: The Dorsey Press, 1962, p.49.

이외에도 많은 학자들이 발전을 좌우하는 결정적 요인은 인간요인이라고 주장하면서 이러한 인간의 심리적 요인을 각자 달리 표현하고 있다. 예를 들면, 린톤(Linton)은 모험심, 새로운 사물에의 흥미, 자연 정복욕으로, 로젠(Rosen)은 독립심으로, 라이사우어(Reischauer)는 과업지향성 혹은 목표지향성으로, 맥클리랜드(D. C. McClelland)는 성취동기로, 경제발전을 촉진하는 심리적 특성을 표현하고 있다.[4)]

1. 성취동기의 개념

하버드 대학의 심리학 교수였던 맥클리랜드(D. C. McClelland)[5)]는 인간의 동기에 관한 연구를 하면서 개인 및 조직 또는 국가의 발전에 결정적인 영향을 미치는 심리적 요인들을 검토 분석하여 성취동기(achievement motive)라는 개념을 내놓게 되었다. 특히 웨버(M. Weber)의 개신교 윤리와 자본주의적 경제발전과의 관계에 관한 논의와 슘페터의 기업가정신에 관한 주장이 맥클리랜드 자신이 주장하는 성취동기와 일맥상통함을 발견한 그는 성취동기수준이 경제발전에 중요한 원동력임을 실증하는 연구들을 통하여 성취동기의 중요성을 강조하였다.[6)] 그는 10여 년에 걸쳐 국민의 수준이 경제발전에 중요한 원동력임을 실증하는 연구들을 통하여 성취동기가 높은 사람들로 구성된 조직이나 사회가 경제발전이나 사회발전이 빨랐으며, 경제성장률이 높은 나라의 기업가나 경영자는 높은 성취동기를 가지고 있었고 성취동기가 높은 사람들은 보다 많은 기업에서 훌륭한 경영자로 성공한다는 사실을 밝혀냈다. 한국이 지난 30여 년간 경이로운 경제성장과 사회발전을 이룬 원동력은 우리의 높은 교육열과 높은 성취동기 덕분이었다고 할 수 있을 것이다.

제2차 세계대전의 패전국인 일본이나 독일의 경우는 선진국의 원조를 받아 급진적으로 경제발전을 회복할 수 있었던 것에 비해 인도와 같은 나라는 막대한 경제원조를 받았음에도 불구하고 자립에 성공하지 못하고 있음은 환경적 여건이나 노동력이 아니라 국민 개개인의 성취적 심리가 부족하기 때문이라는 것이다. 그리고 아무리 훌륭한 기술이나 풍부한 자본을 가지고 있더라도 이를 효율적으로 활용해야 할 사람이 창의적인 성격을 가지지 못했을 경우 경제발전을 촉진할 수 없다는 연구결과도 있다.

---

4) 박용헌, 성취인의 심리 - 성취동기: 발전의 원동력, 배영사, 1985, p.210.
5) D. C. McClelland, The Achievement Motive, Appleton-Century-Crofts, Inc., New York, 1953.
6) 김홍길, 김태식, 앞의 논문.

한편 미너(J. B. Miner)는 성취동기이론에 대하여 다음과 같이 평가한 바 있다. 성취동기이론은 기업가정신과 밀접한 관련을 가지고 있는 이론이다. 즉 성취동기는 적어도 중소기업을 창설하고 발전시키는 데 있어서 지침을 제시해줄 수 있는 개념이다.[7)]

한편 리트윈(G. H. Litwin)[8)]은 성취동기의 속성으로 다음 네 가지를 들고 있다. 첫째, 어떤 훌륭한 목적을 남과 경쟁해서 이길려고 하고, 둘째, 자기자신이 설정한 높은 수준의 목표를 달성하고, 셋째, 세상 사람들이 생각하지도 못한 비범한 일을 해내고, 넷째, 5~10년의 장기적인 목표를 세워 이를 달성하기 위하여 온갖 노력을 기울인다.

이와 같이 성취동기란 조금 어려우면서도 도전적인 일을 성취하려는 욕구, 물질과 인간 그리고 사상을 지배하고 조종하며 관리하려는 욕구, 이와 같은 욕구를 혼자서 신속하게 실행하려는 욕구, 모든 장애요인을 스스로 극복하고 높은 성과수준을 유지하려는 욕구, 자신을 보다 탁월한 존재로 인식함으로써 남보다 앞서려는 욕구, 그리고 자신의 능력을 스스로 계발하고 발휘함으로써 자존심을 높이려는 욕구를 말한다.[9)]

맥글리랜드는 성취동기가 강한 사람들의 행동특성을 종합해서 다음과 같이 묘사한다. "성취동기는 개인으로 하여금 그의 능력에 비추어 도전할 만한 가치가 있는 일을 탐색하게 하며, 그러한 일을 보다 능률적으로 수행하게 하며 성취할 수 있다는 자신감을 갖게 한다. 성취동기가 높은 사람은 그의 능력으로는 도무지 감당할 수 없는 일이나 순전히 우연이나 요행만으로 가능한 일에는 별 흥미를 갖지 못하며 그의 능력으로 해낼 수 있는 일에 보다 도전적으로 흥미를 갖는다. 그리고 그는 성취결과를 구체적으로 예견함으로써 그의 성취활동을 강화한다.

그러나 그 성취를 통해서 얻게 되는 결과를 그의 성취목표로 삼으려 하지 않고 성공의 척도 내지 수단으로 간주한다. 성취인은 이기적이 아니며 개인을 위해서나 또는 집단은 위해서나 꼭 같이 작업에 열중하며 과업 자체의 성취에 보다 흥미를 갖는다. 따라서 과업수행의 잘못을 다른 사람에게 전가하려 하지 않으며 모든 책임은 자신에게 있는 것으로 여긴다. 끝으로 성취인은 장기적인 안목으로 미래에 얻어질 성취적

7) J. B. Miner, Theories of Organizational Behavior, Hinsdale, Ill.: The Dryden Press, 1980, p.70.

8) G. H. Litwin, The Motivation Research Group, Box.109, Cambridge, Mass., !958.

9) D. J. Lawless, Effective Management – Social Psychological Approach, Prentice-Hall, New York, 1972, p.63.

민족을 기대하면서 현재의 과업에 열중한다.

한편 그는 어린이들을 대상으로 성취동기 훈련을 실시하면서 행한 연구에서 개인의 성취동기를 규정짓는 데 사회적 환경이 중요함을 확인하고 성취동기가 높은 사람은 선천적으로 타고나는 것이 아니라 가정이나 학교에서의 특별한 교육훈련에 좌우된다고 밝혔다. 부모가 자녀의 호기심과 지적 자율성을 강조해주면 성취동기가 강한 사람으로 성장한다고 주장한다.

[책갈피] Someday?

인생에 '언젠가'라는 날은 없다.
Someday, 그날은 아직 시작하지 않은 사람들의 날이다.
Someday, 그날은 그대로 멈춰 있는 사람들의 날이다.
Someday, 그날은 바라만 보는 사람들의 날이다.
Someday, 그날은 꿈만 꾸는 몽상가들의 날이다.
Someday, 그날은 기다려도 오지 않는다.

"언젠가 한번 보자"는 말은 만나기 힘들다는 뜻이다.
'언젠가' 해보겠다는 것은 결국 할 수 없다는 얘기다.
우리는 가능성이 희박할 때 '언젠가'란 말을 우회적으로 표현한다.

갖고 싶은 것이 생겼을 땐 "언젠가 갖겠다."고 말하지 말고 "몇 달 안에", "올해 안에" 갖겠다고 말하라. 작고 사소한 일을 할 때도 "며칠까지" 하겠다고, 스스로에게 정확한 날짜와 데드라인을 제시하라.

머릿속의 생각과 상상을 현실화시키기 위해서는 반드시 계획이 필요하고, 그 계획의 첫 단추는 구체적인 시간을 설정하는 것이다.

막연하게 '언젠가' 하겠다는 건 '영원히' 할 수 없다는 얘기다.

"언젠가는 나의 회사를 가질 것이다."라는 말과 "5년 안에 나의 회사를 가질 것이다."라는 말은 얼핏 비슷한 것처럼 들릴지도 모르지만 100% 다른 말이다.

-출처: 여훈, 오늘보다 더 나은 내일을 위한, 최고의 선물, 스마트비즈니스, 2005.

****

A DREAM written down with a date becomes a GOAL.
A GOAL broken down becomes a PLAN.
A PLAN backed by ACTION makes your DREAM come true.

꿈을 날짜와 함께 적어놓으면
그것은 목표가 되고,
목표를 잘게 나누면
그것은 계획이 되며,
그 계획을 실행에 옮기면

꿈은 실현되는 것이다.

- Greg S. Reid, "After Ten Years"(2003)

'언젠가'라는 날이나 시간은 그야말로 관념 속의 개념일 뿐이지,
실제로는 존재하지 않는 시간이다. 그야말로 꿈만 꾸는 몽상가들의 전유물이다.
프랑스의 철학자 Emile Souvestre는
"인생의 3분의 2는 망설이다가 사라지고,
나머지 3분의 1은 후회하느라 소비되어진다."고 말했다.

우리의 삶이, 이럴까 저럴까 망설이다가, 할까 말까 주저하다가, 해봐야지 하고 벼르다가, 언젠가는 하고 생각만 하다가, 거창한 꿈만 꾸다가, 이래저래 계획을 세우다가 허송세월한 후에 인생의 황혼녘이 되어서는 '~시도해볼 걸', '가볼 걸', '시작이나 해볼 걸'...하면서 회한의 시간을 맞고 마는 것이다.

[책갈피] 기업가 신조

- 나는 평범한 사람이 되는 것을 거부한다.
- 나의 능력에 따라 비범한 사람이 되는 것은 나의 권리이다.
- 나는 안정보다 기회를 추구한다.
- 나는 계산된 위험을 단행할 것이고 꿈꾸는 것을 실천하고 건설하며 또한 실패하고 성공하기를 원한다.
- 나는 보장된 삶보다는 새로운 도전을 선택한다.
- 나는 유토피아의 생기 없는 고요함이 아니라 성취의 전율을 원한다.
- 나는 어떠한 권력자 앞에서도 굴복하지 않을 것이며 어떠한 위협 앞에서도 굽히지 않을 것이다.
- 자랑스럽고 두려움 없이 꿋꿋하게 몸을 세우고 서는 것,
  스스로 생각하고 행동하는 것,
  내가 창조한 것의 결과를 만끽하는 것,
  그리고 세계를 향해 기업가가 되었음을 힘차게 말할 수 있는 것,
  이것이 바로 하나님이 내게 주신 자랑스러운 유산이다.

- 미국 기업가 협회의 공식 신조(1986) 중에서...

2. 성취동기의 행동특성

성취동기는 높은 기준(a standard of excellence)을 설정하여 달성하려고 애쓰면서 전보다 나은 뭔가를 이루려는 욕구라고 간단히 정의된다. 이와 같은 '성취동기가 높은 사람'(high achiever)은 성취동기가 낮은 사람에 비하여 다음과 같은 행동특성

을 보인다.[10] 창업가나 기업가들은 대체로 성취동기가 높은 사람들로서 고성취인들과 비슷한 행동특성을 보인다는 것이다.

1) 과업지향성(task-oriented)

성취동기가 높은 사람은 보다 어려운 일, 성취해서 보다 의의를 느낄 수 있는 일, 자기의 능력을 과시될 수 있는 일, 그리고 도전할 가치가 있는 일에 보다 큰 흥미를 느끼며, 일의 결과로 오는 보상이나 지위보다 일 자체의 성취과정에 관심을 갖는다. 성취동기가 높은 사람은 성취적 보람을 느낄 수 있고 도전할 가치가 있는 과업에 관심이 많으며 성취동기가 낮은 사람들 보다 더 잘해낸다.

2) 적절한 모험성(adventuresome)

성취동기가 강한 사람은 아무런 모험성도 곤란도도 내포하고 있지 않은 쉬운 일에는 흥미를 갖지 않는다. 그 이유는 그러한 쉬운 일을 해냄으로써 자기의 능력을 과시하거나 평가할 수 없기 때문이다. 기업가도 어느 정도의 모험성이 포함된 일에 도전하여 자력으로 성취해 내는 데 만족을 느낀다. 즉, 전혀 모험을 따르지 않고 너무나 쉬운 일에는 흥미를 갖지 않는다. 그렇다고 기업가는 과업이 자기 능력에 비해 너무 어렵거나 지나치게 모험적일 때도 역시 흥미를 갖지 않는다. 이러한 지나치게 어려운 과업의 성취는 그의 능력 여하에서 아니라 순전히 행운이나 요행에 의하여 이루어질 수 있는 일이라 믿기 때문이다. 따라서 성취동기가 강한 사람은 적당한(moderate) 성취목표를 설정하고 계산된 모험(calculated risks)을 추구하는 경향이 있다.

3) 성취가능성에 대한 자신감(self-confidence)

성취동기가 높은 사람은 대체로 자신이 하는 활동의 성취가능성을 긍정적으로 믿는다. 다시 말하면 과업의 성취가능성의 한도 안에서 자기의 능력을 항상 검토하는 적절한 자신감을 갖는 실천가이다. 그러기 위해서 성취인은 항시 수행하고자 하는 과업의 정체를 정확히 파악하려고 노력하며, 그 일이 자기가 얻은 정보를 총동원하여 판단했을 때 어느 정도의 성취가능성을 갖게 되는 경우, 어느 누구에게 못지 않는 확고한 자신감을 가지고 그 일의 성취작업에 임한다.

---

10) 한덕웅, 조직행동의 동기이론, 법문사, 1983, pp.274-276.

4) 정력적이고 혁신적 활동성(energetic, revolutional activity)

성취동기가 강한 사람은 어떤 일에나 열중하는 것이 아니라 새로운 일, 도전할 가치가 있는 일, 적절하게 어려운 일 그리고 자기 능력을 측정해 볼 수 있는 일에 열중하며 누구나 할 수 있는 쉬운 일, 일상다반사적으로 되풀이 되는 일에는 별로 흥미를 갖지 않으며 열중하지도 않는다. 보다 적극적으로 언제나 새로운 문제, 도전할 가치가 있을 문제를 찾고 새로운 해결방안을 모색하기에 바쁜 사람이며, 이러한 의의 있는 일을 위해 활동하기를 좋아하고 만족해하는 사람이다.

성취인은 단순히 부지런한 사람이나 보잘 것 없는 일에 정력을 쏟아 넣는 사람이 아니라, 창조하는 사람이며 현 상태를 유지하는 사람이 아니라 사태를 언제나 개선하고 새롭게 하는 사람, 문제를 만드는 사람이며 단순한 경영자가 아니라 진정한 의미의 기업가이다.[11] 따라서 성취동기가 강한 기업가는 일에 보다 열중하고 더 많이 새로운 일을 찾고 계획하여 이를 성취하는 데 온갖 정력과 노력을 기울인다.

5) 자기 책임감(responsibility)

성취하려는 과업이 결과적으로 어떻게 되었건 자기가 계획하고 수행하는 일에 대해서 모든 책임을 지며, 남에게 의존하지 않고 책임을 회피하거나 두려워하지 않는다. 과업이 실패했을 때에도 성공했을 때와 같이 자기 책임으로 여기며 책임을 남에게나 환경, 여건 탓으로 돌리지 않는다. 성취동기가 높은 사람은 남에게 의뢰하려 하지 않고 책임을 회피하려 하지 않는다.

따라서 성취동기가 강한 사람은 스스로 생각하고, 일을 계획하며 결정할 수 있게 하는 자율 · 선도 · 지도 · 책임이 허용되고 장려되는 작업상황을 좋아하고 또 이러한 여건에서 일을 더 잘 해내고 능률을 높여낸다. 자유와 책임이 허용되지 않는 명령이나 지시 · 감독에 따라야 하는 작업에는 고성취인은 별 흥미를 느끼지 못한다.[12] 그러나 자신의 이해관계만을 위해 일하는 이기적인 사람은 아니다.

6) 결과에 대한 관심도(knowledge of result)

성취동기가 강한 사람은 그가 수행하는 일의 종류를 불문하고 그 일이 어떻게 진행되고 있으며 예상되는 결과는 어떠한 것인가에 관하여 구체적이고 객관적인 정보를

11) 김흥길, 김태식, 앞의 논문.
12) 위의 논문.

계속 추구하여 정확한 판단을 하려한다. 예상되는 결과가 성공적이건 실패적이건 간에 결과를 보다 정확히 알고 있을 때의 성취인의 성취활동은 더욱 강화된다. 다시 말하면 결과에 대한 정확한 지식은 성취활동을 더욱 강화하는 결과가 된다. 예상되는 결과는 경우에 따라서 돈일 수도 있고, 혹은 지위 · 안정 · 보상 · 우승일 수도 있다. 그러나 성취인은 이러한 결과를 목표로 여기지 않고 성취활동을 평가하는 수단으로 생각한다.13)

그래서 성취동기가 강한 기업가도 수행하는 일의 종류를 불문하고 상황이 어떻게 진행되고 있으며 예상되는 결과가 어떤 것인가에 관하여 구체적이고 객관적인 정보를 계속 추구하여 정확한 판단을 한다.

7) 미래지향성(future-orientation)

성취동기가 강한 사람은 새로운 일을 이룩하기 위하여 언제나 장기적인 계획을 세우고 미래에 얻게 될 성취만족을 기대하면서 현재에 당하는 고통이나 갈등과 용감하게 싸워 나간다.

지금까지 살펴본 성취동기가 강한 사람들의 행동특성들을 종합해서 맥클리랜드는 다음과 같이 묘사하고 있다.14)

> "성취동기는 개인으로 하여금 그의 능력에 비추어 도전할 만한 가치가 있는 일을 탐색하게 하며 그러한 일을 보다 능률적으로 수행하게 하며 성취할 수 있다는 자신감을 갖게 한다. 성취동기가 높은 사람은 그의 능력으로는 도무지 감당할 수 없는 일이나 순전히 우연이나 요행만으로 가능한 일에는 별 흥미를 갖지 못하며 그의 능력으로 해낼 수 있는 일에 보다 도전적으로 흥미를 갖는다. 그리고 그는 성취결과를 구체적으로 예견함으로써 그의 성취활동을 강화한다. 그러나 그 성취를 통해서 얻게 되는 결과를 그의 성취목표로 삼으려 하지 않고 성공의 척도 내지는 수단으로 간주한다. 성취인은 이기적이 아니며 개인을 위해서나 또는 집단을 위해서나 똑같이 작업에 열중하며 과업 자체의 성취에 보다 흥미를 갖는다. 따라서 과업수행의 잘못을 다른 사람에게 전가시키려 하지 않으며 모든 책임은 자신에게 있는 것으로 여긴다. 끝으로 성취인은 장기적인 안목으로 미래에 얻어질 성취적 만족을 기대하면서 현재의 과업에 열중한다."

---

13) 김흥길, 김태식, 앞의 논문.

14) D. C. McClelland, The Achieving Society, Princeton, New Jersey, Van Nostrand, 1961, p.238.

맥클리랜드는 이와 같은 성취행동의 특징들이 특히 기업가의 역할에 적합한 것이라고 보았다. 따라서 기업가의 성취동기 수준과 성과간의 관계를 연구한 결과, 성공적인 기업가들은 그렇지 못한 사람들보다 더 높은 성취동기를 갖고 있음을 밝혀냈다.[15] 이렇게 볼 때 맥클리랜드의 성취동기는 슘페터의 기업가정신과 일맥상통함을 알 수 있다.[16]

곧 기업가정신이란 사적 기업을 설립한 기업가가 한 사람의 독립인으로서 엄격한 경쟁사회 속에서 혼자의 힘으로 불확실성에 도전하여 새로운 사업영역을 개척하여 성공적인 기업을 형성하여 가는 개척자이며 혁신자이며 선구자이고 모험가로서 가졌던 정신[17]을 뜻하기 때문이다.

성취동기가 높은 사람들의 행동특성들을 잘 살펴보면 성취동기수준이 개인 및 조직의 발전과 밀접한 관계가 있으리라는 것을 예상할 수 있다. 맥클리랜드를 중심으로 한 심리학자들은 성취동기수준과 발전과의 관계를 규명하기 위하여 많은 연구를 행한 결과 개인이나 조직, 국가를 막론하고 성취동기 수준이 높을 때 훨씬 많은 발전을 한다는 결론을 얻었다.[18]

지금까지의 논의를 정리해보면, 성취동기가 기업가정신과 일맥상통함을 인식하게 되었고, 따라서 성취동기가 강한 사람이 기업가로서 성공할 가능성이 높음을 알 수 있다. 선진국일수록 성취동기가 강한 사람들이 많다는 연구결과와 미래사회는 기업가들이 주도하는 사회가 될 것이라는 학자들의 주장들을 종합해본다면 성취동기가 강한 기업가들이 기업가정신을 바탕으로 청년들의 창업에 활력소를 제공하는 한편, 경제발전과 사회적 진보에도 기여하게 될 것으로 기대된다.

예화 들여다보기_현상유지 –"사는 게, 사는 게 아니야!"

매우 조심스러운 사람이 있었네.
그는 결코 웃지도 울지도 않았네.
그는 위험을 무릅쓰지도 않았고
결코 실패하지도 않았네.
그는 성공하지도
또 시도조차 하지 않았네.

---

15) D. C. McClelland, *op. cit.*, 1953, pp.297-304.
16) 김흥길, 김태식, 앞의 논문.
17) 김원수, 경영학 원론, 경문사, 1985, p.433.
18) 김흥길, 김태식, 앞의 논문.

그러던 어느 날 교통사고를 당했네.
보험회사는 지불을 거부했지.
왜냐하면 그는 결코 진짜로 살아본 적이 없었기 때문에
그들은 그가 결코 진짜로 죽지도 않았을 것이라고 말했다네!

- Dennis Waitley(자아성취 분야 세계적 권위자),
Being the Best, Nashville, TN: Thomas Nelson, 1987, p.115.

"당신이 태어난 이유를 찾아라. 무슨 사명을 이루기 위해 이곳에 왔는가? 하나님은 평범한 모든 사람들에게 자신의 목적을 달성할 수 있는 능력을 주셨다."

- 마틴 루터 킹 목사

세계적 동기부여 전문가 Zig Ziglar 박사는 그의 책 「시도하지 않으면 아무것도 할 수 없다」에서 다음과 같이 말한다.

"성공을 이룬 사람과 실패한 사람에게는 아주 분명한 차이가 있습니다. 무언가를 성취한 사람은 어떤 어려움에도 자신의 꿈 자체를 포기하거나 목표달성의 의지를 저버린 적이 없습니다. 꿈을 이루는 데 실패한 사람은 능력이 부족해서가 아니라 확고한 자기결심이 모자랐기 때문인 경우가 많습니다. 강력한 의지력은 열정적이고 끊임없는 노력을 만들어냅니다. 그리고 결국에는 그것이 큰 보상으로 이어지게 되는 것입니다."

그는 또 "산다는 것은 호흡하는 것이 아니라, 행동하는 것이다"라고 강조하면서

"실패는 당신이 보잘 것 없는 노력이라도 했음을 의미합니다. 이것만으로도 긍정적입니다.(...) 실패를 통해 배우게 되는 경험 이상의 그것은 실패가 단순한 사건일 뿐이며 결과가 아니라는 사실을 가르쳐줍니다. 실패는 단지 일시적인 불편함이자 사건일 뿐이며 결과가 아니라는 사실을 가르쳐줍니다."라고 충고해준다.

"시작과 창조의 모든 행동에 한 가지 기본적인 진리가 있다. 그것은 우리가 진정으로 하겠다는 결단을 내리는 순간 그때부터 하늘도 움직이기 시작한다는 것이다." 독일의 문호 요한 볼프강 폰 괴테의 말이다.

누군가가 "모든 신호등에 파란 불이 들어올 때까지 길을 나서지 않겠다고 한다면 집밖으로 영영 한 발짝도 나갈 수 없는 법"이라고 했다.

실수를 두려워하거나, 실패하지 않는 사람은 결코 아무 일도 이룰 수가 없다!

[책갈피] 성취동기 수준조사 설문

"나는 어떤 사람인가?"

이 설문지는 대학생들의 삶에 대한 태도를 학술적으로 분석 연구할 목적으로 실시하는 것입니다. 단지, 저희들이 알고자 하는 것은 응답하시는 분의 솔직한 느낌과 생각입니다. 물론 이 설문지에는 이름을 밝히실 필요가 없습니다.

● 답하는 요령 ●

해당되는 곳에 '○'표 또는 '∨'표를 해주시면 됩니다.

1.인생의 성패는 우연이나 운보다 개인의 노력이나 능력에 의해 좌우된다고 생각한다.

정말 그렇다	그렇다	그저 그렇다	그렇지 않다	전혀 그렇지 않다

2.나는 나 자진의 호기심이나 상상력이 남보다 강하다고 생각한다.

정말 그렇다	그렇다	그저 그렇다	그렇지 않다	전혀 그렇지 않다

3.나는 앞으로 성공할 수 있으리라는 신념과 희망을 가지고 있다.

정말 그렇다	그렇다	그저 그렇다	그렇지 않다	전혀 그렇지 않다

4.인생을 삶에 있어서 어느 정도의 위험을 무릅쓰거나 희생을 치루지 않고 성공을 기대하는 것은 잘못된 생각이다.

정말 그렇다	그렇다	그저 그렇다	그렇지 않다	전혀 그렇지 않다

5.나는 나 스스로 모험심이 강하다고 생각한다.

정말 그렇다	그렇다	그저 그렇다	그렇지 않다	전혀 그렇지 않다

6. 나는 내가 한 언동과 그 결과에 대하여 스스로 책임을 질 각오가 되어 있다.

정말 그렇다	그렇다	그저 그렇다	그렇지 않다	전혀 그렇지 않다

7.나의 목표가 달성될 때가지는 인간관계를 약간 소홀히 할 수도 있다고 생각한다.

정말 그렇다	그렇다	그저 그렇다	그렇지 않다	전혀 그렇지 않다

8.나는 스스로 부단히 기회를 노리는 행동가이며, 실천가라고 생각한다.

정말 그렇다	그렇다	그저 그렇다	그렇지 않다	전혀 그렇지 않다

9.나는 일단 어떤 목표를 설정하기만 하면, 그 일이 성공적으로 끝날 때까지 전념하고 전력투구한다.

정말 그렇다	그렇다	그저 그렇다	그렇지 않다	전혀 그렇지 않다

10.나는 목표를 설정할 때 지나치게 어려운 것보다는 곤란도와 위험도가 적절한 수준인 것을 좋아한다.

정말 그렇다	그렇다	그저 그렇다	그렇지 않다	전혀 그렇지 않다

11.나는 자주 장해를 생각하고 계획을 세운다

정말 그렇다	그렇다	그저 그렇다	그렇지 않다	전혀 그렇지 않다

12.나는 항상 원기 왕성한 편이고 아침 일찍 일어나는 편이다.

정말 그렇다	그렇다	그저 그렇다	그렇지 않다	전혀 그렇지 않다

13.나는 실패를 두려워하지 않는 용기를 가지고 있다.

정말 그렇다	그렇다	그저 그렇다	그렇지 않다	전혀 그렇지 않다

14.나는 나의 행동에 대한 다른 사람들의 의견이나 평가를 기꺼이 그리고 진지하게 듣는 편이다.

정말 그렇다	그렇다	그저 그렇다	그렇지 않다	전혀 그렇지 않다

15.나는 새롭고 혁신적인 아이디어와 참신한 해결방안을 제시하는 친구들은 좋아한다.

정말 그렇다	그렇다	그저 그렇다	그렇지 않다	전혀 그렇지 않다

16.나는 내 자신이 외부에 대하여 어떤 이미지를 가지고 있느냐와 다른 사람들이 나를 어떻게 생각하느냐에 대해서 항상 구체적인 정보를 제공받고 싶어한다.

정말 그렇다	그렇다	그저 그렇다	그렇지 않다	전혀 그렇지 않다

17.나는 내 스스로 20년 후에는 소속된 조직에서 상당한 지위를 갖게 되리라고 예상한다.

정말 그렇다	그렇다	그저 그렇다	그렇지 않다	전혀 그렇지 않다

18.나는 조직생활이나 사회생활에서 남에게 나의 재능이나 실력을 보여주고 싶다.

정말 그렇다	그렇다	그저 그렇다	그렇지 않다	전혀 그렇지 않다

19.나는 타인에게 명령받기보다 남을 통솔하는 것을 좋아하고 또 보람을 느낀다.

정말 그렇다	그렇다	그저 그렇다	그렇지 않다	전혀 그렇지 않다

20.나는 살아가면서 모험적 요소와 변화가 있어 신선한 자극을 느끼고 삶의 역동성을 경험할 수 있어 좋다.

정말 그렇다	그렇다	그저 그렇다	그렇지 않다	전혀 그렇지 않다

21.나는 나의 삶에 큰 변화가 있고 또한 변신과 성장을 거듭하면서 살고 싶다.

정말 그렇다	그렇다	그저 그렇다	그렇지 않다	전혀 그렇지 않다

22.나는 보다 높은 목표달성을 위해 적극적으로 도전한다.

정말 그렇다	그렇다	그저 그렇다	그렇지 않다	전혀 그렇지 않다

23.졸업 후 장래 진로에 대하여 자주 생각하면서 계획과 목표에 대하여 구상한다.

정말 그렇다	그렇다	그저 그렇다	그렇지 않다	전혀 그렇지 않다

24.나는 남달리 큰 꿈을 가진 야심가이다.

정말 그렇다	그렇다	그저 그렇다	그렇지 않다	전혀 그렇지 않다

25.나는 어려운 일 일수록 더 도전의식을 느낀다.

정말 그렇다	그렇다	그저 그렇다	그렇지 않다	전혀 그렇지 않다

26.나는 매사를 소홀히 하지 않는다.

정말 그렇다	그렇다	그저 그렇다	그렇지 않다	전혀 그렇지 않다

27.나는 나의 목표를 향해서 꾸준히 노력하고 있다.

정말 그렇다	그렇다	그저 그렇다	그렇지 않다	전혀 그렇지 않다

28.나는 언젠가는 사람들이 깜짝 놀랄만한 일을 이룩하게 될 것이다.

정말 그렇다	그렇다	그저 그렇다	그렇지 않다	전혀 그렇지 않다

29.나는 나의 꿈을 실현할만한 능력이 있다.

정말 그렇다	그렇다	그저 그렇다	그렇지 않다	전혀 그렇지 않다

30.나는 어떠한 어려움이 있더라도 이겨낼 자신이 있다.

정말 그렇다	그렇다	그저 그렇다	그렇지 않다	전혀 그렇지 않다

31.나는 남에게 의존하기를 싫어한다.

정말 그렇다	그렇다	그저 그렇다	그렇지 않다	전혀 그렇지 않다

32.나는 일단 약속을 하면 기어이 지킨다.

정말 그렇다	그렇다	그저 그렇다	그렇지 않다	전혀 그렇지 않다

33.나는 무슨 일을 해도 지칠 줄을 모른다.

정말 그렇다	그렇다	그저 그렇다	그렇지 않다	전혀 그렇지 않다

34.나는 타인과 실력으로 겨루기를 좋아한다.

정말 그렇다	그렇다	그저 그렇다	그렇지 않다	전혀 그렇지 않다

35.나는 항상 새로운 방법을 추구한다.

정말 그렇다	그렇다	그저 그렇다	그렇지 않다	전혀 그렇지 않다

36.나는 경쟁자가 있을 때 더 힘이 난다.

정말 그렇다	그렇다	그저 그렇다	그렇지 않다	전혀 그렇지 않다

37.나는 일에 몰두할 때 가장 즐겁다.

정말 그렇다	그렇다	그저 그렇다	그렇지 않다	전혀 그렇지 않다

38.나는 매사에 적극적인 사람이다.

정말 그렇다	그렇다	그저 그렇다	그렇지 않다	전혀 그렇지 않다

39.나는 한가하면 더 견디기가 어렵다.

정말 그렇다	그렇다	그저 그렇다	그렇지 않다	전혀 그렇지 않다

40.나는 언제나 스스로 일을 찾아서 한다.

정말 그렇다	그렇다	그저 그렇다	그렇지 않다	전혀 그렇지 않다

41.나는 나의 꿈이 반드시 실현되리라고 믿는다.

정말 그렇다	그렇다	그저 그렇다	그렇지 않다	전혀 그렇지 않다

42.나는 내가 한 일에 대해서는 그 결과에 관계없이 책임을 지는 사람이다.

정말 그렇다	그렇다	그저 그렇다	그렇지 않다	전혀 그렇지 않다

43.나는 약간 모험이 따르는 일을 좋아한다.

정말 그렇다	그렇다	그저 그렇다	그렇지 않다	전혀 그렇지 않다

44.나는 몇 번 실패를 해도 꺾이지 않는다.

정말 그렇다	그렇다	그저 그렇다	그렇지 않다	전혀 그렇지 않다

45.나는 같은 일을 되풀이 하는 것을 싫어한다.

정말 그렇다	그렇다	그저 그렇다	그렇지 않다	전혀 그렇지 않다

46.나는 항상 목표를 분명히 하고 일을 시작한다.

정말 그렇다	그렇다	그저 그렇다	그렇지 않다	전혀 그렇지 않다

47.나는 무슨 일이든 그 진척과정을 수시로 검토하고 수정한다.

정말 그렇다	그렇다	그저 그렇다	그렇지 않다	전혀 그렇지 않다

48.나는 일단 시작한 일은 끝이 날 때까지 중단하지 않는다.

정말 그렇다	그렇다	그저 그렇다	그렇지 않다	전혀 그렇지 않다

- 일 반 사 항

1. 성 별: 남자 ( ) 여자 ( )
2. 학 년: 1학년( ) 2학년( ) 3학년( ) 4학년( )
3. 전공분야: 인문사회과학( ) 상경계열( ) 의학( ) 기타( )
4. 병역여부(남자인 경우만) : 미필( ) 예비역( ) ROTC( ) 기타( )
5. 종 교: 천주교( ) 개신교( ) 불교( ) 무종교( ) 기타( )
6. 출 신 지: 대도시( ) 중소도시( ) 시골( )
7. 가정환경: 소득수준(월) 100만원 미만( )
   100~200만원( )
   300~500만원( )
   500만원 이상( )

제 Ⅱ 부
창업과 경영관리

제1장 창업의 의의

제1절 창업의 개념과 중요성

1. 창업의 개념

창업이란 말 그대로 사업을 기획하는 일, 즉 기업을 새로이 창조하는 일이다. 학문적으로 보면 인적·물적 자원을 결합하여 기업목적을 달성하기 위하여 상품이나 서비스를 조달, 생산, 판매하거나 그와 부수된 활동을 수행하는 것으로 정의할 수 있다. 실무적으로 보면 개인 또는 집단이 돈과 사람을 동원하여 새로이 사업을 개시하는 것이 곧 창업이다.[1)]

창업이란 좁은 의미에서는 새로운 기업조직을 설립하여 경영활동을 수행하는 것을 말한다. 곧, 제품이나 서비스를 생산, 제공함으로써 부가가치를 창출하려는 목적으로 기업을 설립하는 것이다. 이와는 달리 새로운 제품을 생산하거나 서비스를 제공할 목적으로 굳이 기업을 설립하지 않고, 사업부 또는 사내 팀조직 등으로 새로운 경영활동을 수행할 경우도 있다. 이처럼 기존 경영활동과는 다른 새로운 경영활동을 수행하기 위해 다각화하거나 변신하는 것도 넓은 의미의 창업 개념에 포함된다.

달리 말하자면, 창업이란 창업자가 어떤 목적을 가진 사업을 영위하기 위한 구체적인 수단을 형성하는 것이며, 사업은 사업가가 고객이 요구하는 것에 대한 만족을 제공하고 그 보답으로 이윤을 창출해 가는 종합적인 형태라 할 수 있다.

요컨대, 창업이란 이윤창출을 위한 사업의 기초를 세우는 것으로 사업가적인 능력을 가지고 있는 개인 또는 집단이 사업 아이디어를 가지고 사업목표를 세워 적절한

1) 이신모, 골드칼라 창업학, 다성출판사, 2002, p.63.

사업기회에 자본, 인력, 설비, 원자재 등 경영자원을 확보하여 재화의 생산 또는 서비스를 제공하는 기업을 설립하는 것을 말한다.

지금까지의 논의를 정리해보면, 창업이라 함은 전혀 새로운 사업을 시작(Start-up)하거나 타인의 사업을 인수(Buyout)하여 새로이 사업을 시작하는 것을 말한다. 즉, 창업이란 새로운 조직을 창조하는 과정이며 상품과 서비스를 생산, 판매하는 새로운 시스템을 만들어 가는 과정이다. 기업가로서 자질이나 능력을 갖춘 개인이나 집단이 사업기회를 포착한 후 사업목표를 설정하고 자본, 노동력, 설비를 확보하여 사업을 시작하는 것을 말한다.

이와 같이 창업에 대한 정의는 관점에 따라 다소간의 차이를 보이지만 슘페터의 경우, 창업을 새롭고 보다 나은 일처리 방법의 창출을 가지고 기존의 방법을 파괴하는 '창조적 파괴'의 힘으로 간주하고 있으며, 그의 연구업적은 기업과 기업가에 관한 연구에 있어서 가장 큰 영향을 미쳤던 것으로 알려지고 있다. 각 연구자들이 연구한 창업에 대한 정의를 살펴보면 공통적으로 등장하는 단어를 찾을 수 있는데, 그것은 '새로움, 창조, 변화'라는 단어들이다. 슘페터 교수는 창업을 '창조적 파괴'의 힘으로 간주하면서 사업의 과정에서 이루어지는 신규 사업활동과 창업활동을 구분하고 있다.[2]

한편 금융위원회에서 운영하는 공식사이트 '금융나들목'[3]에서는 "창업이란 재화와 서비스를 생산하고 판매하는 시스템을 새롭게 만드는 과정으로, 창업자가 사업의 기회를 포착하여 사업목표를 설정하고, 자본, 인력, 설비 등 경영자원을 확보하여 사업을 시작하는 것"이라고 정의하고 있다.

또한 "중소기업 창업지원법" 제2조에서는 창업과 창업자를 구분하여 정의하고 있는 데, 창업이라 함은 중소기업을 새로이 설립하여 사업을 개시하는 것을 말하며 사업의 승계, 기업형태의 변경, 폐업 후 사업재개에 해당하는 경우에는 창업에 해당되지 않는다고 규정하고 있다. 그리고 창업자란 중소기업을 창업하는 자와 중소기업을 창업하여 사업을 개시한 날로부터 7년이 지나지 아니한 자를 말한다고 적시하고 있다.

그래서 일부 연구자들은 새로운 사업을 창업한 사람에게만 '창업자'라는 용어를 적용한다.[4] 말하자면 전에 존재하지 않았던 새로운 사업을 시작하거나 기업을 설립한 사람을 지칭하는 것이다. 이러한 견해는 회사를 물려받았거나 인수한 사람들을 배제

2) 윤종록 외, 앞의 책, p.12.
3) http://www.smefn.or.kr
4) W. B. Gartner, "Who is an Entrepreneur? Is the Wrong Question," American Journal of Small Business, Spring, 1988, pp.11-31.

하기 때문에 제한적이다.[5)]

일반적인 의미에서의 창업이란 사업의 시작을 의미하며, 기업가의 능력을 갖춘 개인이나 집단이 사업 아이디어를 가지고, 사업목표를 세우고 적절한 사업 기회에 자본, 인원, 설비, 원자재 등 경영자원을 확보하고 상품이나 서비스를 제공하는 기업의 설립을 말한다.[6)]

말하자면 창업이란 제품이나 서비스를 생산 또는 판매하기 위하여 이제까지 존재하지 않았던 새로운 기업조직을 설립하는 행위를 말한다. 즉 제품이나 서비스의 생산이나 판매를 위해 자본을 투자하고 생산설비나 건물을 갖추며, 필요한 인적 자원을 선발 배치하는 등의 행위를 일컫는다. 그러나 최근 들어 새로운 사업부를 창출하는 것까지 이른바 사내창업이라 하여 창업으로 포함시키는 경향이 있다.

2. 창업으로 보지 않는 창업의 범위

1) 사업의 승계

타인으로부터 사업을 승계하여 승계전의 사업과 동종의 사업을 계속하는 경우에는 중소기업을 신규로 창설하는 효과가 없으므로 창업으로 보지 않는다. 예컨대, ① 상속이나 증여에 의해 사업체를 취득하여 동종사업을 계속하는 경우, ② 폐업한 타인의 공장을 인수하여 동일한 사업을 계속하는 경우, ③ 사업의 일부 또는 전부의 양도·양수에 의해 사업을 개시하는 경우, ④ 기존공장을 임차하여 기존 법인의 사업과 동종의 사업을 영위하는 경우, ⑤ 합병·분할·현물출자 등으로 사업을 승계하여 동종사업을 계속하는 경우.

2) 기업형태의 변경

개인사업자인 중소기업자가 법인으로 전환하거나 법인의 조직변경 등 기업형태를 변경하여 변경전의 사업과 동종의 사업을 계속하는 경우 형식상의 창업절차만 있고 실질적으로는 중소기업의 창설효과가 없으므로 창업으로 보지 않는다. 예컨대, 개인사업자가 법인으로 전환하거나, 합명회사와 합자회사, 유한회사와 주식회사 상호간에

---

5) J. H. Greenhaus, G. A. Callanan, & V. M. Godshalk(탁진국 역), Career Management(경력개발 및 관리), Harcourt Inc., 2002, p.320.

6) 김충렬, 창업론, 형설출판사, 2007, p.15.

법인형태를 변경하여 동종의 사업을 계속하는 경우나 기업을 합병하여 동종의 사업을 영위하는 경우(A기업과 B기업이 합명하여 C기업을 설립하는 경우)가 그러하다.

3) 폐업후 사업의 재개

폐업후 사업을 개시하여 폐업전의 사업과 동종의 사업을 계속하는 경우(다만, 폐업을 한 후에 사업을 재개하더라도 폐업전의 사업과는 다른 업종의 사업을 새로이 개시하는 경우는 창업으로 인정한다.), 예컨대, 사업의 일시적인 휴업이나 정지후에 다시 사업을 재개하는 경우나 공장을 이전하기 위해 기존장소의 사업을 폐업하고, 새로운 장소에서 사업을 재개하는 경우가 그러하다.

3. 창업의 중요성과 환경변화

페이스북의 마크 주커버그, 아마존의 제프리 베저스, 델컴퓨터의 마이클 델, 바디숍의 창업자 아니카 로딕, 스타벅스의 하워드 슐츠 등 지난 수십년간 혁신을 대표하는 인물의 공통점은 벤처 사업가 혹은 창업자란 점이다. 이러한 창업자들이 최근 들어 주목받는 것은 창업활동이야말로 한 국가의 경제발전을 선도하고 사회변화를 촉진하는 역할을 수행하는 중요한 활동이기 때문이다. 현대 사회가 지식과 혁신이 중시되는 지식기반 사회로 진행됨에 따라 창업과 창업자의 중요성은 더욱 더 높아지고 있는 추세이다.[7)]

최근 들어 한국의 경우에도 고용 없는 성장이 지속됨에 따라 일자리 창출이 미진하고 청년 실업율의 증가는 사회문제 및 국가경제발전에도 저해요인으로 작용하고 있는 실정이다. 선진외국의 사례를 살펴보면, 고용창출효과가 가장 큰 기업은 창업한 지 1년에서 5년 사이인 창업초기 단계의 기업으로 나타남에 따라 국내의 고용 없는 성장국면을 탈피하기 위해서는 신생 창업기업 육성정책을 보다 강화하기 위한 다양한 방안마련과 노력이 요청되고 있다.[8)]

한편 규모별 창업기업의 고용창출 효과를 살펴보면, 미국의 경우 종업원 수가 많은 기업(250~499명)보다 종업원 수가 적은 마이크로 기업(1~4명)의 고용창출효과가 더

7) 반성식 외, 글로벌기업가정신연구(GEM) 2011 보고서, 경남과학기술대학교, 2012, p.20.
8) 김진수 외, 창업지원체계 선진화 방안, 중소기업진흥청, 2010.

큰 것으로 나타났다. 즉 마이크로 기업의 경우 1980년대 약 신규 고용창출에서 차지하는 비중이 7.5%로 제일 높았으며, 2005년에 이르러서도 약 18%를 차지하는 등 다른 규모의 기업보다 고용창출률이 높은 것으로 나타났다. 이와 같은 결과는 창업초기 기업의 고용창출 효과가 크다는 사실과 일치하는 것으로 창업활동을 통한 고용창출 효과는 창업초기 기업과 소규모 창업에서 더 큰 것을 알 수 있다.[9)]

따라서 일자리 창출을 위해서 창업이 중요함을 인식할 수 있을 뿐만 아니라, 창업활성화를 위한 창업지원 사업을 더욱 강화할 필요가 있음을 강조하지 않을 수 없다. 이와 같은 창업의 중요성과 창업활성화를 위한 지원정책의 필요성을 인식한 외국의 다양한 노력에서도 많은 시사점을 얻게 된다. 미국 오바마 정부는 지난 2009년에 창업촉진 및 벤처캐피탈 등 민간투자 확대를 위한 "중소기업 자금조달 및 투자법(SBFIA[10)])"를 제정한 바 있고 금융위기 극복을 위한 중소기업 보증한도 90% 유지 및 중소기업 투자회사에 정부지원 한도를 33%에서 45%로 확대하여 시행하고 있다. 이러한 창업환경 아래서 미국에서는 매년 90만 개 정도의 업체가 새롭게 창업되고 있다. 1996년에는 매월 34만6천건이던 것이 2011년에는 54만3천건의 창업이 발생한 것으로 나타나 분명한 증가율을 보여주고 있다. 2011년에는 15년전보다 남성 창업자의 비율이 늘었지만, 15년전에 비하여 20-34세 청년 창업이 줄었고 대신 55-64세의 중장년층 창업이 늘어난 것으로 나타났다.[11)]

한편, EU 차원에서는 2009년 6월부터 예비창업자에게 1억 유로(1,500억원), 중소기업 소액대출에 5억 유로를 공급하기로 합의하였으며 "기업가정신 교육 없이는 EU 미래는 없다"는 슬로건 아래 고용창출 2천만개, GDP 대비 R&D투자 3% 등 6개 분

---

9) 김진수 외, 앞의 자료.

10) SBFIA: Small Business Financing and Investment Act
2009년 10월 29일에 SBFIA가 통과한 데 대해 Nancy Pelosi 하원의장은 다음과 같은 성명을 발표했다. "중소기업은 국가 경제성장의 엔진일 뿐 아니라 적절한 급여를 제시하면서 고용을 창출하는 제 1의 원동력이다. 이제 침체에서 벗어나기 시작하는 미국 경제의 회복은 중소기업과 기업가에 달려있다. 이들은 위험을 무릅쓰면서 기회를 찾고 근로자를 채용하며 이들에게 적절한 급여를 지급함으로써 아메리칸 드림을 이룰 수 있도록 도와준다." 그러면서 "SBFIA는 매년 130만개의 일자리를 창출 혹은 보전하면서 기업의 혁신 제고를 더욱 장려할 것이다. 이번에 민주·공화 양당이 초당적으로 SBFIA를 통과시킴으로써 중소기업은 지역은행과 크레디트유니온 등 금융회사로부터 보다 쉽게 자금을 대출받게 됐고, 금융회사는 이들 기업에 대한 신뢰를 높일 수 있게 됐다." 또 이어서 "SBFIA 통과는 미국인들이 다시 직장으로 들어가 미국을 다시 번영의 길로 이끌도록 만드는 중요한 단계다. 미 의회는 이번에 중소기업이 현재의 위기에서 탈피해 성공할 수 있도록 도구와 자원을 제공함으로써 장기 경제성장의 굳건한 토대를 구축하고 있다."

11) http://techit.kr/6444

야의 목표를 설정하여 추진 중에 있다. 그리고 프랑스의 경우는 2008년 6월에 "경제현대화법"에 우대세율의 적용 및 신고절차 간소화 등을 규정한 '1인 기업가제도'(Auto-entrepreneurs)를 도입한 바 있다. 또한 영국의 경우, 2008년 2월에 범정부 차원의 '창조산업 종합계획'을 발표하고 2013년까지 창조산업 전반에 5천명의 신규인력을 유입한다는 방침을 세워 추진 중에 있고 2009년 6월에는 기술 창업기업에 대하여는 10년간 총 10억파운드(2조원)를 투자하기로 결정한 바 있다. 이웃나라 일본은 2009년에 100만개 창업 및 기업가정신 교육 강화 등을 정강정책으로 채택한 바 있고 중소・벤처 창업을 촉진하기 위해 미국의 기술혁신제도(SBIR/STTR)를 벤치마킹하고 투자세액 공제 및 엔젤네트워크 설립을 지원하기로 하였다.[12)]

이와 같이 전 세계적으로 창업에 대한 관심이 고조되고 선진각국들이 창업을 촉진하고 활성화하기 위하여 정부차원의 다양한 정책과 방안들을 내놓고 있는 배경은 우선 창업이 경제적으로 국가와 사회에 기여하는 바가 지대하기 때문이고, 다음으로는 산업사회의 구조적 변화와 더불어 사회문화적 환경이 변화하였기 때문이다.

1) 창업의 경제・사회적 역할

창업은 개인의 관점에서 보면 개인적인 부를 창출하기 위한 활동이라 할 수 있지만 그것은 개인의 차원을 넘어 사회적으로도 여러 가지 중요성과 의미를 지닌다.

첫째로 성공적인 창업은 사회가 필요로 하는 값싼 양질의 제품을 생산・공급함으로써 인간의 생활을 보다 편리하게 만드는데 기여한다.

둘째로 창업은 삶의 현장인 노동의 기회를 확대하여 보다 많은 일자리를 창출해낼 뿐만 아니라, 보다 향상된 근로조건과 급여수준을 높이는 데 기여함으로써 인간의 풍요로운 삶과 삶의 질 향상에 기여한다.

둘째로 성공적인 창업은 새로운 이익과 가치의 창조, 즉 부를 창출하는 데 기여한다. 좀 더 많은 사람들이 물질적 풍요로움의 혜택을 누리기 위해서는 먼저 사회 전체의 부의 크기가 증가해야 한다. 창업을 통하여 개인사업자는 자신의 사적 이익과 재산을 증식할 수 있으며, 기업은 기업의 이익과 기업가치(기업의 부)를 증대시킬 수 있으며 사회 전체적으로는 국민총생산을 증대시키고, 국가의 부를 증대시키는 데 기여한다.

12) 김진수 외, 앞의 자료.

셋째로 성공적인 창업은 기술개발을 촉진하고 제품의 국제경쟁력을 향상시켜 수출 증대에 기여하며 수입대체 효과를 가져 온다. 즉, 현대와 같은 경쟁상황에서 기업이 살아남을 수 있는 두 요건은 우수한 제품을 생산할 수 있는 기술수준과 생산성을 높이는 것이다. 신기술과 특허를 이용하여 신제품을 생산하며, 특정 부품이나 제품의 질을 고급화시켜 세계적인 상품을 만드는 데 있어서 경쟁적인 창업활동이 기여하는 바는 크다.

2) 전 세계적 창업열기

미국과 유럽 등에서는 20대는 물론 10대들까지 창업전선에 가세하고 있다. 바야흐로 지금 세계는 창업열풍에 휩싸여 있고 이로 인해 E세대(Entrepreneurs Generation)[13][14]라는 신조어까지 생겼다. 졸업후 안정된 직장에 취직하기보다는 창업에 우선순위를 두는 세대라는 뜻이다. 이들에게 직장생활은 창업이 어려울 경우 고려할 수 있는 차순위 정도로 인식되고 있다.[15]

왜 이렇게 세계는 창업열기로 뜨거운 것일까?

첫째, 기업가들의 위상이 정치권력보다 강화되는 추세이다.

냉전시대에는 정치논리가 강했지만 지금은 경제가 국가의 안전을 좌우하는 시대인 것이다. 세계 각국 정상회담의 주제도 언제나 통상을 비롯해 경제문제가 머리에 자리잡으며, 세계적으로 성공한 기업가는 어줍지 않은 우방의 정상보다도 더 극진한 대접을 받는 현실이다. 이런 가운데 야망을 가진 젊은이들이 창업을 통해 세계적인 기업가로 성장하려는 포부를 갖는 것은 일면 당연한 일인지도 모른다.

둘째, 단기간에 성장할 수 있는 분야들이 속속 등장하고 있다.

석유화학이나 섬유, 기계 등 과거의 전통산업으로는 창업후 단기간에 세계를 석권하기 어려웠다. 우리 경우도 어떤 회사가 세계적인 기업으로 성장하려면 적어도 창업

---

13) A. Bourghis[1)]는 제2차 세계대전 이후의 세대를 5가지 유형으로 분류한 바 있다.
① 1946년 이전에 태어난 기성세대; ② 1947년에서 1963년 사이에 태어난 베이비부머세대; ③ 1964년에서 1977년 사이에 태어난 X세대; ④ 1978년에서 1992년 사이에 태어난 Y세대. 이 Y세대는 대학생 세대이거나 졸업을 하고 막 사회적 경력을 시작하려는 젊은 세대들이다. 이들은 인터넷 또는 Electronic을 뜻하는 "E"세대로 지칭되기도 한다.; ⑤ 1993년 이후에 태어난 Z세대 등이다. 그러나 본문에서 Entrepreneur를 의미하는 E-generation은 한 때의 유행처럼 급증하는 젊은 창업가 세대를 지칭하는 것이다.

14) A. Bourghis, "Les Défis de la Gestion Intergénérationelle," Conférence présentée dans le cadre du rendez-vous technologique Montégérien, 2006.

15) 윤종록 외, 앞의 책, p.19.

자의 평생이 소요됐거나 2세, 3세가 승계한 다음인 경우가 많았다. 그러나 정보통신, 특히 인터넷과 같이 설비투자보다도 아이디어나 서비스 제공방식에 의해 승부가 결정되는 사업들은 초단기간에 세계시장을 석권할 수 있다. 야후(Yahoo) 같은 회사가 그 대표적인 예이다.

셋째, 신화적 창업사례가 창업열기를 부추기고 있다.

세계 산업의 흐름이 장치산업 위주에서 지식정보산업으로 이행하면서 단기간에 성공한 신화적인 사례들이 속속 등장하고 있다. 이들은 겨우 서른 안쪽 나이에 그 분야에서 영향력을 갖춘 사람들로 부각되고 있다. 마이크로소프트의 빌 게이츠를 비롯해 전 세계에 포진해 있는 정보통신 분야의 강자들이 창업을 꿈꾸는 후배들을 성공무대로 유인하고 있다.

넷째, 소규모 투자로 승부할 수 있는 시대이다.

아무리 창업이 매력적이라 해도 자본금이 많이 든다면 오늘날과 같은 창업열기를 가져오지 못했을 것이다. 고도로 발달된 자본주의 시스템은 투자가치를 찾아 큰돈이 움직이는 시장구조를 만들었다. 성공가능성이 있는 아이디어라면 쉽게 투자자를 만날 수 있는 환경이 미국을 중심으로 점점 발달되고 있는 것이다.

다섯째, 인터넷이 발달하면서 전 세계를 대상으로 하는 비즈니스 환경이 조성됐다.

지금 세계는 무경계화가 급진전되고 있다. 위성과 인터넷의 발달로 비즈니스에 시차가 없어져 전 세계를 대상으로 개인이 사업을 전개할 수 있는 환경이 만들어지고 있다. 괜찮은 아이템이라면 인터넷을 통해 전 세계를 상대로 영업을 할 수도 있으며, 잠을 자는 동안에도 쉴 새 없이 주문을 받을 수 있다.

여섯째, 창업에 대한 국가적 지원이 확대되고 있다.

오늘날 국민경제에 영향을 끼치는 것은 꼭 규모가 큰 기업만은 아니다. 아이디어를 바탕으로 하는 중소기업이 오히려 국가적 부가가치를 창출하는 데 큰 힘을 발휘할 수 있으며 고용확대에도 큰 도움이 될 수 있다. 그렇기 때문에 지금 미국 등 많은 국가들은 젊은이들의 창업을 적극 지원하는 추세이다.

일곱째, 창업에 대한 사회적 인식이 변하고 있다.

창업을 바라보는 사람들의 시선이 바뀌는 것도 창업열기에 큰 영향을 준다. 고리타분하게 관료나 법률가로 성장하려고 시험을 준비한다거나 그 분야에서 성장하기 위해 발버둥치는 것보다도 젊은 사업가로 세계시장을 좌우하는 것을 더 가치 있게 생각하는 풍조가 생겨나고 있다. 실제 미국에서는 대법원장 이름을 모르는 사람은 많아도 빌 게이츠를 모르는 사람은 없을 정도로, 성공한 창업가는 국민적 영웅으로 부각되고 있는 것이다.[16]

3) 각광받는 고부가가치형 지식산업의 부상

전 세계를 휩쓰는 창업열풍의 이면에는 다음과 같은 특성이 내포되어 있다. 바로 전통적인 창업개념이 파괴되고 비즈니스 영웅이 수시로 교체되고 있다는 점이다. 우리가 익히 알고 있는 근면성실과 뚝심의 창업자가 아니라 빌 게이츠나 스필버그처럼 가냘프지만 아이디어를 가진 사람들이 성공한 창업가의 모델로 인식되고 있다. 그리고 이들 외에도 앞으로 몇 년 사이에는 들어보지도 못한 사람들이 새로운 기업을 일으켜 성공한 영웅들로 다시 부각될 것이다. 전통적인 창업자들이 평생을 통해 일가를 이루고 늙은 다음에 평가를 받았던 것과 달리 이들의 성패는 이르면 20대에서 늦으면 40대 전후에 판가름 난다. 그 이유는 오늘날 주류가 되고 있는 분야가 정보통신이나 영상에 집중되어 있고, 이 분야는 젊을수록 강점이 있기 때문이다.

지금 세계적으로 각광을 받는 사업분야는 지식집약형 정보통신 분야나 콘텐츠 위주의 창조성이 높은 아이디어 사업들이다. 하드웨어의 부속물처럼 인식되던 소프트웨어가 하드웨어를 능가하고 있고 패션 디자이너가 섬유회사에 종속되어 있는 것이 아니라 오히려 반대가 되고 있다. 그리고 이런 분야는 특성상 부가가치가 높다. 영화 한 편이 자동차 수만 대를 수출하는 것보다도 훨씬 큰돈을 벌어들이며, 소프트웨어 하나로 세계시장을 장악할 수도 있다. 또한 우리나라 중견 의류업체가 1년간 수출한 돈보다도 외국의 유명 디자이너가 디자인한 아이디어 하나가 더 큰 이익을 가져오고 있다.[17]

4) 경쟁력으로 평가되는 시대

오늘날 성공하는 기업들의 특성은 핵심인력을 최소화시켜 본사는 작게 하고, 강력한 월드와이드 네트워크를 구축해 전 세계시장을 공략한다는 점이다. 100명도 안 되는 규모로도 세계시장을 좌우할 수 있으며, 높은 부가가치를 창출할 수 있기 때문에 소규모화를 통한 국제경쟁력 구축이 창업에 중요하다. 그리고 여기서 벌어들인 엄청난 돈이 다시 연구개발에 투자돼 지속적인 경쟁력을 갖추는 계기가 되기도 한다. 이

16) 윤종록 외, 앞의 책, pp.19-21.
17) 위의 책, pp.21-22.

들 소규모 기업은 우리 기업들이 수만 명의 근로자를 자랑하다가 불황에 몸살을 앓는 요즘 같은 때 아프리카 오지까지 샅샅이 공략하는 글로벌 네트워크를 가동하고 있다. 따라서 오늘날 기업을 평가하는 기준도 '얼마나 규모가 큰가'에서 '얼마나 경쟁력을 갖추고 있는가'로 바뀌고 있다는 점을 명심해야 할 것이다.

지금 세계는 새로운 개념으로 기업의 세대교차가 급속히 이루어지고 있다. '언제 설립됐는가'하는 회사의 역사도, '종업원이 얼마나 많은가' 하는 규모도, '1년에 매출액이 얼마나 되는가'하는 수치도 그다지 중요하지 않다. 오직 경쟁력과 시장을 좌우하는 아이디어로만 평가되는 것이다. 주식투자자들도 이러한 기준에 따라 투자를 한다. 아무리 매출과 이익이 커도 직원이 많은 기업은 1인당 부가가치가 떨어지기 때문에 연구개발 투자나 기술개발 잠재력 등 앞으로 기업의 가치를 좌우할 요소들에 더 관심을 갖는다. 미국의 실리콘밸리에 집결해 있는 미래형 기업들은 직원이 많아야 수십 명 이내라는 점을 명심할 필요가 있다.[18)]

5) 창의적 기업문화의 중시 경향

이러한 속성 때문에 이들 신생기업들은 창의적인 기업문화를 중시한다. 비전이나 이념과 같은 공유가치를 대단히 중시하며 자율을 최대의 모토로 삼아 관리한다. 규제나 통제를 통해 리스크를 줄이기보다는 실패를 장려하고 현장지향적으로 판단하도록 독려함으로써 개인이 창의력을 발휘할 수 있도록 지원하고 있다. 이러한 문화적 특성으로 인해 구성원들은 누구보다 창의적인 제품을 개발할 수 있으며, 회사는 비약적으로 성장할 수 있는 기반을 만들고 있다.

아울러 능력위주로 평가를 하고 여기에 걸 맞는 보상을 하고 있다. 연공이나 지위보다는 "회사의 신제품개발과 마케팅에 얼마나 기여했는가"하는 점을 높이 평가하며, 우수한 사람에게는 자사 주식을 저렴하게 구입할 수 있는 스톡옵션이라는 권리를 준다.

이로 인해 이들 기업의 사원은 돈보다도 더 큰 성취감을 향해 매진하여 백만장자도 수두룩하다. 이러한 메커니즘이 반복해서 작용함으로써 이들 기업은 단기간에 세계적인 경쟁력을 갖춘 기업으로 성장해 나가는 것이다.[19)]

18) 윤종록 외, 앞의 책, pp.22-23.
19) 앞의 책, p.23.

사례 들여다보기_이름값 전성시대...

'미녀는 석류를 …''쁘띠첼' 등 대박 잇따라
이름이 매출 절반 좌우 … 나쁠 땐 곧바로 퇴출

올 1월 서울 잠원동 롯데칠성 본사 사무실. 상품기획 및 디자인 담당 임직원들이 머리를 맞댔다. 새로 나온 음료의 이름을 결정하는 자리였다. 후보는 열 가지에 달했다.'석류노을' '소녀, 석류를 만나다' '석류 37.2'…. 작년 말 광고대행사 대홍기획이 지어 온 이름들이었다. 이 중 '소녀, 석류를 만나다'가 가장 좋은 점수를 받았다. 그러자 한 직원이 건의했다. "좀 더 친근감 있게 대화 투의 이름이 필요하지 않을까요." 결국 '그녀는 석류를 좋아해'로 합의를 봤다. 며칠 뒤엔 '그녀'보다 '미녀'가 좋겠다는 의견이 나왔다. 석류를 많이 먹으면 예뻐진다는 속설과 밀접한 이미지라는 것이다. 요즘 대박 났다는 '미녀는 석류를 좋아해'의 탄생과정이다.

'작명(作名)이 성패를 좌우 한다'는 식품업계의 불문율은 갈수록 위력을 더하고 있다. 롯데제과의 이은학 마케팅 상무는 "이름 못 지으면 쪽박"이라고 입버릇처럼 말한다. 매출의 절반은 이름 덕분이라는 것이다. 그는 "신제품 열 가지 중 두 가지만 잘 팔리면 성공"이라고 말했다. 2월 말 출시된 '석류…'는 한 달여 만에 100억 원어치가 팔렸다. 롯데의 히트작 '2% 부족할 때'(몸 안에서 2% 가량 수분 부족 때 갈증을 느낀다는 사실에 착안한 작명)도 2년 만에 100억 원 매출을 달성했다.

CJ의 디저트용 과일젤리 제품인 쁘띠첼도 귀여운 이름으로 성공했다. '작고 귀엽다'는 뜻의 'petit'에 젤리라는 뜻의 'zel'을 합성했다. 부드러운 불어 식 발음이 여성의 섬세한 감성을 자극했다. 국내 디저트 시장규모가 500억 원으로 추산되는데 지난해 350억 원어치가 팔려나갔다.

흔히 브랜드 네이밍 업체들이 제품 작명소 역할을 한다. 메타브랜딩의 박은정 팀장은 지난해 매일유업의 냉장두유 제품의 이름을 지어달라는 의뢰를 받았다. 어떻게 하면 갓 짜낸 콩의 영양과 신선함을 강조할 수 있을까 며칠 밤을 새웠다. 발음의 높낮이를 감안해서 나온 작품이 '두유로 굿모닝'이다. 그는 "이름을 잘 지으면 광고비의 30%를 절약할 수 있다"고 말했다.

이름이 시원찮아 금세 사라진 제품도 적잖다. CJ는 5년 전 유명 온라인 게임인 '스타크래프트'를 신제품 음료 이름으로 썼다가 넉 달 만에 단종하고 말았다. 제품명과 음료 맛의 따로 놀고 식음료라기보다 장난감 같은 이미지를 불러일으켰다. 2000년 롯데칠성의 ACE4U라는 독특한 이름의 주스가 있었다. 비타민 A, C, E에다 과즙을 함유했다는 의미와 당시 널리 애용된 채팅용어 FOR(4), YOU(U)를 차용했다. 하지만 소비자들이 이름을 기억하기 힘들었는지 그 해를 넘기지 못하고 사라졌다.

- 자료: 중앙일보(2006.04.25)

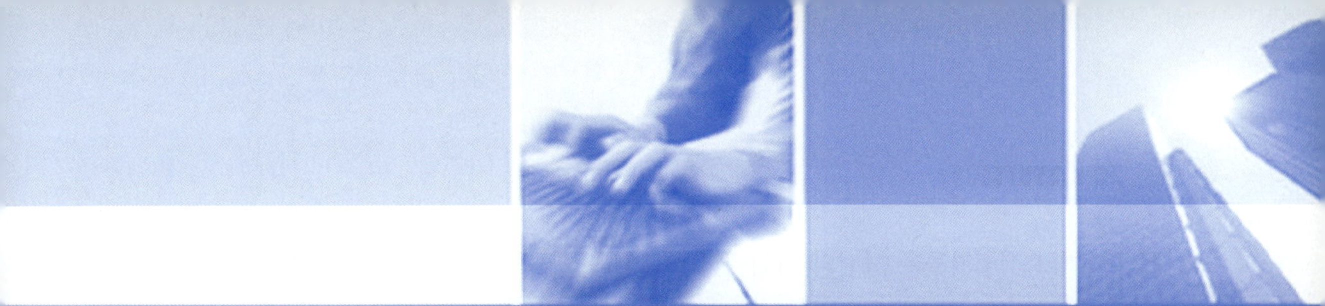

제2장 창업의 동기

개인 및 재정적인 면에서의 실패 위험이 크고 구조와 사회적 지원이 부족함에도 불구하고, 왜 많은 사람들이 창업을 하려는 지에 대해 의문이 생길 수 있다. 사실이지 창업을 하려는 사람들이 창업을 하려는 동기는 창업을 하는 사람의 수만큼이나 다양하다고 할 수 있을 것이다. 그러한 각양각색의 모든 동기를 다 나열하기란 어려우므로 창업동기를 개인적인 동기와 사회적 동기로 나누어 살펴보고자 한다.

제1절 개인적 동기

창업가나 기업가들은 자신의 기업을 운영함으로써 다음과 같은 목적을 추구하게 된다.

첫째, 독립감을 얻기 위해

둘째, 부를 얻기 위해

셋째, 가족을 부양하기 위해

넷째, 자신만이 생산할 수 있는 제품을 제공하기 위해[1]

다섯째, 개인적 특성이 창업을 하는 주요 동기로 영향을 미친다.

1) 독립감과 자율성의 확보

개인이 창업하는 데 가장 중요한 동기로 작용하는 것은 상사의 간섭이나 통제로부터 벗어나서 독립감을 얻을 수 있다는 점이다. 실제로 중소기업 소유자를 대상으로 한 어느 조사에 의하면, 응답자의 72%가 자기 사업을 함으로써 가장 좋은 점이 독립감이라고 응답했다.[2]

---

1) 윤종록 외, 앞의 책, pp.14-15.
2) 위의 책, p.15.

중소기업가들은 자신의 사업에서 주도권을 행사하기 위해 자율을 원하는 경향이 있고, 이러한 자유는 중소기업의 장점 중 하나인 높은 혁신성과 융통성을 발휘하도록 해 준다. 결국 창업을 하게 되면, 직장에서 일할 경우에는 누릴 수 없는 만족감을 느낄 수 있다는 것이다.

한편 홀(Hall)과 리흐터(Richter)는 베이비붐 세대의 가치에 관한 연구에서 "자율 니즈"와 "권위에 대한 도전"이 가장 중요하다는 것을 발견했다.[3] 자율과 독립은 개인이 일하는 데 있어서 상당한 자유를 경험한다는 것을 의미한다. 예를 들면 의사결정 과정에서 선택의 자유, 업무에서 표현의 자유, 엄격한 감독으로부터의 자유, 관료주의 과정으로부터의 자유 등을 들 수 있다. 개인은 자율을 통해 자신의 자기개념과 중요한 가치를 충족시킬 수 있게 된다.[4] 창업경력을 추구하는 것은 개인이 자율과 독립 니즈를 충족시키기 위해 할 수 있는 중요한 방법 가운데 하나이다. 사람들은 자유에 대한 열망, 회사의 조직구조에 대한 인내심 부족, 회사업무의 의미에 대한 냉소 등으로 인해 회사에서 나와 자신의 사업체를 운영하려고 한다.[5]

창업자에 대한 초기연구를 보면 창업자들은 권위에 쉽게 복종하지 않으려 하고 권위하에서 일하는 것이 불편하며, 결과적으로 권위에서 벗어나려고 하기 때문에 권위 있는 사람과 원만한 관계를 유지하지 못하는 것으로 나타났다.[6] 사업을 시작한 주요 이유를 물어 본 연구에서 남성과 여성 창업자 모두 자율이 가장 주요한 이유였다.[7] 라비츠(Kenneth Labich)에 따르면 전통적인 회사의 직무에서 빠져나온 많은 창업자들은 회사의 관료주의 경직성에 불만을 가지고 있는 것으로 나타났다. 이들은 자발적으로 프로젝트를 수행하려는 것을 상사가 못하게 했으며 간섭이 많은 것에 대해 불만을 토로했다.[8]

자율과 독립에 대한 열망이 많은 창업자들에게 있어서 중요한 동기임은 분명하다.

---

3) D. T. Hall and J. Richter, "Career Gridlock: Baby Boomers Hit the Wall," Academy of Management Executive 4(1990), pp.7-22.

4) *Ibid.*

5) J. Main, "A Golden Age for Entrepreneurs," Fortune, February 12, 1990, pp.120-125.

6) O. F. Collins and D. G. Moor, The Enterprising Man, East Lansing, MI: Michigan State University Press, 1964.

7) A. C. Cooper and W. C. Dunkelberg, "Entrepreneurship and Paths to Business Ownership," Strategic Management Journal 7, 1986, pp.53-68; Stanley Cromie, "Motivations of Aspiring Male and Female Entrepreneurs." Journal of Organizational Behavior, Volume 8, Issue 3, pages 251-261, July 1987.

8) Labich, "Breaking Away to Go on Your Own.": Quote is on p.48.

스스로 사업체를 소유하고 관리하는 것은 많은 사람들이 인정하고 있듯이 매력적인 일이다.[9)]

2) 부의 축적

많은 사람들이 필요한 소득을 얻기 위해 창업을 한다. 창업의 필요성은 사람마다 다르다.

예를 들어, 퇴직자는 퇴직후 받는 일정 연금을 보충할 수 있을 정도면 충분하다고 느낄 수 있다. 한편 어떤 사람들은 많은 부를 축적하기 위해 창업을 하기도 한다. 실제로 자기 사업을 하는 것이 직장에 취업하여 일정 급여를 받는 것보다 백만장자가 될 가능성이 10배 이상 높다.

3) 가족 부양

중소기업 경영자들은 이익에 대한 욕구 못지 않게 가족에 대한 배려에 의해 사업을 시작하기도 한다. 학업을 마친 학생이 고향으로 돌아가 부모님이 여생을 편히 보내도록 하기 위해서 또는 부모가 돌아가심으로 해서 가업을 물려받는 경우가 그 예이다. 또 최근 명예퇴직, 조기퇴직, 정리해고 등으로 인하여 창업을 결심하는 이유 중 주된 동기도 가족부양에 있다고 볼 수 있다.

4) 자신만이 생산할 수 있는 제품의 제공

'필요는 발명의 어머니'라는 속담은 새로운 사업을 시작할 때 적용되기도 한다. 실제로 경제발전의 상당 부분이 소규모 기업에서 나온 혁신에서 비롯되었다. 종업원 수 측면에서 비교해 볼 때, 소규모 기업들은 대기업보다 신제품을 2.5배 정도 더 많이 생산한다. 에어컨, 비행기, 자동차, 즉석 카메라, 제트엔진, 헬리콥터, 식빵, 진공관, 지퍼, 컴퓨터 등 수많은 제품들이 소규모 기업의 창의성이나 창업에서 비롯되었다.

5) 개인적 특성

창업을 시도하는 사람들은 나름대로의 동기와 사유들이 있기도 하지만, 남과는 다른 성격과 심리적 상태 또는 사회적 태도와 경향을 지니는 편이다. 예를 들면 성취동기나 도전적 자세, 모험가적 태도 등은 기업가정신에서 관찰되는 특성들이라 할 수

9) J. H. Greenhaus, G. A. Callahan, and V. M. Godshalk(탁진국역), 앞의 책, p.323.

있다. 따라서 창업자는 특정한 성격, 심리적 특성, 태도를 지닌다. 현재와 미래의 창업자는 공통적인 성격과 배경을 가지고 있으며, 이를 통해 창업경력에 좀 더 다가서게 된다.[10)]

(1) 성취욕구

1960년대 맥클리랜드는 성취욕구가 창업자의 중요한 심리적 특성임을 주장하였다. 그에 따르면 성취욕구가 높은 사람은 문제에 대한 해결방안을 찾으려는 책임을 떠맡고, 난이도가 중간정도 수준인 수행목표를 세우며, 수행에 관한 피드백을 추구하는 등의 3 가지 주요 행동특성을 보인다고 한다.[11)] 광범위한 연구에도 불구하고 성취욕구와 창업정신간의 관계는 분명하지 않다. 한편 맥클리랜드와 다른 연구자의 연구에 따르면 성취동기와 창업정신간에 분명한 관계가 있는 것으로 나타났다.[12)] 그러나 브록크하우스(Brockhaus)와 호로위츠(Horowitz)는 소규모 기업의 창업정신과 높은 성취욕구간의 인과관계는 입증되지 않았다고 결론을 내렸다.[13)] 또한 높은 성취욕구는 성공한 많은 사람들의 특성이기는 하지만 반드시 창업자의 특성은 아닌 것으로 보는 시각도 있다.[14)] 연구결과가 다소 모순되기는 하지만 높은 성취욕구가 창업자가 되려는 결정에 영향을 미칠 수 있다는 점에 관해서는 충분한 입증자료가 있다.[15)]

(2) 내적 통제위치

내적 통제위치의 사람은 외부환경과 운명을 자신의 행동을 통해 스스로 통제할 수 있다고 믿는다. 이론적으로 자기 스스로 운명을 통제할 수 있다고 믿는 사람은 그렇지 않은 사람보다 창업자가 되고 창업자로서 성공할 가능성이 높다. 성취욕구와 같이

---

10) 탁진국 역, 앞의 책, p.323.

11) D. C. McClelland, The Achieving Society, New York: The Free Press, 1967.

12) J. De Carlo and P. R. Lyons, "A Comparison of Selected Personal Charateristics of Monority and Non-Minority Entrepreneurs," Journal of Small Business Management, December 1979, pp.22-29; B. R. Johnson, "Toward a Multidimensional Model of Entrepreneurship: The Case of Achievement Motivation and the Entrepreneur," Entrepreneurship Theory and Practice,Spring 1990, pp.39-54; D. C. McClelland, *op. cit.*; J. B. Miner, N. R. Smith, and J. S. Bracker, "Role of Entrepreneurial Task Motivation in the Growth of Technologically Innovative Firms," Journal of Applied Psychology, 74, 1989, pp.554-560.

13) R. H. Brockhaus and P. S. Horwitz, "The Psychology of the Entrepreneur," in The Art and Science of Entrepreneurship, ed. D. I. Sexton and R. W. Smilor, Cambridge, M. A.: Ballinger, 1986, pp25-48.

14) M. B. Low and I. C. MacMillan, "Entrepreneurship: Past Research and Future Challenges," Journal of Management, 14, 1988, pp.139-161.

15) J. H. Greenhaus, G. A. Callahan, and V. M. Godshalk, 앞의 책, pp.323-324.

통제위치도 창업행동과의 관계가 일관성이 없는 것으로 나타났다.[16] 보웬(Donald Bowen)과 히스리치(Robert Hisrich)는 높은 수준의 내적 통제위치는 창업자와 다른 일반 사람들을 구분해주지만 다른 관리자와는 구분해 주지 못한다고 결론을 내렸다.[17] 내적 통제위치와 창업자로서의 성공간에는 밀접한 관계가 있는 것으로 보인다.[18] 성취욕구와 유사하게 내적 통제위치는 일반적으로 성공한 사람들과는 관련이 있지만 창업자만의 특성은 아니다. 그럼에도 불구하고 내적 통제위치는 창업경력을 추구하는 데 영향을 미치는 또 다른 중요요인으로 인식되고 있다.[19]

(3) 애매함에 대한 인내

불확실한 상황을 수용하고 이에 대처해 나가며 애매한 과제를 처리할 수 있는 능력 또한 창업자와 비창업자를 구분해주는 특성이다.[20] 창업자는 일반 조직의 관리자보다 애매함에 대한 인내력이 더 높은 것으로 나타나고 있다.[21]

(4) 위험감수 성향

다른 성격특성처럼 위험감수 성향을 창업자의 성격특성으로 보는 연구결과는 일관적이지 못하다. 일부 연구에서는 창업자의 위험감수 경향이 높은 것으로 나타나고 있으나 다른 연구에서는 별다른 관련이 없는 것으로 나타났다.[22] 창업자는 위험을 기꺼

---

16) D. E. Jennings and C. P. Zeithaml, "Locus of Control: A Review and Directions for Entrepreneurial Research," Proceedings of the 43rd Annual Meeting of the Academy of Management, 1979, pp364-368.

17) D. Bowen and R. Hisrich, "The Female Entrepreneur: A Career Development Perspective," Journal of Small Business and Entrepreneurship, vol. 15, no.4, winter 2000-2001, pp. 67-81.

18) R. H. Brockhaus and P. S. Horwitz, "The Psychology of the Entrepreneur," in The Art and Science of Entreoreneurship, ed. D. I. Sexton and R. W. Smilor, Cambridge, M. A.: Ballinger, 1986, pp25-48; R. H. Brockhaus and W. R. Nord, "An Exploration of Factors Affecting the Entrepreneurial Decisions: Personal Charateristics vs. Environmental Conditions, Proceedings of the 39th Annual Meeting of the Academy of Management, 1979, pp.364-368.

19) J. H. Greenhaus, G. A. Callahan, and V. M. Godshalk(탁진국역), 앞의 책, p.324.

20) M. B. Low, & I. C. MacMillan, "Entrepreneurship: Past research and future challenges," Journal of Management, 14(2), 1988, pp.139-161.

21) J. Schere, "Tolerance do Ambiguity as a Discriminating Variable between Entrepreneurs and Mangers," Proceedings of the Annual Meeting of the Academy of Management, 1982, pp404-408; D. L. Sexton and Bowman, "The Entrepreneur: A Capable Executive and More," Journal of Business Venturing, 1, 1985, pp.129-140.

22) R. H. Brockhaus and W. R. Nord, "An Exploration of Factors Affecting the Entrepreneurial Decisions: Personal Charateristics vs. Environmental Conditions, Proceedings of the 39th Annual Meeting of the Academy of Management, 1979, pp.364-368; D. L. Hull, J. T. Bosely, and G. G. Udell, "Renewing the Hunt for the Heffalump: Identifying Potential

이 감수하려는 성향이 높은 것이 아니라 자신이 벌이는 사업에 관련된 위험정도를 충분히 인식하지 못하고 있다고 주장하는 학자들도 있다. 창업자는 경영목표를 달성할 수 있다는 믿음이 매우 강하기 때문에 실패의 가능성을 낮게 지각할 가능성이 높다. 따라서 특정 상황에서 창업자는 비창업자에 비해서 위험수준이 낮다고 지각하는 경향이 높다.[23] 전체적으로 위험감수 성향을 창업자의 성격특성으로 결론내리기는 어렵다. 창업자를 비창업자가 높은 위험상황이라고 보는 것을 진정시키는 능력이 있는 사람으로 보는 것이 좀 더 타당할 수 있을 것이다.[24]

(5) 창업가적 자기개념(entrepreneurial self-concept)

개인은 자신의 동기, 가치 및 재능을 발휘할 수 있는 일을 열심히 하려는 성향을 가지고 있다. 경력 닻(career anchor)이라고 알려진 이러한 성향은 개인의 자기개념을 표현하거나 경력선택을 형상화한 것이다.[25] 샤인(Shein)은 이러한 경력 닻은 개인의 주요 관심사가 새로운 것을 창조해내고 장애를 극복하려는 동기가 높으며 위험을 기꺼이 감수하고 무엇인가를 성취하려는 바람이 강한 것을 의미한다고 하였다.[26] 이 경력 닻은 또한 조직을 만들고 자신이 원하는 사업을 해나가려는 자유와 자율에 대한 바람과 관련되어 있다. 결과적으로 창업자 경력 닻은 지금까지 얘기한 성격특성들인 성취욕구, 내적 통제위치, 애매함에 대한 인내, 위험감수 성향, 자율과 통제욕구 등을 고려한 것으로 볼 수 있다.[27]

(6) 인구통계 및 배경요인

창업자의 인구통계적 특성을 알아보기 위한 연구들은 주로 부모의 직업, 부모의 사회 경제적 지위, 창업자의 출생순서 및 기타 요인들을 살펴보았다. 모든 경력선택에

Entrepreneurs by Personality Characteristics," Journal of Small Business 18, 1980, pp. 1–18; D. L. Sexton and N. Bowman, "The Effects of Preexisting Psychological Characteristics on New Venture Initiations," Paper presented at the Annual Meeting of the Academy of Management, 1984.

23) R. H. Brockhaus and P. S. Horwitz, "The Psychology of the Entrepreneur," in The Art and Science of Entreoreneurship, ed. D. I. Sexton and R. W. Smilor, Cambridge, M. A.: Ballinger, 1986, pp.25–48.

24) D. Bowen and R. Hisrich, "The Female Entrepreneur: A Career Development Perspective," Journal of Small Business and Entrepreneurship, vol. 15, no.4, winter 2000–2001, pp. 67–81.

25) E. H. Shein, Career Anchors: Discovering Your Real Values, San Die해, CA: University Associates, 1985.

26) *Ibid.*, p.30.

27) J. H. Greenhaus, G. A. Callahan, and V. M. Godshalk(탁진국 역), 앞의 책, p.326.

서와 마찬가지로 부모는 경력에 관한 결정을 내리는 데 중요한 역할을 할 수 있다. 그러나 창업경력의 선택에서 부모의 영향은 특히 중요할 수 있다. 아버지나 어머니는 자식들에게 창업경력의 신뢰성과 바람직성에 큰 영향을 줄 수 있다.[28)]

사례 들여다보기_카네기의 회고록

스코틀랜드에서 가난한 수직공의 아들로 태어나 미국 최고의 철강 왕이 된 카네기. 그는 정직과 성실을 최대의 전략으로 내세워 스스로 성공을 일군 인물이다. 그로 인해 그에게는 항상 성공을 뒷받침한 수많은 전설들이 뒤따르고 있다. 하지만 카네기의 삶을 빛나게 한 것은 그가 쌓은 막대한 부보다는 경영인의 자리에서 물러난 뒤 그의 행적 때문이다. 카네기는 은퇴한 뒤 그동안 자신이 벌어들인 돈을 모두 쏟아 부어 교육과 문화사업에 투자했다. 카네기공과대학(현 카네기멜론대학)은 물론 카네기 교육진흥재단에 3억 달러 이상을 투자했고 카네기 홀을 짓는 등 문화사업에도 많은 투자를 했다. 그가 이렇게 어렵게 모은 재산을 많은 이들에게 선뜻 돌려줄 수 있었던 것은 그의 삶의 자세에서 비롯된 것이었다.

사업에서 조금씩 성공을 거두기 시작할 무렵부터 카네기는 해마다 크리스마스이브가 되면 자기 자신과 현재 자신이 처한 상황을 되돌아보는 시간을 가졌다. 남들은 크리스마스로 한층 들떠 흥청대는 그때 그는 조용히 책상에 앉아 그가 한 해 동안 했던 행적을 종이 위에 써 나갔다.

"1868년 12월, 세인트 니콜라스 호텔, 서른세 번째 해가 끝나려 하고 있다. 올 한해 나는 5만 달러의 수입을 거두었다. 최근 2년 동안 나는 최소한 연간 5만 달러를 번다는 목표로 열심히 사업을 해왔다. 이제 그 목표를 이룬 것이다. 그런데 여기서 나의 목표량을 늘려야 할까? 목표량을 늘리면 나는 앞으로도 조금씩 더 수익의 목표를 늘릴 것이다. 이제부터는 이 이상으로는 절대 벌지 않을 것이다. 재산을 늘리기 위해서는 그 어떤 노력도 하지 않겠다. 대신 매년 생활하고 남는 돈은 선행을 위해 쓸 것이다. 영원히… 남을 도우며 살겠다."

이렇게 카네기는 한해를 마치며 자신이 필요 이상으로 돈을 벌고 그것에 집착하는 것을 경계했다. 그리고 '늘어나는 재산'에 대해 도덕적인 균형을 유지하려고 노력했다.

-출처: 월간 좋은 생각

또 다른 배경요인은 가정에서의 출생순위이다. 특히 첫째인 경우 특별한 관심을 받게 되고 자신감이 높아질 가능성이 많아진다.[29)] 자신감과 자존심이 높을 경우 아이들은 창업을 중요한 경력대안으로 볼 가능성이 높아진다.

---

28) A. Shapero and L. Sokol, "The Social Dimensions of Entrepreneurship," on Encyclopedia of Entrepreneurship, ed. C. A. Kent, D. L. Sexton, and K. H. Vesper, Englewood Cliffs, NJ: Prentice-Hall, 1982, pp.72-90.

29) M. Henning and A. Jardim, The Managerial Woman, Garden City, NY:Anchor Press/Doubleday, 1977.

쿠퍼(Arnold Cooper)와 문켈버그(William Dunkelberg)는 창업자는 일반 대중보다 교육을 더 많이 받고 부모가 사업체를 가지고 있는 경우가 많다는 것을 발견하였다.[30] 또한 전의 사업경험이 창업회사의 성공에 긍정적인 영향을 미치며 경험의 부족은 사업의 실패를 가져올 수 있는 것으로 나타났다. 그러나 쿠퍼와 문켈버그는 창업자의 배경에서 다양성의 중요성을 언급하였다. 다양성은 이 연구자들의 조사대상자의 중요특성인 것으로 나타났다.[31] 다른 연구에서 창업자는 혁신적이고 독특해서 범주화하기가 쉽지 않은 것으로 나타났다.[32]

성격특성과 배경특성을 통해 전형적인 창업자의 특성이 무엇인지를 알아보는 것은 불가능하지는 않지만 어려운 일이다. 전형적인 창업자의 특성을 파악하려는 노력은 본질적으로 효과가 없다.[33] 그럼에도 불구하고 연구결과를 통해서 일반적인 창업자의 특성에 관한 통찰력을 얻을 수 있다. 창업자는 일반적으로 자율과 독립욕구, 높은 성취욕구가 있고 자신의 운명을 스스로 통제할 수 있다고 믿으며, 많은 과제와 애매한 상황을 효과적으로 처리할 수 있는 능력을 가지고 있고 위험을 감수하려 하며, 부모와 다른 주변의 많은 사람들로부터 긍정적인 영향을 받는다고 결론내릴 수 있다. 이러한 특성은 성공한 많은 사람들의 공통적인 특성이기도 하지만 창업자는 일반적으로 이러한 특성을 조합해서 갖고 있다고 볼 수 있다.[34] 샤인(Schein)이 지적하였듯이 혁신, 자율 및 독립욕구, 위험감수 능력, 창의성을 포함하는 창업자의 자기개념은 개인이 창업자 경력을 추구하도록 만든다.[35] 이러한 특성 가운데 하나가 환경조건과 연계되어 개인이 창업자가 되도록 만드는 데 영향을 준다고 생각해볼 수 있다.[36]

6) 환경특성

창업자가 되는 데는 여러 환경요인과 경험이 영향을 미칠 수 있다. 여기서는 실직, 직무불만족, 경제상황 등 3 가지 중요 환경요인에 대해 알아보기로 한다.[37]

---

30) A. C. Cooper and W. C. Dunkelberg, "Entrepreneurial Research: Old Questions, New Answers, and Methodological Issues," Americal Journal of Small Business 11, 1987, pp.1–20.
31) *Ibid.*
32) M. B. Low and I. C. MacMillan, *op. cit.*
33) *Ibid.*
34) J. H. Greenhaus, G. A. Callahan, and V. M. Godshalk(탁진국역), 앞의 책, p.326.
35) E. H. Shein, *op. cit.*
36) J. H. Greenhaus, G. A. Callahan, and V. M. Godshalk(탁진국역), 앞의 책, p.326.
37) 위의 책, p.326.

(1) 실직

실직한 사람들이 자기 회사를 시작하는 것은 의미 있는 경력선택으로 볼 수 있다. 직장을 잃는 관리자 가운데 약 15~20% 정도는 창업자가 되는 것으로 나타났다.[38] 다운사이징의 희생자가 된 사람과 나름대로의 역량, 성취동기가 있는 사람들은 자신의 회사를 시작하는 경향이 높다. 조직에서 쫓겨난 사람들은 다시는 큰 조직에서 희생자가 되지 않으려는 결심을 할 수 있다. 물론 조직에서 해고된 뒤 창업자가 되려는 결정은 가능한 대안에 대한 철저한 분석을 거친 후 이루어져야 한다. 불확실성, 희생, 위험 등의 요인을 고려할 때 창업자의 경력이 모두에게 적합한 것은 아니다. 적절한 계획과 생각 없이 사업에 뛰어드는 것은 위험한 일이다.[39]

(2) 직무 불만족

실직 이외에 창업자 경력을 추구하는 데 영향을 줄 수 있는 또 다른 형태의 부정적 경험은 직무 불만족이다.[40] 바로 이전의 직무에 대한 불만족은 창업자가 자기 사업을 시작하려는 중요한 이유인 것으로 밝혀졌다. 창업자는 심한 불만족으로 인해 전의 직장에서 벗어나려 하고 어떤 직장에서도 만족할 만한 일을 하기 어렵다는 생각을 하게 된다.[41] 이 경우 한 가지 해결방법은 자신의 사업을 운영하는 것이다. 실직의 경우처럼 직무 불만족으로 인해 창업자가 되겠다고 마음먹는 것은 위험한 일이다. 창업을 하려는 사람은 자신의 흥미, 가치, 라이프스타일을 탐색하고 자기 사업을 시작하는 것이 이러한 개인의 욕구를 충족시키는지를 검토할 필요가 있다. 창업자가 되려는 결정이 철저한 자기평가에 의한 것이 아니고 성가신 업무환경에 대한 순간적인 반응에 의한 것이라면, 개인적으로 불행해지고 더욱 실망하게 될 가능성이 높을 것이다. 직

---

38) T. Beaudoin, "Pushed Out of the Nest and Flying," Management Review , september, 1988, 10; H. Page, "Executive Decision," Entrepreneur, July, 1996, pp.149-153.

39) J. H. Greenhaus, G. A. Callahan, and V. M. Godshalk(탁진국역), 앞의 책, p.326.

40) A. Shapero and L. Sokol, *op. cit.*

41) R. H. Brockhaus and P. S. Horwitz, "The Psychology of the Entrepreneur," in The Art and Science of Entreoreneurship, ed. D. I. Sexton and R. W. Smilor, Cambridge, M. A.: Ballinger, 1986, pp.25-48; Stanley Cromie, "Motivations of Aspiring Male and Female Entrepreneurs," Journal of Organizational Behavior, Volume 8, Issue 3, pages 251-261, July 1987; R. D. Hisrich and C. G. Brush, "The Woman Entrepreneur; Implications of Family, Educational and Occupational Experience," in Frontiers of Entrepreneurship Research, ed., J. A. Hornaday, J. A. Timmons, and K. H. Vesper, Wellesley, MA: Babson College Center for Entrepreneurial Studies, 1983, pp.255-270.

무 불만족은 창업자가 경력선택에 기여할 수 있지만 유일한 결정요인이 되어서는 안 된다.[42]

(3) 긍정적인 사업환경

카프란(Roger Kaplan)이 지적했듯이 20 세기의 마지막 15년은 기업을 세우려는 붐이 일어나고 이러한 붐의 영웅은 자수성가한 사람, 돈을 많이 번 사람, 새로운 제품이나 혁신적인 서비스에 투자한 사람이다.[43] 이러한 추세에 발맞추어 많은 잡지, 인터넷 웹사이트, 책들이 출판되어 기존의 창업자들이 현 사업을 유지하고 새롭게 시작하려는 사람들이 자기 사업을 시작하도록 돕고 있다. 국가적으로도 창업을 지원하고 있다. 미국의 경우, 창업자들을 격려하고 영웅시 하고 있으며 창업을 국가목표로 삼고 있다.[44]

창업을 유행시킨 또 하나의 경영조건은 새로운 기술이다. 여기에는 개인용 컴퓨터와 프린터, 거의 모든 것을 다 할 수 있는 소프트웨어, 팩스, 복사기, 이동전화, 다른 관련 장비 등이 포함된다. 개인용 컴퓨터와 다른 사무실 장비를 소유할 수 있는 경제적 능력으로 창업자는 이제 집에서 큰 사업을 시작할 수 있게 되었다.[45] 또한 인터넷은 많은 회사들, 특히 창업회사들이 사업을 하는 방법을 변화시켰다. 인터넷에 관해 잘 모르거나 인터넷으로 사업을 할 수 없는 회사는 이제 장기적으로 더 이상 존속하기 힘들어졌다.[46]

환경, 경제 기술상의 요인들이 모두 합쳐져서 새로운 사업을 시작하는 데 중요한 영향을 미친다는 것은 분명하다. 그럼에도 불구하고 창업자가 되려는 결정은 개인의 욕구뿐 아니라 경영환경의 철저한 분석을 통해 이루어져야 한다는 것을 깨닫는 것이 중요하다.[47]

---

42) J. H. Greenhaus, G. A. Callahan, and V. M. Godshalk(탁진국역), 앞의 책, p.327.
43) R. Kaplan, "Entrepreneurship Reconsidered ; The Antimanagement Bias," HBR, May-June 1987, pp.84-89.
44) J. Main, *op. cit.*
45) *Ibid.*
46) R. McGravey, "Brave New World," Entrepreneur, August 1996, p.134; D. Tapscott, The Digital Economy: Promise and Peril in the Age of Networked Intelligence, New York: McGraw-Hill, 1996.
47) J. H. Greenhaus, G. A. Callahan, and V. M. Godshalk(탁진국 역), 앞의 책, p.328.

7) 제품이나 서비스에 대한 열정

일부 사람들은 특정 제품이나 활동에 대한 개인적인 열정 때문에 창업경력을 추구한다. 따라서 요리에 대한 열정이 있는 사람은 레스토랑을 열거나 외식사업을 시작하려는 결정을 내릴 수 있다. 셀즈(Michael Selz)는 식물이나 동물을 사랑하는 사람들이 화원이나 애견 서비스 사업에 뛰어든 사례에 관해 기술하고 있다.[48] 특정 활동에 대한 끌림은 창업자의 강한 동기요인이 된다. 제품이나 서비스는 개인의 자기개념을 나타내 주기도 한다. 제품이나 서비스에 강하게 동일시되는 경우 그러한 쪽으로 경력을 선택하게 된다. 또한 창업자는 두 가지 서로 관련 없는 것처럼 보이는 것들을 연관시켜서 판매 가능한 제품을 만들어내기도 한다.[49]

8) 역할 모델의 존재

창업에 미치는 사회환경의 영향에 대한 연구들이 활발하게 이루어지고 있다. 그린하우스(Greenhaus)와 그 동료들은 부모, 다른 가족 및 친구들이 경력결정을 내리는 데 있어서 중요한 역할 모델과 멘터로서의 역할을 할 수 있다는 견해를 제시하고 있다.[50] 브록크하우스(Brockhaus) and 홀위츠(Horwitz)는 과거의 연구들을 검토한 후, "누군가가 성공하는 것을 지켜봄으로써 창업 예정자는 위험을 추구하려는 데 대한 지원을 받게된다."고 하였다. 요약하자면 성공적인 역할 모델이 존재함으로써 창업자는 더욱 노력을 기울이게 된다.[51]

창업 예정자에게 가장 중요한 역할 모델은 부모라 볼 수 있다. 벤처사업을 하는 아버지나 어머니는 자식들이 창업경력을 바람직한 경력대안으로 받아들이는 것을 돕는 것으로 나타났다.[52] 연구결과에 따르면 아버지의 영향력이 61.9%로 가장 큰 것으로 나타났고 그 외에 어머니, 주변의 친지, 친구, 교사, 기타 지인들은 7.1%로 비슷하게 영향을 미치고 형제자매는 1.1%에 그치는 것으로 나타났다.

창업경력을 추구하는 데 미치는 부모의 영향 가운데 특별한 경우는 자식들을 부모가 하는 사업에 끌어들이는 것이다. 창업을 한 부모는 자식을 회사의 미래를 위해 회

---

48) M. Selz, "Follow Your Heart," The Wall Street Journal, November 22, 1991, R.6.
49) J. H. Greenhaus, G. A. Callahan, and V. M. Godshalk(탁진국 역), 앞의 책, p.328.
50) 위의 책, p.331.
51) R. H. Brockhaus and P. S. Horwitz, *op. cit.* p.36.
52) Scherer, Robert F., Adams, Janet S., Carley, Susan F. & Wiebe, Frank A., Role Model Performance Effects on Development of Entrepreneurial Career Preferences, *Entrepreneurship Theory and Practice,* 1989, *13(3), pp.53-71.*

사를 이끌어갈 사람으로 생각한다. 최근의 연구에 따르면 가족이 소유한 회사 고용주 가운데 대부분은 경영을 자식에게 맡기려 하는 것으로 나타났다.[53] 일부 창업자 자식들의 경우, 부모의 회사에 들어가려는 결정은 가족의 전통을 이끌어 가고 부모의 노력을 계속 이어가려는 바람 때문에 스트레스를 덜 가져올 수 있다. 이 경우 자식들은 자신이 바라는 경력목표를 자유롭게 선택한다. 그러나 다른 사람의 경우에 가족의 회사에 들어가서 도우려는 결정은 가족으로부터 독립하려는 욕구와 회사에 들어오라는 부모의 압력간의 충돌 때문에 심한 스트레스를 유발할 수도 있다. 특히, 이러한 압력은 보통 자식들이 학교를 끝마칠 무렵에 가장 심하다. 이 시점에서 개인은 성인세계에 들어가는 과정에 있으며, 스스로 독립하려는 욕구와 가족의 안전이라는 울타리 사이에서 초래되는 심리적 갈등에 직면하게 된다.[54]

회사의 소유주가 자리에서 물러난 후 누가 가족소유의 회사를 운영할 것인지에 대한 후계문제는 중요하다. 그 동안 소유주의 아들이 소유주가 되는 것으로 여겨져 왔다. 소유주의 딸은 '보이지 않는 후계자'로서 가족의 전통과 역사를 다음 세대로 전달하는 것을 주요 책임으로 생각하고 있다.[55]

가족 구성원이 창업경력을 시작하는 데 미칠 수 있는 긍정적인 영향과는 대조적으로, 사업을 시작하는 과정에서 멘터가 있는 사람이 특별한 멘터가 없는 사람보다 성공적인 것으로 나타났다.[56] 이러한 결과는 창업자의 독립적이고 위험을 감수하는 특성이 멘터나 그와 유사한 충고를 해주는 사람으로부터 영향을 받기 때문인 것으로 볼 수 있다.[57]

[책갈피] 창업의 금과옥조(金科玉條)

– 전문가들이 제시하는 원칙, 금기사항, 명심사항, 준수사항 등

아래 전문가들이 강조한 내용들은 다음과 같이 요약될 수 있다. '장사나 사업, 쉽게 보지 마라' '서두르지 마라' '무작정 따라하지 마라' '대충 하지 마라' '체면 따지지 마라' '종업원 함부로 대하지 마라' 등등.

---

53) Mass Mutual, Family Business: 1995 Research Findings, Springfield, MA: Mass Mutual, 1995; N. B. Upton and R. K. Z. Heck, "The Family Business Dimension of Entrepreneurship," in Entrepreneurship 2000, ed. D. L. Sexton and R. W. Smilor, Chicago, IL: Upstart Publishing Co., 1997, pp.243-266.

54) J. H. Greenhaus, G. A. Callahan, and V. M. Godshalk(탁진국 역), 앞의 책, p.331.

55) N. B. Upton and R. K. Z. Heck, *op. cit.*

56) Carsud, A.L., Gaglio, C.M. & Olm, K.W., Entrepreneurs-Mentors, Network, and Successful New Venture Development: and Exploratory Study. *American Journal of Small Businesses*, 1987, 12(2), pp. 13-18

57) J. H. Greenhaus, G. A. Callahan, and V. M. Godshalk(탁진국 역), 앞의 책, p.332.

◆ 맥세스컨설팅 서민교 대표의 '귀담아 들을 소리'

1. 창업정보 쉽게 구하지마라.

창업정보의 홍수 속에서 액면 그대로 정보를 믿어서는 안 된다. 수익성만 강조한 단순 광고와 신뢰성 있는 정보를 명확하게 구분해 정보를 수집해야 한다. 알짜정보를 얻기 위해서는 끊임없이 발품을 팔아야 한다. 또한, 고급정보를 얻었다고 거기에 만족해서는 안 된다. 고3 수험생의 마음가짐으로 대학입시를 준비하는 만큼의 노력과 분석, 점검을 해야만 성공할 수 있다.

2. 친구 따라 강남가지 마라.

창업에 성공한 주변 사람의 아이템을 그대로 카피해서는 안 된다. 일확천금을 노리고 섣불리 창업을 했다가는 망하는 지름길. 현실성을 업종선택의 기준으로 삼는 것이 무엇보다 중요하다. 부실업종을 선택하는 것도 따지고 보면 고수익의 환상에 집착할 때 흔히 저지르는 실수다.

3. 스승을 잘 만나라.

창업을 정확하게 알고 지도·안내할 수 있는 스승을 만나야 한다. 스승은 교수, 컨설턴트 등이 될 수 있는데 스승이 누구냐에 따라 창업의 성패가 좌우된다. 정부기관, 컨설팅 업체 등을 선정할 경우 창업을 조언할 만한 능력을 가지고 있는지 판단할 수 있어야 한다. 흔히 경력을 보면 신문기고, 방송전문위원 등 주로 공신력을 강조하지만 이런 것보다는 오랫동안 실전경험을 쌓은 경력의 소유자가 훨씬 도움을 많이 줄 것이다.

4. 남들이 하지 않는 특이한 업종에 손대지 마라.

남들이 손대지 않은 특이한 아이템으로 대박을 터트리겠다는 사람들을 종종 볼 수 있다. 이처럼 검증되지 않은 아이템은 노하우 등의 부족으로 실패할 확률이 높다. 직업 경력과 연관이 있는 업종 중심으로 아이템을 선택하는 것이 중요하다. 여의치 않다면 일상생활에서 많이 이용해본 경험이 있는 업종 중심으로 선택하도록 한다.

5. 돈 빌려서 창업하지 마라.

돈을 빌려서 창업할 때는 사업의 확실성이 있어야 한다. 무분별하게 자금을 끌어들여 창업하게 되면 원금회복은 물론 이자를 감당하지 못해 망하게 된다. 적정자금이 될 때까지 하고 싶은 업종의 종업원으로 들어가서 일을 하는 것이 바람직하다.

6. 투잡이나 부업하지 마라.

열과 성을 다해도 성공할까 말까 하는 게 창업이다. 아르바이트 및 직원을 두고 직장을 다니면서 남는 여유시간을 이용해 경영에 참여하는 방식의 부업 창업은 실패율이 높다. 부업 업종은 부업 개념이므로 인건비와 같은 변동비가 많이 소요돼 수익성이 낮고, 경영의 집중성 상실로 성공률이 떨어질 수밖에 없다.

7. 체면을 생각하지 마라.

전직 임원, 중소기업 사장, 전문직 종사자 등 과거 화려했던 경력에 연연해 자존심만 세우다가는 망하는 지름길에 들어서게 된다. 업종선택 원칙에도 적당하고 투자자금도 알맞는데 '이 업종은 내 체면을 못살려 주는 것 같다'는 생각을 흔히들 하기 때문이다. 체면을 고려해서 창업하려는 사람이라면 지금 즉시 창업준비를 중단하는 것이 돈 버는 길이다.

8. 리스크 분담을 위한 동업은 하지 마라.

리스크 부담을 덜기 위한 분담의 개념으로 동업을 하게 되면 잘돼도 분쟁, 안 돼도 분쟁으로 망하게 된다. 동업을 하면서 서로의 입장이나 견해가 다를 수 있는데 이때 적지 않은 오해와 사소한 견해 차이부터 경영문제까지 감정대립을 하게 돼 인간관계가 어긋나는 경우도 흔하다.

9. 운영교육 없이 오픈하지 마라.

점포 창업을 할 경우 오픈 전 일주일동안 가오픈(Pre-open)을 하도록 한다. 매장 운영 시뮬레이션을 통해 보안점 등을 파악, 고객과의 첫 만남에서 좋은 인상과 이미지를 심어 주어야 한다. 이를 위해서는 사전에 점포 운영 교육을 철저히 이수해야 한다.

10. 인테리어, 임대차 계약 설렁설렁 하지 마라.

창업 전 인테리어, 임대차 계약, 권리금, 기계장비 계약 등은 꼼꼼히 따져보고 계약해야 한다. 특히, 인테리어는 목돈이 들어가는 부분이기 때문에 업체 선정에서 실수를 하게 되면 보수공사는 물론 추후 매출에까지 영향을 미치게 된다. 협력업체 선정 또한 달콤한 말에 현혹돼 설렁설렁 계약하게 되면 지속적인 상품공급이 어려워 결국 망하게 된다.

◆ 비즈채널 FC연구소 조준호 대표의 '쓴 소리'

1. 남이 성공하면 나도 된다.

신문이나 잡지를 보면 창업 성공사례가 자주 실리곤 하는데 이것이 도리어 많은 실패자를 양산하기도 한다. 마치 창업은 의외로 쉬운 것처럼 착각을 불러일으키는 내용이기 때문이다. 사례의 주인공이 되기까지의 과정은 기사 내용처럼 간단하지만은 않다. 또한 사람들은 각각 성격과 환경이 다르다. 따라서 남의 사례를 맹종하면 실패한다.

2. 사업은 빨리하면 할수록 좋다.

물론 짧은 소요기간 안에 창업하면 좋다. 하지만 급할수록 돌아가란 말이 있듯이 조급한 마음을 버리고 하나하나 검토, 조사 파악해 철저하게 준비한 후에 시작해도 결코 늦지 않다. 요즘은 작은 규모의 점포라고 하더라도 자신만의 목표, 자금, 일정, 운영 등의 계획이 정확하게 나타나 있는 사업계획서를 만들고 시작하는 것이 현명하다.

3. 이익만 많이 남기면 된다.

원가를 줄여서 이익을 많이 내는 것은 당장은 수익이 증가해 좋을 수 있지만 장기적으로는 손해다. 고객은 결코 만만치 않다. 원가를 줄이면 그 만큼 제품의 질이 떨어질 것이고, 손님이 다른 곳과 비교해 가격대비 품질이 떨어진다고 생각한다면 다시는 이용하지 않을 것이다. 적정한 마진과 덤으로 고객을 맞아야 한다.

4. 자금만 많이 있으면 된다.

자금만 많이 있으면 어떤 사업이라도 실패하지 않는다고 믿으면 곤란하다. 수익성이 낮은 업종, 시대에 뒤떨어진 아이템, 상권에 맞지 않게 불필요하게 큰 시설에 무리하게 투자해, 투자대비 수익을 올리지 못할 수 있다. 사업은 자금 외에 기술, 인력 그리고 운영능력이 잘 조화돼야 실패를 줄일 수 있다. 자금력 동원이 가능한 K씨는 대형화로 많은 돈을 벌 수 있다고 판단, 대규모 레스토랑을 개점했으나 그 지역은 대형 음식점이 필요 없는 곳이어서 결국은 남의 소유로 넘길 수밖에 없었다.

5. 점포는 자리만 좋으면 된다.

불황일 경우에는 제아무리 점포의 입지가 좋아도 매출의 영향을 받을 수밖에 없다. 또한 입지가 좋으면 비싼 권리금 등 과다비용이 들고 나중에 보장받지 못할 수도 있다. 업종에 따라서는 입지와 무관한 것이 있고, 설사 입지가 다소 좋지 않다 하더라도 운영능력으로 충분히 극복할 수 있기 때문에 입지가 성공을 보장하는 것은 아니다.

6. 점포선택은 부동산 중개업자에게 맡긴다.

부동산 중개업자는 점포매물에 대해 전문가이기 때문에 누구보다도 잘 알고 있다. 그러나 그들은 매물계약에 대해서만 관심이 있어 새로운 계약자에 대한 고려를 충분히 해줄 수가 없다. 창업을 하려는 업종에 맞는 점포인지는 창업전문가의 의견과 본인이 직접 면밀히 조사해 결정해야 한다. 또한 권리금이 타당한지, 왜 점포를 내놨는지도 다른 경로로 파악해 부실점포 선택에 대한 위험을 줄일 수 있다.

7. 직원은 맘대로 해고할 수 있다.

'고통분담'은 언제나 직원들에게만 적용될 뿐, 점포 경영자에겐 거의 적용되지 않는 게 일반적 상황이다. 점포가 어려울 때 점포주가 고통을 분담하겠다고 나서는 것은 흔한 일이 아니다. 그러니 점포주와 직원간에 좀처럼 '신뢰'가 쌓이지 않는 것이다. 언제 해고될지 모르는데 어떻게 점포업무에 '충성'을 할까. 신뢰가 쌓이기 위해서는 사람중심의 경영마인드가 필요하다.

8. 일단 점포 오픈만하면 유지는 된다.

무슨 업종이건 경쟁이 심한 것이 현실이다. 따라서 가게 오픈만 하고 오는 손님을 상대하기만 하면 된다는 안이한 마음은 앉아서 망하기를 기다리는 것과 같다. 내 손님의 반응, 주위의 고객 동향, 다른 점포의 매출변화를 꾸준히 주시하면서 고객만족을 위해 부단히 노력해야 한다. 정기적으로 고객의 의견을 참고해 차별화와 틈새를 찾고 새로운 고객을 찾아내야 한다.

9. 생활자금과 운영자금은 구별하지 않아도 된다.

대부분 소자본으로 사업을 운영하기 때문에 자금구별을 소홀히 하는 경우가 많다. 그러나 사업은 사업, 가정은 가정으로 자금을 구별하지 않으면 사업에 막대한 지장을 초래하기도 한다. 주 수입이 사업에서 발생하므로 사업운영자금은 반드시 별도로 관리해 보다 나은 수익창출에 투자해야 한다.

10. 고객과 나는 특별한 관계가 없다.

'점포 주인은 돈을 받고 원하는 상품만 주면 될 뿐 그 이상도 이하도 아니다'는 생각이 실패를 불러오게 한다. 1차 상품은 점포주인의 얼굴이다. 상품보다 점포의 종업원을 보고 구매결정을 하는 경우가 많으며, 여기에 단골고객이 되는 여부가 달려있기도 하다. 음식업, 서비스업, 유통업 등 거의 모든 사업이 사람과 사람과의 관계로 이뤄지기 때문에 고객에 대한 친절 서비스는 필수다.

◆ 이타비즈컨설팅 김갑용 소장의 '옳은 소리'

1. 하다 안 되면 창업이나 하지 뭐!

예부터 장사하는 사람을 경시하는 풍조가 우리에게 있다. 그렇기 때문에 창업자들은 창업을 아주 만만하게 생각한다. '하다하다 안 되면 밥장사나 하지 뭐' 이런 마인드로 창업을 하면 망하기 십상이다. 적은 규모일수록 창업자가 직접 운영을 해야 하기 때문에 사전에 충분한 준비를 통해 모든 것을 자기 것으로 만들어야 한다.

2. 퇴직했으니 얼른 가게 내야지!

퇴직 후 일정 기간 적응시기를 거치지 않고 곧바로 창업하는 경우가 있다. 이때 가장 문제가 되는 것은 바로 존재의 변혁이다. 즉 이미 가지고 있는 사고방식과 행동방식을 바꾸지 않은 상태에서 창업을 하는 것은 매우 위험한 일이다. 이러한 사고방식과 행동방식을 완전히 버리는 것, 즉 존재의 변혁을 해야 한다. 이것이 창업자의 첫 번째 조건이다. 그런 과정을 거치지 않고 퇴직 후 바로 창업을 하는 것은 실패를 예약하는 일이다.

3. 친구 따라 강남 가지!

창업을 결심하는 것이나 아이템을 선정할 때도 창업자에게 맞는 아이템 선정이 무엇보다 중요하다. 이를 적합성 판단이라 한다. 친구가 창업해서 성공했다고 무작정 따라 하는 것은 금물이다. 창업은 모든 것을 자기 자신을 기준으로 판단해야 한다.

4. 돈만 된다면 뭐든지 할 수 있다.

간혹 예비 창업자와 상담을 해 보면 "돈만 되면 뭐든지 할 수 있다"고 하는 경우가 있다. 그 용기는 높이 살만하다. 그러나 창업은 돈이 먼저가 아니다. 상품이나 서비스를 제공하는 대가로 돈을 받는 것이다. 그것을 소화시킬 수 없다면 성공을 보장받기도 어렵다. 돈이 되는 아이템을 쫒는 불나방 같은 생각은 실패만 불러올 뿐이다.

5. 2~3년 하다가 권리금 받고 넘겨야지...

아주 단편적인 사고로 창업을 준비하면 안 된다. 2~3년 열심히 해서 권리금 받고 넘기고, 또 돈 되는 아이템으로 시작해서 넘기자는 식의 불량한 장사꾼 마인드로 창업하는 것은 위험하다. 운이 정말 좋아서 한 두 번은 뜻대로 될지는 모르지만 결국은 실패한다. 이제 창업은 장기적인 전략으로 접근을 해야 한다.

6. 그래도 이 정도는 돼야지!

비교적 성공적인 삶을 산 퇴직자들은 실속보다 모양에 신경을 더 쓴다. 자신의 여러 가지 역량을 고려하면 소규모로 시작하는 것이 현실적인데 주변의 시선을 의식해서 무리한 규모로 창업을 하는 것을 경계해야 한다. 창업자금을 올인 해서 운영 중 닥친 위기를 극복할 수 있는 기회조차 갖지 못하고 좌절하기 십상이다. 겉모양 보다 속이 알찬 창업이 성공가능성이 높다.

7. 인생은 한방이다.

100% 성공이 보장된다는 확신만 있으면 모든 것을 올인 하는 것이 올바른 선택이다. 그러나 창업처럼 불확실한 것은 없으며, 그 확신은 창업자의 열정과 노력으로 만들어가는 것이지 어떤 순간의 기회로 이뤄지는 것이 아니다. 실패의 극복을 통해 이뤄지는 것이 창업이다. 그렇기 때문에 한 번에 승부를 건다는 생각도 아주 위험하다.

8. 사람 쓰면 되지 뭐!

창업자는 기본적으로 자신이 선택한 아이템을 100% 통제할 수 있어야 한다. 그렇지 않으면 언젠가는 그로 인한 피해를 톡톡히 보기 마련이다. '필요한 것이 있으면 사람을 쓰면 된다'는 식의 생각은 창업자가 모든 것을 통제할 수 있는 것을 기본으로 사업의 규모가 일정 수준 성장했을 경우에나 가능하다. 시작부터 돈을 쓰는 방식의 창업은 실패를 전제로 하는 것이나 마찬가지다.

9. 내가 사장인데, 하고 싶은 대로 하면 된다.

자영업 시장에서 창업자는 사장인 동시에 종업원이다. 아니 종업원의 대표라는 생각이 올바른 생각이다. 그러나 대부분의 창업자는 사장이라는 사실에 집착한다. 사장은 자기 맘대로 해도 된다. 틀린 말은 아니다. 다만 실패를 목적으로 한다면 말이다. 사장은 종업원의 생활을 충분히 보장할 수 있을 때 비로소 사장이라 할 수 있다. 시작부터 사장으로서 해야 할 일들에 대한 연구나 고민은 하지 않고 사장이 누릴 수 있는 권리에만 집착하는 창업은 불 보듯 뻔하다.

10. 아는 사람 없는 데서 해야지, 쪽팔리잖아!

규모나 형태와 상관없이 창업은 고객을 이롭게 하는 것이다. 그렇지 않으면 아무리 좋은 곳에서 시작을 하더라도 실패다. 무엇이 부끄럽다는 말인가? 그래서 집에서 멀리 떨어져 창업을 하는 이도 있다. 자신의 처지를 비관하면서 당당하게 하지 못할 바엔 시작을 하지 않는 것이 낫다. 창업은 창업자의 자신감이 무엇보다 중요하다. 그래야 열정도 생기고 인내할 수 있는 용기도 생긴다.

제2절 사회적 동기

기업가가 수행해야 하는 목적 가운데 기업에서 중요한 것은 서비스, 이윤, 사회적 기여, 성장목적이다. 이러한 목적들은 상호 관련되어 있다. 예를 들면 서비스 목적은 이익목적을 달성하기 위해 수행된다. 그러나 이익은 사업이 서비스와 사회적 목적에 부합되어야만 달성된다. 성장은 이익과 사회적 목적에 영향을 받는다.[58)]

1) 서비스 목적

일반적으로 사업의 목적이 소비자에게는 합리적인 가격으로 생산자에게는 일정 이윤을 보장해 주는 선에서 제품이나 서비스를 생산함으로써 소비자가 만족할 수 있도록 봉사하는 것이다. 따라서 창업을 원하는 사람은 최우선의 목적을 서비스에 두어야 하고, 이윤은 자연적인 결과로서 추구하여야 한다.

2) 이윤목적

이윤이란 위험감수에 대한 일종의 보상이며, 자유경제체제를 유지하는 중요한 요소 중의 하나이다. 이윤은 새로운 일자리를 창출하고 새로운 설비를 도입하며 신제품을

58) 윤종록 외, 앞의 책, p.16.

개발하는 데 사용된다. 그러나 이윤은 저절로 창출되는 것이 아니고 고객의 욕구를 만족시킴으로써 창출된다. 또한 이윤은 기업의 영속성을 유지하는 데도 필요하다.

3) 사회적 목적

사회적 목적이란 고객이나 종업원은 물론 공급자, 정부, 지역사회 등 이해관계를 가지고 모든 집단을 배려하는 것을 의미한다. 중소기업가들은 신뢰감을 줄 수 있어야 하고 이윤창출을 해야 함은 물론 모든 이해관계자들의 이해를 고려해야만 한다. 이윤과 사회적 목적이 반드시 상호 대립적인 것은 아니다. 중소기업들이 가지는 또 하나의 중요한 사회적 기여는 종업원들에게 소속감, 일체감, 단결심을 제공한다는 점이다.

4) 성장목적

기업가들은 성장에 관심을 가져야 하며, 이를 중요한 목적으로 선택해야만 한다. 다음과 같은 질문을 스스로에게 해 보면 자신이 얼마나 성장에 관심이 있는지를 파악할 수 있다.

- 내 사업이 소규모인데, 만족하고 있는가?
- 나는 내 사업이 성장해서 대기업과 경쟁하기를 바라는가?
- 나는 안정이나 생존을 추구하고 있는가?
- 나는 노력이나 투자를 고려할 때 '만족할 만한' 수준의 이익을 바라는가, 아니면 이윤극대화를 추구하는가?

한편, 키제이(Keasey) and 와트선(Watson)[59]은 다른 연구자들의 실증조사를 인용하여 불만족스러운 직장에서 떠나고 싶은 욕망, 자신의 기업을 독자적으로 경영해 보고 싶은 욕구, 자신의 특수기능과 재능을 발휘하고 싶은 욕망 등 많은 비경제적인 요인도 창업의 주요 동기가 되고 있음을 제시하고 있다.

우리나라 중소기업 창업가들의 창업동기를 살펴보면, 주로 개인적인 동기에 의해 창업을 하는 것으로 나타나고 있다.

중소기업협동중앙회(1993)에 따르면 자신의 능력 및 성취욕구 충족(48.7%), 기술적 아이디어의 사업화(35.9%)가 중요한 창업동기로 작용하고 있다고 말했다. 또 김용웅, 차미숙(1994)의 연구에서도 주요 사업적 연고 및 거래처가 생겨서(29.6%), 새로운 아

59) Kevin Keasey, Robert Watson, Small Firm Management: Ownership, Finance, and Performance, Blackwell Business, Oxford, UK and Cambridge, Mass., USA, 1993.

이디어가 생겨서(24.2%), 다니던 직장의 발전성 부족 및 자아실현을 위해서(23.5%) 등으로 응답함으로써 개인적인 요소들이 창업동기에서 중요한 비중을 차지하고 있는 것으로 나타났다.

[책갈피] "우리나라 청년창업가의 창업당시 연령은 34.8세"

우리나라 청년창업자가 기업가가 되겠다고 생각했을 때의 평균 연령은 31.7세, 창업 당시 평균 연령은 34.8세로 나타났다.

또 청년창업의 동기는 자아실현이며 창업 의사결정에 가장 크게 영향을 끼치는 요인으로는 '이전 직장 경험'을 꼽고 있는 것으로 조사됐다.

이는 산업연구원 중소벤처기업연구실 양현봉 박사팀이 청년창업 실태를 연구하기 위해 산업연구원이 한국신용평가정보에 등록된 법인 가운데 4,000개를 무작위로 추출, 2008년 8월 제조업 및 지식기반 서비스업 영위 창업기업가를 대상으로 한 설문조사 결과를 최근 40세 미만 청년창업기업 95개사로 한정해 분석하면서 드러났다.

양 박사팀은 최근 분석결과 및 청년창업 대책방안을 다룬 '청년창업 생태계 조성 및 활성화 방안' 보고서를 낸데 이어 지난 5월15일에는 신용보증재단중앙회의 중소기업주간 기념 세미나에서 보고서 발표와 함께 청년창업 활성화를 위해 지역신용보증의 역할을 제시했다.

청년창업 실태 분석결과 2002년 이전 창업자의 평균 연령은 33.7세, 2002~2003년 창업자는 평균 34.4세, 2004년 이후 창업자의 경우 평균 35.6세로 기업가의 연령이 점점 높아지는 추세를 보이고 있는 것으로 나타났다.

창업동기를 묻는 질문에는 자아실현(46.3%)로 가장 많고 이어 직장생활에서 더 많은 독립성과 자유를 가지기 위해(16.8%) 사회에 공헌하기 위해(5.3%) 등 비경제적 요인이 더 많은 수입을 얻기 위해(23.2%) 같은 경제적 요인보다 높게 조사됐다.

창업 의사결정에 영향을 미치는 요인으로는 이전직장 경험(77.9%)이 압도적으로 높았고 다음으로 가정교육(6.3%) 학교교육(2.1%) 순이었다. 다시 말해 우리나라 교육시스템은 창업촉진에 기여하지 못하고 있는 것으로 나타난 셈이다.

청년창업가들은 창업교육의 필요성(96.8%)을 공감하고 있는 것으로 조사됐으며 창업이후 겪는 애로사항으로는 자금조달(64.3%) 인력확보(14.7%) 판로개척(8.4%) 기술수준 확보(6.3%) 환경 등 창업관련 규제(6.3%) 순으로 꼽았다.

이와 관련, 양현봉 박사(선임 연구위원)는 "창업교육 강화를 위해 우선 정규 교육과정에 창업 교육프로그램을 마련한 필요가 있다"며 "창업 프로그램은 교육과학기술부 중심으로 마련하되 중소기업청 등 경제관련 부처가 공동으로 참여해야 할 것"이라고 대안을 제시했다.

이와 함께 창업 후 3년 이내 기술·지식 집약형 청년창업가에게는 중소기업진흥공단 정책자금 중 청년창업 전용자금을 별도로 마련하고 지자체는 지역신용보증재단을 통한 신용보증 지원방안 마련이 절실하다는 의견을 밝혔다.

- 김호영 한경중소기업연구소 부소장

출처: enter@hankyung.com

제3절 창업의 성공요인과 실패요인

창업과정에서 창업의 성패를 좌우하는 여러 가지 요인들 가운데 창업동기가 중요한 것은 사실이나 창업과정에서 창업의 성공과 실패에 영향을 미치는 다른 요인들도 면밀히 검토할 필요가 있다.

1) 창업의 성공요인

기업가들은 경제발전의 주역으로서 사람들에게 자유와 번영을 가져다주는 애국적인 공헌을 한다. 때문에 자본주의 국가에서는 보배와 같은 존재이다. 그러나 모든 기업가가 사업을 펼치는 과정에서 성공을 거두는 것은 아니다. 따라서 새로운 기업을 창업하는 기업가정신의 성공요인과 실패 또는 장애요인에 대해 충분한 이해가 선행되어야 한다.

베스퍼(K. H. Vesper)[60]는 성공을 위한 4가지 주요 요건으로 ① 새로운 사업기회의 포착과 집행, ② 기업가의 자질적 특징과 환경(pushes), ③ 동기부여 요인들(pulls), ④ 추진 및 성취능력(competence), 즉 전문성 및 특수기술 등을 꼽으며, 이과 같은 4가지 주요 요인들의 기본조건이 구비되었을 때 창업의 성공률이 높다고 말하고 있다. 이상의 4가지 기본요건 외에도 기타요인으로, 이익 마진 · 창업자원 · 기업가의 개인적 접촉 · 시장성 · 시기(timing) 등을 말하고 있는데 이런 요인들이 부가됨으로써 성공의 확률을 더욱 높일 수 있다고 주장하고 있다.

따라서 이러한 창업성공의 요인들은 하나의 '창업가를 위한 지침'으로 생각하고 유의하는 것이 좋을 것이다.

[책갈피] 실패 예찬

여러분이 하버드 졸업생이라는 사실은
곧 실패에 익숙하지 않다는 뜻이기도 합니다.
하지만 성공에 대한 열망만큼이나

60) Karl H. Vesper, New venture Strategies, Englwood Cliffs, NJ: Prentice-Hall, 1980.

실패에 대한 공포가 당신의 삶을 좌우할 것입니다.
인생에서 몇 번의 실패는 피할 수 없는 것입니다.
실패 없이는 진정한 자신도, 진짜 친구도 결코 알 수 없습니다.
이것을 아는 것이 진정한 재능이고
그 어떤 자격증보다 가치 있는 것입니다.
- 조앤 롤링(해리 포터 작가) - '하버드대 졸업식 축사' 중에서

****

두 번의 실패를 딛고 성공한 나로호 관계자의 노고에 감사드리며,
실패예찬 몇몇을 보내 드립니다.

"빨리 실패하라. 그러면 더 빨리 성공할 것이다."
- David Kelley (글로벌 디자인 및 혁신 자문기업 IDEO 창업자)
"실패하라, 다시 실패하라, 더 나은 실패를 하라."
- Samuel B. Beckett ('고도를 기다리며'의 저자이자 1969년 노벨문학상 수상자)
"실패를 즐기는 사람이 세상을 지배한다."
- Richard Farson(심리학자이자 Western Behavioral Sciences Institute소장)

- 출처: 행복한경영이야기 [ml@hunet.co.kr]/2013.2.12.

〈보 족〉

판타지 소설《해리 포터》시리즈의 작가로 유명한 Joanne "Jo" Rowling(1965년 7월 31일~)은 1990년에 어머니가 돌아가시고 직장까지 잃게 되어, 포르투갈로 가서 영어강사로 일하다 현지에서 만난 기자와 결혼하여 딸 "제시카"를 출산하였다. 하지만 남편과의 불화로 결혼 3년이 못 되어 이혼하였고, 생후 4개월 된 딸과 함께 에든버러에 정착했다. 일자리가 없어 3년 여 동안 주당 한화로 15,000원 정도의 생활보조금으로 연명한 그녀는 동화쓰기를 결심하였고, 소설가로 명성을 얻기 이전 1990년대, 이혼 후 생활고에 시달리며, 가난했던 시절 우울증으로 자살도 생각했었다고 한다. 그녀는 사랑하는 딸의 존재에 힘입어 몇 개월에 걸쳐 우울증을 완치하고, 가난한 미혼모로 생활 보호를 받으면서《해리 포터 시리즈》제1탄의《해리포터와 마법사의 돌》을 집필을 시작하였고, 책을 쓰기 시작한 초기에는 소득이 없어, 집안의 냉난방 비용 절감을 위해 카페에 눌러 앉아 집필을 하기도 했다고 한다.

그녀는 완성한 원고를 들고 출판사 12곳에서나 퇴짜를 당했는데, 저작권 대행업자 크리스토퍼 리틀을 만나게 되었고 그는 롤링의 책을 영국의 블룸스버리 출판사에 팔아주었다. 책의 이름은 해리포터와 철학자의 돌이었는데, 나중에 미국에 출판되었을 때 이름이《해리포터와 마법사의 돌》로 변경되었다. 출간된 즉시 베스트셀러가 된 이 책은 세계 최우수 아동도서로 선정되었고, 이후 "네슬레 스마티 니어스 상", "브리티시 북 어워즈" 등 수많은 문학상을 수상하는 등 신인 작가로서는 이례의 대접을 받았고, 2000년에는 올해의 작가상을 수상하면서 그 탁월한 문학성을 인정받았다.《해리포터》시리즈는 현재까지 67개국 언어로 번역되어 총 4억 5000만 부가 팔리는 등, 출판 사상 유래없는 대성공을 거두었는데, 워너 브라더스와 영화 제작 계약을 하여 10년 동안 총 7편의 영화로 제작되었으며, 영화관 입장권 판매로만 64억 달러(약 6조 7700억 원)의 엄청난 수입을 거두었다. 영화의 엄청난 흥행 성공과 더불어 그녀 역시 2004년 미국 포브스가 선정한 "세계 최고 부자" 리스트에 첫 등장했으며, 현재 롤링의 재산은 47억 달러(약 5조원 이상)이라고 한다.

실패에 관한 명언 몇 가지를 더 소개하자면 다음과 같다.
"성공하려면 실패를 거듭해도 잃지 않는 열정이 있어야 한다."
- Winston Leonard Spencer-Churchill(1940~45, 1951~55에 걸쳐 두 차례 영국 수상을 지냈으며 1953년에는 《제2차 세계대전 회고록》 으로 노벨 문학상을 받았다)

"월마트의 창업자 샘 월튼의 성공비결은 실패를 두려워하지 않았다는 것이다."
- David Dayne Glass (전 Wal-Mart Stores, Inc. CEO)

"우리 삶의 최대 영광은 한 번도 실패하지 않는 데 있는 것이 아니라 넘어질 때마다 다시 일어나는 데 있다."
- Oliver Goldsmith(18세기 에이레 출신의 소설가, 시인)

"실패를 두려워하지 말라. 많은 사람들이 성공하기 위해 실패한다. 성공한 사람들도 많은 불행을 경험한다...내 농구 인생에서 9,000번 넘게 슛에 실패했고 300번 가량 게임에 졌다. 그 가운데 26번은 마지막 회심의 역전 슛이 실패해서 진 것이다. 이처럼 내 삶은 실패의 연속이었다. 바로 이것이 내가 성공한 이유다."
- Michael Jeffrey Jordan(농구선수 - 마이클 조던은 NBA는 물론 세계 농구사를 통틀어 가장 위대하고 뛰어났던 선수로 평가받는다. 대부분의 다른 전설적인 농구선수, 전문가, 감독, 그리고 전 세계 팬들이 그렇게 평가를 하고 있으며 더불어 NBA의 최고 부흥기를 이끈 주인공이기도 하다.)

2) 창업의 실패요인

베스퍼(Vesper)는 창업의 성공에 장애가 될 수 있는 주요 요인으로서 다음과 같이 12가지 요인을 열거하고 있다.

① 배양과 증식개념의 결여, ② 시장에 대한 지식의 부족, ③ 특별전문기술 부족, ④ 기본 사업자금 부족, ⑤ 사업경영능력 부족, ⑥ 지나친 자신감과 용기 부족, ⑦ 사회적 불신감, ⑧ 새로운 일에 대한 열정의 결핍, ⑨ 시간에 대한 압박감, ⑩ 법률이나 규정 등에 의한 제약성, ⑪ 독점과 보호주의, ⑫ 특허에 의한 제약성 등은 창업하려는 기업가들이 사전에 연구 검토하여 제거시키거나 장애요인이 되지 않게 조치해야 된다.[61)]

어려움과 예측을 불허하는 장래에 대한 불확실성에 도전하는 용기와 위험감수성향이 기업가의 본질적 특질이다. 하지만 창업을 하려는 시기에 사전에 미리 예상하고 조치할 수 있는 장애요인들은 가능한 한 그리고 최대한 제거해 나가는 것 또한 중요한 과정가운데 하나다.

61) 문원택, 김원석, 디지털시대의 기업가와 기업가정신, 한언, 2001, pp.291-293.

사례 들여다보기_창업 실패 이유

취업포털 잡코리아는 지난 22일 20대 이상 남녀 직장인 997명을 대상으로 '창업 경험과 계획'에 대한 설문조사를 벌인 결과를 발표했다.

조사에 따르면 전체 응답자의 40.1%(400명)가 '창업 경험이 있다'고 답했다. 창업 경험자들의 47.0%는 가장 말리고 싶은 창업 아이템으로 '외식 서비스업'을 꼽았으며 2위는 '온라인쇼핑몰'(14.3%), 3위는 '프랜차이즈'(13.0%)였다.

더불어 전체 응답자의 29.8%인 297명은 '창업에 실패했다'고 답했으며 '창업에 성공했다(현재 사업운영)'는 답변은 10.3%인 103명이었다. 창업 경험은 20대가 22.2%, 30대 47.5%, 40대 이상이 48.6%로 조사됐다.

또한 창업에 성공한 사례는 30대가 12.8%로 가장 많았고 40대 이상은 9.0%, 20대는 6.4%였다. 창업 실패경험이 있는 응답자들은 실패 원인으로 '사업운영 미숙'(63.3%)을 꼽았다. 그러나 창업 실패 경험자의 42.8%(127명)은 '다시 창업하겠다'는 뜻을 밝히기도 했다.

창업계획을 밝힌 이들 중 53.6%(278명)는 '직장에서의 고용불안감이 높아 퇴사 후를 대비하기 위해 창업을 계획 중'이라고 답했다.

- 자료 : SSTVpress(2012.10.23)

제3장 사업성의 분석

제1절 창업의 구성요소

1) 창업의 6W2H

인간이 어떤 일을 도모하여 목표를 달성해내기까지는 시간이나 자원의 낭비를 최소화하면서 짜임새 있게 일련의 단계와 과정(경영관리과정 및 활동)을 거쳐야 소기의 성과를 효과적으로 얻어낼 수 있다. 그러한 과정에서 가장 먼저 거쳐야 하는 단계가 바로 기획(planning)의 단계이고, 그 다음으로 조직(organizing)의 단계, 지휘통솔(directing=leading+motivating)의 단계, 그리고 마지막으로는 통제(controlling)의 단계이다. 모든 일을 추진함에 있어서 가장 먼저 거치게 되는 기획이란 일반적으로 이른바 육하원칙(5W1H)에 따라 이루어지게 된다.

본서에서는 창업의 경우에 종래의 5W1H에다가 창업자금 또는 투하자본이나 목표 매출액 등의 중요성을 인식하여 'How much' 그리고 시장과 고객의 중요성을 감안한 Whom을 추가하여 "창업의 8요소, 즉 6W2H"라고 명명하였다.

(1) Who: 창업의 주체로서 창업자와 동업자, 또는 창업 팀 멤버들

(2) Why: 창업의 동기, 사업의 목적, 비전이나 경영이념 및 경영철학

(3) What: 창업 아이템으로 업종이나 아이디어, 제품, 서비스 등

(4) Whom: 목표시장, 고객집단

(5) Where: 상권이나 입지, 사업(활동)영역

(6) How: 사업형태, 경영정책, 마케팅 전략

(7) How much: 투자규모, 창업자금 및 투하자본금

(8) When: 창업의 시기, 중장기 성장발전 단계

[그림 3-1] 창업을 위한 6W2H

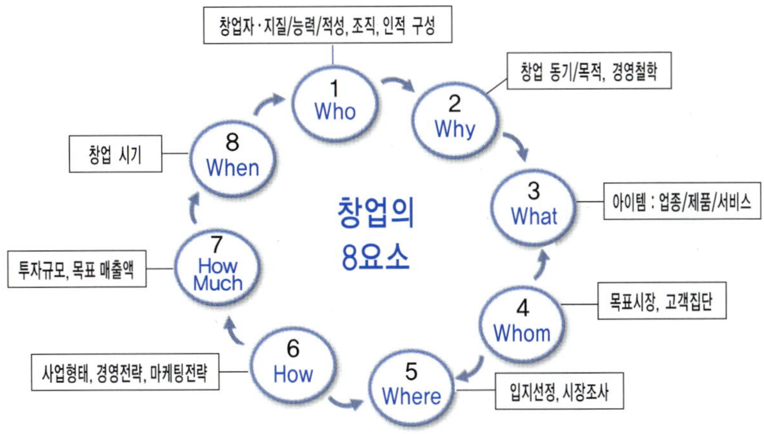

제2절 창업성공의 전제조건

개인기업이든, 중소기업이든 사업(business)의 세계에서 자신의 꿈을 이루고야 말겠다고 창업을 꿈꾸는 사람들의 도전은 끊임없이 이루어지고 있는 데, 창업에 핵심을 이루는 요인들은 무엇이며 창업을 성공으로 이끄는 요소들로는 어떤 것이 있을까?

미국 Rasmussen College의 차우프만(Kauffman) 재단에서 발간한 인포그래픽 자료에 따르면, 창업의 핵심요인으로는 업무경력, 창업경험, 관리인력, 재정능력, 운이 필요하다는 조사결과가 나온 반면에 학력, 인맥, 지역, 투자자 지원은 비교적 덜 중요한 것으로 나타났다. 한편 창업을 성공으로 이끄는 요소로는 아이디어 개발, 위험감수 의지, 투자금, 조직관리, 시장(소비자) 니즈에의 대응이 중요한 것으로 밝혀졌다.

[그림 3-2] 예비창업자들의 창업동기

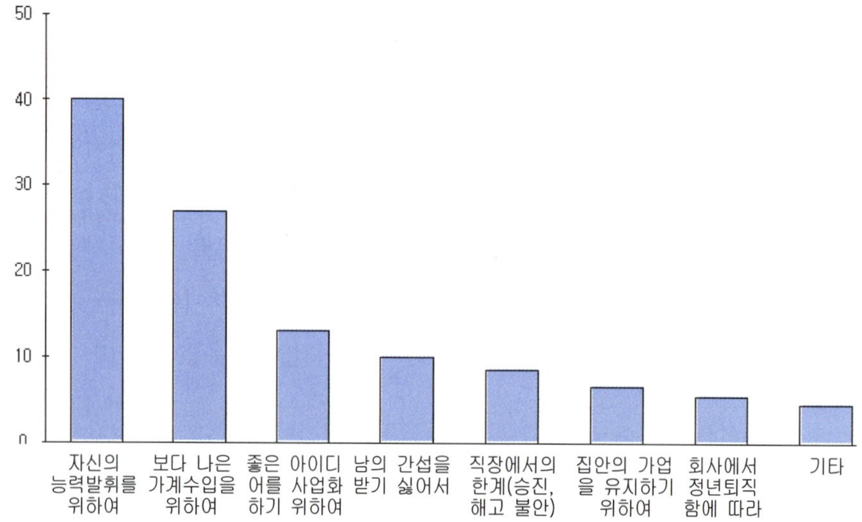

[책갈피] 시대가 변하면 소비형태도 변한다, 변화에 대응하라

경기의 부침과 사회의 변화에 따른 현상이지만 '창업'이란 단어는 우리에게 너무나도 친숙해진 단어로 자리매김하고 있다. 하지만 누구나 창업할 수는 있지만 누구나 성공할 수 있는 것은 아니다. 창업을 함에 있어서 창업 4요소인 창업자, 자금, 사업장, 아이템이 중요하다고 하나 최근 들어 도시 변화에 따른 사회적 트렌드를 알고 대처하는 것이 무엇보다도 중요하다.

최근에 2~3년간 두드러진 소비 트렌드는 합리성, 개성추구 경향, 건강 및 환경에 대한 관심, 새로운 것에 대한 호기심, 편의지향 소비결합 등을 들 수 있다. 이러한 창업시장의 추세 속에 가장 큰 테마는 업그레이드였다. 업그레이드 바람은 상품의 질, 인테리어, 서비스는 물론이고 경영방식에까지 확산되고 있다.

최근 자영업자들의 폐업사례가 예년에 비해 높게 나타나고 있다. 자영업자들이 매출 감소가 나타나기 시작해 문을 닫게 될 때까지 걸리는 기간은 창업 후 8개월에서 3년이다. 특히 '8개월에서 2년 사이'가 요주의 시기이다. 따라서 위험주기를 현명하게 극복하기 위해서는 시장반응과 업종 라이프 사이클을 조사하고, 고객반응에 대해서도 중간점검이 필요하다고 할 수 있다.

또 고객들이 지루함과 식상함을 느낄 수 있는 시기이므로, 적극적이고 신제품을 개발하고 변화를 줘야 할 때도 이 무렵이다. 다시 말해 라이프 사이클 주기가 해마다 짧아지고 있는데 이러한 현상은 소비 트렌드의 변화가 빠르게 진행되고 있다고 해도 과언이 아니다.

그만큼 시시각각 변모하고 있는 소비 트렌드는 매우 중요하다는 것이다. 트렌드의 사전적 의미는 경제변동 중에서 장기간에 걸친 성장, 정체, 후퇴 등 변동경향을 나타내는 움직임이라고 정의되어 있다.

즉 계절의 변동이나 경기순환 등을 단기변동을 초원해서 지속적인 장기경향을 의미하며 '추세변동' 또는 '경향'이라고 한다. 대부분의 기업에서는 신상품을 출사하기 전에 사회의 트렌드를 예측하거나, 트렌드에 어울리는지를 따져본다.

창업도 예외는 아니다. 창업이란 하나의 상품(아이템)이나 업종을 선택하기 전에 그 상품이 소비자에게 인기가 있을지, 잘 팔릴지를 예측 한 후 상품, 즉 트렌드 파악이 중요하다는 것이 강조된다.

하루가 다르게 변모하는 소비자의 심리와 창업시장의 생존경쟁 속에서 창업자들이나 예비창업을 하기 위해 지켜야 할 기본원칙이 몇 가지가 있다. 차별화된 아이템 공략, 변화에 더한 모니터링, 전술에서 전략까지 체계화된 마케팅을 통한 충성고객 만들기, 경쟁력을 요구하는 기술력과 서비스 보안 등을 들 수 있다.

모니터링이나 경쟁력 등도 트렌드 분석의 중요성을 말한다. 한때 저가형이나 웰빙 아이템이 사회의 트렌드로 부각되면서 창업시장에도 경쟁이 치열해졌다.

그러나 성공할 수 있는 핵심 키워드임에는 분명하였다. 이처럼 사회의 트렌드에 어울리는 상품, 아이템이나 업종이어야 소비자 내수시장 침체로 소비성향이 하락하면서 2000년 이후에 떠오른 키워드가 저가형 아이템과 웰빙이다.

여기서 2004년부터 불기 시작한 복합화와 매스터지형(mass+prestige, 즉 대중적 명품이미지의 아이템) 창업이 창업시장에서 붐을 이루었던 것이 대표적 사례이다. 따라서 하루가 다르게 변모하는 소비자들의 심리와 아이템의 라이프스타일 감소, 창업시장의 갈수록 치열해지는 생존경쟁, 예비창업자들이 아이템이나 업종을 선택함에 있어 또한 지속적이고 안정적인 매장운영을 위해서라도 트렌드 분석의 중요성은 인지하여야 한다.

고객의 소비성향은 목적성 구매고객의 행동으로 이어지고, 고객은 일정한 소비방정식을 가지고 있다. 따라서 사회의 트렌드를 분석해 고객에게 필요조건과 충분조건을 동시에 만족시켜 준다면 성공창업의 길은 더욱 가까이에 있다 할 수 있을 것이다. 성공 업종이나 아이템의 특징은 기존 시장의 평범함에서의 이탈로 부터 시작되고, 차별성이 소비자의 접근성을 용이하게 만들어지면서 충성고객을 만들어 나가는데 있다.

독창적이거나 남들이 미처 생각하지 못했던 기존 사업의 아이템 단점과 불편함을 해소함으로써 새로운 영역을 확보해야 한다. '변화에 변화를 모니터링', '전술에서 전략까지 체계화된 마케팅을 통한 충성고객 만들기', '경쟁력을 요구하는 기술력과 서비스 보안' 등도 선행되어야 한다.

① 변화에 변화를 더한 모니터링
② 표적고객의 눈높이에 맞춘 수치분석
③ 정보수집 능력과 적용기술력
④ 노력과 열정이 동반된 실천력
⑤ 소비의 양극화 시대에 맞는 마케팅 실행 능력
⑥ 벤치마킹도 경쟁력을 키워라
⑦ 소비자의 소비형태에 주목하라

- 출처: 중소기업중앙회 경영상담사

일반적으로 창업의 성공적인 수행을 위한 필수불가결한 요소들로는 논자들에 약간의 관점을 달리하기도 하지만 대체적으로 사람과 창업 아이디어 또는 아이템, 시장, 그리고 자본을 꼽는 편이다.

1) 창업의 핵심요소

창업이 성공적으로 이루어지기 위해서는 빠져서는 안 될 요건들이 있다. 첫째가 시대적 상황이나 여건, 상황들이 특정 제품이나 서비스와 적절히 어우러진 사업의 기회이고, 둘째는 창업의 주체가 되는 창업 팀이며, 셋째는 경영자원이다.

[책갈피] 소자본 창업 10계명

1. 업종선택이 사업성패의 절반을 좌우한다.
일시적인 유행업종, 신흥업종, 사양업종, 대중수요가 없는 이색업종을 선택하면 실패할 가능성이 높다.

2. 경쟁점포가 많은 곳에 자리를 잡은 경우이다.
같은 업종이 몰려 있는 게 유리할 수도 있지만 전체 시장수요에 비해 비슷한 점포가 너무 많으면 경쟁에서 뒤지는 점포는 도태될 수밖에 없다.

3. 부실 체인본부를 택하면 망한다.
체인점 가맹사업인 경우 본부가 부실하면 본부의 부실과 무관한 자신도 망할 수 있다는 점을 생각해야 한다.

4. 이자부담(금융부담)이 크면 남 좋은 일 시킨다.
무리한 차입경영을 하다가 도산한 대기업과 마찬가지로 소자본창업 시 빚이 많으면 아무리 장사가 잘 돼도 남 좋은 일을 시키게 된다(과도한 부채비율은 사업위험을 초래).

5. 가정의 리듬파괴와 가족간의 갈등은 사업을 흔들리게 만든다.
새로운 사업을 시작하면서 발생하는 가정 리듬 파괴로 일어나는 가족간의 갈등도 실패요인이다.

6. 입지선정도 실패의 요인이다.
유동인구가 적거나 고객이 접근하기 어려운 곳은 실패하기 쉽다.

7. 예상치 못한 사회적 현상이나 이변이 사업에 치명타를 가져온다.
비브리오발생이나 광우병 또는 구제역으로 인하여 많은 횟집과 불고기집이 예상치도 못한 치명타를 입어 많은 피해를 입은 적이 있다.

8. 사업가의 경영능력이 떨어지는 경우이다.
같은 장소에서 비슷한 사람들을 대상으로 같은 물건을 팔아도 크게 차이가 날 수 있다. 장사도 소질과 능력이 없으면 실패한다.

9. 직원관리를 잘못하면 사업의 실패로 이어질 수 있다.

요즈음 같이 실업자가 많은 상황에서 사람 구하기 쉽다고 생각하면 오산이다. 쓸 만한 사람은 구하기도 쉽지 않지만 유능한 사람을 오래 유지관리하기도 쉽지 않다.

10. 마지막으로 적성에 맞지 않는 경우이다.

기업가나 전문경영인의 자질과 적성으로는 집념이 강해야 하고 치밀한 사고와 한 번 마음먹으면 실패를 거듭하면서도 끝까지 해내야 하며, 또한 모험을 좋아하고 창의성을 발휘할 줄도 알아야 하는데, 그렇지 못하다면 사업에서 성공하기 어려운 것이다.

\- 출처: 함병호 - 새한기업상담(주) 대표이사

〈표 3-1〉 창업의 3대 핵심요소

사업기회	창업팀	경영자원
• 창업과정은 사업에 대한 기회를 추구하는 과정 • 기회에는 아이디어, 아이템, 기술, 시장수요, 시장구조, 시장규모와 성장가능성 등이 포함	• 창업팀(또는 창업가)은 창업 성공의 가장 중요한 핵심요소 • 가장 이상적인 팀은 성취도 높은 리더에 의해 주도되고, 구성원이 조직에 몰입하고 헌신하는 팀	• 창업 아이디어를 구체적인 상품이나 서비스로 개발하는 데 필요한 투입요소 • 경영자원은 인적 자원, 재정자원, 유형자원으로 구분 • 성공적인 창업을 위해서는 우수한 자원을 확보하는 것이 중요

출처: 신용보증기금

사업의 기회란 시간적으로는 특정의 시점이나 시대적 상황, 물리적(지리적) 환경으로는 시장의 구조, 시장수요, 시장의 규모와 성장 가능성, 사회적 맥락으로서는 경제적 상황, 사회문화적 분위기나 경향, 교육적, 법률적 환경 등이 중요하고 그러한 환경과 여건, 사회적 맥락 속에서 수요를 창출하고 고객을 창조할 수 있는 아이디어나 노하우, 기술이나 아이템, 즉 상품이나 서비스가 갖추어졌을 때 만들어지거나 그 속에서 발견될 수 있는 것이다. 하지만 사업의 기회가 아무리 좋은 상황이라 할지라도 사업을 이끌어나갈 주체인 창업가 또는 그 팀이 기회를 포착하고 살려내어 사업을 성공적으로 꾸려갈 능력이나 자질 그리고 창업가의 의지나 적극적 태도, 즉 기업가정신이 결여되어 있다면 사업의 성공을 기대하기가 어렵다. 그리고 앞의 두 가지 요건이 갖추어지더라도 경제활동이나 생산활동을 가능하게 하는 여러 가지 생산요소나 자원들이 갖추어지지 않으면 구체적인 상품이나 서비스의 창출이 어려워진다.

새로운 사업을 시작하려면 다양하고도 많은 요소와 자원들을 필요로 하게 된다. 사업(business)은 하나의 시스템으로 형성되어 운용되기 때문에 시스템의 첫 번째 구성요소인 이른바 투입(inputs) 측면에서 고려되어야 할 생산요소 또는 자원들이 적지 않다.

이들 투입요소들로는 인적 자원, 재무적 자원, 물적 자원, 기술적 자원, 정보적 자원 등으로 나누어 볼 수 있다.

① **인적 자원**: 창업가와 동업자 또는 팀 및 직원(구성원)들

② **재무적 자원**: 창업자금이나 자본금

③ **물적 자원**: 기계설비나 원자재, 재료 등

④ **기술적 자원**: 제조방법, 기능, 노하우, 기법, 기술

⑤ **정보적 자원**: 자료, 정보

본서에서는 창업의 핵심요소들로서 ① 사람, ② 아이템, ③ 시장 그리고 ④ 자본으로 나누어 살펴보고자 한다.

(1) 사람

창업기업의 업무는 사람이 수행하게 되며 업무를 수행하는 사람이 갖고 있는 기업가정신과 의지, 능력과 자질, 사업에 임하는 태도, 구성원의 협력관계 등에 따라 기업의 성패가 좌우되는 것이다. 물론 창업의 성공조건은 가진 자원에 의해 달라진다. 자본이 여유롭다면 상대적으로 유리하고 사업 아이템과 그와 관련된 전문성도 빼놓을 수 없다. 이들보다 더 중요한 것이 있다면 바로 창업자의 태도다. 왜냐하면 모자라는 돈은 대출로 충당하고 전문성은 시스템이 우수한 프랜차이즈업체나 전문컨설팅 기관을 통해 어느 정도 해결할 수 있다. 하지만 보다 결정적인 변수는 창업자의 마인드나 태도 곧 기업가정신이다.

성공사례들을 통해서 공통적으로 발견할 수 있는 점은 긍정적이고 도전적인 'can do' 정신이나 'why not me'와 같은 적극적 자세의 기업가정신이었다. 시련과 난관 앞에 결코 굴복하지 않고 개척정신과 도전 의지를 불태웠으며, 끊임없이 배우려는 자세를 가지고 그 분야의 전문가가 되고자 꾸준히 노력했다. 창업요소 가운데 사람이라면 창업자와 창업 동지(창업멤버) 및 동업자를 들 수 있다.

① 창업자

사업을 계획하고 실행을 주도하며 실질적으로 책임을 지는 사람으로서 창업자의 능력에 따라 창업기업의 성공과 실패가 좌우되어질 수 있는 것이다.

② 동업자

창업자와 함께 금전, 현물 또는 기술을 투자하여 사업부문별 역할을 수행하고 그 과

실을 분배하여 얻는 사람으로서 창업자 다음으로 중요한 구성원이 된다.

③ 창업 멤버들

창업자와 함께 사업의 성공을 위해 참여하는 사람으로서 창업자를 도와서 업무를 수행하는 인적 자원이다.

[책갈피] 창업 100%에 실패하는 '유감스러운 동기'

창업에도 유감스러운 동기들이 있을까? 물론 있다. 페르난도 트리아스 데 베스의 〈리틀 블랙북〉이라는 책은 "아무도 경고하지 않았다고 말하지 말라"는 부제와 함께 실직했거나 남들에게 뭔가 보여주기 위해서, 대박 아이디어가 있어서 창업을 하려는 것은 단지 유감스러운 동기에 불과하며, 이를 통해 성공하기 어렵다고 경고한다.

이 책은 스물여덟 살에 시장조사 컨설팅 회사를 창업하여 세계적 기업으로 키워낸 저자가 자신의 경험과 실제 창업가들의 인터뷰를 바탕으로 쓴 책이다. 그러나 이 책이 다른 책과 다른 부분은 다른 책들이 '껄끄럽다는 이유로' 거의 언급하지 않는 문제를 다루고 있다는 점이다. 창업가의 90%가 4년 이내에 실패하고, 창업 실패의 95%가 5년 내에 일어나는 것과 같이 창업의 진실은 모험이다. 그래서 역발상으로 다른 사람들이 성공한 이유가 아닌 실패한 이유 15가지를 제시한다.

먼저 유감스러운 창업동기 15가지를 살펴보자.

1. 실직 중이어서 앞으로 나아갈 원동력이 필요하다.
2. 상사가 너무 싫다.
3. 회사가 너무 싫다.
4. 남을 위해 일하기 싫다.(명령 받는 걸 참지 못한다).
5. 개인 생활과 일을 조화시키고 싶다.
6. 시간의 자유를 원한다.
7. 휴가를 언제 쓸지 스스로 결정권을 갖고 싶다.
8. 내 사업을 하면 남을 위해 일하는 것보다 돈을 더 많이 번다.
9. 가족이 탕진한 가산을 회복하고 싶다.
10. 남들에게 뭔가 보여주고 싶다.
11. 자신에게 뭔가 보여주고 싶다.
12. 부모님께 뭔가 보여주고 싶다.
13. 일확천금의 부자가 되고 싶다.
14. 지역의 발전에 기여하고 싶다.
15. 좋아하는 일에 종사하고 싶은데 스스로 창업하지 않으면 불가능한 직종이다.

저자는 이런 동기들이 유감스러운 이유는 "창업 동기는 성공 가능성과 직결되기 때문이다"고 말하며, 이 목록의 동기들처럼 유감스러운 동기는 곧 "주요 실패의 요인이 되는 경우가 많다"고 말한다.

이런 요인들은 '동기'가 될지는 모르지만, '동기부여'는 아니라는 설명이다. 폭파를 위해서는 기폭제와 다이너마이트가 필요한데, 기폭제만 있고 다이너마이트가 없는 것과 같다. 줄거리는 있지만 작가가 없거나, 동기는 있지만 동기부여가 없거나, 창업으로 이끄는 원인은 있지만 충분한 꿈이 없다면 낭패라는 것이다.

그래서 작가는 의욕, 꿈, 창업에 대한 진정한 염원을 가리키는 동기부여의 중요성을 강조하고, "진짜 꿈이 있는 한, 무엇이 당신의 결정을 유발하든 그 동기는 중요하지 않다"고 말하는 것이다. 그래서 단호하게 다음과 같이 말하는 것이다.

"진정한 창업가의 특징은 의지와 꿈, 단 두 가지다. 진정한 동기부여 없이 다른 동기로 창업하는 사람들은 창업과정에서 엄청난 도전에 직면했을 때 극복하지 못한다. 당신을 움직이는 힘이 창업 자체일 때만 도전을 극복할 수 있다. 그 힘이 주변적인 동기들이라면 난관을 극복하지 못하고 주저앉게 된다. 그런 동기들은 창업의 본질과 거리가 멀기 때문이다."

창업의 기폭제, 창업 자체에 대한 열정이 성공을 이끄는 힘이라는 지적이다.

- 출처: http://blog.daum.net/yky9423/264

(2) 창업아이템(기술, 제품, 서비스 등)

무슨 사업을 할 것인지에 대한 내용으로 구체적으로는 어떤 제품이나 서비스를 생산하여 시장에 팔 것인지를 결정해야 한다.

① 우수한 기술이나 사업 아이디어로서 우수한 제품이나 서비스로 생산되어질 수 있어야 한다.

② 우수한 제품이나 서비스로서 가격이나 품질 면에서 경쟁력을 갖고 있어야 한다.

③ 소비자가 기대하는 것 이상의 가치를 제공할 수 있어야 한다. 즉, 고객에 대한 가치창조를 해줄 수 있어야 한다.

(3) 시장

아무리 좋은 제품이나 서비스가 공급되어질 지라도 대가를 지급하고 구입하려는 구매자가 없을 경우에는 제품이나 서비스의 공급이 중단될 수밖에 없다. 따라서 대상제품이나 서비스를 구매하려는 고객이 있어야 하고 시장이 확보되어야 한다. 많은 경우에 기술의 우수성만을 믿고 제품을 개발한 후에 시장을 개척하려는 경향이 있는데 시장의 가능성을 보고 제품이나 서비스를 개발하는 것이 성공 가능성이 더 높은 것이다.

① 시장은 창업자가 제공하는 제품이나 서비스에 대하여 대가를 지급하고 구입하려는 고객집단으로 이루어져 있다.

② 고객은 제품이나 서비스의 가격을 결정하며 수요를 간접적으로 조절한다.

③ 창업자가 제공하는 제품이나 서비스의 가격 및 품질은 고객이 느끼는 가치수준에 맞아야 한다.

④ 기존의 사업자와 경쟁을 하여야 하는 시장이 존재할 수 있고 새로운 제품이나 아이디어를 통하여 새로운 시장을 개척할 수 있다.

⑤ 기존시장이나 새로운 시장에 제품이나 서비스를 판매하기 위해서는 고객의 욕구를 정확히 파악하여 그에 맞는 제품이나 서비스를 개발하고 필요한 시기에 적절한 가격으로 제공할 수 있어야 한다.

(4) 자본

창업과 관련한 계획사업의 수행에 필요한 자금을 말한다. 그런데 시장이 존재한다고 해도 사업수행에 필요한 자금이 없다면 사업을 제대로 수행할 수 없는 것이다. 자본은 자기자본과 타인자본으로 구분된다.

① 자기자본

총 투하자본인 총자본에서 부채를 차감한 것으로 재무제표상으로는 자본금 · 법정준비금(자본준비금 · 이익준비금) · 잉여금을 합계한 것이다. 기업자본의 기초를 이루는 것으로서, 기업이 계속되는 한 상환되지 않는 것이 원칙이다. 자기자본은 다시 출자자로부터 조달된 기초자본과 경영활동의 결과로 얻어진 부가자본으로 대별된다.

㉠ 개인기업

여러 명의 사업주가 공동으로 사업을 영위할 경우에는 공동사업을 영위하는 사업주 모두가 자금을 부담해야 한다.

㉡ 법인기업

법인기업의 경우 주주 또는 출자자들이 기업에 투자하게 되는 금액을 말하며 법인기업의 투자자는 개인, 법인, 모두가 될 수 있다.

② 타인자본

창업자 또는 창업기업의 주주나 출자자가 기업에 투자하는 자본 이외에 사업의 운영에 필요한 자금을 타인으로부터 조달하게 되는 금액을 말한다. 이를테면 친인척, 지인, 금융기관으로부터 차입하게 되는 자금 등을 말하는 것으로 상환의무가 있는 자본이다.

제3절 창업 아이템 선택의 중요성

창업을 꿈꾸는 사람들이 창업을 준비하는 과정에서 사업 아이템의 선택이라는 기로에 서게 되는 주요한 순간에 가장 먼저 고려하게 되는 기준은 이 사업 아이템으로 기대하는 수익성이 중장기적으로 보장되는가와 성장성이 없어서 반짝하다 퇴조하거나 시장에서 멀지 않아 곧 퇴출되고 말 그런 아이템은 아닌가의 문제이다.

창업과 관련하여 통속적으로 표현할 때에 사업의 아이템 선정이라고 하지만, 사실상 사업성 분석의 과정이다. 창업을 구상하는 사람이라면 먼저 어느 사업(산업) 영역에서 어떤 아이디어, 어떤 상품, 어떤 서비스 등으로 시작할 것인가를 먼저 고려하지 않으면 안 된다. 그리고 그 사업성은 상품성(독창성 및 실용성, 혁신성 등), 시장성(시장의 성장성 및 장래성 등), 창업자의 사업가로서의 자질과 능력, 기술성, 수익성 등으로 평가되고 판단된다. 사업성 분석은 예비단계와 본 단계로 나누어 진행할 수 있다.

'순간의 선택이 10년을 좌우한다'는 어느 카피의 내용처럼, 창업에 있어서도 아이템의 선택이 사업의 명운과 성패를 좌우한다고 할 만큼 매우 중요하다. 창업 경험이나 사업에 참여해본 경험이 없는 사람들은 대체로 창업 아이템을 선정함에 있어 정확한 정보나 시장에 대한 분석 없이 순간적인 감정과 충동에 휩쓸려 경솔하게 의사결정을 하는 경우가 의외로 많다. 더군다나 무분별한 온라인상의 아이템 광고라든지 소문이나 남의 얘기만 듣고서 '그 정도라면 성공할 수 있겠구나'라고 섣불리 판단하는 경우도 적지 않다. 물론 사업 아이템의 결정만 잘했다고 해서 사업의 성공이 보장받는 것은 아니지만, 아이템 선정의 결과에 따라 성공과 발전성을 높일 수 있는 중요한 원인이 되는 것은 명백하다. 따라서 아이템의 선택과 결정을 위해서는 다각도로 검토하고 분석하는 것이 필수적이다.

사례 들여다보기_구멍가게가 스타벅스를 이긴 비결

시애틀의 어느 모퉁이에 '엘 에스프레소'라는 작은 커피집이 있다. 반 평 남짓한 공간에 테이블이 달랑 2개인 작은 커피집이지만 이 가게는 비가 오나 눈이 오나 커피를 마시려고 줄을 서서 기다리는 손님이 진을 친다. 스타벅스, 시애틀스 베스트, 커피빈 등 쟁쟁한 유명 커피 체인들 사이에서 엘 에스프레소는 20년 넘게 승승장구 하고 있고 경쟁이 치열하기로 유명한 시애틀 시내에서 최고의 커피라는 명성을 얻고 있다. 평범하면서도 특별한 엘 에스프레소의 성공비결은 다음과 같다.

첫째, 열정(passion)이다. 열정이란 그 일을 하고 싶어 아침에 눈이 번쩍 뜨이는 일이다. 회사에 비유하면 얼른 일을 하고 싶어서 일찍 준비하도록 만드는 회사라고 볼 수 있을 것이다. 이 회사의 사장 잭은 진정 이 일을 좋아하는 사람이었다. 승무원으로 일 할 때부터 커피를 좋아했고, 커피를 서빙하는 데서 기쁨을 느꼈던 사람이다. 단지 좋다는 이유로 커피 집을 개점하고 오늘에 이르게 된 것이다. 자기가 좋아하는 일을 할 때, 현재 자신이 하는 일을 사랑할 때 열정이 생겨난다. 하는 일을 좋아하면 일은 더 이상 일이 아니고 놀이가 된다.

둘째, 사람(people)이다. 열정이 연료라면 직원은 엔진이다. 사람의 중요성은 아무리 강조해도 지나치지 않는다. 이 회사는 채용에 있어서 태도와 열정을 가장 중요시했으며 오히려 커피를 만들 수 있는 기술과 경력은 그 다음이라고 생각했다. 그래서 직원들 중 상당수는 가게에 꾸준히 드나들던 손님 중에서 채용했다. 커피를 좋아하고 그들의 가치관에 동의를 하는 사람들이었기 때문이다.

셋째, 친밀함(personal)이다. 친밀함과 비즈니스는 왠지 상관이 없을 것 같지만 사업이 잘 되기 위해서는 직원과 고객 사이에 친밀하고 인간적인 연결고리가 있어야 한다. 그래서 고객과 직원 사이에, 고객들 사이에 공동체가 필요하다고 믿는다. 당신 회사는 어떠한가? 고객에 대해 어떤 느낌을 갖고, 직원과 고객들이 얼마만큼의 충성도를 보이는가? 직원들은 재미있게 일하고 있는가? 이와 같은 의문을 던져봄으로써 회사의 성공가능성을 어느 정도 가늠해볼 수 있다.

넷째, 제품(product)이다. 엘 에스프레소의 제품은 커피이다. 값싼 원두를 구해 원가를 낮추는 대신 그들은 최고의 원두와 최고의 커피 메이커만을 고집했다. 손님들의 의견을 묻고 그들의 의견을 즉시 품질향상에 반영하였다. 아무리 친절하고 서비스가 좋아도 제품이 좋지 않으면 소용이 없다는 사실을 그들은 인식하고 있었다. 제품의 품질에는 일관성이 중요하다. 이 가게가 지속적인 성공을 거둘 수 있었던 것은 제품품질에서 일관성을 유지한 덕분으로 이것이 고객의 충성심을 이끌어낸 것이다.

좋은 제품과 서비스, 자신의 하는 일에 대한 열정을 갖고, 가치관이 비슷한 사람을 채용해, 고객과 친밀감을 유지하는 것 이것이 바로 성공의 열쇠였다. 작은 커피집의 성공요인을 통해서 우리는 모든 비즈니스의 성공요인을 파악할 수 있다. 성공의 요인은 복잡하지 않다. 단순한 원칙을 지켜내는 과정이 복잡하고 어려운 것이다.

- 출처 : 레슬리 여키스(임희근 역), 잭 아저씨네 작은 커피 집, 김영사, 2003.

첫 번째, 가장 먼저 고려해야 할 부분은 조달 가능한 자금규모에 비추어 적절하고 적당한가를 따져야한다.

아무리 좋은 아이템이라 할지라도 자금규모를 넘어선 무리한 대출까지 과욕을 부린다면, 낭패를 당하기 쉽다. 사업이라는 것은 아이템의 한 가지 부분만 고려할 사항이 아닌 입지하려는 상권의 지리적 여건이나 그 상권의 경쟁구도 등도 고려해야 하기 때문이다.

두 번째, 자신의 적성을 고려해야 하고 열정을 쏟을 만한가의 문제이다.

아무리 성공하려는 의지가 강하다 하더라도 적성에 맞지 않을 경우에는 억지로 사업을 계속 유지해가려다 애쓰다보면 스트레스가 쌓이게 되고 심신이 소진상태에 이르면서 의욕과 열정마저 식어가기 마련이다.

세 번째, 점포 입지에 적당한 아이템인지 판별한다.

아무리 상권이나 점포입지가 좋다고 하더라도 특별한 노하우와 아이템이 없다면 도태되기 마련이다. 같은 아이템의 점포들이 이웃해 있는 경우라 할지라도 차별화 전략을 끊임없이 구사하면서 주도권을 잃지 말아야 한다. 현재의 상황에 안주하거나 자신이 선택한 아이템이 최고라든가 자신이 가장 잘하고 있다는 자만심은 버려야 한다.

네 번째, 특히 어떤 상품과 같은 아이템에는 반드시 수명주기가 있기 마련이므로, 성장기의 안정적인 아이템인지, 또 유행을 타지 않는 아이템인지를 먼저 판단하여야 한다. 만약 그 수명주기가 쇠퇴기에 접어든 아이템을 선택한다면 실패는 예견된 것이나 다름이 없는 것이다.

마지막으로 목표시장 또는 주 고객집단과 가격경쟁력도 따져보아야 한다.

창업 아이템은 시대적 상황의 산물인 경우가 많다. 예컨대 생활수준의 향상과 의식의 고양으로 웰빙이 화두가 되는 요즘은 유기농 식품이나 건강한 먹을거리가 유망할 수 있다. 그래서 웰빙족이니 LOHAS족과 같이 새로이 생겨나는 소비자 집단의 의식이나 소비심리를 예의주시할 필요가 있는 것이다.

제4절 사업성 분석

사업을 하려는 사람들은 전직에서의 경험, 업무경험, 권리취득, 취미, 계획적인 탐색, 사업설명회 참석, 친구, 친지, 선배 또는 사회적인 만남을 통해서 사업 아이템을 발견하려고 할 것이다. 그런데 자신이 생각해둔 것이나 새로이 발견한 사업 아이템이든 사업으로 연계시켜 구체적으로 실행하기 위해서는 사업 아이디어 또는 그 아이템의 적합성을 판단해야해야 하는데 이 순간이야말로 가장 중요하고도 어렵다.

우선 자신이 생각하였던 아이디어나 아이템 가운데 가장 현실성 있는 두세 개를 선택하여 이 아이템을 대상으로 관련 정보와 전문가의 조언을 구한 다음에 창업자는 창업업종이나 아이템에 대한 타당성 분석을 실시하여야 한다. 특히 사업타당성 분석은 그 결과에 따라 창업을 결정하게 되는 최종적인 분석인 만큼 어느 것 하나에도 소홀함이 없이 정밀분석을 실시하되, 그 내용에는 사업아이템의 적합도, 사업입지의 타당성, 시장성과 판매전망, 수익성, 성장성과 투자의 위험성 및 경쟁 서비스 업체를 포함한 연관요소에 대한 비교분석을 실시한다. 여기서 연관요소라 함은 자신이 선택하려고 하는 업종이 과연 성장가능성은 있는지, 시기적으로 신규창업이 적합한 것인지 등인데, 이는 사업의 수명주기에 따라 신규창업을 하는 가장 적합한 시기는 성장기 업종이고, 만약 성숙기 후반에 참여하게 되면 창업에 실패할 가능성이 그만큼 커지기 때문이다. 이 모든 과정을 거쳐 작성된 사업타당성 분석결과를 토대로 하여 창업자는 자신에 맞는 업종 및 사업 아이템을 최종적으로 선택하게 되며, 이때에 한 번 더 컨설턴트의 최종 자문을 받는 것이 바람직하다.[1)]

1) 사업타당성 분석 요령

사업타당성 분석을 하게 되는 이유는 사전에 성공가능성이 적은 사업에 진출하여 자금, 시간의 소비를 미연에 방지함으로서 미래에 발생할 수 있는 손실을 예방하거나 사업을 추진하는 과정에 있어서 발생할 위험요소 및 핵심요소에 대한 체계적인 점검을 통해 간과하기 쉬운 위험을 사전에 대비하도록 하여 새로운 사업성공에 필수적인 역할을 한다.

〈표 3-2〉 사업타당성의 평가요소

평가요소	세부항목
창업자의 사업수행능력	• 기업가로서의 적성과 자질 • 업종선택의 적합성 • 창업자로서의 계획사업 수행능력 • 기타 창업자의 경영능력
시장성 및 판매전망	• 국내외 수급동향 및 중장기 수급전망 • 시장 특성 및 구조 • 동업자 또는 유사제품과의 경쟁상태 및 향후 경쟁제품의 출현가능성 • 국내의 가격구조 및 가격동향 • 판매처, 판매조직 및 유통경로 • 해외시장 분석에 의한 수출가능량 사정 • 기타 시장성 요소
기술적 타당성	• 기성제품에 대한 비교우위성 • 생산능력 및 조업도 • 기술 및 기능인력 확보 • 기타 기술 및 생산 관련 타당성 • 시설계획 및 생산시설 규모 • 원재료 조달 및 원단위 사정 • 예상불량률 및 개선가능성

1) 함병호(새한상담기업(주) 대표)의 창업실무 강의록 중에서

평가요소	세부항목
수익성 및 경제성	• 수익전망 • 투자수익 및 손익분기점 분석 • 계획사업의 경제성 평가 • 기타 경제적 · 재무적 타당성 분석요소
자금수지 및 성장성 (기업 환경 종합 분석)	• 소요자금의 규모 및 조달가능성 • 차입금 상환능력 검토 • 성장가능성 • 자금조달, 운용계획표 작성 • 계획사업에 대한 위험요소 분석

자료: 윤종록 외, 창업과 경영, 형설출판사, 2006, p.181.

이처럼 사업타당성 분석은 사업의 종류와 경우에 따라서 내용과 형식이 다르기도 하나 대부분 다음의 4가지 방법에 의해 최적의 대안을 선택하려는데 있다.

(1) 예비 사업성분석 단계

예비 사업성분석은 후보 아이템을 비교 · 분석하여 아이템의 우선순위를 결정할 수 있도록 후보 아이템 상호간의 상대평가 및 후보 아이템에 대한 창업자의 적응도 분석을 통해 최적의 아이템 선택을 위한 정밀 사업타당성 분석을 하기 전 단계의 과정을 말한다. 모든 후보 아이템에 대해 개별적인 예비 사업성분석이나 세부분석을 한다는 것은 현실적으로 많은 시간과 비용이 소요된다. 그러므로 성공할 가능성이 희박한 사업 아이템은 사전 예비선별을 통해 과감히 제거하여야 하며, 남아있는 사업 아이디어를 비교 평가함으로써 사업 아이템의 우선순위를 결정한다.

후보 사업아이템을 상호비교를 통하여 상대적인 평가를 할 때에 검토해야 할 항목들은 다음과 같다.

① 상품성

사업 아이템으로 선정하려는 상품의 적합성에 대한 평가는, '창업자가 잘 아는 제품인가?' '상품이 비 필수품이거나 사치품은 아닌가?' '정부의 인 · 허가 등에 의한 제한이나 독점은 없는가?' '안전성이나 유해성, 공익에 반하는지의 여부' 등을 고려하면서 이루어져야 한다.

② 시장성

아무리 좋은 제품이나 서비스가 공급되어질 지라도 대가를 지급하고 구입하려는 구매자가 없을 경우에는 제품이나 서비스의 공급이 중단될 수밖에 없다. 따라서 대상제품이나 서비스를 구매하려는 고객이 있어야 하고 시장이 확보되어야 한다. 많은 경우에 기술의 우수성만을 믿고 제품을 개발한 후에 시장을 개척하려는 경향이 있는데 시장의 가능성을 보고 제품이나 서비스를 개발하는 것이 성공 가능성이 더 높은 것이다. 사업 아이템에 대한 평가는 다음과 같은 시장의 속성을 고려하면서 이루어져야 할 것이다.

㉠ 시장은 창업자가 제공하는 제품이나 서비스에 대하여 대가를 지급하고 구입하려는 고객 집단으로 이루어져 있다.

㉡ 고객은 제품이나 서비스의 가격을 결정하며 수요를 간접적으로 조절한다.

㉢ 창업자가 제공하는 제품이나 서비스의 가격 및 품질은 고객이 느끼는 가치수준에 맞아야 한다.

㉣ 기존의 사업자와 경쟁을 하여야 하는 시장이 존재할 수 있고 새로운 제품이나 아이디어를 통하여 새로운 시장을 개척할 수 있다.

㉤ 기존시장이나 새로운 시장에 제품이나 서비스를 판매하기 위해서는 고객의 욕구를 정확히 파악하여 그에 맞는 제품이나 서비스를 개발하고 필요한 시기에 적절한 가격으로 제공할 수 있어야 한다.

사업성을 분석하는 과정에서 아이템의 시장성에 대한 검토와 평가는 시장의 규모나 미래 성장성, 경쟁성 등을 중심으로 이루어져야한다.

(i) 시장의 규모

'시장수요, 즉 예상되는 고객의 수는 어느 정도인가?' '국내 및 해외 시장규모는 금액으로 어느 정도인가?' '진입장벽으로는 어떤 것이 있는가?' 등을 고려한다.

(ii) 경쟁성

시장에서의 경쟁성은 '경쟁자의 세력 및 지역별 분포(시장점유율)는 어떤가?' '경쟁제품과 비교했을 때 품질과 가격 면에서의 경쟁력은 어느 정도인가?' '판매 유통구조는 어떠하며, 물류비용은 어떤가?' 등을 중심으로 검토, 평가해야 한다.

(iii) 시장의 장래성

'잠재고객의 증가는 가능한가?' '새로운 창업기업의 침투 가능성이나 새로운 경쟁자가 나타날 가능성은 어느 정도인가?' '소비자의 성향이 안정적이고, 수요가 증대될 가능성은 있는가?

2) 사업타당성 분석 본 단계

(1) 사업타당성 평가요소

사업성 평가요소란 사업타당성 분석을 위해 검토를 해 보아야 할 항목을 말하며, 이는 사업타당성 검토목적에 따라 해당항목에는 약간의 차이가 있다. 다시 말하면 어떤 목적으로 사업타당성 분석을 하느냐에 따라 사업성 평가요소의 가중치가 달라질 수 있음을 의미한다. 계획된 사업의 성공가능성을 체계적이고 합리적으로 분석, 평가하기 위한 사업성 평가항목은 일반적으로 아래와 같다.

① 창업자의 사업수행능력 평가

기업가로서의 적성과 자질(장단점 파악), 창업자의 경험과 경력 그리고 이것에 의한 업종선택의 적합성 등을 검토한다.

② 시장성 분석

시장의 특성 및 구조, 잠재수요, 유통경로, 판매시장 환경, 경쟁상태, 시장진입 가능성 및 중장기 수급 전망 등을 검토한다.

③ 기술성 분석

제품의 기술수준, 품질, 성능분석, 생산시설 계획, 기술 및 기능인력 확보 등을 검토한다.

④ 수익성 분석

수익성 전망, 손익분기점 전망, 투자수익 및 계획사업의 경제성을 검토한다.

3) 업종선택과 사업 아이템의 탐색

사업 아이템을 선택하기에 앞서서 먼저 업종과 업태를 선정하고 다음으로 구체적인 아이템을 선택하는 순서로 진행되는 것이 바람직하다. 업종을 선택할 때는 사회환경의 변화 및 소비자의 욕구에 부응하는 업종인지, 대기업이나 대자본의 참여로 경쟁력이 떨어질 수 있는 업종은 아닌지, 정부의 정책변화에 큰 타격을 입을 수 있는 업종은 아닌지 등 여러 측면에서 종합적으로 검토할 필요가 있다는 것이다. 또 업종을 선택할 때에는 특정 업종 군을 먼저 선택한 다음 구체적인 업태를 정하고 좀 더 세부적인 업종을 최종 선택하여 결정하는 단계를 밟는 것이 바람직스럽다. 다시 말해 각자의 성격이나 여건을 감안하여 외식업, 서비스업 등 특정 업종 군을 선택한 후 독립점포를 할 것이냐 체인점으로 할 것이냐 하는 구체적인 업태를 결정하는 것이 좋다.

창업자가 업종선택을 할 때는 우선 다음 항목들을 고려하여 자신이 생각한 업종에 해당되는 것을 찾아보는 것이 좋다.[2)]

① 자신의 성격에 맞는 업종인가?

② 지금까지의 경험이나 지식을 얻을 수 있는 업종인가?

③ 가족의 찬성과 협력을 얻을 수 있는 업종인가?

④ 개업 시점에서 일정의 수익이 예상되는 업종인가, 장래성은 있는가?

⑤ 고도의 기술이나 전문적인 지식을 필요로 하는가, 만일 그렇다면 배울 방법은 있는가?

⑥ 면허, 허가, 등록, 신고 등을 필요로 하는 업종은 아닌가, 법적 규제는 없는가, 만일 그렇다면 조건을 충족시킬 수 있는가?

⑦ 개업에 어느 정도의 자금을 필요로 하는 업종이나, 그 조달은 가능한가?

한편 신용보증기금에서는 '창업을 위한 업종 선택의 원칙'으로 다음의 4 가지를 제시하고 있다.

① 경쟁업체보다 유리한 업종 선택

창업 시작부터 경쟁업체보다 무엇이든지 우위에 있어야 시장경쟁에서 주도권을 잡을 수 있다. 따라서 동종산업 내에서도 고객들의 니즈에 부응하고, 고객에게 좀 더 다가갈 수 있는 업종이 있는지를 우선 생각해 볼 필요가 있다.

② 자신의 적성에 맞는 업종 선택

수익성이 높다고 해서 창업을 시도하는 것은 금물이며 가급적 일정기간 이상을 직접 체험하면서 자신의 적성 여부를 점검하고 이를 통해 업종을 선택하는 것이 바람직하다. 적성이 맞는지 안 맞는지 알아보는 가장 좋은 방법은 관심 있는 업종의 구체적인 정보와 사업애로사항을 파악한 후 자신의 적성과 부합되는가를 스스로 사전 체크하는 것이다.

③ 성장성이 있는 업종 선택

1~2년 반짝 히트를 치고 사양되는 유행업종보다는 최소 5년 이상 지속적으로 성장할 수 있는 유망업종을 선택해야 한다. 성장성 있는 업종을 선택하기 위해서는 관심업종 관련 경험자 또는 전문가들로부터 정보를 수집하여 판단하는 것이 바람직하다.

---

2) 함병호, 앞의 자료.

④ 자신의 사업조건에 맞는 업종 선택

자신의 자본규모에 맞춰 업종을 선택할 때는 창업 준비자금뿐만 아니라 창업초기 운영자금을 고려해야 한다. 또한, 건강상에 문제가 있는 사람이나 육아 등 부담을 안고 있는 사람은 업종선택 시 신중히 생각해 판단해야 할 것이다.

4) 21세기 산업의 변화방향과 유망사업 분야[3)]

① 산업의 변화방향

- 지식집약적 벤처기업
- 기술혁신의 가속화
- 원천기술 확보(특허, 실용실안, 의장, 상표권)
- 핵심역량의 축적
- 기업간 전략적 제휴(업무 및 기술제휴, 주식상호투자)

② 유망사업 분야

- 정보통신 및 전기전자산업
- 멀티미디어 산업(영상산업)
- 소프트웨어 개발, 게임 및 캐릭터 산업
- 애니메이션사업
- 환경공학산업(하수처리 및 폐수, 쓰레기매립장)
- 생명공학(BIO)산업
- 자동차부품산업(헤드라이트, 전자부품 등)

사업분야를 선정하고 업종을 선택함에 있어서 추가적으로 고려해야 할 사항들은 다음과 같다.[4)]

① 인기상품이라고 해서 쉽게 덤벼들었다가는 낭패를 보기 십상이다. 번창하고 있는 업종에는 강력한 경쟁상대가 나타나는 것이 사업의 기본이다.

② 신문이나 잡지광고에서 자주 볼 수 있는 '고수입이 확실한 아이디어 업종'이라는 말에 현혹되지 말아야 한다. 실제로 해보면 고수입을 올리는 것이 결코 쉬운 일이

3) 함병호, 앞의 자료.
4) 위의 자료.

아님을 깨닫게 되고 그것이 대개 과장이나 심지어 사기일 경우가 많다.

③ 너무 새로운 업종이나 채 검증되지 않은 업종은 가급적 피하는 것이 좋다. 창업자는 흔히 남이 전혀 생각하지 못한 아이템이나 업종에 집착하는 경향이 있다.

④ 남의 성공 아이디어를 참조하되 그대로 모방해서는 성공하기 힘들다. 창업에 성공한 사람들은 나름의 비결과 노하우가 있기 마련이다. 하지만 밖에서 보아서는 그것을 제대로 알기도 어려울 뿐만 아니라 이미 시대의 흐름에 뒤쳐지는 경우가 많다.

5) 사업 아이템 선정의 기본원칙[5)]

① 성장가능성이 있는가?

② 경험이나 특징을 활용할 수 있는가?

③ 실패의 위험이 적은가?

④ 공장을 설립해야 하는지 아니면 아웃소싱이 가능한가 ?

⑤ 대기업이 참여하기 곤란한가 ?

⑥ 자기자본 규모에 적당한가 ?

⑦ 수요와 시장성이 충분한지 또는 1~2년 내에 수요가 형성될 수 있는가?

⑧ 투입비용에 대비하여 수익성은 높은가?

⑨ 일시적인 유행에 그치는 분야인가

〈표 3-3〉 사업 아이템 선정 시 고려사항

구분	고려사항 내용
적성 · 능력의 적합 여부	해당업종에 자신감이 있는가? 창업자의 선천적 적성 · 성격에 맞는가? 사업자 건강능력에 맞는가? 해당업종에 경험 또는 사업수행 능력 · 지식이 있는가?
시장성·입지성 전망	해당지역에서의 시장분석상 입지가 해당업종에 적합한가? 사업발전 단계상 도입기 · 성장기 업종인가? 해당 업종의 시장규모가 커지고 있는가? 시장의 경쟁현황과 전망은 양호한가?
수익성 양호 여부	투자비용에 비해 수익전망은 양호한가? 손익분기점은 얼마이며 또 언제인가? 일반금리보다 수익성이 좋은가? 2~3년 이내 흑자실현이 가능한가?

5) 함병호, 앞의 자료.

구분	고려사항 내용
상품성 우수 여부	고객입장에서 가격에 비해 유용한 상품인가? 고객에게서 인기도·경쟁력은? 영업 및 A/S 가능 여부는? 상품조달 및 공급 용이성은?
위험요소 여부	해당업종 인·허가 문제에서 미비한 점은 없는가? 경쟁업체·거래업체와의 분쟁소지 여부는? 추후 예비자금조달에서 막힐 염려는 없는가?

자료: 윤종록 외, 창업과 경영, 형설출판사, 2006, p.32.

6) 아이템 선정의 기본순서[6)]

① 창업하고자 하는 업종에 대한 정보수집

② 기존기업, 체험자 또는 종사자의 면담

③ 사업 아이템에 대한 구체적 정보수집 및 정밀분석

④ 사업타당성 분석

⑤ 최적 사업 아이템의 선정

7) 사업 아이템의 평가

사업 아이템의 평가는 절대적 평가기준과 상대적 평가기준으로 나누어 진행할 수 있다.

(1) 절대적 평가기준

① 적당한 원가로 제품을 생산할 수 없게 하는 법률, 특허, 에너지, 특수자재나 시설, 공정, 기술 등이 존재하는가?

② 소요자금이 자신의 능력에 비해 과다한가?

③ 법규위반이나 환경공해요인이 있는가?

④ 제품판매활동을 저해하는 중대한 요인이 있는가? (예-중소기업이 할 수 없는 광범위한 판매 및 유통조직)

(2) 상대적 평가기준

① 충분한 현재의 시장이 존재할 것

6) 함병호, 앞의 자료.

② 잠재시장을 포함하여 높은 성장이 예상될 것

③ 생산원가와 유통비용면에서 경쟁우위에 있을 것

④ 수요, 가격, 원가와 관련하여 위험요소가 적을 것

〈표 3-4〉 성공적인 상품의 기본 요건

구분	내용	창업사례
욕구충족형 상품 (히트 예상상품)	• 필요성은 인정되나 욕구를 충족시킬 수 있는 제품을 생산하는 방법을 아는 사람이 없다 • 욕구의 인식부족으로 인해 제품이 개발되지 않았다 • 미래 욕구 분출가능성이 있다.	• 소형 휴대용 전화기(이동통신)의 욕구가 처음으로 인식되었을 때는 제조기술이 전무했다. →제조기술이 처음 개발되었을 때는 가격이 상당히 비싸서 일반 대중은 구입할 수 없었다 →이동통신이 보편화된 90년대에는 성공적인 상품이 되는 것은 틀림없다
경쟁력이 있는 상품	• 품질향상 - 실용신안 의장등록 - 성능개선 및 특징 추가 - 품질 및 외형개설 - 신뢰도 증가	• 바이오 세라믹 팬 히터 • 컬러 벽돌
	• 원가절감 - 저렴한 원재료개발 - 기술혁신 - 저렴한 가격	• 국민차 • 가정형 PC
일정기간 수요증가 예상상품	소비인구의 증가가 지속되는 경우	• 실버 그레이 산업 • 여행업 • 10~20대형 스마트 북
	• 소비자 취향의 변화 • 소비자 의식의 변화	• 외식 산업 • 고급주택건설
	국민경제 수준의 증가	• 자동차산업 • 고급 장난감

자료: 윤종록 외, 창업과 경영, 형설출판사, 2006.

8) 상대적 평가를 위한 체크 리스트 항목들은 다음과 같다.7)

① 시장규모

㉠ 국내시장

7) 함병호, 앞의 자료.

ⓛ 세계시장

② 매출실적 및 영업추진 상황

㉠ 총매출액

ⓛ 신제품에 매출액

③ 가격경쟁력

㉠ 제품제조원가기준

ⓛ 유사경쟁제품

ⓒ 대체경쟁제품

④ 신장진입장벽

㉠ 품질

ⓛ 제조원가

ⓒ 제품신뢰성

ⓔ 시장경쟁상황

ⓜ 유통체계

⑤ 제품의 성장가능성

㉠ 제품의 시장침투정도와 잠재고객 수

ⓛ 필요성의 증가

ⓒ 소비자 수용성의 증가

ⓔ 사회적, 문화적, 정치적 추세

ⓜ 경쟁의 우월성

⑥ 위험요소

㉠ 경기변동과정에서의 시장의 안정성

ⓛ 기술면에서의 중대한 하자여부(리콜, PL)

ⓒ 수입제품의 덤핑

ⓔ 경쟁자의 규모와 세력

ⓜ 초기의 투자자금

ⓑ 수요예측의 정확성

ⓢ 순이익(손익분기점)까지의 소요시간

ⓞ 재고발생의 정도와 비용

ⓩ 수요의 계절성

[책갈피] "이것 또한 곧 지나가리라"

유태인의 지혜를 말해주는 『미드라쉬(Midrash)』라는 책에 이런 이야기가 있다.
어느 날 다윗 왕이 보석세공인을 불러 명령을 내렸다.
"짐을 위해 반지를 만들고 그 반지에 글귀를 하나 새겨 넣으라...
그 내용은 내가 승리했을 때 기쁨에 취해 자만해지지 않도록,
또한 동시에 실패로 인해 실의나 절망에 빠져있을 때 수렁에서 건져줄 수 있는 그런 글이어야 하느니라..."
그는 왕의 명령대로 아름다운 반지를 하나 만들었다.
그러나 적당한 글귀가 생각나지 않았다.
고민을 하다가 그는 지혜롭기로 소문난 솔로몬 왕자를 찾아갔다.
"왕의 황홀한 기쁨을 절제해 주고 동시에 그가 낙담했을 때 격려를 줄 수 있는 말이 무엇일까요..."
솔로몬이 대답했다.
"이렇게 쓰시면 됩니다.
[이것 또한 곧 지나가리라](Soon it shall also come to pass!)
왕께서 승리의 순간에 그 글을 보시면 자만심을 가라앉히게 될 것이고
절망의 순간에 그것을 보신다면 곧 용기를 얻게 될 것입니다."

이 세상에는 영원한 성공이나 승리의 환희도,
끝없는 실패의 고통이나 슬픔, 역경은 존재하지 않는다.
뿐만 아니라, 누군가를 향한 증오나 원한,
희로애락이 그러하고,
시기나 질투, 반목과 갈등, 그 어느 것이든 영속되는 것은 없다.
인생을 긴 호흡으로 내다보면
그것이 무엇이든 간에 그것 또한 곧 지나가고 말 것이라는 사실은
우리에게 큰 위안임에 틀림없다.

제4장 상권과 입지 분석

제1절 상권의 기준

1) 상권의 의의와 중요성

(1) 상권의 개념[1]

협의의 상권은 상품과 서비스의 유통되는 일정한 지역을 의미하며, 상세권(商勢圈)이라고도 한다. 일반적인 의미에서의 상권이란 사업을 영위함에 있어 대상고객이 존재하는 시간적 범위, 지역적 범위를 말한다.

상권의 형성은 그 지역 상인들이 일종의 독점권을 확립하였음을 의미한다. 상권은 일정한 수요를 기반으로 형성되므로 그 상권에 속하지 않는 상인의 상거래는 여러 가지 상업관행과 특권에 의하여 제한, 저지된다. 서울의 시전이 자신의 독점상권을 침범하는 비시전상인의 상업활동을 막기 위해 행사했던 금난전권(禁亂廛權)이 가장 대표적인 것이다. 공급을 통제하는 독점의 피해는 소비자에게 파급되기 마련이다.

상권이 형성되기 위해서는 몇 가지 조건이 충족되어야 한다. 첫째, 풍부한 상품의 존재가 전제된다. 생산물이 자급자족을 벗어나 상품화 수준에 이를 정도로 사회적 생산력이 높아져야 한다. 생산력이 낮은 사회에서 볼 수 있는 직접 생산자들끼리의 물물교환은 상품의 매매와는 거리가 멀기 때문에, 그 토대 위에 형성되는 교역권을 상권이라고는 할 수 없다. 15세기 후반 전라도와 경상도의 경계에 처음 개설된 시장은 흉년에 고통 받던 주민들이 서로 만나 필요한 물품을 교환하는 데 불과하였다. 여기에는 상품교환의 원리가 제대로 적용되기 어려웠을 것이다.

둘째, 소비력이 왕성해야 된다는 점이다. 특히 인구는 수요의 창출과 밀접한 관계를 맺고 있으므로, 일정지역의 인구밀도는 상권의 형성 · 분할 · 확대를 좌우한다. 어떤

---

1) 한국민족문화대백과에서 발췌 재정리하였음.

상권의 수요의 총합이 그 존속수준에 미달하거나 초과할 때는 적정수요를 유지하기 위한 상권의 확대와 분할이 이루어진다.

셋째, 교통 · 수송의 조건이다. 이 조건은 상품의 수송은 물론 구매자의 접근을 좌우한다. 상품수송의 수단이 선박이라면 상권은 강 · 바다의 포구를 중심으로 형성된다. 또한, 고속도로의 개통은 지방상권의 변화에 막대한 영향을 미쳐, 철도교통의 이점을 누리면서 성장한 상권을 위축시켰다. 인근지역에 상품을 공급하던 천안 · 조치원 · 김천 · 이리의 도소매업은 활기를 잃게 되었고, 도시의 발전 자체가 정지해 버렸다.

하나의 도시 내에서도 도로개설에 따라 상권은 매우 달라진다. 이 조건에 지리적 요소를 덧붙일 수 있다. 산악지대와 같이 폐쇄되고 고립된 지역의 상권은 좁고, 반대로 개방된 평야지대는 상권이 상대적으로 넓게 형성된다. 이 밖에도 행정구역과 역사적 배경 등의 조건도 있다. 반드시 일치되지는 않지만 도청 · 시청 · 군청의 소재지가 지역적 상권의 중심지가 되는 경우가 많다.

이러한 여러 조건을 총괄하여 말한다면 상권은 자본의 소재와 크기에 따라 형성, 변화한다고 할 수 있다. 큰 자본이 있는 곳일수록 더 넓고 강한 상권을 가지고, 또 더 많은 상권을 포괄하게 된다.

광복 이후부터는 경제성장에 따라 인구의 도시 집중과 교통 · 통신의 발달, 그리고 자본의 증가, 수요의 다양화 등에 의하여 인구밀집지역을 중심으로 새로운 상권이 형성되거나 전문시장을 중심으로 한 상권이 형성되었다. 서울의 경우 강남 · 잠실 · 영등포 등에 새로운 상권이 형성되었고, 대형 백화점과 재래시장을 중심으로 남대문 일대와 동대문 일대의 상권도 확장되고 있다. 세운상가 · 경동 한약시장 · 가락동 농수산물시장 등 전문시장을 중심으로 상권이 형성되었다. 지방의 경우도 교통과 주거지의 환경에 따라 상권은 끊임없이 변화하고 있으나, 일부 지역의 경우 여전히 재래시장이나 행정 중심지를 중심으로 상권이 유지되고 있다. 우리나라 상품의 해외진출이 늘어남에 따라 해외시장도 차차 넓어져 해외에도 상권이 확대되고 있다.

(2) 상권의 분류

상권은 다양한 관점에 따라 여러 가지로 분류될 수 있다. 중심지의 성격에 따라 상권의 종류를 나누면, 도회지 상설시장의 상권과 농어촌지역 정기시장의 상권으로 분류된다. 유통되는 재화와 용역의 종류를 기준으로 상권을 분류하면 특성에 따라 다양하게 나누어지기도 한다. 또한, 상권을 크기에 따라 대 · 중 · 소로 나눌 수 있다.

대상권은 커다란 소비지를 끼고 있고, 생산지로부터 대량 반입된 상품이 그 지역에서 소비되는 것 외에 다른 지역으로도 많이 반출되는 상권으로 대도시를 중심으로 형성된다. 중상권은 도매와 소매가 함께 이루어지고, 한편으로는 인근지역 물산의 집산지 구실을 하는 지방의 중소도시에 형성된다. 그리고 소상권은 상설시장의 발달도 미약하고, 소매를 위주로 하는 소도시나 정기시장에 형성된다. 이런 몇 개의 소상권은 중상권에, 다시 몇 개의 중상권은 대상권에 포괄된다.

상권은 지역의 크기에 따라 나눌 수도 있으나 거리별로 분류하기도 하고 성격별로 분류하기도 한다.[2)]

① 거리별 분류

㉠ 1차 상권

사업장 이용 고객의 60~70%를 포함하는 범위를 말하며, 고객들이 점포에 가장 근접해 있으며 고객 수나 고객 인당 판매액이 가장 높은 지역을 말한다. 편의품의 경우 점포를 중심으로 약 500m 반경 이내의 범위를 1차 상권역으로 분류한다.

㉡ 2차 상권

사업장 이용고객의 10~25%를 포함하는 범위를 말하며, 1차 상권의 외곽에 위치하며 점포인 경우 약 1km 반경 이내의 지점을 말한다.

㉢ 3차 상권

1차 상권, 2차 상권 이외의 고객을 포함하는 범위를 말하며, 점포인 경우 약 2km 반경 이내의 지점을 말한다.

② 성격별 분류

㉠ 주택가 및 아파트 밀집형

이곳에서는 소량다품종 전략이 유리하며 은행 또는 시장 입구가 가장 좋은 곳이다. 아파트촌 근처의 은행 주변은 언제나 시끌벅적하다. 한편, 차량통행이 많은 곳보다는 주택가 어귀가 유리한 것으로 나타나고 있는데 당연한 이야기겠지만 이곳은 시내나 교외의 어느 특정 지역이 아니라 일반인들의 일상적인 공간이기 때문이다. 무엇보다 주민들을 고려한 편의성과 청결성이 중요하게 작용한다.

㉡ 번화가 및 패션가형

명동과 같은 번화가로 누구보다 젊은이들이 집중되는 지역이다. 임대료가 높아

---

2) 박찬규, 성공창업 가이드북, 서울신용보증재단, 서울특별시소상공인지원센터, 2011.

창업 초보자에겐 위험하며 유동인구를 대상으로 한 판매전략이 필요하다. 번화가 및 패션가형에 가장 잘 어울리는 것은 아무래도 패션 관련업이다. 특히 브랜드의 이미지가 강한 상품이 유리하며 젊은이를 집중 상대하는 만큼 그들 스타일에 맞는 인테리어 감각도 상품 이상으로 중요하게 작용한다. 도시의 유행이 집결하는 곳이니 만큼 유행에 뒤처지거나 센스가 없다면 수많은 경쟁업체들을 극복해낼 수 없을 것이다.

ⓒ 역세권형

전철역, 기차역, 버스정거장 주변의 특수한 판매구역을 일컫는다. 도심 한복판처럼 번화한 곳도 아니고 그렇다고 주민들이 밀집되어 사는 곳이 아니다. 이곳은 일반인들이 다른 곳을 가기 위해 잠시 멈춰 버스나 기차를 기다리는 곳이니 만큼 이 같은 유동인구를 겨냥한 편의성 상품이 유망하며 또 그럴 수밖에 없는 특성을 가지고 있다. 이는 버스카드 충전소 주변에 슈퍼마켓이나 편의점이 많은 것을 보면 단적으로 알 수 있다. 음식점은 어떨까? 역세권형 지역을 대표하는 업종이 바로 외식업이기 때문이다.

ⓓ 쇼핑 타운형

백화점이나 대형 할인점 주위의 상권을 말하며, 인위적인 고객유인 노력이 무엇보다 필요한 지역이다. 다양한 세일 등의 저가전략구사와 다양한 상품의 구색이 필수조건이다. 넓은 지역에 분포되어 있는 다양한 계층의 고객들을 대상으로 하는 만큼 정기적인 이벤트와 멈추지 않는 활력으로 끊임없이 고객을 유인할 수 있는 다채로운 아이디어가 있어야 한다.

ⓔ 교외형

이른바 자유입지로서 임대료가 저렴하고 경쟁업체가 적다. 승용차 고객 유인이 관건인 만큼 건물 외장의 디자인이 운전자의 시선을 끌 수 있을 만큼 돋보여야 한다. 같은 음식업을 하더라도 다른 업체와의 차별성이 무엇보다 중요한 곳이다.

ⓕ 노변형

큰 길이나 교통의 요지 대로상에 노출되어 있는 상권으로서, 업체에게 가장 큰 장점으로 작용할 수 있는 것은 교통접근성이 양호하고 사시사철 큰 광고효과를 낼 수 있다는 것이다. 상권도 중요하겠지만 인근건물의 성격에 따라 유망업종이 상이할 수 있으므로 창업전 각별한 주의가 있어야 하며 창업후에도 인근에 어떤 상점이 새로 생겨나고 있는지 세심히 살펴볼 필요가 있다.

이 밖에도 상권지구에는 주로 직장인들을 대상으로 하는 오피스형과 초중고 학생들을 대상으로 한 학교 주변형, 대학생들을 대상으로 한 대학가 상권, 휴게소 또는 레저 휴양시설이 있는 휴게소형 및 휴양지형 등이 있다.

[책갈피] 상권 분석, 성공창업 요소와 입지전략 포인트

벤처사무실이 밀집되어 있던 지역에 소자본으로 샌드위치 가게를 오픈했던 신모 씨는 1년만에 가게를 접어야 했다. 벤처 직원을 대상으로 간단한 식사거리인 샌드위치 판매가 될 것이라는 확신과는 달리 영업에 어려움을 느꼈기 때문이다.

어느 정도 가게를 방문해 단골 고객이 되려는 순간, 사무실이 망해 고객은 이동을 했다. 새로운 회사가 들어오고, 또 망해서 나가는 과정을 거치면서 단골 고객을 확보할 수 없었다. 신모씨는 결국 어려움을 이기지 못하고 폐업을 결정했다. 오피스 상권이라는 특성만 생각했지, 지속성과 유동성에 대해서는 고려하지 못했던 결과였다.

이처럼 상권이나 입지의 한 단면만을 보고 창업한 후 폐업하거나 업종을 전환하는 사례가 빈번해지고 있다.

서울 숭실대 인근에서 치킨전문점을 운영하던 박모 씨도 15개월 만에 퓨전주점으로 업종을 전환했다. 대학가와 주택가가 어우러져 있어 수요가 충분할 것이라는 기대와는 달리 경쟁업종들이 많아 매출이 기대에 미치지 못했다. 또한 배달직원 관리에도 어려움이 많았다.

박모씨는 다시 한 번 상권을 분석했다. 인근에 퓨전주점 브랜드가 2~3개 밖에 없었고, 가족고객의 주말 이용이 늘어나고 있다는 것을 확인하고 업종을 전환했다.

예비창업자에게 창업 성공요소를 물어보면 자본, 아이템, 경영자 마인드, 음식의 맛, 상권 등을 꼽는다. 그러나 자본, 아이템, 경영자 마인드, 음식의 맛은 창업 시의 기본적인 절차이지 성공요소라 보기에는 어렵다.

따라서 상권(입지)이 성공창업의 중요 요소라 할 수 있다. 상권이 좋아야 좋은 상점들이 모이고 좋은 상점들이 모여야 좋은 상권을 유지한다는 것은 당연하다. 그러나 좋은 상권에 있다고 해서 선택을 잘 한 것이라고는 볼 수 없다. 왜냐하면 투자비용이 많이 소요되는 단점을 지니고 있는 종로, 명동, 강남 등은 꼭 좋은 상권이라고 표현할 수 없기 때문이다.

이들 상권도 한해 30% 정도가 업종 전환이 되고 있다. 상권(입지)의 중요성 보다는 주먹구구식 창업을 하면서 나타나는 현상이다. 이런 현상은 주요 상권 이외에도 전국적으로 이루어지고 있다.

상권을 조사하는 기법은 다양하다. 통행량, 접근성, 가시성, 경쟁점 등은 물론, 향후 나타날 수 있는 상권의 쇠퇴와 번성까지 세세한 면을 살펴야 한다. 그러나 실제 아이템을 선정하고 내 창업비용에 맞는 점포를 찾다보면 여건에 맞는 점포를 구하기란 쉬운 일이 아니다. 점포를 구해본 사람이라면 누구나 공감할 것이다.

◆ 입지전략 포인트

첫째. 유동인구에 의존해서는 곤란하다. 유동인구의 중요성은 높다. 그러나 유동인구의 흐름만 믿고 창업을 했다가는 낭패를 보기 십상이다. 유동인구의 흐름 보다는 본인이 하고자 하는 유사한 아이템들의 접객수를 체크하는 것이 바람직하다.

둘째. 상권(입지) 접근성이 용이한 지를 살펴야 한다. 고객은 걷기를 싫어한다. 일부러 찾아다니는 것은 극히 소수이다. 고객은 항상 게으르다는 것을 명심해야 한다.

셋째. 현재 상권이 성장 가능성과 잠재능력을 가지고 있는지를 파악해야 한다.

가능성과 잠재능력을 찾는 방법으로는 입지 주변에 인구 증가와 접객시설의 규모를 파악하는 것이 바람직하다. 현재 운영되는 점포들의 평균적인 운영기간이 길고, 매물로 나와 있는 점포의 수가 적다면 좋은 상권이라고 보아도 된다.

넷째. 경쟁점포의 규모 수를 파악해야 하며 향후 경쟁점이 들어설 여지도 감안해야 한다. 현재 영업을 하는 경쟁자 중 브랜드력이나 규모면에서 나보다 앞선다면 아무리 좋은 상권이라도 포기하는 것이 바람직하다.

다섯째. 가시성도 꼼꼼히 살펴볼 필요가 있다. 보통 점포를 알리는데 소요되는 기간은 최소 3개월 이상이다. 대부분의 창업자들은 창업 이후 점포 운영비용을 많이 가지고 창업하지 못하기 때문에 가시성에서 떨어진다면 그만큼 많은 홍보기간이 소요된다. 자금력 면에서 상당한 위험요소가 따르기 때문이다.

마지막으로 임대료이다. 3일 판매한 매출을 임대료로 지급할 수 있느냐가 중요하다. 이는 주 5일제 근무가 정착되면서 영업일수가 줄어들고 있는 점을 감안할 때 꼼꼼하게 따져볼 필요가 있다.

- 출처: http://blog.daum.net/seunghunnym/18348238

(3) 상권의 중요성

상권분석은 창업에 있어 아이템 분석과 함께 가장 먼저 해야 할 일이다. 보통 상권분석과 입지분석을 혼동하는 경우가 있는데, 상권분석이 개론이라면 입지조건은 각론으로 볼 수 있다. 즉 숲을 먼저 보고 나무를 골라야 한다는 얘기다. 상권분석은 매장 입지조건보다 앞서 상권 전체를 파악해야 하며, 창업자는 우선 번성하는 상권을 선택한 후, 점포 입지조건을 분석해 좋은 점포를 고르는 것이 좋다.

그런데 흔히 상권과 입지분석을 상권분석으로 통칭하기도 하는데 이는 위험한 발상이다. 상권분석은 제쳐두고 개별 점포의 입지조건만 따져서 창업을 시작하는 경우가 많기 때문이다. 물론 실제 상권 자체는 쇠퇴하는데 점포의 입지가 워낙 좋아서 장사가 잘 되는 경우도 있다. 하지만 상권이 죽으면 현재 장사가 잘되는 점포라 해도 결코 오래가지는 못한다는 점을 유의해야 한다. 때문에 상권과 입지조건은 나누어 분석하는 것이 바람직하다.

(4) 상권의 분석[3)]

바람직한 상권분석은 4가지 조건을 잘 따져보는 것이 필요하다. 위치, 접근성, 소비인구, 주변 근린시설 등이다.

---

3) 홍정주(팀장), 창업앤프랜차이즈 (www.fcmedia.co.kr)/www.changupmall.com

① 위치를 살펴라

상권을 이루는 가장 큰 요인은 지리, 지형지세, 즉 위치다. 상권은 지리적인 조건인 하천, 도로, 둑 등에 의해 나눠지기 때문에 꼼꼼히 분석해야 한다. 언덕이나 경사진 곳은 상권형성이 거의 이뤄지지 않으므로 미래성에 대한 감언이설은 흘려 버리는 것이 좋다. 지리적으로는 산을 깎아 생긴 높은 지형보다는 낮은 곳을 선택하는 것이 좋다. 높은 곳에 비해 낮은 위치에 있는 상권이 교통망이 잘 갖춰져 있으며 시장이나 극장, 예식장, 은행 등 각종 생활 편의시설이 집중돼 있다.

또한 도시개발 계획에 따라 만들어진 신도시나 서울 외곽지역의 베드타운은 상권이 잘 형성된 것처럼 보이지만 성장은 잘 이뤄지지 않는다. 이런 곳은 사통팔달로 시원하게 도로가 뚫려 사람들의 통행이 몰리지 않기 때문에 상권형성과 성장이 어렵다. 보도가 높으면 접근성이 떨어진다. 같은 건물에서도 지상 2층보다는 지하 1층을 선택하는 것이 낫다. 1층과 비교하면 지하 1층은 60~70%, 지상 2층은 50~60% 정도의 이용률을 보이고 있다. 하지만 보증금과 권리금은 지상 2층이 지하 1층보다 10% 정도 비싸다. 업종에 따라 점포의 방향도 중요하다. 음양오행에 근거한 풍수지리에 따라 좋은 점포와 나쁜 점포가 있다고 말하는 사람도 있지만 현실적인 적용은 어렵다. 결론적으로 특별히 좋은 방향은 없다. 단, 직사광선이나 습기를 피해야 하는 요식사업 등은 바람이 잘 통하고 햇볕이 잘 드는 방향 등으로 선택하는 것이 좋다.

② '접근성'이 뛰어나야 좋은 상권

상권은 버스노선이나 지하철 개통 등 교통망에 의해 성장하기도 하고 오히려 쇠퇴하기도 한다. 도시개발 사업 등에 따라 지하철이나 도로가 생기는 지역의 상권은 발달하기 마련이다. 일반적으로 왕복 4차선 이상의 도로는 상권을 분할하지만, 횡단보도가 있다면 상권이 더 이어지기도 한다. 하지만 도로폭이 좁다고 해서 모두 상권이 이어지는 것이 아니고 또 넓다고 해서 모두 단절되는 것도 아니라는 점은 명심해야 한다. 특히 지하철과의 연계 여부는 상권의 성장과 밀접한 관계가 있다. 서울시내 주요 교통수단인 지하철은 유동인구와 배후수요를 감안할 때 그 지역의 대형할인점이 들어 있는 중심상권이거나 앞으로의 성장가능성도 매우 높다.

③ 소비인구가 많은 상권을 선택하라

유동인구나 배후인구 등 소비인구가 많은 상권이 무조건 좋은 상권에 속한다. 더 깊게 들어가면 배후 인구보다는 유동인구가 많은 상권이 더 좋은 상권이다. 이에 따르면 시내 중심가와 역세권, 대학가상권은 유동인구에 대한 의존도가 높으며, 각 상권에 유입되는 유동인구의 연령층, 남녀구성비, 소비패턴 등에 의한 특징을 갖고 있다. 이런 중심상권의 상권분석은 주택가 상권에 비해 훨씬 수월한 편이다. 대단위 아파트단지와 주택지 상권은 일일이 그 지역 지역마다 거주인구의 소득수준, 인구수 및 세대수, 교육 정도, 주거형태, 소비행태, 연령층, 남녀구성비 등을 비교분석 하는 작업이 필요하다.

④ 주변 근린시설의 형태

어떤 곳이든 상권이 형성된 곳은 그 지역의 중심지로 볼 수 있다. 보통 지역의 중심지에는 대형할인점, 스포츠센터, 관공서 등 각종 편의시설이 들어서 있다. 주변 근린시설이 다양하다면 이들이 어우러져 시너지 효과를 유발한다. 그러나 학교나 운동장, 고아원, 양로원이 들어서게 되면 상권이 분할되는 경우가 많으므로 앞으로의 개발에 대한 주의가 필요하다.

창업에 있어서 상권이 매우 중요하고 상권에 대한 사전분석은 반드시 필요하며 치밀한 분석을 통하여 가급적 '좋은 상권'을 선택하는 것이 바람직하다. 물론 좋은 상권은 많은 상점들이 모이고, 소비가 활발히 이루어져야 한다는 것은 당연한 일이다. 그러나 좋은 상권에 있다고 해서 상권선택을 잘 한 것이라고는 볼 수 없다. 왜냐하면 권리금, 임대료 등의 점포비용이 높다. 이에 따라 초기 투자비용이 많이 소요되는 단점을 지니고 있다. 또한 경쟁도 치열하다. 종로, 명동, 강남 등의 상권에서 매년 30% 정도의 점포가 업종전환이 되고 있는 실정이다.[4)]

(5) 상권의 영향요인[5)]

사업장은 아이템과 궁합이 맞아야 하므로 내가 선택한 업종이 일반적으로 어떤 지역 어떤 조건에서 잘 되는지를 파악하고 그 조건에 맞는 사업장을 물색해야 한다. 물론 목이 좋으면 반은 성공이라고 할 수 있다. 그러나 가진 자금 여력을 고려한다면 좋은 목만 고집할 수 없는 경우가 많은 것이 현실이다. 그렇다 하더라도 몇 가지 좋은 입지를 구별하는 요령과 발품을 파는 노력을 보탠다면 의외로 좋은 자리를 찾을 수도 있는 것이다. 어느 상권이든 모두 목이 좋은 것은 아니고 모두 나쁜 것도 아니기 때문이다. 제대로 된 점포를 구하려면 어떤 사항들을 어떻게 조사해야 하는지 상권분석과 입지선정에 대한 요령을 알아보고 분석하는 것이 좋다. 상권에 미치는 영향요인들 가

4) 홍정주, 앞의 자료.
5) 박찬규, 성공창업 가이드북, 서울신용보증재단, 서울특별시소상공인지원센터, 2011.

운데 중요한 5가지는 다음과 같다.

첫째, 지리적 요인으로 지세지형, 행정구역, 교통, 도시계획 등을 들 수 있다.

둘째, 인구 통계적 요인으로 가구 및 인구 관련, 주택, 통행자에 대한 분석자료를 들 수 있다.

셋째, 배후 소비자 특성으로 쇼핑관련 행태, 라이프스타일, 문화습관 등이 있다.

넷째, 점포관련 요인으로 점포의 구조 규모, 인테리어가 영향을 미친다.

다섯째, 부대시설 요인으로 주차장, 광고판, 기타 부대시설 등이 있다.

하지만 이 모든 조건이 맞는 점포 입지선택은 현실적으로 어렵고 비용 또한 만만치 않을 것이다. 그러나 창업자들의 노력여하에 따라 좋은 입지에 좋은 점포를 구할 기회는 얼마든지 있을 수 있는 것이다. 또한 투자금액에 맞추기 위해 악조건의 점포를 얻는 것보다는 이를 잘 피하는 것이 오히려 현명한 점포 선택요령이 될 수 있다는 점도 간과하지 말아야 할 것이다.

(6) 상권분석에서 고려해야 할 고려사항6)

상권이란 사업장을 설치하여 운영하고자 하는 상가의 주변상황을 일컫는데, 상권분석은 사업장에서 얼마나 많은 고객을 유치할 수 있는가에 대한 분석을 하기에 앞서 수요고객을 예측하고 창업설계를 하는 기초적 자료가 된다.

① 지역을 파악하라

지리학(地理學)에서 시장세분화를 이루기 위한 지역은 중요한 요소이다. 지역에서 사람들이 어디에 사는지 또는 어떠한 수단을 이용하여 이동하며, 주거지의 형태는 어떠한지를 안다는 것은 뷰티살롱을 창업하고 이끌어 가기 위해서는 반드시 필요한 요소이다. 이것은 주요 고객의 움직임을 파악할 수 있는 주동선이 어떻게 형성되고 있으며 이동의 목적까지도 알아야 하는 것이다. 활동의 주된 동선에서도 인구밀도와 통계적 차원에서 면밀히 검토를 하여야 하고, 특히 그 지역의 경쟁상대는 어느 정도로 형성되어 있으며 그들의 상품 포지셔닝까지도 파악하여야 한다. 그러한 조건에서도 그 지역에서 우위를 차지하여 그 지역을 장악할 수 있는 여건이 가장 중요한 요소 중에 하나이기 때문에 그 지역의 환경을 알아야 하는 것이다.

지역이라 해도 도심, 부도심, 주거지역 등에서 각각 판단기준이 다르다. 도심상권은 동종업체, 즉 경쟁상대가 많은 반면 잠재고객의 증가가 나타나고 있으며 고객층이 다

6) 이상근, 창업과 경영론, 형설출판사, 2007, pp.212-2225.에서 발췌 재정리.

양하다는 특징이 있다. 그리고 지역상권의 특징은 남녀노소 모두를 수용하고 그들의 욕구를 충족시킬 수 있는 기술력을 확보하기 위한 부단한 노력을 해야 한다는 어려움이 있으나 도심상권에 비해 임대료의 비용이 적게 투자된다는 점도 있다. 또 도심상권은 비수기와 성수기와는 상관없이 생존력이 강한 반면에, 불경기의 지속으로 인한 존폐의문제가 대두된다.

② 인구밀도를 파악하라

도심상권에는 많은 사람들이 왕래하여 많은 유동인구와 그 지역에서 생활하는 다른 업체의 종사자들이 있다. 이런 좋은 조건하에서도 소홀히 하면 안 될 것이 있다. 바로 시간대별 유동인구의 움직임을 파악하여야 하는 것이다.

도심상권이라면 패션업, 요식업, 유흥업, 백화점과 재래시장 같은 쇼핑타운의 형성, 금융기관 그리고 지하철 등의 교통수단으로 많은 유동인구가 있으나 하루 종일 인구밀도가 높은 것은 아니다.

또 구매력에 있어서도 시간대별로 차이가 있을 수 있기 때문에 세심한 관찰을 하여야 한다. 이러한 도심의 오전 시간대는 비교적 한산한 모습을 나타내는데 경우에 따라서는 일요일, 공휴일과 같은 휴일에는 예기치 못한 상황으로 전개되어질 수도 있을 수 있다. 그래서 오전 시간대의 한가한 시간을 활용하기 위해서 가격할인 등과 같은 처방으로 유휴 노동력을 활용하고 오후 시간대의 왕성한 구매력을 분산시킴으로써 효율성의 극대화를 꾀한다. 치열한 경쟁에서 생존하고 발전하기 위해서는 주거지역에서도 잠재고객이 이동할 수 있는 경로를 파악하는 것이 좋다.

③ 도시규모를 파악하라

도심이든 주거지역이든 그 지역을 포함하고 있는 전체적인 도시규모 형태를 파악하여야 한다. 대부분의 사람들은 도심이나 주거지역을 논할 때 우리 나라의 대표적인 도시 서울을 기준으로 정하는 예가 비일비재하다. 어느 도시이든 자신이 설치하고자 하거나 운영하고 있는 지역의 도시규모를 파악하는 것 또한 매우 중요한 요소이다.

지방 작은 도시의 주거지역이나 도심에서도 도시규모에 따라서 대도시의 잠재고객과는 많은 차이가 있을 수 있으나 기본적인 파악 수준에는 전혀 다를 바가 없다. 그러나 서울이라는 대도시와는 잠재고객의 수와 구매력 등에 이르기까지 다르게 나타나는 것은 사실이지만, 어느 지역이든 그 지역의 도시규모에 따라 표적시장의 설정이 달라야 할 것이다. 이것은 그들만의 지역적인 소득수준과 라이프스타일 등에 따라 소비행동에 차이가 있을 수 있기 때문이다.

④ 기후조건을 파악하라

기후조건이라는 것은 크게 나누어 추우냐 또는 더우냐 하는 것에서부터 바람이 많이 부는가에 대한 분석을 하여야 할 것이다. 예를 들어, 고산지역에 거주하거나 또는 해안지역에 거주하는 사람들과 일반적인 환경 속에서 생활하는 사람들과는 구매욕구가 다르며, 그에 따른 서비스가 달라야 하기 때문이다. 그래서 고산지역과 해안지역 또는 일반적인 환경에 거주하는 사람들마다 특성에 맞는 서비스마케팅을 구사하여야 한다.

⑤ 성별(性別)을 파악하라

성별을 파악한다는 것은 남·녀 각각의 잠재고객의 그룹을 확인하여 그것을 그들의 욕구를 충족시키기 위한 자료로 활용하고 사업장의 수익성을 높이기 위한 기초자료로 적용하여야 한다. 그리고 고객이 전달해 주는 많은 정보들이 지식을 축적하는 데 일부분을 담당하기도 하며, 무엇보다 성별에 따른 표적시장 구축이 용이하다는 것이다.

⑥ 가족규모와 소득을 파악하라

어떠한 지역에서 외형적인 면만을 고려한 선택은 매우 곤란한 선택이다. 아무리 작은 주거환경이라고 해도 가족구성이나 소득에 따라서 구매형태가 다르기 때문에 가족구성원의 기본과 규모를 알아야 한다.

가족규모는 주택의 크기와 아주 밀접한 관계를 유지하고 있는데 간혹 거대한 저택이라 하여도 노년기의 2인이 거주하고 있는 형태가 있을 수 있고 대형 할인매장 등과 같은 쇼핑시설이 있으며, 연립주택과 같은 다가구주택이 근접한 위치에 있는 지역이라면 아주 훌륭한 표적시장을 설정하는 방안이 모색될 것이다.

가족의 규모를 파악하는 데는 가족규모(life size), 생활주기(life cycle) 등에 따른 상권의 분석은 연령과 결혼여부 그리고 자녀의 수 등을 고려한 분석방법을 동원하여야 한다. 또 가족규모와 함께 소득을 파악해야 한다. 소득의 많고 적음에 따라서 각각 구매의욕이 다르다는 것은 말할 나위없으며, 고품질의 서비스를 제공할 수 있는 여건이 조성되었다고 해도 그 서비스를 구매할 소비자가 없다면 무용지물이 되는 것이다.

⑦ 연령을 파악하라

사람들은 연령(age)에 따라 안락함, 경제력, 흥분, 안전 등에 각기 다른 욕구를 지녔다. 이러한 연령도 구매형태에 중요한 영향을 미치게 되는데 연령에 따라 뷰티살롱에서 그들의 욕구에 대한 주문의 우선순위가 변하게 된다.

예를 들어, 나이가 많은 사람들의 욕구는 미적충족과 개성미보다는 저렴한 가격에 의한 영구성을 강조로 한 실용적이면서 현실적인 것을 욕구에 반영할 것이며, 젊은 층의 경우는 경제적인 측면에 중점을 두는 것보다는 유행성과 미적 감각이 포함된 개성미를 강조하게 된다.

⑧ 직업을 파악하라

잠재고객의 직업은 소득과 관련되기는 하지만 직업에 따라서 또 다른 하나의 세분화된 변수로 작용한다. 직업과 관련된 정보를 마케팅 전략개발에 활용한다면 훌륭한 자료로서 가치가 충분하다 하겠다. 직업은 소득과 연관성이 깊기 때문에 소비자에게 제시할 가격결정에 있어서 접근방법이 수월하다.

⑨ 교육수준과 종교성을 파악하라

일반적으로 교육(education)을 많이 받은 사람의 구매력이 높은 것은 아니지만, 고객의 교육수준과 종교성을 파악하는 것은 판매촉진을 위한 메시지 작성과 전달과정에서 달라야 하기 때문에 교육수준과 종교성에 대한 정보는 의미가 있는 것이다.

교육수준이 높을수록 외래어와 전문적인 용어의 사용이 무관하겠지만 그 반대의 경우는 메시지 전달효과가 적게 나타난다.

종교에 있어서도 그 사람의 외적인 면을 보고 판단한다는 것 자체가 어렵다. 그리고 예측 또한 쉽지 않은 것이다. 그러나 예를 들어 불교를 추종하는 신도들이 상대적으로 많은 곳에 기독교 이미지를 표현하는 데 많은 노력을 한다거나 또는 뷰티살롱의 상호가 성경에 등장하는 기독교성 이미지로 표현한다면 그다지 좋은 결과가 나타나지 않을 수도 있다. 그래서 교육수준을 위시하여 종교성에 이르기까지 모두를 파악하면 마케팅 전략개발에 많은 도움이 된다. 하지만 학력 등과 같은 교육수준을 알아보는 데는 개인적 자존심과 감정의 손상으로 이어질 수 있는 것이므로 투명한 판단은 매우 어려운 실정이다.

⑩ 관심과 활동분야에 주목하라

인간의 생활이 윤택함에 따라 관심과 활동분야들이 다양할 수밖에 없다. 이것은 심리적인 측면도 작용하여 영향을 미친다. 수많은 고객을 각각 하나의 개체로서 마케팅

하는 것보다는 이런 계층을 하나로 묶어 집단화라는 것으로써 심리적인 영향에 의한 잠재력을 그룹화하여 마케팅 접근을 용이하게 한다. 심리적인 측면으로는 잠재고객의 라이프스타일에 따라서 어떻게 그들의 시간을 소비하는가 또는 그들이 어떠한 것에 관심과 가치를 두고 있는가 하는 것을 말한다.

⑪ 개성을 파악하라

어떤 사람이든 그 사람의 개성 및 신념은 구매동기에 커다란 영향을 미친다. 개성과 신념은 연령과 같은 요인보다 다루기가 더욱 어렵고 개성을 보는 관점에 있어서는 기준이나 제한에 한계가 없기 때문에 더욱 그러하다. 그러나 어떠한 경로를 통해서든 개성과 신념에 관한 파악을 해야 하고 개인적 또는 집단적 개성에서 나타나는 특성을 파악하여 특정한 성격유형에 따르는 소구방법을 이해하고 합당하게 메시지를 바꿀 수만 있다면 이것 역시 효과적으로 사용되어진다.

⑫ 소비단계를 읽어라

인간이 필요에 의해서 구매하는 유형은 어느 분야에서나 소비단계가 있기 마련이다. 실제고객이든 잠재고객이든 매장을 방문할 때까지는 무엇인가의 동기가 있었기 때문이었을 것이다. 이것이 자신의 고유권한에 의한 선택인지 아니면 광고를 통한 메시지의 영향인지 또는 구전을 통한 접근이나 친구나 주변사람들의 권유에 의한 것인지를 파악한다면, 마케팅에 적잖은 기여를 하게 되는 요인을 발견하게 된다.

매장에 들어오기 전까지는 고객자율에 의한 소비단계의 완성이고 이후 상황은 매장 조직구성원들의 마케팅 능력에 의한 소비단계라 할 수 있다. 매장 조직구성원의 마케팅 수행능력은 더 많은 이익을 낼 수 있느냐 하는 것에 절대적인 영향을 미친다.

⑬ 상표지향성을 주목하라

인간의 생활상에는 무엇이든지 친숙한 상표(브랜드)가 있다. 이런 상표가 주는 의미는 사용자, 즉 소비자에 의해 더욱 확고한 신뢰감이 구축된다. 인간이 사용하는 볼펜과 노트를 비롯하여 유아용품에서 장의용품에 이르기까지 고유한 상표가 있다. 상표라는 것은 그것을 만들어 소비자에게 제공되어 사용되기 전의 과정에서 제작사의 상호 또는 제품과 거기의 고유명을 일컫는다.

고객의 신뢰감으로 구축되어진 상표는 고객에 의해 소비결과로서 얻기에는 많은 시일을 요구한다. 그래서 사용하지 않았거나 사용하고 있는 고객들을 표적으로 광고라는 매체를 활용하여 친해지려고 노력하고 투자한다. 그래서 친숙함이 더해지면 자연스럽게 상표를 기억하게 되고 한 번쯤은 소비하고자 하는 욕구로 작용하여 결국 소비에 이르게 되는 것이다. 이러한 방식의 신뢰성 있는 상표는 그 가치가 상승하는 효과를 누린다.

⑭ 편익성에 주목하라

서비스를 구매하는 사람은 누구를 막론하고 돈을 소비함으로써 편익(benefits)을 추구하고자 하는 의도가 있다. 편익(便益)은 혜택이라고 하는데 욕구를 만족시키거나 또는 사람을 더욱 행복하게 만드는 정신적인 것이다. 예를 들어, 비행기 좌석에서 일등석은 그 만큼의 돈을 지불하고 앉을 수 있는 인격적인 자리이며, 그에 따르는 서비스를 제공받는다. 만약 많은 돈을 지불하고도 그에 합당한 서비스를 제공받지 않았다면 다시는 그런 어리석은 일은 하지 않으려고 할 것이다. 비행기 여행에서와 마찬가지로, 어떤 이들은 그 인격적 서비스요금을 지불하는 데 돈을 아끼지 않는다는 사실이다. 그러나 일부 사람들은 그 비용의 가치를 모르고 그것에 대한 중요한 혜택을 전혀 인식하지 못하거나 그런 서비스를 불편하다고 여기기까지 한다.

비행기의 일등석과 같은 편익을 제공하지는 않는다 해도 경쟁상의 우위를 취하기 위한 수단으로라도 개별적인 편익을 제공하여야 할 것이다. 고객들은 그들 나름대로 뷰티살롱에서 제공하는 다양한 혜택을 예리하게 관찰하고 있다는 사실을 알아야 한다. 우리는 편의점이나 대형 마트에서 아이스크림이나 과자류를 구입한 경험이 있을 것이다. 그런데 매력적인 포장지로 싼 외국식 이름의 상표를 선택하고 왜 그것을 선택했는지에 대한 이유를 알려고도 하지 않으며, 전혀 어색해 하지 않는다. 그것은 그 상품에 대한 신뢰감이나 호감 때문일 것이다. 그것을 인식하든 그렇지 않든, 그 상품에 대한 또 다른 어떤 것에 대해서 혹은 그 상품의 옆에 있었던 것을 기억하지 않으며 기억하려 하지도 않는다는 사실이다.

(7) 입지조건의 검토[7)]

① 자연적인 요소

㉠ 부지 상태

㉡ 공업용수 사정

7) 한국프랜차이즈협회 자료 참조.

㉢ 배수, 매연, 폐물 기타. 공해물질 처리

㉣ 기후, 풍토

② 경제적인 요소

㉠ 시장과의 근접성

㉡ 원자재 조달의 용이성

㉢ 전기, 연료의 조달과 충분성

㉣ 인력 수급의 용이성

㉤ 운수, 통신 등 인프라 구축 문제

㉥ 지원기관과의 유기적인 관계(지방자치단체, 창업지원프로그램의 지원여부 등)

③ 사회적 요소

㉠ 도시계획, 국토이용계획

㉡ 공장설립 시 제한사항(토지이용상 제한요건, 공장 총량제, 수도권정비계획)

㉢ 복지시설 등 주거 환경요건

(8) 상권 및 입지 조사의 주요 항목[8)]

① 통계자료조사

– 인구수 · 세대수 · 주거형태(단독주택 · 아파트 복합형)

② 상권형태 및 규모파악

– 주간 상권 · 야간상권 · 고정상권 · 유동상권

③ 통행인구 조사

– 성별 · 연령별 · 시간대별 · 요일별 통행인구수

– 통행객, 통행성격, 통행객의 수준파악

④ 통행차량조사

– 통행차량의 수와 어느 시간대에 많이 지나가는지 파악

⑤ 경쟁점포조사

– 예상되는 경쟁점포의 이용객수, 계층 · 제품의 가격대

– 매장구성 장 · 단점 파악

8) 박찬규, 앞의 자료.

⑥ 상권의 향후 전망조사
  - 주변 상권의 확대 · 축소 가능성을 파악
  - 주변 건물의 신축 · 철거계획 등
  - 개발계획조사(지하철역, 재개발/재건축, 백화점 · 할인점건설 도시계획 변경, 횡단보도 설치 등)

[책갈피] 점포선정을 위한 상권, 입지분석

점포선정을 위한 상권입지 분석은 창업업종에 대한 정확한 계획과 치밀한 목표고객 설정에 있다. 미용컨설턴트 김보경 소장은 "좋은 상권이란 목표고객이 많이 존재하는 지역을 말하고, 좋은 입지란 상권 내 목표고객들이 가장 많이 유동하는 길목이다" 그리고 "상권입지 선정은 누구나 할 수 있지만 잘하는 사례는 극히 드물다"며 성공적인 상권입지 선정에 필요한 다음 4가지 컨설팅 접근법을 강조했다.

◆ 첫째, 창업 업종에 대한 정확한 계획이다.

흔히 1개 대형매장에서 헤어, 피부, 네일 서비스를 동시에 제공받을 수 있던 복합 매장들 대부분이 실패한 사례는 고객의 입장에서 업종 기획을 하지 못한 사례이며 복합매장이 성공할 수 있는 상권도 제한적이지만 숍인숍 위주의 구색 갖추기식 운영실태가 결국 고객만족도를 저해한다는 것.

◆ 둘째, 목표 고객을 정확히 설정하는 것이다.

일반적으로, 상권 내 유동객의 수나 경쟁점포와의 경쟁만을 보고 상권입지를 선정하는 경우가 많다. 오픈을 하고 시술기술과 접객 서비스가 좋으면 유동고객의 몇 %정도는 확보하겠지라는 안이한 생각을 하고 있다. 그렇다면 메이저급 브랜드 매장이 지역브랜드 매장과의 경쟁에서 뒤처지는 이유는 뭘까? 십중팔구 그 상권 내에는 지역 브랜드 매장을 선호하는 목표고객층이 더 많은 것. 즉, 기술과 재료의 질 그리고 공간 편의성을 포기하더라도 좀 더 저렴한 가격, 빠른 시술, 최신 디자인이 중요한 구매기준인 목표고객들이 더 많은 상권인 것이다. 이처럼 어떤 목표고객을 설정하느냐에 따라서 하나의 상권이 좋은 상권 혹은 나쁜 상권도 될 수 있으며 미용업 창업자가 본인이 목표로 하는 고객에 대한 설정기준을 잘 못 선정하는 경우 이미 그 실패는 예견된 것이고 설명했다. 목표고객 설정기준은 13가지가 있으며 이 중, 성별 비중과 연령 그리고 소비수준과 추구하는 편익에 대한 부분은 가장 기본적인데도 대부분의 창업자들이 놓치는 부분이다.

◆ 셋째, 상권설정의 범위를 명확히 하는 것이다.

흔히 좋은 상권은 권리금이나 월세 수준이 높다. 상권 소비수준이 높고 목표 고객층이 두터우니 일면, 타당한 금액으로 여길 수 있으나 여기에도 함정이 있다. 실제 A급 상권에 인접해 있지만 A급 상권이 아닌 곳이 많기 때문인데 어느 상권에서나 목표 고객들의 동선이 끝나는 지점이 있다. 그 지점을 단 1, 2 미터라도 넘어선 상권은 절대 A급 상권이 아님에도 착각하는 사례가 너무 많다. 온라인 상권자료나 부동산 중개업소의 말만 듣지 말고, 창업자가 직접 발로 뛰며 조사하는 상권분석이 꼭 필요한 이유이다.

◆ **넷째, 입지선정을 신중히 하는 것이다.**

좋은 입지는 초기 점포 구입비(권리금+ 보증금+ 3 개월 치 월세)가 총 창업비의 60%를 넘지 않는 것이 좋다. 가시성과 접근성이 좋아야 하고 점포의 내부가 활용하기 좋은 형태이어야 하며 계단이 있는 경우 가파르지 않는 것이 좋다. 비슷한 조건의 복수 점포를 비교할 때는 건물 자체나 좌우 건물에 영업 협조점포나 방해점포가 얼마나 있는지를 조사하는 것이 좋다. 점포 계약사고를 방지하기 위해 직거래보다는 법정 중개 계약이 안전하며 부득이 직거래를 할 경우는 꼭 전문가의 조언을 거치도록 한다.

(9) 입지를 선정하는 요령[9)]

성공창업을 위해서 좋은 입지의 선정이 중요한 데 그 요령에 대하여 살펴보도록 하자.

첫째는 유동인구에 의존해서는 곤란하다는 것이다. 물론 유동인구의 중요성을 따지지 말라는 것은 아니다. 하지만 유동인구의 흐름만 믿고 창업을 했다가 낭패를 보는 경우도 쉽게 찾아볼 수 있다. 유동인구의 흐름 보다는 창업자 자신이 하고자 하는 유사한 아이템들의 접객수를 체크하는 것이 바람직하다.

둘째는 상권(입지)의 접근성이 용이한지를 살펴봐야 한다. 고객은 걷기를 싫어한다. 돌아가지도 찾아가지도 않는다고 보면 된다. 고객은 내가 그렇듯 게으르다는 것을 알아야 한다.

셋째는 현재 상권의 성장 가능성과 잠재능력을 가지고 있는지를 파악해야 한다. 가능성과 잠재능력을 찾는 방법으로는 입지주변에 인구 증가와 접객시설의 규모를 파악하는 것이 가장 바람직하다. 가장 쉬운 방법은 현재 운영되는 점포들의 운영기간을 파악하는 것이다. 평균적으로 운영기간이 길고, 매물로 나와 있는 점포의 수가 적다면 그 상권은 좋은 상권이라고 봐도 된다.

넷째는 경쟁점포의 규모 수를 파악해 향후 경쟁점이 들어설 여지를 감안하는 것이다. 현재 영업을 하는 경쟁자 중의 점포가 브랜드력이나 규모면에서 나보다 앞선다면 아무리 좋은 상권이라도 포기하는 것이 바람직하다.

다섯째는 가시성을 살펴봐야 한다. 보통 점포를 알리는데 소요되는 기간은 최소 3개월 이상이다. 그러나 대부분의 창업자들은 창업 이후 점포 운영비용을 여유롭게 가지고 있지 못하다. 그러므로 가시성에서 떨어진다면 그만큼 많은 홍보기간이 소요돼 자금면에서 상당한 위험요소를 안고 있다고 할 수 있다.

---

9) 박찬규, 앞의 책.

마지막으로 적정 점포 임대비용의 3-5-12-2-8 법칙[10]을 생각해야 한다. 3에 해당하는 것은 임대료다. 이는 3일 판매한 매출로 임대료 지급을 할 수 있느냐는 이야기다. 하루 매출이 50만원이라고 가정하였을 경우, 3일 곱하기 50만 원인 150만 원이 적정 임대료이다. 150만 원 이상이 점포 임대료로 지급이 된다면 포기하는 것이 바람직하다. 이는 주 5일제 근무가 정착되면서 영업일수가 줄어들고 있는 것을 감안할 때 꼼꼼하게 따져볼 필요가 있다.

여성 창업자의 경우에는 상권이나 입지에 대한 분석이 어려울 수 있다. 그러나 자신에게 제2의 인생을 안겨줄 창업을 선택함에 있어 많은 고민을 했다면 입지에 대한 노력 또한 소홀히 해서는 안 된다. 본인이 직접 입지에 대한 선정이 어렵다면 창업 컨설턴트나 소상공인지원센터 등을 이용하는 것도 좋은 방법이다.

(10) 좋은 입지와 피해야 할 입지

모든 조건이 맞는 점포 입지선택은 현실적으로 어렵고 비용 또한 만만치 않을 것이다. 그러나 창업자들의 노력여하에 따라 좋은 입지에 좋은 점포를 구할 기회는 얼마든지 있다. 또한 투자금액에 맞추기 위해 악조건의 점포를 얻는 것 보다는 이를 잘 피하는 것이 오히려 현명한 점포선택 요령이 될 수 있다는 점을 인식하여야 할 것이다.

〈표 4-1〉 좋은 입지와 피해야 할 입지

좋은 입지	피해야 할 입지
1. 통행인구가 많고 머무는 지역	1. 건물주가 현재 유사한 업종에 종사하는 경우
2. 접근하기가 용이해서 약속장소로 이용하기 편한 곳	2. 임대료가 시세에 비해 너무 싸거나 권리금이 없는 경우
3. 대형 사무실 밀집지역 보다는 중소형 사무실이 많은 곳	3. 요란한 광고와 분양을 하는 대형 빌딩, 특수목적의 상가
4. 영화관, 오락시설 등 주변에 편의시설이 많은 곳	4. 업종이나 주인이 자주 바뀌는 점포
5. 주차가 용이한 곳	5. 주변에 식당이 없는 경우
6. 지하철 주변이나 버스 정류장 주변	6. 언덕이나 경사진 곳의 입지

10) '외식업 경영의 황금률'이라 일컬어지는 3-5-2-8-12법칙이란
30일간 영업을 기준으로 할 때.
3일간 매출 = 월세 등 매장임대료
5일간 매출 = 인건비 (본인 인건비도 산정할 것)
2일간 매출 = 공과금(전화, 수도, 가스, 전기 등) 및 매장관리비
12일간 매출 = 재료구입비
8일간 매출 = 순수익으로 배분되는 것이 적정선이라는 공식의 법칙이다.

좋은 입지	피해야 할 입지
7. 출근길 통행량 보다는 퇴근길의 주 통행로 동선상 위치한 곳	7. 창업 초보자는 신도시나 신축 건물 등은 특히 주의
8. 건물의 코너에 입점한 점포	8. 같은 업종의 큰 점포가 있는 곳에 작은 점포로 창업하는 경우
9. 대규모 아파트 단지의 중심 상권	9. 점포 맞은 편에 건물이 없는 곳
10. 3000세대 이상의 중소형 아파트 상가	10. 점포 맞은 편에 점포가 없는 곳
11. 지형적으로 낮은 지대의 중심지역	11. 상권이 필요 이상으로 확대 되는 지역
12. 적정한 권리금이 형성되어 있는 곳	12. 왕복 4차선 이상의 도로가 상권을 양분하는 곳
13. 주변의 점포들이 비어있지 않고 성업 중인 지역	13. 유동인구의 흐름이 빠른 곳, 그냥 지나가는 자리
14. 주변에 노점상들이 많은 지역	14. 주변 가게의 간판이 낡고 변색된 채 사용하는 업소가 많은 지역
15. 도로 양쪽으로 점포들이 형성된 지역	15. 점포 전면이 너무 좁거나 간판 설치가 어려운 곳
16. 아파트 진입로에 위치한 곳	16. 주변 도로에 물건이 많이 쌓여 있거나 더러운 곳
17. 점포 앞의 보도 폭이 넓은 곳	17. 주변에 빈 점포가 많은 지역
18. 상권으로 진입하는 통행인구들의 주 진입로 주변	18. 주변에 공터가 있는 곳
19. 주택가 상권의 경우 점포수가 100여개 이상인 지역	19. 보도 폭이 너무 좁은 곳
20. 학교주변의 상권인 경우 학생들의 주 동선상의 도로변	20. 막다른 골목에 위치하는 곳

자료: 박찬규, 성공창업 가이드북, 서울신용보증재단, 서울특별시소상공인지원센터, 2011.

(11) 입지의 정보수집

① 시장조사

㉠ 시장조사의 목적

시장조사란 창업 및 사업 활동에 필요한 구체적인 정보를 입수하기 위해 각종 자료를 수집하고 분석하는 일련의 과정을 말한다. 좀 더 자세히 설명하면 업종, 대상고객, 경쟁상권 등 창업환경과 관련된 자료를 수집, 분석하는 작업이다. 시장조사를 하고나서 자신에게 가장 적절한 업종이 무엇인지를 심사숙고하여 선택한다. 해당업종에 대한 수요를 예측하고 예측된 수요에 따라 점포크기를 정하며 차별화된 점포경영 계획을 세워봄으로서 창업의 성공 가능성이 어느 정도인지를 판단한다. 시장조사를 통해 홍보나 영업 마케팅에 들이는 판촉비, 설비투자비, 운영비, 적정판매가격 설정, 할인가격제도 시행 및 신용정책 등에 관한 정보를 수집하게 되는데 그 효과를 비교하여 경쟁방식, 마케팅 방법, 판매가격 결정, 신용 강구방안 등을 수립하는데 활용한다.

② 업종분석

㉠ 업종의 변화

황기가 오래 가면 실직자들이 예비창업자로 나서게 되는데 주로 생계형 창업이라는 공통점을 안고 있어서 창업결심을 섣불리 해서는 안 된다. 따라서 예비창업자는 시장상황에 대한 흐름을 먼저 익힌 다음 유망 아이템을 찾고 점포입지를 선택하는 것이 무난하다.

㉡ 최근 창업시장 환경

유행업종을 따르기보다는 브랜드가 오래 유지되는 업종, 전문화된 업종, 차별화된 업종이면 대체적으로 무난하다.

창업전문가들은 향후 창업시장의 트렌드로 스포츠&레저, 복합화 경향, 근검절약, 키즈(Kids), 생활 편의형, 무점포, 업그레이드, 전통건강, 아웃 소싱, 양극화 등 10가지를 들고 있다.

㉢ 업종선택 요령

사회환경의 변화 및 소비자의 욕구에 부응하는 업종인지를 살핀다. 정부의 정책변화에 큰 타격을 입을 수 있는 업종은 아닌지 살핀다.

㉣ 피해야 할 업종: 시장에 막 소개되고 있는 업종은 피한다. 신종업종이 유망업종이라고 자칫 오해할 소지가 있는데 일반적으로는 창업전문가들의 공통된 견해, 즉 해당업종에 대해 어떤 의견이 같은지를 검증하는 것이 좋다.

㉤ 유행 업종: 자신의 업종을 다른 업종이나 유행 업종으로 전환하고 싶거나 아이템이 좋을 때 점포의 외형을 살리되 업종 자체의 시장성을 살리기 위해서는 복합화하는 전략을 시도해보는 것도 요령이다.

③ 고객분석

㉠ 고객성향을 파악하는 것은 시장조사의 전체적인 맥락을 짚는데 중요한 자료가 된다. 그것을 판단하는 주된 판단의 근거는 다음과 같이 정리 할 수 있다. 우리의 고객이 누구이고 시장규모는 어느 정도이며 주된 구매층은 어떤 부류의 사람들이고 주된 구매층의 인적 사항과 라이프스타일, 가족구성, 주거환경 등은 데이터화되어 있으며 구매기준은 어떻게 선정하고 있는지 등이다.

ⓛ 고객을 분석하는 목적은 고정고객 확보 차원뿐만 아니라 공격적인 마케팅을 하는데 있다.

ⓒ 고객을 분석하는 범위는 고객의 소비패턴을 정확히 파악하기 위한 한도내에서 이루어지지만 고정된 것은 아니고 업종에 따라 달라지기도 한다. 고객의 소비활동은 거주지 부근, 부도심, 도심 등으로 이루어지는데 식품이나 일용잡화는 거주지 부근, 윈스톱 쇼핑은 부도심, 전문품은 도심을 선택하는 경향이 높다.

ⓔ 고객분석을 하는 과정은 대체적으로 다음과 같은 골간을 유지한다. 자료수집 방법은 1차 조사와 2차 조사로 나뉜다. 1차 조사는 잠재고객의 소비패턴, 구매경향, 특징 등에 대한 데이터를 수집, 분석하고 2차 조사는 전문서적이나 창업관련 기관, 언론매체 등에서 필요한 자료를 구한다. 1, 2차 조사로도 구할 수 없는 자료는 인터넷으로 찾아보고 그래도 구할 수 없는 것은 현장조사를 실시한다.

④ 경쟁대상에 대한 분석요령

㉠ 나의 경쟁대상은 누구이며, 그 경쟁대상은 하나인가 아니면 둘 이상인가.

ⓛ 경쟁대상이 목표로 하는 것은 무엇인가.

ⓒ 나의 경쟁대상은 어떻게 경쟁하는가?

ⓔ 나의 경쟁대상이 우위를 차지하는 것은 무엇인가.

ⓜ 나의 경쟁대상의 틈새시장은 없는가.

ⓑ 나의 점포만의 개별성은 무엇인가?

제5장 창업의 절차와 과정

제1절 창업의 절차

창업은 여러 가지 경영자원을 수익창출이 가능한 형태로 결합함으로써 이루어진다. 창업을 준비하는 사람은 자기 자신이 창업을 하기에 적합한가를 우선 판단하고, 만일 그렇다면 사업목적과 사업 아이디어를 검토하고 자본을 투자하여 인적·물적 자원을 조직화한 후 창업을 한다. 창업과정에서 거쳐야 하는 여러 가지 의사결정과 계획수립 과정들이 뒤따라야 한다. 창업의 절차와 과정은 산업분야나 업종에 따라 약간의 차이는 있을 수 있으나 대체로 ① 창업 준비단계 – 창업을 위한 예비분석, ② 창업 아이템의 탐색, ③ 사업기회의 포착, ④ 창업 팀의 구성, ⑤ 사업타당성 분석, ⑥ 사업계획서의 작성, ⑦ 자금조달, ⑧ 경영자원의 확보 계획, ⑨ 상권 및 입지 분석, ⑩ 회사 설립 및 사업개시 시기 결정 순으로 진행된다.

창업넷[1]에서 제시하는 창업의 절차와 과정은 다음과 같다.

1. 창업예비분석

창업희망자는 먼저 자신의 자질 및 적성 등을 파악하여 다른 경력의 추구에 비해서 창업이 바람직한 것인지, 또 창업을 성공적으로 이끌어나갈 수 있을지 등에 대하여 진지하게 따져보고 분석해보아야 한다. 나아가 자신이 가지고 있거나 조달 가능한 자원들이 창업하기에 충분한지 또 창업시기는 적당한지에 대해서도 미리 검토하여야 한다.

1) http://www.changupnet.go.kr

2. 사업목적의 정의

일단 자기사업을 시작하기로 결정했다면, 창업의 기본적 이유나 동기, 사업의 목적 및 운영방향에 대해 명확히 해 두어야 한다. 사업의 목적은 이윤추구와 같은 경제적 목적뿐 만 아니라 자아실현과 같은 개인의 사회적 삶의 목적도 포함되는 것이 바람직하다. 사업 목적은 창업자의 창업이념이나 경영철학으로 업종선택이나 기업활동을 선택하는데 영향을 미치게 된다.

3. 사업분야의 결정과 사업 아이템의 모색

창업한 사업이 성공적으로 운영되는가의 여부는 사업 아이템이 얼마나 유망하고 창업자에게 적합한 업종을 선택하였는가에 따라 결정된다. 나아가 사업 아이디어나 제품 또는 서비스가 얼마나 시장조건에 잘 들어맞는가 하는 점도 중요하다.

사업 아이디어를 이끌어냄에 있어서는 어떤 제품, 서비스를 생산 · 판매할 것이며 그 시기를 언제로 할 것인가에 관한 고려가 중요하다. 이를 위해 먼저 시장조사 특히, 소비자 행동조사를 통하여 소비자 수요의 동향을 파악하고 이를 충족할 수 있는 제품이나 서비스를 발굴해야 한다.

사업 아이디어를 탐색하는 과정에서 창업희망자는 다음의 기준 중 하나를 만족시키는 제품을 찾도록 해야 한다.

① 현재 만족되지 않은 소비자의 욕구를 만족시키는 제품

② 시장에서 공급이 부족한 제품

③ 가격이나 품질 측면에서 유리한 조건 때문에 기존 제품과 성공적으로 경쟁할 수 있는 제품

4. 사업성 분석

모든 사업은 시행하기 전에 어떤 형태로든지 사업을 통하여 발생될 손해와 이익에 관한 분석을 실시해야 한다. 사업성 분석은 시장성, 기술성 및 수익성 측면에서 이루

어져야 하며, 고려하고 있는 사업이 공익과 관계되는 경우에는 사업성 분석에서 이상의 세 가지뿐만 아니라 공익성 분석을 추가하여 실시해야 한다.

보다 신뢰할 수 있는 사업성 분석을 위해서는 기존 사업사례를 참조하고 나아가 희망 사업 분야의 총투자 및 비용규모, 예상입지 및 상권분석에 대한 정보를 확보해야 한다.

5. 인적 · 물적 자원의 조달과 구성

사업성 분석에서 자신의 사업 아이디어가 유망한 것으로 판단되면 이를 실행하기 위한 인적 · 물적 자원을 조달하여야 한다. 우선, 인적 자원의 조달은 창업 팀을 만드는데서 시작된다. 창업 팀은 사업활동의 목표 및 범위를 결정하고 제품을 설계하여 사업규모와 입지선정, 공정, 설비, 건물의 선정, 소요 자금액 및 자금 조달계획 등과 같이 새로운 사업시작에 필요한 사업계획을 수립해야 한다.

다음으로 물적 자원의 조달이 필요한데 여기서 가장 중요한 것은 소요자금의 조달문제이다. 창업에 필요한 자금은 자기자본에 의하거나 타인자본에 의해 조달할 수 있다.

6. 사업계획서의 작성과 조직구조의 설정

인적 · 물적 자원의 조달이 이루어지면 구체적으로 수행하게 될 사업 실행계획을 수립해야 한다. 여기에는 제품계획, 시장성과 판매계획, 생산 및 설비계획, 일정계획 등의 구체적인 사업활동이 내역별로 포함되어야 한다. 나아가 기업의 주요 기능에 따라 업무, 책임, 권한 등을 체계적으로 구분하고 이를 담당할 인력을 선발, 배치하여야 한다.

7. 사업개시

이 단계에 이르게 되면 토지를 구매하고 공장건축을 시작하게 됨은 물론 설비를 구매하고 이를 배치하여 생산에 착수하게 된다. 또한 생산품의 광고와 판매촉진 활동을 전개하며 제품이 생산되면 재고를 관리하고 유통망을 통해 판매를 한다.

제6장 사업계획

제1절 사업계획의 중요성

기업의 사업계획(business plan)은 실제로 사업을 추진하는 데 있어서 가장 기본이 되는 계획이므로 매우 중요하다. 왜냐하면 사업계획은 사업추진 주체가 가지고 있는 사업 아이디어를 제반 경영활동을 통해 구체화해 나가는 과정을 일목요연하게 나타냄으로써 계획사업의 추진에 있어서 가장 기본이 되는 계획이 되기 때문이다. 따라서 사업계획은 사전에 계획사업의 성공가능성을 확인해 볼 수 있는 기능을 가지고 있어 기업의 경영에 있어서 매우 중요하다[1].

사업계획은 대기업은 물론 중소기업에 있어서도 중요한 의미를 가진다. 일반적으로 중소기업은 대기업에 비해서 상대적으로 보유자원이 풍부하지 못하므로 양호한 사업계획은 한정된 자원을 효율적으로 사용할 수 있게 함으로써 결과적으로 중소기업의 생존 가능성을 제고하게 된다. 그러나 계획화의 중요성은 누구나 알고 있지만, 구체적인 방법이나 내용 등에 대해서는 일치된 공감대를 찾기 힘들다. 대부분의 기업들은 천편일률적인 프레임을 사용하여 사업계획을 수립함으로써 그 효과가 의문시되고 있으며, 이러한 현상은 거의 모든 산업분야에서 공통적으로 발견되고 있다.

1. 사업계획의 의의

일반적으로 계획이란 실행하기 전에 행위의 방향을 미리 결정하는 것으로 정의할 수 있으며, 비즈니스적인 맥락에서는 향후 기업의 모습과 관련된 모든 의사결정을 의

1) Longenecker, G., C. W. Moore, and J. W. Petty, *Small Business Management*, Cincinnati, Ohio: South-Western College Publishing, 1997.

미한다. 특히, 사업계획서는 계획사업과 관련하여 조직관리, 생산, 재무, 마케팅 등 제반 경영분야의 추진계획을 정리, 집대성한 보고서를 말한다.[2] 즉, 계획하고 있는 사업을 실제로 추진하는 데 있어서 기본이 되는 계획서이다. 따라서 통상적인 경영계획과는 그 범위에서 차이가 있다. 알렌(Allen)[3]은 사업계획이란 비즈니스 개념의 현실적 실행을 위해 기업을 설립하도록 설계된 포괄적인 분석이라고 정의하였다. 다시 말해서 사업계획은 비즈니스 아이디어를 시장에 적용하는 기업과 관련된 것이므로, 사업계획에 의해서 경영자는 비즈니스를 정의하고 현재의 시장에서 어떻게 대처하여야 할 것인가를 구체적으로 파악할 수 있게 된다.[4]

잘 수립된 사업계획은 기업에게 많은 이점을 주지만, 그렇지 않은 경우에는 기업경영에 심각한 영향을 미치게 된다.[5] 또한 사업계획은 기업의 성과와 높은 상관관계를 보임으로써[6], 기업경영의 실패율을 감소시키는 역할을 수행하며 결과적으로 기업성장에 기여하게 된다.[7]

사업계획의 성과는 수립과정에서 이사회의 참여 정도가 높을수록[8], 공식적일수록[9], 제고된다. 베이커(Baker) 등은 그 이유로 사업계획은 ① 비판적 사고 및 집단적 의사결정의 장을 마련함으로써 경영성과에 긍정적인 영향을 미치고, ② 기업조직의 내, 외부 커뮤니케이션을 활성화시키며, ③ 기업이 나아갈 방향의 교정을 위한 통제 메커니즘을 제공한다는 점을 들었다.

한편, 사업계획과 경영의 성패와의 관계에 대한 대부분의 연구들은 사례연구의 형

2) 고인곤, 사업계획서 작성법, 서울: 해바라기, 2005.
3) Allen, R. K., *Launching New Ventures*, Boston, M.A.: Houghton Mifflin Co., 2003.
4) Hormozi, M. A., G. S. Sutton, R. D. McMinn, and W. Lucio, "Business Plans for New or Small Businesses: Paving to Path to Success," *Management Decision*, 2002, 40(7/8), pp.755–763.
5) Minzberg, H., *The Rise and Fall of Strategic Planning*, New York: The Free Press, 1994.
6) Baker, H. W., H. L. Addams, and B. Davis, "Business Palnning in Successful Small Firms," *Long Range Planning*, 1993, 26(6), pp.82–88; Schwenk, C. R. and C. B. Shrader, "Effects of Formal Strategic Planning on Financial Performance in Small Firms: A Meta Analysis," *Entrepreneurship Theory and Practice*, 1993, 17, pp.53–64.
7) Crawford–Lucas, P. A., "Providing Business Plan Assistance to Small Manufacturing Companies," *Economic Development Review*, Winter 1992, pp.54–58; Orser, B. J., S. Hogarth–Scott, and A. L. Riding, "Performance, Firm Size and Management Problem Solving," *Journal of Small Business Management*, 2000, 38(4), pp.42–58.
8) Rue, L. W. and N. A. Ibrahim, "The Relationship between Planning Sophistication and Performance in Small Businesses," *Journal of Small Business Management*, 1998, 36(4), pp.24–32.
9) Baker et al., *op. cit.*

태를 띠고 있어 조사결과를 일반화하기에는 문제가 있다.[10] 아울러 경영실패에 관한 연구들은 대부분 가장 대표적인 원인으로서 관리 불량을 들고 있는데, 그 정의가 불명확하다는 한계도 지니고 있다.[11] 이러한 가운데 페리(Perry)는 미국 기업의 99%정도가 직원 500인 미만의 소기업이라는 점에 주목하여 미국 소기업의 실패(bankruptcy)에 대한 계획화의 영향을 조사하여 기존 연구들의 단점을 보완하고자 하였다. 조사결과 거의 대부분의 소기업들은 공식적 계획화를 하지 않으며, 비실패기업은 실패기업보다 더 빈번하게 계획화를 하고 있는 것을 발견하였다. 그는 판매, 인원, 자금수요, 자금지출, 전략과 측정가능 목표의 규명 등에 대하여 서면화된 계획을 수립하고 있는가를 측정하여 경영실패와의 관계를 살펴보았지만, 이러한 항목들이 종합적으로 사업계획을 구성하게 되는가에 있어서는 만족할 만한 설명을 하지 못하고 있다.[12]

기존의 연구와 문헌에서 일반적으로 제시되고 있는 사업계획의 구성요소는 ① 기업현황 ② 제품, 서비스 ③ 계획사업 개요 ④ 마케팅 관련 항목 ⑤ 생산관련 항목 ⑥ 재무관련 항목 ⑦ 기타 중요사항 ⑧ 사업계획 수립 시의 가정조건 등이다.[13] 이 중 재무관련 항목에 대해서는 타 항목에 비해서 비교적 많은 연구들이 이루어져 왔다. 브히드(Bhide)는 사업 초기의 자금조달의 성격을 조사하였는데, 대부분의 경영자들이 저축이나 개인적인 차입을 통하여 자금을 조달하고 있는 것을 발견하였다.[14] 윈보르그(Winborg)와 랜드스트롬(Landstrom)은 사업 초기 자금조달 방안을 구체적으로 범주화하여 '중고기계 매입' 등 여섯 가지를 제시하였다.[15] 기업이 창업기를 벗어나 안정성이 증가되면 차입이나 투자를 통한 외부자금 조달이 가능하게 되는데 투자는 주로 벤처캐피털이나 개인투자자(angel)를 활용하게 된다. 매이슨(Mason)과 하리슨

---

10) D'Aveni R. A., "The Aftermath of Organizational Decline: A Longitudinal Study of Strategic and Managerial Characteristics of Declining Firms," *Academy of Management Journal*, 1989, 12(3), pp.577-605; Makridakis, S., "What Can We Learn from Corporate Failure?" *Long Range Planning*, 1991, 24(4), pp. 115-126.

11) Keasey, K. and R. Watson, "Non-Financial Symptoms and the Prediction of Small Company Failure: A Test of Argenti's Hypotheses," *Journal of Business Finance and Accounting*, 1987, 14(3), pp.335-354; Hogarty, D. B., "Beating the Odds: Avoid these Mistakes at All Costs," *Management Review*, 1993, 82(2), pp.16-21.

12) Perry, C. S., "The Relationship between Written Business Plans and the Failure of Small Businesses in the U.S.," *Journal of Small Business Management*, 2001, 39(3), pp.201-208.

13) 고인곤, 앞의 책; O'Hara, D. P., *The Total Business Plan*, 2nd ed., New York: John Wiley & Sons, 1995.

14) Bhide, A., "Bootstrap Finance, the Art of Start-ups," *HBR*, 1992, 70(6), pp.109-117.

15) Winborg, J. and H. Landstrom, "Financial Bootstrapping in Small Businesses," *Journal of Business Venturing*, Dec. 2000, pp.235-254.

(Harrison)은 개인투자자의 투자 패턴을 연구하였는데 개인투자자들은 비교적 신속한 투자결정을 내리고 있으며 비재무적인 부분과 재무적인 부분을 함께 고려하기도 한다는 것을 발견하였다.[16)]

2. 사업계획서의 의의와 구성요소

사업계획서는 사업의 내용, 경영방침, 기술문제, 시장성 및 판매전망, 수익성, 소요자금 조달 및 운영계획, 인력 충원계획 등을 일목요연하게 정리한 일체의 서류이다. 사업계획서는 창업자 자신을 위해서는 사업성공의 가능성을 높여주는 동시에 계획적인 창업을 가능하게 하여 창업기간을 단축하여 주고, 계획사업의 성취에도 긍정적인 영향을 미친다. 또한 창업에 도움을 줄 제3자, 즉 동업자, 출자자, 금융기관, 매입처, 매출처, 더 나아가 일반 고객에 이르기까지 투자의 관심유도와 설득자료로 활용도가 매우 높다. 이런 이유로 사업계획서 작성은 정확하고 객관성이 유지되어야 하며, 전문성과 독창성을 갖춘 보편타당한 사업계획서가 되어야 한다.[17)]

일반적으로 제시되고 있는 사업계획서의 구성요소는 학자마다 차이가 있으나, 기업현황을 비롯하여 크게 여섯 가지로 대별된다.[18)] 이러한 여섯 가지 요소별로 관련 연구 및 문헌조사를 통하여 기업성과에 영향을 미칠 것이라고 생각되는 세부적인 항목들을 선정하여 정리한 결과는 〈표 6-1〉과 같다.

---

16) Mason, C. and R. Harrison, "Why 'Business Angels' Say No: A Case Study of Opportunities Rejected by an Informal Investor Syndicate," *International Small Business Journal*, Jan.-Mar. 1996, pp.35-51.

17) 윤종록 외, 앞의 책, p.199.

18) 고인곤, 앞의 책; Arkebauer, J. B., *Guide to Writing a High-Impact Business Plan*, New York, N.Y.: McGraw-Hill, 1995; Longenecker, G., C. W. Moore, and J. W. Petty, *Small Business Management*, Cincinnati, Ohio.: South-Western College Publishing, 1997; Hormozi, M. A., G. S. Sutton, R. D. McMinn, and W. Lucio, "Business Plans for New or Small Businesses: Paving to Path to Success," *Management Decision*, 2002, 40(7/8), pp.755-763.

〈표 6-1〉 사업계획서의 주요 구성요소

주요 구성요소	세부 내용
기업 현황	자본금, 경영진/기술진 현황, 관리팀, 기업의 목적(미션, 비전 등)
제품/서비스	계획제품/서비스, 제품/서비스 개발계획
운영계획	직원 채용 및 계발 계획, 법적 요건/보험, 추진 스케줄
마케팅 관련 항목	환경 분석, 가격구조, 경쟁우위, 표적시장, 위치선정(판매시설의 경우는 상권분석), 유통채널, 제반 촉진계획, 향후 매출계획
생산 관련 항목	기술능력(특허권 포함), 생산계획, 생산능력, 제품단위당 원가, 품질관리, 원자재 수급
재무 관련 항목	소요자금 및 조달계획, 자금수지 예상표, 추정 재무제표

자료: 고인곤・이상석, 신제품 개발성과의 영향요인에 대한 실증적 연구 – 중소기업의 사업계획 수립을 중심으로, 기업경영연구, 제16권 제4호, 2009. 12, pp.183-203

일반적으로 작성되는 사업계획서의 주요 고려사항들로는 사업의 성격, 시장의 구조적 특성과 전략, 고객의 성격과 경쟁관계, 제품이나 서비스의 내용, 적정 투자규모, 자금의 조달방법, 경영진의 구성과 인력수급 계획 등을 체계적으로 요약하게 된다. 사업계획서에 포함되는 주요 내용들을 다시 정리해보면 〈표 6-2〉와 같으며 여기서 제시되는 내용은 일반적인 사항들이므로 창업회사의 특성과 내용에 따라 필요사항들을 적절히 추가하거나 변화시켜 사용할 수 있다.[19]

〈표 6-2〉 사업계획서 작성 항목

● 필수항목 ▲ 권장항목

주요적성항목	내부운영용	자금신청용	투자유치용	사업제휴용	IR용	입찰제하농
회사개요		●	●	●	●	●
사업개요		▲		●	●	
제품 및 기술현황		●	●	●	●	●
시장현황	●	▲	●	▲		
개발계획	●	●	●		▲	●
투자계획	●	●	●			●
마케팅계획	●	●	▲	●		▲
생산계획	●					
조직 및 인원계획	●	▲		▲		
이익 및 재무계획	●	●	●	●	●	●
투자제안			●			

자료: 신용보증기금

19) 윤종록 외, 앞의 책, pp.200-201.

〈표 6-3〉 성공적 창업을 위한 사업계획

순서	계획	세부사항	가중치
1	본인의 성격, 취미를 자가진단하라.	• 평생사업을 택하라 • 성격에 맞지 않으면 창의력이 생기지 않으며, 아이디어가 떠오르지 않는다. • 취미가 있어야 피곤하지 않다. • 평소에 관심가진 분야가 남보다 앞선 분야다	10%
2	대분류로 본 업종을 정하라	유통업,제조업,음식점,서비스업 등 크게 나눈 업종을 하나 선택한다.	5%
3	고객이 되어 보라	• 내가 손님이라면 무엇부터 찾을까? 무엇이 필요한지= 고객 Needs 파악 • Target 고객을 정하라(학생, 직장인, 군인, 상인) • 고객층을 선택: 청소년, 신사, 숙녀, 노인층, 장년층 • Target 고객의 최근 수요 성향파악	40%
4	세부 특정업종 확정	• 창업 실행가능한 업종을 선택(해물칼국수, 아동도서, 숯불 통닭 등) • 고객유치를 위한 품질 개발연구, 착수 • 인허가, 행정절차관계 파악(자격증 소유 등) • 고객유치방법(방문, 광고 등) 계획수립 • 체인가맹점 여부 등 • 벤치마킹, 실습 등	20%
5	영업지역 물색	고객이 가장 많은 지방, 지역을 정한다(예: 어구-항구지역, 문방구-학교밀집지역, 악세서리-젊은 여성층, 여고, 여대지역, 일반식당-대도시 빌딩지역 등)	10%
6	특정장소 확정, 계획	• 최종적 영업장 위치확정=신촌 연대 앞, 숙명여대 앞, 의정부 중앙시장 시청 앞, 동두천 외인상가, 오락지구, APT • 가게물색: 위 특정지역 내 상가, 근린 등 • 복덕방, 인터넷, 지인, 광고 등 이용 • 유망한 장소는 높은 보증금을 염려할 필요가 없다.	10%
7	고객유치, 원재료 조달 손익분석	• 개업확정을 전제로 고객유치를 위한 광고(광고 중 최신 구전광고) • 원재료 조달상 애로점 파악 • 체인가맹점: 조건, 본사신용조사 • 예상매출 및 향후증가계획 • 손익분석(소상공인자금: 원리금 분할상환)	
8	자금계획 및 조달	• 적정 투자규모 • 시설공사, 구매, 부가서비스 시설 • 차입금 조달규모(정책지원자금 유리) • 투자규모 조정 • 자금조달실행 • 본인 신용불량 규제 여부 확인	5%
9	행정절차,종업원 수	• 허가사항(등록증), 자격증, 사업자등록(세무서), 기타 • 세무사 지정, 계약 • 종업원 연수(철저한 고객입장에서 Role Playing) 실시	
10	OPEN 계획	• 개업광고 • 초도상품, 원재료 구매 • 영업장 분위기, 청결상태 • 요금징수 방법 및 관리 • 카드이용점 가입	

자료: 윤종록 외, 창업과 경영, 형설출판사, 2006, pp.48-49.

3. 사업계획서의 필요성[20)]

사업계획서는 창업과 관련된 많은 이해관계자들에게 다양한 기능을 수행하나, 크게 내적 기능과 외적 기능으로 나누어 볼 수 있다. 사업계획서가 수행하는 내적 기능은 창업자 자신 또는 기업내부의 관리목적에서 수행하는 기능을 말하며, 외적 기능은 창업자본을 제공하는 외부투자자들에게 투자의사결정에 참고할 정보를 제공하는 기능을 말한다.

(1) 사업계획서의 내적 기능

사업계획서는 창업의 주체 및 기업의 내부구성원들로 하여금 고려중인 사업을 성공적인 사업으로 키울 수 있도록 하는데 있어서 다음과 같은 크고 작은 많은 도움을 준다.

① 계획서류로서의 사업계획서

이미 계획사업의 사업성에 대한 검토가 끝난 상태라 할지라도 사업계획서를 작성하는 과정에서 마케팅, 재무, 운영업무 등 기업의 모든 측면을 사전에 검토하게 되므로 사업의 성공가능성을 다시 점검할 수 있으며, 계획사업의 강점과 약점을 재인식할 수 있는 기회를 제공한다. 즉, 사업의 성공을 위해서 앞으로 무엇을 어떻게 해야 할 것인지에 대한 각오를 새롭게 해준다.

사업계획서를 준비하는 과정에서 판매전략, 고객지원 및 제품가격결정 등과 같은 중요한 문제에 대한 질문을 하게 되며 그 답을 준비하게 한다. 사려 깊게 준비된 사업계획서는 사업을 수행하는 과정에서 실행전략을 제공하게 된다. 사업계획서는 어디에서 어떠한 방법으로 누구에게 당신 회사의 제품을 광고해야 하는지 알려주며, 고객의 관심사에 대하여 회사가 어떻게 서비스를 제공할 것인가를 설정해주고, 당신 회사의 제품이나 서비스에 대한 경쟁적인 가격결정 전략을 제시해 줄 것이다.

② 사업활동 지침으로서의 사업계획서

사업계획서는 창업 초기의 업무추진계획이란 성격을 갖고 있지만, 업무가 본격적인 단계에 접어들었다 할지라도 유용한 사업활동 지침으로서의 역할을 하게 된다. 일단 사업이 시작되면 처리해야 할 업무가 많아지고 업무 상호간의 갈등요소가 발생되며

20) 중소기업 지식나눔터, http://www.digitalsme.com

시간의 부족으로 그때 그 때 정확한 판단 없이 지나쳐버려 많은 시행착오를 겪을 수 있는데, 훌륭한 사업계획서는 이러한 문제를 방지하는데 기여할 수 있다.

사업계획서는 또한 당신 회사의 비전을 신규사원에게 완벽하게 전달한다. 잘 구성된 사업계획서의 내용을 통하여 신규로 고용된 사원은 회사의 목적과 목표를 달성하기 위한 전략, 전체 사업구조 속에서 자신의 역할 등을 이해할 수 있다.

또한 사업계획서는 초기 창업과정에서 자신을 평가하는 유용한 도구로서 역할을 한다. "현재 사업은 계획대로 진행되고 있는가? 진행되지 못하고 있다면, 왜 그런가?"의 질문을 하고 그 답을 찾음으로써 자신의 창업과정을 평가할 수 있다.

(2) 사업계획서의 외적 기능

사업계획서는 기업의 외부관계자들로 하여금 계획사업과 관련된 의사결정에 참고할 수 있는 다음과 같은 기능을 수행한다.

첫째, 창업의 인·허가업무를 담당하는 기관에게 사업의 목적, 계획사업의 경제·사회적 기여도, 사업주체의 인적구성, 사업장의 위치와 환경문제 등에 관한 정보를 제공한다.

둘째, 원자재 공급업자, 판매업자 및 납품업체, 예비종업원 등에게 사업내용을 소개해 줌으로써 거래관계를 맺도록 하는 데 기여한다. 즉, 창업계획서는 이들에게 사업의 목적, 제품아이디어 및 제품의 성능, 관리 능력 및 방식, 자금조달능력, 성장계획 등에 관한 정보를 제공해 줌으로써 기업에 대한 이해와 거래를 유인하는 기능을 수행한다.

셋째, 은행, 창업투자회사, 창업자금지원기관 등에게 자금지원을 위한 판단근거를 제공한다. 즉, 창업계획서는 이들에게 제품아이디어, 업계동향, 수요추세, 경쟁상태, 소요자금, 경영진의 경영능력 등에 관한 정보를 제공해 줌으로써 투자의사결정에 활용할 수 있도록 한다.

대다수의 금융기관 투자자가 대출이나 투자를 검토하기 위하여 요구하는 첫 번째 자료가 사업계획서이며, 이 점에서 사업계획서가 자금조달을 위한 첫 걸음이라는 사실을 이해하는 것이 매우 중요하다고 할 수 있다.

4. 사업계획서 작성 시 유의사항

사업계획서는 사업의 내용, 경영방침, 기술문제, 시장성 및 판매전망, 수익성, 소요

자금 조달 및 운영 계획, 인력 충원계획 등을 일목요연하게 정리한 일체의 서류이기도 하지만, 사업계획서만 읽으면 누구라도 창업하고자 하는 사업의 내용과 목적 그리고 그 성장 및 발전가능성까지 알 수 있도록 작성하여야 한다.

엘톤(Elton B)., 셰윈(Jr. Sherwin)의 저서 『*The Silicon Valley Way*』[21]에는 비즈니스 성공가능성 예측을 위한 44가지 평가문항이 제시되어 있는 데, 사업계획서 작성 시에 고려해야 할 사항들로서 유용하게 쓰일 수 있을 것이다. 7가지 핵심문항들은 다음과 같다.

문항 1: 구상 중인 제품이 무엇인가? 제품 또는 서비스의 핵심이 무엇이며, 이를 측정할 수 있는 수량적 요인은 무엇인가?

문항 2: 목표시장이 어디인가? 모든 사람에게 매력적인 제품은 없다. 신제품이 공략하고자 하는 시장 세그먼트를 지정해야 한다. 그 시장공략 포인트가 제한적일수록 미래의 상업적 가치는 보다 커지게 된다.

문항 3: 제품은 누가 팔 것인가? 제품판매를 위한 유통경로는 소매가격, 도매 마진, 광고비용 등 여러 가지 제품특성에 영향을 미친다.

문항 4: 이 제품을 실제로 구매할 고객은 몇 명인가? 출시 첫 해에 목표시장 인구의 0.1%에게 제품을 판매한다는 목표를 수립하도록 한다.

문항 5: 이 제품을 상품화하는 데 필요한 비용은 얼마인가? 모든 산업에는 기업의 운영 자본 요구조건을 예측하기 위한 기본비율이 있다.

문항 6: 이 제품의 판매가는 얼마인가? 가격이란 시간이 지나면서 하락하기 마련이다. 가격하락은 제품 또는 서비스의 시장진입 시점부터 시작되며, 특히 경쟁이 심화되면 가속도가 붙게 된다.

문항 7: 손익분기점을 언제 달성할 수 있는가? 판매수익이 운영자본을 상쇄할 수 있는 시점은 언제인가?

사업계획서를 작성할 경우에 유의해야 할 사항들은 다음과 같다.

(1) 사업계획서는 계획사업의 종합적인 결론으로서 설득력 있는 내용으로 간결하고 명료하게 작성한다.

21) Elton B., Jr. Sherwin, The Silicon Valley Way, Prima Publishing, 1998.

(2) 계획사업의 핵심내용을 강조하여 부각시켜야 한다.
(3) 주요 생산제품에 대하여 집중적으로 기술한다.
(4) 향후 기술개발 가능성과 사업의 잠재력을 강조한다.
(5) 인력의 수급과 경영진에 대한 내용을 포함한다.
(6) 전문적인 용어의 사용을 피하고 단순하고 보편적인 어휘를 사용한다.
(7) 근거의 불충분한 자료 혹은 비논리적인 추정은 피한다.
(8) 계획사업의 잠재된 문제점과 향후 발생 가능한 위험요소를 기술하고 그에 대한 대책을 제시한다.
(9) 자금조달의 원천과 자금운용의 용도를 금액 및 일시별로 자세히 기술한다.
(10) 계획사업의 내용을 충분히 반영하고 자신감을 바탕으로 작성한다.

〈표 6-4〉 사업계획서의 주요 내용

1. 일반 현황	· 창업자(대표자) 현황 · 기업의 일반 현황
2. 계획 사업의 개요	· 개발동기 · 사업 내용 · 생산제품의 특성 · 기대효과
3. 시장 현황	· 동종 업계 현황 · 시장의 규모와 전망 · 시장점유율과 경쟁관계 · 계획 제품의 침투 가능성
4. 판매 계획	· 판매전략 및 판매 형태 · 가격정책 · A/S 계획 · 국내 판매계획 · 수출계획
5. 생산 계획	· 제조공정도 · 자체 생산계획 · 외주 생산계획
6. 설비 투자 계획	· 적정 규모의 제조 및 검사 설비 · 구입처, 수량, 가격
7. 인원 및 조직 계획	· 업무 흐름별 조직 체계도 · 직무별 · 직위별 소요 인원

8. 원 · 부자재 조달 계획	· 국내 조달 계획 · 수입 자재 조달 계획
9. 재무 계획	· 추정 대차대조표 · 추정 손익계산서 · 현금 흐름 · 비용-매출-이익 분석
10. 자금 계획	· 총 소요자금 내역 · 조달 계획 또는 차입 계획 · 차입금 상환 계획
11. 사업 추진 일정 계획	· 사업 추진에 따른 일정 검토 · 일자별 주요 사항 확인
12. 부속 자료	· 인건비 명세서 · 감가상각비 명세서 · 제조원가 명세서 · 경영진 이력서 · 제품 설명서 · 특허권 내용 · 제공가능 담보물 내역 · 설비 구입 견적서

자료: 윤종록 외, 창업과 경영, 형설출판사, 2006, pp.200-201.

제7장 경영관리의 과정

제1절 인적자원관리

1. 인적 자원의 중요성

"1년의 계획은 곡식을 심는 데 있고, 10년의 계획은 나무를 심는 데 있으며, 평생의 계획은 사람을 심는 데 있다. 한번 심어서 한번 수확하는 것은 나무이며, 한번 심어서 백배를 거둬들이는 것은 사람이다(一年之計 莫如樹穀, 十年之計 莫如樹木, 終身之計 莫如樹人)." 중국 제나라 관중(管仲)이 한 말이다. 사람이 모든 것의 으뜸인 동시에 가장 고귀한 자원이고 양육하고 교육하며 연마시켜 나감에 따라 엄청난 가치와 성과가 기대되는 존재임을 지적하고 있다.

최근 들어 기업차원에서의 생산성 향상이나 조직유효성의 제고뿐만 아니라 국가차원의 경쟁력 강화도 다른 자원이나 요소들로는 한계가 있음을 인식하고 모든 인간 활동의 주체가 되는 사람의 중요성을 확인하면서 인적 자원의 개발에 역점을 두기 시작하였다. 세계적인 초우량 기업들의 공통된 특징은 인간중시의 경영이념을 바탕으로 우수한 인재의 채용 선발에 많은 예산을 들이고 인적 자원의 자질과 능력 개발을 위한 교육훈련분야에 엄청난 투자를 한다는 점이다. 전통적으로 기업경쟁력의 핵심요소들인 생산 및 공정기술, 제품시장, 금융자본 등은 경쟁의 우위를 지속적으로 보장해주는 데는 한계가 있으나 인적 자원의 창의력이나 기술력 그리고 이들에 대한 효율적인 관리방식은 경쟁사들이 쉽게 모방하거나 단기간에 축적할 수 없는 결정적이고도 차별적인 요인임을 인식했기 때문이다.

우리 경제가 지난 30여 년간 괄목할 만한 고도성장을 이룰 수 있었던 배경도 성실근면한 노동력과 높은 교육수준, 창의력, 성취욕구가 강한 인적 자원이 풍부했기 때문이라는 사실을 아무도 부인하지 못한다. 바야흐로 세계화의 급속한 진전에 따라 자본이나 원자재 생산기술, 정보 등과 같은 물적 생산요소들이 더 이상 특정국경 안에 묶여 있지 않고 교역의 대폭적인 확대와 더불어 기업이나 상업뿐만 아니라 상품에서도 국경이 그 의미를 상실해가고 있다. 따라서 한 나라의 국경 안에 남게 되는 것은 국민들 뿐이고 결국 국가경쟁력의 원천은 국민들의 창의력과 통찰력, 과학적 · 기술적 역량, 기초 및 응용연구 능력, 개혁의지와 혁신능력, 근면 성실과 책임감, 성취동기와 경영관리자적 자질 등에서 찾을 수밖에 없다. 국가 경제적 차원에서뿐만 아니라 기업경영 차원에서도 인적 자원의 자질과 능력개발 그리고 효율적 관리가 그 어느 때보다 중요해진 것이다. 기업의 경영활동에 필요한 모든 자원들을 조달 · 배분하고 활용하며 조직을 운영해 나가는 능동적이고도 적극적인 주체도 사람이고 한 나라의 경제적 · 사회적 발전의 방향과 속도를 규정할 뿐만 아니라 자본을 축적하고 각종 자원들을 활용하며 정치적 · 경제적 조직을 형성하여 국가발전을 이끌어 나가는 주체도 사람인 것이다. 따라서 사람이 태어나자마자 키우고 기르고 다듬어서 그 자질과 역량을 배양하고 그 가치를 드높이는 교육훈련이 더없이 중요해 진다.

미국의 경우 1929~1982년 사이에 취업 전 제도교육이 생산성을 26% 증대시켰고 취업 후 직장에서의 교육훈련이 55%의 생산성 증대에 기여한 것으로 조사되었다. 이는 학교와 직장에서의 교육훈련이 20세기에 있어서 미국의 경제성장과 생산성 향상에 가장 중요한 역할을 담당했고 앞으로도 국가경제의 장래를 좌우하는 요인이라는 사실을 입증하는 것이다. 그래서 1992년에 노벨 경제학상을 받은 미국 시카고 대학의 베커(Gary Becker)교수도 그의 저서 『인적 자본론(*Human Capital*)』에서 인적 자본의 품질을 결정하는 핵심요소는 교육과 훈련 그리고 가정이라고 지적하면서 이러한 인적 자본의 품질을 높이기 위해서는 가정에서뿐만 아니라 국가적으로도 교육과 훈련에 집중적으로 투자해야 한다고 강조한다.

인적 자본의 질은 인간이 보유하고 있는 지식이나 정보, 기술, 경험뿐만 아니라 건강, 도덕성, 성실성과 근면성, 정직성, 성취동기나 성장욕구 등도 중요한 요소들이 된다. 그러므로 양질의 인적 자원을 육성하고 인적 자본을 축적해 나가기 위해서는 학교교육은 물론이고 가정교육, 사회평생교육, 직장에서의 교육훈련과 건전한 가치관 및 도덕성의 함양을 위한 인성교육에의 적극적이고도 과감한 투자가 요청된다.

최근 들어 제품혁신이나 기술혁신으로 성공한 기업들을 두고 기술력이 경쟁력이나 경영의 성패를 좌우하는 요인처럼 지적되기도 하지만, 새로운 상품을 연구 개발해내는 상품기술도 그렇고 제품이나 서비스를 생산해 내는 공정기술도 이들을 다루고 구사하는 유능하고 숙련된 인적 자원의 기술력과 창의력의 발휘는 기업차원에서의 경쟁력을 강화시키고 성장 잠재력을 확충시키는 관건이 될 뿐만 아니라 국가경쟁력의 수준을 좌우하는 요인이기도 한 것이다.

다가오는 21세기는 정보화가 더욱 가속되면서 지식 집약적이고 두뇌 집약적 사회로 빠르게 이행돼 갈 것으로 예견되고 있어서 물적 자본의 축적도 부족하고 자연부존자원도 빈약한 우리나라의 경우 인적 자원의 중요성에 대한 인식과 교육훈련의 기회확대 및 투자확충을 통한 인적 자본의 질 향상과 그 지속적인 축적으로 지혜와 역량을 모아야 할 것이다.

2. 인적 자원의 속성

인적 자원은 물질적 자원이나 재무적 자원 등과 같은 다른 자원들과는 달리 존엄성, 능동성, 개발성, 그리고 전략성이라는 고유한 속성을 지니고 있다.

1) 인적 자원의 존엄성(Dignity)

인적 자원은 다른 자원과 가장 확실하게 구별하도록 하는 인격적 주체로서의 존엄성을 지닌다. 그 동안 인적 자원은 생산요소의 하나로 또는 거대한 산업 메커니즘의 한 부분으로 인식될 만큼 산업현장에서 소외되어 인간성 상실과 같은 문제점을 야기시키기도 하였다.

2) 인적 자원의 능동성(Activity)

기계설비나 재무적 자원과 같은 여타의 자원들은 수동적 성격(passivity)을 띠지만 인적 자원만큼은 능동적이고 창의적이며 자기주도적인 성격을 띠고 있다. 따라서 인적 자원이 달성해내는 성과는 인적 자원의 욕구나 동기, 태도나 행동, 성취감이나 만족도에 따라 달라질 수 있다. 그러므로 경영관리자가 이러한 인적 자원의 능동적 속성을 어떻게 효과적으로 잘 관리하고 동기유발시키느냐에 따라 경영성과는 상당히 달라지게 된다.

3) 인적 자원의 개발성(development)

인적 자원은 여타의 피동적 자원들과는 달리 자연적 성장과 성숙은 물론 장기간에 걸쳐 개발할 수 있는 잠재능력과 자질을 보유하고 있어서 개발 가능성이 매우 크다. 현대 인사관리의 아버지라 일컬어지는 오웬(Robert Owen)은 "기계에 투자한 돈은 15퍼센트의 이윤을 가져오지만 종업원들에게 투자한 돈은 50퍼센트의 이윤을 낳을 수 있다."고 말한 바 있다. 베커(Gary Becker)같은 학자들이 인적 자본론을 통하여 인간에 대한 교육투자를 강조하는 것은 인적 자원의 개발가능성에 초점을 두고 있는 것이다.

4) 인적 자원의 전략성(Strategy)

조직의 성과는 조직이 보유한 다양한 자원들을 어떻게 잘 활용하고 관리하느냐에 달려있다. 그런데 이들 자원 가운데 인적 자원은 조직의 경쟁력은 물론 성과를 좌우하는 비중이 가장 큰 것으로 어느 자원보다 그 전략적 가치나 지위가 높은 것이다.

3. 전인적 접근방법

전인적 접근(whole man approach/total personality approach)은 종업원을 여러 가지 복합적 욕구를 가진 전인격적 존재로 간주하고 그 전인적 욕구를 충족시킴으로써 인본주의적 내지 인간존중주의적 협동체제를 구축해내가는 경영관리 방법을 의미한다. 과학적 관리법은 종업원을 경제인으로서의 금전적 욕구를 중시하고, 인간관계론은 종업원의 사회인으로서의 안정감이나 귀속감의 욕구를 충족시키고자 했다. 이에 대하여 매슬로우(A. H. Maslow)를 위시하여 아지리스(C. Argyris), 리커트(R. Likert) 등의 신인간관계론자들은 종업원의 자아실현의 욕구를 중시하였다. 허츠버그(F. Hezberg)는, 직무 그 자체의 성취감을 동기유발요인(motivators)으로 중시하고 기업의 방침이나 인간관계, 그리고 감독자 등의 환경요인은 동기유발과 관계없는 위생요인(hygiene factors)이라 하였다.

그러나 이상과 같은 여러 인간모형은 인간의 일면을 보고 다른 면을 경시하거나 외면한 것으로, 사람들의 다양한 욕구들을 모두 종합하여 전인격적으로 바라보는 이른바 전인격적 접근이 필요한 것이다. 인간의 욕구를 일면이나 몇 측면만을 고려하는 것이 아니라, 다양한 욕구들을 충족시키려는 전인격의 인간관이나 접근은 인간중심주의, 인간존중주의, 인간중시주의, 또는 인본주의적 접근이라 할 수 있다. 인간존중의 전인적 접근은 두 가지 차원의 요인들을 고려하는 접근법이다.

〈표 7-1〉 전인격적 접근방법과 두 가지 차원의 요인들

환경요인	주체성 요인
경영방침 조직구조 임금형태 인적자원관리 작업환경 복지후생제도	참여 직무 자주성 자아실현 자존감

그 하나는 종업원이 일하는 '환경요인'에 대한 종업원의 인간적 욕구를 충족시키는 것이며, 다른 하나는 종업원이 인간으로서 내적으로 간직하고 있는 자주성이나 자아실현의 욕구 등의 '주체성 요인'을 충족시켜 가는 것을 의미한다. 환경요인과 주체성 요인은 서로 분리할 수 없는 불가분의 관계가 있으며, 그 어느 것을 경시할 수가 없는 것이다. 전인격적 접근의 구체적 내용은 다음에서 자세히 살펴보고자 한다.[1)]

1) 환경요인

① 경영방침 - 인간존중주의를 경영의 기본방침으로 하고 경영의 사회적 책임을 중시하며 최고경영층의 의사결정에 있어서 경제적 가치와 더불어 인간가치나 사회가치를 중시한다.

② 조직구조 - 분권관리를 행하며 권한위양을 철저히 행하고 유동성이 있는 유기적 조직을 목표로 한다.

③ 임금관리 - 임금급료의 공평성을 기하기 위하여 능력주의의 원칙을 도입한다.

④ 인적자원관리 - 승진, 배치의 인사방침이나 관리과정의 정확성, 객관성, 공정성을 확보함으로써 연고주의와 같은 정실인사, 학력이나 문벌에 의한 차별적 대우, 성차별, 연령차별, 또는 인종차별 등을 배제해야 한다.

⑤ 감독자 - 종업원의 자주성을 존중하는 리더십 훈련을 실시한다.

⑥ 작업환경 - 개인의 존엄성을 손상시키지 않는 작업환경이나 안전위생을 확보한다.

⑦ 복지후생시설 - 복리후생, 재해보상, 의료보험, 퇴직연금제 등 노후보장 제도

1) 占部都美, 經營學辭典, 1982, p.388.

2) 주체성 요인

① 노사협의제에 의한 경영참가

② 직무충실화

③ 자주성의 확보

④ 직장에서의 자아실현

⑤ 자기 효능감 및 자존감의 유지

4. 인간중시 경영

경영자는 조직구성원을 단순히 근로자로 보기보다는 우선적으로 사람이라는 생각을 가져야 한다. IBM사를 창설한 왓슨 1세(T. Watson I)는 '개인에 대한 존중'을 가장 중요한 사시로 삼았는데 이 회사는 지금도 종업원을 가장 존중하는 기업으로 인정받고 있다. 세계적 패스트푸드 체인인 맥도날드(McDonald's)의 경우는 종업원을 승무원(Crew)으로 부르고, 월트디즈니 프로덕션(Walt Disney Production)에서는 배역진(Cast)이라 부르며, Wal-Mart에서는 동업자(Associates), 제이씨 페니(J.C. Penny)에서는 동료라고 부른다. 이것은 모두 직원을 인간으로 보려는 조직의 노력들이라 할 수 있다. 미국의 몇 회사는 사내 전화부에 성을 빼고 이름만 인쇄하거나 직원간에도 이름만 부르도록 하였다. 이것은 최고경영자에게도 마찬가지로 적용된다. 이것은 경직된 관계를 철폐하고 친근한 관계를 형성함으로써 사람이 사람답게 대우받을 수 있는 조직분위기를 조성하려는 데 그 목적이 있는 것이다. 경영자가 직원의 이름을 기억하여 친근하게 불러줄 때 부하직원은 더 이상 자신이 단순한 조직의 부속품이 아니라 존중받는 대상이라는 인식과 자부심을 갖게 되고 새로운 마음과 자세로 직무에 임하게 될 것으로 기대가 되는 것이다.[2)]

조직구성원을 인간으로 보기 위해서는 인간에 대한 물상화적 관점(reification)을 인간화적 관점(personification)으로 바꾸어야 한다. 물상화 또는 물화란 인간을 기계나 물건으로 간주하거나 인간의 노동력 내지 다른 능력도 상품화되고 인간과 인간의 관계조차도 물과 물의 관계로 파악하는 것을 말한다. 반면에 인간화란 인간을 기계나 물건이 아닌 존엄성을 지닌 인간 본질 그 자체로 바라보는 것이다. 프랑크푸르트 학파

2) 양창삼, 조직행동의 이해, 법문사, 1994, pp.43-44.

는(Frankfurt School)는 물상화에 대하여 비판적인 입장을 취하며 인간화를 제창하였다. 학자에 따라서는 물상화를 hard 부문이라 하고, 인간화를 soft 부문이라 지칭하기도 한다. 지금까지 많은 경영자들은 soft 부문보다 hard 부문에 대한 관심을 더 기울여 온 것이 사실이다. 경영자들이 공장신설, 기계설비의 도입, 생산성 향상, 품질관리, 신제품 개발, 에너지 절약, 세금, 금융지원 등 물질적인 문제에만 급급했지 직원들의 자아실현, 복지, 그들의 인간적인 측면에 대하여는 소홀하거나 등한히 해왔던 것이다. 이제부터라도 경영자들의 직원들에 대한 인간관이 변화되어야 하고 기업조직의 인간화를 위한 보다 구체적인 노력들을 기울여 나가야 할 것이다.[3)]

인간존중의 경영관리는 조직에서 구성원들을 존엄성을 가진 존재로서 존중할 뿐만 아니라 구성원들 스스로가 이성을 가지고 자율적인 행위를 할 수 있으며, 나아가 그들의 경제적 · 사회적 · 정신적 욕구충족을 만족시켜주는 동시에 구성원들이 조직 공동체의 발전을 위하여 기여할 수 있다는 믿음을 가지고 기업의 경영관리를 이끌어 나가는 방식이다.[4)] 일반적으로 인간존중의 경영관리는 경영학의 학문영역으로 볼 때 조직행위론(Organizational Behavior) 분야에 속하기 때문에 조직행위론이 갖는 학문적 성격과 유사한 부분도 있다. 그러나 본서에서의 인간존중의 경영관리는 기존의 경영 패러다임에 대한 반성으로부터 출발하여 새로운 패러다임으로서 경영관리적 인본주의(Managerial Humanism)에 기초하고 있다는 점을 분명히 밝혀 두고자 한다. 따라서 본서는 기업에서의 '인간존중의 경영관리방식'이 수단으로서의 '인간'이 아니라 결국은 목적으로서의 '인간'에 초점을 두는 것이어야 하므로, 기업에서 이러한 측면을 고려하여 구성원과 조직 모두가 상호 균형적으로 발전할 수 있도록 기여하는 데 많은 시사점들을 제공해낼 것으로 기대된다.

5. 인적자원관리의 중요성

1) "인사가 만사다"

종래에 써왔던 인사관리(Personnel Management)라는 표현에서 영어의 'personnel'은 어원적으로 어떤 개인의(personal) 문제를 다루는 것이 아니라, 조직이나 집단에

3) 양참삼, 앞의 책(1994), p.44.
4) 신유근, 앞의 책, p. 8.

고용된 일단의 사람들(body of persons employed in some service) 또는 어떤 사물들과는 구별되는 인간에 관련된 일을 다룬다는 의미의 불어에서 온 말이다. Personnel이란 곧 조직의 구성원이나 인원, 직원을 의미하는 데, 말하자면 조직에 몸담고 있는 사람들을 통칭하는 것이다. 따라서 인사관리란 조직에 몸담고 있는 사람과 관련된 일(人事)이고 활동과정의 전부인 것이다. 그러니까 조직에 사람을 새로이 고용(employment)하거나 빈자리를 채우는 충원(staffing)에서부터 해당 자리(직위)에 앉히는 배치(placement), 능력이나 자질을 개발(development)하는 교육훈련, 조직의 목표달성에 기여하도록 활용(utilization)한 다음, 능력과 업적을 평가(evaluation)하는 인사고과, 고과결과에 따른 보상(compensation), 유능한 인재의 장기근속을 위한 유지관리(maintenance), 그리고 이직 또는 퇴직관리(separation)에 이르기까지의 전 과정과 활동이 인사관리인 것이다.

근래에 들어서 인적자원관리(Human Resource Management)라는 표현으로 쓰기 시작한 이유는 기업의 전략적 접근의 결과라 할 수 있다. 종래의 인사관리에서는 종업원이나 직원을 단순한 생산요소의 하나로 보고 단지 관리의 대상으로 간주했었다. 그래서 직원에 지불되는 임금을 비용(cost)의 지출로 보아 원가회계 과정에서 인건비 또는 노무비(labor cost)라고 지칭하곤 했었다. 그러나 인적자원관리에서는 직원들에게 지불되는 임금이나 복지후생 관련 예산투입을 단순한 비용의 지출로 보지 않고 잠재력을 지닌 자원으로 인식하고 개발과 활용에 따라서 엄청난 수익이 창출될 수 있는 투자로 인식한 데 따른 접근인 것이다. 조직구성원에 대한 관점이 보다 전향적이고 적극적이면서도 보다 전략적이라 할 수 있다.

그 표현이 인사관리이든 인적자원관리이든 간에 조직은 사람이 주체가 되어 구성되고 그 운영의 주체가 사람이기 때문에 조직에서 사람이 빠지고 나면 모든 기능이 마비되고 말기 때문에 사람, 즉 인적 자원이 가장 소중한 것이다. 그래서 "기업은 곧 사람이다"라고 표현하는 것이다. 사람(인적자원) 외의 여타의 자원들, 이를테면 자금이나 자본을 관리하는 재무관리나 생산활동을 관리하는 생산관리, 기계설비의 유지관리 등도 사람이 주체가 되어 전개되기 때문에 다양한 경영관리 활동 가운데서 인사관리, 인적 자원관리가 가장 중요한 것이다.

이러한 중요성을 인식한 마스시타 전기(松下電氣)의 창업자이자, 파나소닉(Panasonic)과 내쇼날(National)을 가전제품의 세계적 브랜드로 만든 마스시타 고노스케(松下幸

之助)는 기업에 있어서의 인적 자원의 중요성을 다음과 같이 설파하였다. “기업에 공장, 기계, 시설만 있고, 사람이 빠져있다면, 그 기업은 진정한 기업이라 할 수 없다. 기(企)자는 ‘기업(企)에 사람(人)이 빠지면 멈춰 선다(止)’라는 의미로 볼 수 있다.”고 흥미롭게 풀이한 바 있다. 한편 일본 토요타 자동차의 인사철학은 다음과 같다. “제품 만들기는 사람 만들기다. 제품은 기계가 만드는 것이 아니라, 인간이 만드는 것이다. 그래서 사람을 올바르게 양성하지 않고서는 올바른 제품을 만들 수는 없다.”

“기업은 사람이다. 기업은 문자 그대로 업(業)을 기획(企劃)하는 것이다. 나는 내 일생을 통해서 80%는 인재를 모으고 기르고 육성시키는 데 시간을 보냈다.” 삼성의 창업회장인 고 이병철 회장의 경영철학이었다. 한편 잭 웰치 GE 전 회장은 “이병철 회장으로부터 배워서 나의 시간과 관심의 75%를 사람 관련된 일에 쏟았다”고 술회한 바 있다. 화장품 산업의 여제(女帝)로 불리운 Mary Kay Cosmetic의 CEO 애쉬(Mary Kay Ash)는 회사를 한 가족으로, 즉 영원히 함께 해야 할 유기적 공동체로 보았다. 그녀는 P&L이 손익계산서(Profit & Loss)가 아닌 ‘사람과 사랑’(People & Love)을 의미한다고 주장하였다. 애쉬는 이익은 중요하지만, 목적에 도달하기 위한 수단일 뿐이라고 생각하였다. 직원들에게 아낌없이 투자하여 신뢰와 충성의 고리를 만들고 직원의 가족에서부터, 수천만 명의 고객까지를 하나의 가족으로 만들어 나가는 것, 그것이 바로 기업의 궁극적 목적이라고 생각하였다. 한편 우리나라 출판업계를 선도하는 김영사의 박은주 사장은 “집보다 더 좋은 회사를 만드는 게 내 꿈이다. 회사는 늘 편안해야 한다. 집에 있다가도 회사에 오고 싶어 할 정도로 편안한 회사를 만들고 싶다. 직원들도 집보다 더 좋은 회사에서 일한다는 마음으로 일을 즐기다 보니 자연스레 정성이 담긴 좋은 책이 나온다.”고 말한 바 있다.

현대의 대표적인 경영이론가인 버나드(Chester. I. Barnard)는 “기업은 사람으로 구성되고, 사람에 의해 운영되고, 사람을 위해 서비스하는 시스템이다.”라는 말로 ‘기업은 곧 사람이다’라는 명제를 확인해주었다. 그리고 하버드 대학의 캔터(Rosabeth Mos Canter) 교수는 “성공한 기업의 비결은 첫째도 사람, 둘째도 사람, 셋째도 사람이다. 그러나 중요한 것은 그들의 육체가 아니라, 그들의 두뇌이다.”라고 지적한 바 있다. 그래서 경영학의 구루 피터 드러커는 결론적으로 다음과 같이 역설한다. “현명한 경영관리자는 다른 일에 투자하는 시간보다 훨씬 많은 시간을 사람을 관리하고 그와 관련된 의사결정을 내리는 데 투자한다. 인사결정은 결과와 영향력이 다른 어떤 의사결정보다도 오래 지속되기 때문이다. 경영성과가 낮은 경영자보다도 큰 위험요소를 기업에 제공하는 경영자는 인사결정을 소홀히 하는 경영자이다.”

지금까지 세계적 CEO들의 인사철학과 경영이념에서나 경영학계의 거장들이 강조하는 경영의 요체는 “인사(人事)가 만사(萬事)다”[5]라는 한마디로 대변된다고 볼 수 있다. 앞서도 살펴본 바 있지만 ‘인사’란 ‘인간에 관련된 일’이라는 좁은 의미에서부터 ‘조직에 몸담고 있는 사람과 관련된 일(人事)과 관련된 활동 과정의 전부’를 뜻하는 것이기 때문에 여러 가지 의미를 함축하고 있는 표현이다. 말하자면 ‘인사’의 의미는 ‘조직 안에서의 사람, 인재, 인력, 인적 자원과 관련된 모든 일’과 관련된 것이지만, 요약하자면 ‘조직 내에서의 사람들을 효과적으로 관리하는 일’이라 할 수 있다. 예컨대, 한 기업이 어느 부서의 특정 직무를 수행해내기 위해서 직원을 채용해야 할 상황이 생겼다면, 어떤 사람을 어떻게 뽑아서 대우를 어떻게 해줄 것이며, 교육훈련을 어떻게 해서 기업의 성과 달성에 기여하게 할 것인가, 능력이 없는 사람을 잘 못 뽑았거나, 혹은 해당 직무가 직원의 적성에 맞지 않는 등으로 해서 ‘채용된 직원이 해당 직무와 적합관계(man-job fit)’를 이루지 못할 경우는 어떻게 할 것인가 등등의 문제를 체계적으로 그리고 효과적으로 잘 관리해야 하는 것이다. 이와 같이 한 조직구성원 또는 직원의 채용에서부터 퇴직에 이르기까지 사람을 관리하는 모든 일과 과정이 ‘인사’인 것이다. 말하자면 조직이 성공적으로 성장 발전하려면 훌륭한 인적 자원을 확보하여 적재적소에 배치해야만 모든 일이 잘 풀리고 조직은 순리대로 잘 돌아간다는 것이다. 선발하고 채용하는 데서부터 전환배치, 인사이동, 인사평정 또는 인사고과 등의 일련의 과정이 객관적이면서 공평무사하고 정확하여 조직의 모든 구성원들이 공감할 수 있는 절차와 과정, 방법과 결과로 진행되어야 한다는 것이다. 따라서 ‘인사가 만사’라는 말의 의미는 다음과 같이 풀이될 수 있을 것이다.

우선 “좋은 인재를 잘 뽑아서 적재적소에 배치하는 것이 기업의 모든 일을 잘 풀리게 하고, 순리대로 돌아가게 한다.”는 의미이다. 다음으로는 다른 사람의 마음을 읽고, 그를 움직일 수 있다면 천하를 얻을 수도 있다는 의미이기도 하다. 기업경영에 국

5) 이 말의 유래는 조선 후기 21대 임금 영조(英祖)가 1725년 즉위하면서 당쟁을 해소하기 위해 당파간의 정치세력에 균형을 꾀한 불편부당(不偏不黨)의 정책이었던 탕평책(蕩平策)을 실시하는 과정에서 쓰였던 표현이었다. 여기서 탕평이라는 말은 〈서경(書經)〉 ‘주서(周書)’ 홍범조(洪範條)에 나오는 것으로 ‘無偏無黨王道蕩蕩 無黨無偏王道平平’이라는 구절에서 유래한 것인데 어느 한 편에 치우치지 않음을 이르는 말이다. 뒤이어 정조도 탕평책을 계승하여 탕탕평평실(蕩蕩平平室)을 두고 노론 · 소론뿐만 아니라 출신을 가리지 않고 서얼이라고 하더라도 실력을 갖춘 이들을 등용하여 어느 정도 정치적인 안정을 이룩하였다.

한시켜보더라도 그야말로 모든 일이 사람에 의해서 이루어지기 때문에 조직에서 사람을 어떻게 잘 기용하고 다루느냐에 따라서 기업의 성패가 좌우되는 것이다.

뿐만 아니라, 조직관리나 기업경영의 목적은 조직의 목표인 높은 성과의 달성을 위해서 개인을 구성원으로 받아들여 공헌하게 하는 한편, 그 보상으로 구성원 개개인의 욕구를 충족시켜줌으로써 조직의 목표와 개인의 목표를 동시에 조화롭게 달성시키도록 하는 데 있다. 그래서 조직은 경쟁력이 향상되고 조직구성원은 자아실현은 물론, 삶의 질이 향상됨으로써 조직과 개인이 함께 성장하고 발전하는 것이므로 조직에서의 사람관리, 즉 인적자원관리는 어느 관리활동보다 중요함을 강조하지 않을 수 없는 것이다.

그런데 미국의 제 33대 대통령이었던 트루만(Harry S. Truman)은 "인간경영이란 다른 사람에게 원하지 않는 일을 하도록 만들고, 또 그 사람이 그 일을 좋아하도록 만드는 능력이다."라고 말한 바 있다. 인적자원관리의 핵심을 지적한 말이기도 하지만, 인적자원관리, 즉 사람경영이 그리 쉽지 않음을 역설하는 말이기도 한 것이다.

2) 치인(治人) 이전에 수신(修身)-수기(修己), 자기경영이 먼저다!

인류가 모듬살이(공동체)를 하기 시작하면서부터 집단활동이나 조직생활이 시작되었다고 본다면 집단의 운영이나 조직의 유지관리를 위해서는 그 주체가 되는 사람관리가 반드시 필요할 수밖에 없었을 것이다. 왜냐하면 집단이나 조직의 구성원이 사람이고 사람이 조직을 유지 발전시켜나가는 주체이므로 사람관리가 집단이나 조직의 성패를 좌우하는 관건이기 때문이다. 그런데 사람이 사람을 관리한다는 것이 그리 간단하거나 쉬운 일은 결코 아니다. 기업을 비롯하여 "모든 조직은 그 조직을 이끄는 지도자의 그릇만큼 성장하고 발전한다."는 표현처럼, 조직을 이끌고 사람을 관리하는 리더나 관리자의 그릇, 즉 그 역량과 자질이 조직의 성패를 좌우하는 매우 중요한 관건이 되는 것이다.

동양사회의 가장 오래된 화두가운데 하나가 '수기치인(修己治人)', 즉 수신제가 치국평천하(修身齊家治國平天下)[6)]일 것이다. 치인하려면 먼저 수신(修身) 또는 수기(修己), 즉 자기 자신을 먼저 갈고 닦고, 수련하고 연마해야 한다는 말이다. 다시 말하자면, 자기 자신을 제대로 다스리지 못하면, 가정관리는 물론, 조직도 나라도 세상경영도 논

6) 동양의 고전 사서(四書) 중의 하나인 대학(大學)의 서문에 나오는 이른바 8조(格物致知誠意正心 修身齊家治國平天下) 가운데 뒤의 4조를 이르는 것이다.

할 자격이 없다는 것이다. 자기경영관리(self management)가 우선되어야 남을 다스릴 수 있다는 말이다. 수기치인이란 자아를 발견인식하고 자아를 개발하며 자기 자신의 재능과 역량을 먼저 갈고 닦은 다음에라야 남을 이끌고 지도하며 남을 다스리고 관리할 수 있다는 것이다. 대학 8조에서 앞선 4조, 즉 격물치지성의정심(格物致知誠意正心)을 통하여 수신 또는 수기, 즉 자기경영관리를 어떻게 하는지 그 방법론을 제시해주고 있다.

수신의 요소는 격물(格物), 치지(致知), 성의(誠意), 정심(正心)으로 이루어진다.

먼저 '격물한다'함은 사물의 이치를 깨닫는 과정이다. 사물의 이치는 곧 자연의 섭리와 우주의 운행원리, 나아가 참된 이치, 즉 진리까지 터득하려는 노력이라 할 수 있는 데 배우고 익히고 깨달아가는 학습하고 학문하고 탐구하는 과정이다. 그런 과정을 거친 다음에 이르게 되는 단계가 바로 치지, 즉 '앎의 경지'인 것이다. 사물의 이치를 깨달아 기본적이고 상식적인 지식들을 터득함은 물론 전공 또는 전문 분야의 특수 지식이나 노하우, 기술까지 터득하는 과정이라 할 수 있다. 오늘날의 지식기반 사회에 있어서는 치지의 과정이 더욱 중요하고 절실한 부분이라 할 수 있다. 다음으로 성의는 뜻을 품되 성실하고도 참되게 가지라는 것이다. 대학에 이르기를 자기의 생각을 성실하게 한다는 것은 자기 자신을 속이는 일이 없도록 할 것이며 거리낌이 없어야 한다는 것이다. 그래서 대학에서는 스스로 속이는 것을 막고 마음에 흡족하게 하는 방법으로 신독(愼獨:愼其獨也)을 제시하고 있다. 신독이란 혼자 있을 때에도 삼가할 줄 아는 것이다. 사람은 혼자 있을 때에도 스스로 삼가고 유혹이나 탐심에 빠져드는 일이 없도록 해야 한다는 것이다. 이러한 자기 성찰과 관리 없이는 수기나 수신을 제대로 할 수 없다는 것이다. 정심이란 뜻을 성실히 하고 신독에까지 이른 다음에는 바른 마음가짐에 이르러야 한다는 것이다. 사람의 마음에는 희로애락을 비롯한 공포와 두려움, 탐심과 불안, 질시와 우려 등의 감정이 있어서 정심을 잃어버릴 경우가 흔하므로 마음을 바른 자리에 안정되게 둘 수 있도록 힘써야 한다는 것이다. 대학에서 풀어 설명하기를, "마음이 정서와 감정에 지배되어 그 정상을 잃을 때에 보아도 보지 못하고 들어도 들리지 않으며 먹어도 그 맛을 분간치 못하게 된다."고 하였다. 그래서 지도자나 경영관리자는 자기경영을 함에 있어서 마음 공부를 꾸준하고도 열심히 해야 하는 것이다.

6. 인적자원관리의 의의

1) 사람관리, 인사관리, 인적자원관리

표현이 사람관리든 인사관리 혹은 인적자원관리든 간에 관리의 대상이 '사람'이라는 사실에는 변함이 없다. 언뜻 보아 사람이 사람을 관리한다는 것은 여러 가지 문제를 야기할 수 있음을 상정해볼 수 있다. 흔히들 '사람 위에 사람 없고 사람 밑에 사람 없다'는 표현이 그렇고, '만인은 법 앞에 평등하다'는 명제를 염두에 두고 생각할 때 더더욱 그러하다. 그러나 인간이 모듬살이를 하면서부터 집단이나 조직이 나름의 고유한 목표나 목적을 지니게 되고 그러한 공동의 목표달성이나 목적의 실현을 위해서는 집단이나 조직이 동원 가능한 자원이나 역량들을 능률적으로 그리고 효과적으로 활용하고 관리하기 위해서는 보다 유능한 지도자와 관리자를 선택하여 권한과 책임을 위탁하거나 위임하는 과정이 자연스럽게 이루어지게 되었던 것이다. 그렇게 선임된 지도자나 관리자는 자신의 역량과 지혜는 물론 실무적으로 지원을 받을 수 있는 중간관리층이나 일선 관리자들을 선임하여 보다 짜임새 있게 조직을 운영해나가고자 노력하게 되었던 것이다. 이러한 과정에서 리더나 고위 관리자는 조직이 동원 가능한 또는 활용 가능한 자원들을 보다 능률적으로(efficiently) 그리고 보다 효과적으로(effectively) 조직하여 관리하고자 노력하게 되는 데, 모든 자원들 가운데서 유일하게 능동적이고 개발가능성이 가장 높은 잠재력을 지닌 자원이 사람, 곧 인적 자원인 것이다.

인적자원관리라는 표현을 쓰기 전에 쓰던 인사관리라는 표현도 그 관리대상에 따라 인사관리와 노무관리로 구분하여 쓰기도 하였다. 인사관리는 주로 사무직이나 관리직 등 이른바 화이트칼라(white collar)를 대상으로 할 때 쓰는 표현이었다. 반면에 작업현장에서 육체노동을 제공하는 이른바 블루칼라(blue collar)를 대상으로 할 때에는 노무관리(labor management)라고 구분하여 썼다. 노무관리는 말하자면 현장의 인적자원을 생산요소의 하나로 여기고 인력(man power)이나 노동력(labor force)이라는 표현과 함께 인력관리라든가 노동력관리라고 쓰기도 했던 것이다.

다른 여타의 자원들을 능률적으로 그리고 효과적으로 활용하면서 가급적 높은 부가가치를 창출해내기 위해서는 능동적이고 창의적이며 자기주도적인 사람, 곧 인적 자원의 관리가 가장 중요한 활동이 될 수밖에 없는 것이다. 조직이 그 주체가 되는 사람, 즉 인적 자원을 어떻게 모집하여 선발하고 최종적으로 조직이 채용한 인적 자원을 어느 부서, 어느 자리(position)에 배치시켜서 적성에 맞는 업무를 성공적으로 수행하게 할 것인가에서 부터 어떻게 하면 조직이 필요로 하는 인재로 다듬고 육성하여 활용할 것인가에 이르기까지 보다 조직적인 계획과 실행이 중요해진다. 인적자원관리 과정은 조직에 개인을 고용(employment)하여 적재적소에 배치(placement)하고, 교육과 훈련과정을 통해 개발(development)하여 조직의 성과달성에 유효적절하게 활용(utilization)하고, 그들의 자질과 능력, 업적을 공정하게 평가(evaluation)하여 공평하게 보상(compensation)해주어 만족과 보람을 느끼면서 질 높은 삶을 향유하도록 하여 오래도록 조직에 머물면서 공헌하도록 할 것인가, 그리고 아름다운 마무리를 하면서 조직을 떠날 수 있도록 할 것인가에 이르기까지의 일련의 과정들을 효과적으로 관리하는 활동이다. 이러한 인적자원관리는 여타의 모든 관리활동들이 그러하듯이 계획(planning), 조직(organizing), 지휘(directing), 통제(controlling)의 과정을 거치면서 짜임새 있게 수행되어진다.

2) 인적자원관리의 개념적 정의

인적자원관리에 대한 정의도 학자들에 따라 조금씩 달리하고 있음을 볼 수 있다. 먼저, 가장 선구자적인 학자인 요더(D. Yoder)는 "남여 종업원들로 하여금 그들의 직장에 대하여 최대의 공헌을 하게끔 하고 또한 최대의 만족을 할 수 있도록 조력하고 지도하는 기능 내지 활동이다."라고 정의한 바 있다. 다음으로 피거스(P. Pigors) & 메이어스(C. A. Myers)는 "각자의 능력을 최대한으로 발휘시켜 개인이 그 직무에서 최대의 만족을 얻고, 작업집단의 일원으로도 만족을 얻을 수 있도록 조력하는 것이다." 라고 하였다.

한편 프렌치(W. French)는 "인적 자원의 계획과 확보 · 활용과 보존, 보상과 개발을 포함한 경영의 한 과정으로서 인적 자원을 관리하는 데 연관된 모든 기능과 활동을 의미한다."고 정의하고 있다. 그리고 국내학자 양창삼 교수는 "인적자원관리는 종업원을 조직의 소중한 자원으로 간주하여 그들의 잠재능력을 최대한 발휘할 수 있도록 조직의 분위기를 조성하고, 이를 효율적으로 활용함으로써 개인의 욕구를 만족시킬 뿐만 아니라 조직의 목표를 아울러 달성하고자 하는 학문이다."라고 정의한다. 신거(M. G. Singer)는 인적자원관리란 조직구성원 개인과 조직 모두의 욕구, 목표와 목적의 충족을 촉진시키기 위하여 필요한 프로그램, 정책과 활동들을 개발하기 위해 노력하는 전공영역"(Human resource management is a speciality field that attempts to

[그림 7-1] 조직 목표와 개인 목표의 조화

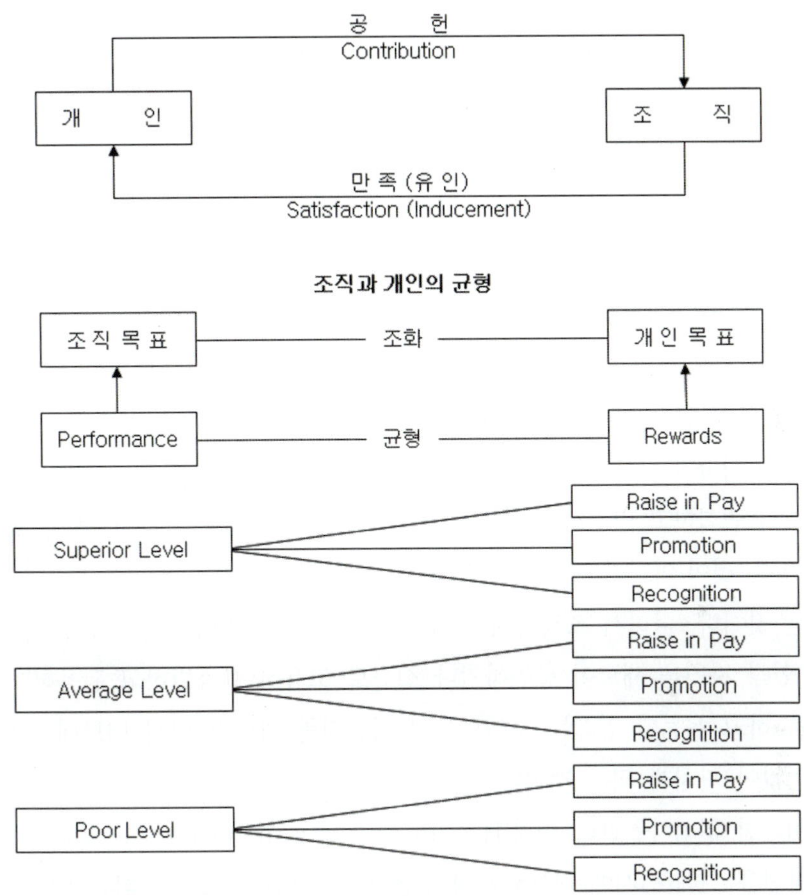

develop programs, policies, and activities to promote the satisfaction of both individual and organizational needs, goals, and objectives)이라고 정의하였다. 또한 플리포(E. B. Flippo)는 "인사관리란 개인적, 조직적, 그리고 사회적 목적들이 달성될 수 있도록 하기 위하여 인적 자원의 조달, 개발, 보상, 통합, 유지, 이직 활동들에 대하여 계획하고 조직하고 지휘통솔하며 통제하는 과정이다."(Personnel management is planning, organizing, directing, and controlling of the procurement, development, compensation, integration, maintenance, and separation of human resources to the end that individual, organizational, and societal objectives are accomplished.)

본서에서는 인적자원관리를 다음과 같이 정의하고자 한다. 조직의 인적 자원을 가장 귀중한 전략적 자원으로 인식하고 그들의 잠재능력을 최대한으로 발휘할 수 있도록 도와줌으로써 조직의 경쟁적 우위를 확보하는 데 기여하게 하여 조직의 유지발전과 함께 개인의 목표도 동시에 달성될 수 있도록 인적 자원의 고용, 배치, 개발, 활용, 평가, 보상, 유지를 자발성과 자율성의 원리에 입각하여 체계적으로 관리하는 활동과 정이다.

3) 인적자원관리의 과정

고대 그리스의 철학자 헤라클레이토스가 "만물(萬物)은 유전(流轉)한다(panta rhei)"고 하면서 현상의 끊임없는 변전(變轉)에 주목하였다. 만물은 유전하며 같은 상태로 존재하지 않으며 결코 머무는 일이 없다고 하였다. 따라서 기업조직도 예외는 아니어서 변화하고 발전하는 가운데 조직구성원들도 채용되어 한 부서, 한 직위에 머물러 있는 것이 아니라, 승진하기도 하고 자리 이동을 하며 정년을 맞이하여 퇴직하기도 하는 것이다. 따라서 조직과 관리자는 이러한 변화에 대처하면서 빈자리를 채우기 위해 인적 자원을 새로이 충원하거나 신규로 고용하여 개발하고 활용하며 평가하여 보상을 하고 유능한 인재는 오래도록 유지관리를 하다가 다시 내보내는 일련의 과정을 끊임없이 거치게 되는 것이다.

이러한 인적자원관리 과정(Human resource management process)은 조직의 유지발전을 위해 적시에 직무요건에 맞는 인적 자원의 조달을 계획하여 고용하고, 개발하여 활용하고 평가하여 보상하면서 유능한 인재를 유지 관리해 나가는 일련의 과정을 말한다. 다시 말하면 인적자원관리의 과정은 모든 경영관리 활동이 거치는 순환과정인 planning-organizing-directing-controlling을 거치듯이 인적 자원의 계획에서부터 인적 자원의 조직, 지휘통솔, 그리고 통제를 거치는 일련의 과정이다.

따라서 인적자원관리는 이러한 관리과정적 측면과 더불어 고용, 배치, 개발, 활용, 평가, 보상, 유지 나아가 퇴직의 실질적 직능활동(functional activities)에 초점을 맞추어 전개되어 나가는 것이다.

〈표 7-2〉 인적자원관리의 과정적 내용

대상 측면	구체적 내용
관리과정적 측면	계획과정(Planning) 조직과정(Organizing) 지휘통솔과정(Directing) 통제 과정(Controlling)
직능적 측면	고용(Employment) 배치(Placement) 개발(Development) 활용(Utilization) 평가(Evaluation) 보상(Compensation) 유지(Maintenance) 이·퇴직(Separation)

(1) 관리과정적 측면

경영관리의 과정을 개념적으로 체계화하여 정립한 사람은 프랑스의 광산 엔지니어 출신인 앙리 파욜(Henri Fayol)이다. 파욜(Fayol)은 1916년에 출간한 그의 유명한 저서 『*Administration Industrielle et Générale*』에서 경영관리의 과정을 계획(prévoyance), 조직(organisation), 명령(commandement), 조정(coordination), 그리고 통제(contrôle)라는 5단계로 구분하여 제시하였다.[7] 이를 계기로 쿤츠(H. Koontz)로 대표되는 이른바 관리과정학파의 여러 학자들이 경영관리 활동을 일련의 연속적 과정으로 보고 다양한 틀을 제시해왔었다.

가장 간략하게는 PDS(Plan-Do-See), 즉 계획, 실행, 확인점검에서부터 길게는 구릭크(L. Gulick)이 제시한 7단계의 과정, 즉 계획(planning), 조직화(organizing), 충원(staffing), 지휘(leading), 조정(coordinating), 보고(reporting) 그리고 예산(budgeting)을 들 수 있다. 그런데 가장 보편적으로 알려진 것은 파욜을 두고 '진정한 경영학의 아버지'라고 지칭한 쿤츠가 제시한 5단계 과정, 계획(planning), 조직화(organizing), 충원(staffing), 지휘(leading) 및 통제(controlling)라 할 수 있다. 그렇지만 본서에서는 4단계의 과정으로 제시하되, 계획-조직-지휘통솔-통제 네 단계의 과정으로 구분하여 논의를 전개하고자 한다.

7) 김홍길 역, 산업 및 일반경영관리론, 지문사, 1990.(Henri Fayol의 그 유명한 저서 "Administration Industrielle et Générale을 저자가 완역 출간한 것이다.)

이러한 경영관리 직능은 상호 독립적인 것이 아니라, 상호 관련되고 상호 의존적 구조 속에서 직능적 활동과정들이 연속적으로 이어지는 순환구조를 보여주는데 이를 경영관리 사이클(management cycle), 또는 경영관리의 순환(process of management cycle)이라 칭한다. 이러한 4단계의 경영관리과정은 모든 경영관리 활동들 이를테면 생산관리나 재무관리, 마케팅관리 등에서도 공통적으로 준용되고 있음을 볼 수 있다.

먼저 계획이라 함은 목표의 수립을 시작으로 하여 이른바 5W1H[8], 즉 육하원칙에 입각해서 일을 도모해가는 단계라 할 수 있다. 다음으로 조직이라 함은 기업이 필요로 하는 모든 자원들에 대하여 어디서 어떻게 얼마만큼 조달(procurement)해서 조직 내의 각 부서에 어떻게 할당(allocation)하고 배분(distribution)할 것인가를 다루는 과정이다. 여러 자원들 가운데서도 능동적이고도 자율적인 인적 자원에 한해서는 조직의 목표달성에 기여하도록 하기 위한 영향력을 행사하고 스스로 자발적으로 주어진 책무를 수행할 수 있도록 의욕을 북돋우어주는 과정이 필요한데 바로 지휘통솔(directing)의 과정이다. 지휘통솔의 과정은 사실상, 구성원들에게 목표달성에 공헌하도록 영향력을 행사하는 리더십의 발휘과정(leading)과 스스로 자발적으로 자신의 직무와 역할을 수행할 수 있도록 유도하는 동기유발의 과정(motivating)으로 이루어진다.

이와 같이 조직구성원들에 의해 업무수행이 이루어지는 과정에서 나름대로의 결과(result)가 나타나게 마련인데 계획의 단계에서 설정된 목표(goal) 곧 표준(standard)에 어느 정도 수준으로 도달하는가를 목표와 결과를 지속적으로 비교점검하고 확인하는 가운데 결과가 목표에 미달할 경우에 필요한 조치를 적절하게 취하는 과정이 바로 통제(controlling)이다.

(2) 직능적 측면

인적자원관리의 직능적 측면이란 기업조직뿐만 아니라, 다른 유형의 조직들에서도 실제적으로 인적 자원에 관한 관리가 일련의 직능들을 따라 순차적으로 전개됨을 의미하는 것이다. 앞서 논의한 관리 과정들이 어떤 직능들에 대하여 적용되느냐가 문제인데 본서에서는 인적 자원관리의 직능들을 7단계로 나누어 논의하고자 한다.

인적자원관리의 직능들에 대해서도 논자들에 따라 그 관점을 조금씩 달리하기도 하지만 본서에서는 인적 자원이 기업조직에 들어와서 퇴직하는 단계에 이르기까지를 7단계로

---

8) 일반적으로 5W1H라고 하면 Who, What, Why, When, Where에다가 How를 의미하지만, 논자에 따라서는 비용, 원가 또는 제품가격의 중요성을 강조하는 의미에서 'How much'를 더하여 5W2H라고 하기도 한다.

[그림 7-2] HRM의 3차원적 구성내용

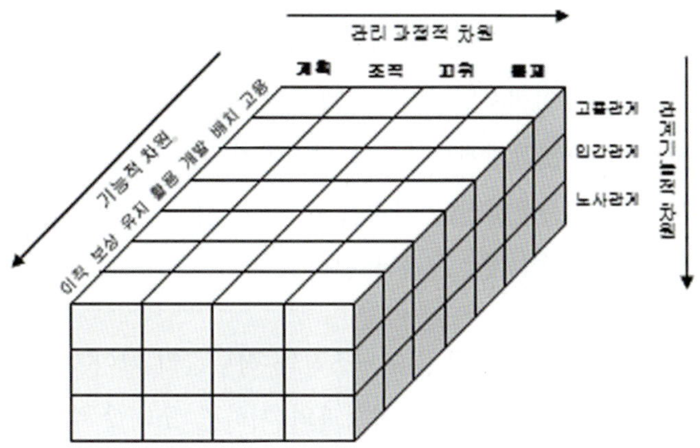

나누어 살펴보고자 한다. 즉 새로운 구성원을 받아들이는 과정인 고용(employment)을 시작으로 하여 배치(placement), 개발(development), 활용(utilization), 평가(evaluation), 보상(compensation), 유지(maintenance), 이 · 퇴직(separation)까지의 과정으로 나누어 논의를 전개하고자 한다.

[그림 7-3] 인적자원관리의 과정

4) 인적자원관리의 계획과정

(1) 인적자원(HR)계획의 의의

인적자원계획(human resource planning)은 인력계획(manpower planning)이라고도 하는 것으로 인적자원관리의 출발점이라 할 수 있다. 왜냐하면 인적자원관리 활동은 인적자원 계획 단계에서부터 합리적이지 못하거나 체계적이지 못할 경우, 인적자원관리 시스템 전반에 차질을 가져올 수 있고 결국 경영성과에 심각한 영향을 미칠 수 있기 때문이다. 그 이유는 다음과 같다.

첫째, 인력계획이 잘 못될 경우, 조직과 직무관리 나아가 전반적인 업무관리의 합리화를 기대하기가 어려워지고 경영성과의 저하를 초래할 수 있다.

둘째, 인적 자원의 과부족은 적정수준 이하의 인력에 따른 업무 과부하로 인하여 작업의 질이 떨어지게 되고 결국 조직의 효율성을 저하시키는 결과를 초래하고 만다.

인적자원계획은 조직이 계속적으로 그 목적을 달성해나가는데 필요한 인원의 정확한 수와 종류를 파악하고 적시에 그리고 적소에 공급하기 위한 과정이다. 다시 말해서 인적자원계획은 현재 및 장래에 조직이 필요로 하는 인원수를 사전에 예측하고 산정하여 조직 내외의 인적 자원을 어떻게 조달하며 충원할 것인가를 입안하는 활동이다. 인적자원계획에는 직무분석, 정원관리, 인력예측, 채용계획, 배치 전환계획, 교육훈련계획, 예산계획 등이 포함되어 있다. 인적자원 계획은 장래의 일에 관한 예측이고 준비과정이므로 조직 내의 인적 자원에 대한 현황은 물론 경영관리 전반에 걸친 경영정책과 방침, 전략과 계획에 따른 변동추이 및 상황을 파악해나가지 않으면 안 된다. 따라서 인적자원계획은 단순한 충원의 차원을 넘어서 승진, 이동배치, 교육훈련 계획, 임금계획 등과 같은 활동과정과도 연계하여 마련되어야 한다. 특히 임금예산은 인적자원의 수에 따라 영향을 받기 때문에 인적자원계획과 밀접한 관련을 지닌다. 예컨대, 임금예산을 줄이려면 임금수준을 낮추든가 인원수를 감축해야 하기 때문이다. 인적 자원에 대한 교육훈련 계획도 인적자원계획과 연계시켜 수립되어야 한다.

(2) HR 계획의 단계

HR 계획의 목적을 달성하기 위한 행동과정은 다음과 같다.

① HR 수요예측

기업의 미래 활동의 예측과 계획에 의하여 미래의 소요인력을 추정한다.

② HR 공급예측

현재의 자원이나 미래의 이용가능성 등을 분석하고 인력공급을 추정한다.

③ HR 소요량의 산정

미래의 인력부족이나 과잉현상에 대한 수요와 공급 예측을 분석한다.

④ 생산성 및 원가 분석

생산성의 향상과 원가절감의 필요성을 확인하기 위하여 노동생산성과 원가를 분석한다.

⑤ 활동계획

인력의 부족이나 과잉현상을 예측하고 생산성의 향상과 원가절감을 위한 계획을 준비한다.

⑥ HR 예산과 통제

인력예산과 기준을 설정하고 인력계획을 지시하고 감독한다.

이와 같은 일련의 단계들은 서로 밀접한 관련을 가지고 있으며 서로 중첩되기도 한다.

(3) 인력수요예측

인력수요예측(personnel demand forecasting)은 미래에 소요되는 인력을 예측함에 있어서 주로 양적인 변화를 다루고 있으나 작업방법이나 절차의 변경으로부터 발생하는 생산성이나 능률수준의 변화, 자동화나 기계화에 따른 변화 등을 고려한 질적인 측면에서의 변화도 아울러 예측이 필요하다.

인력수요예측은 기업의 제품에 대한 판매수요량의 계속적인 증대를 예상하여 장기적으로 인력수요가 늘 것으로 보는 장기추세선(long-run trend line)에 따른 수요, 전쟁, 선거, 경기, 사회적 압력 등으로 생긴 순환적 수요(cyclical demand), 명절, 크리스마스 등 계절에 따른 인력수요(seasonal demand), 어떤 패턴이 없어 아무리 좋은 예측기법이라 할지라도 수요를 정확히 파악할 수 없는 임의수요(random demand) 등 여러 수요에 대해 접근한다.

인력수요예측은 인적자원관리 담당부서에서 생산, 판매, 재무, 설비계획 등 모든 경영계획에 대한 가치분석(value analysis)을 실시하고 전사적 수준에서 소요인원의 총수를 정책적으로 산정하는 총 인력계획 과정(거시적 · 하향적 인력계획법)과 직무분석 · 표준작업량 설정 등 산업공학기법(industrial engineering)을 사용하여 각 부서별로 소요인원을 개개 직무로부터 산정하여 이를 종합해나가는 누적적 인력계획과정(미시적·상향적 인력계획법)이 있다. 전자는 총괄적(global) 소요인원 예측방식에 속한다. 전자는 회귀분석, 비율분석, 시계열분석 등 주로 수학적 통계적 예측기법을 사용하며 후자는 대체도(replacement chart) 등을 사용한다.

(4) 인력공급예측

인력공급예측(labor supply forecasting)은 크게 내부공급(internal supply)에 관한 예측과 외부공급(external supply)에 관한 예측으로 나누어진다. 내부공급은 결근율, 이직가능성, 내부이동을 통한 인적 자원의 잠재적 변화, 승진, 노동시간의 변화, 작업방법이나 절차의 변화 등을 분석하고 이러한 변화를 통하여 기업내부에서 이용 가능한 인력의 양을 예측함으로써 인적 자원의 공급원이 기업내부가 되는 것을 말한다. 그리고 외부공급은 대학, 직업학교, 경쟁업체, 자발적 지원자 등 조직외부로부터 공급받을 수 있는 인적 자원을 예측함으로써 인적 자원의 공급원이 기업외부가 되는 것을 말한다. 내부 공급예측기법으로는 기능목록(skill inventory), 관리자목록(management inventory), 대체도, 마르코프모형(Markov model) 등이 있다.

제2절 재무관리

1. 재무관리의 의의

자본주의 시장경제를 구성하는 주요 경제주체는 크게 소비자와 기업의 두 부분으로 나누어질 수 있다. 소비자는 각자가 소유하고 있는 생산요소인 자본, 노동 및 기술 등을 자본시장과 노동시장 등을 통해 기업에 공급한다. 소비자들은 이것에 대한 대가로 임금, 이자 및 배당 등의 소득을 얻게 된다.

한편, 기업은 소비자 등이 필요로 하는 상품 및 서비스를 생산하여, 이것을 시장을 통해 소비자들에게 팔고, 그 대가로서 이윤을 얻게 된다. 기업이 소비자들이 필요로 하는 상품이나 서비스를 생산하기 위해서는 매우 다양한 실물자산(real assets)을 필요로 한다. 기업은 이러한 실물자산, 즉 토지, 공장, 기계, 원재료 같은 유형자산

(tangible assets)과 기술, 특허권 등의 무형자산(intangible assets)을 돈을 주고 매입하지 않으면 안 된다.

이처럼, 기업경영에 있어서 가장 중요한 문제로 부각되는 것이 바로 기업자금이다. 기업경영에 있어서 재무관리는 자금의 조달과 운용에 관련된 의사결정을 수행하는 기업의 관리기능을 말한다.

기업의 목표는 기업의 소유자인 주주들의 부를 극대화시키는 것이다. 주주들의 부는 곧 주식가격에 의해 표시되므로, 기업의 목표는 주식가격을 극대화시키는 것으로 해석될 수 있다.

2. 재무관리의 기능

우리는 여기서 재무관리의 기능이 구체적으로 무엇을 의미하는 것이며, 그것이 왜 중요한가를 설명하도록 한다. 기업을 경영하게 되면 크게 다음 두 가지 재무관련 문제에 부딪히게 된다. 첫번째는, 자금을 어디에 투자해야 할 것인가? (What investment should the firm make?) 하는 문제이며, 두번째는, 그러한 투자에 필요한 자금을 어떻게 조달할 것인가? (How should it pay for those investment?) 하는 문제이다.

첫 번째 문제는 자금의 운용(spending money), 즉 투자결정(investment decision)과 관련된 것이며, 두 번째는 자금의 조달(raising money), 즉 자금조달결정(financing decision)과 관련된 문제이다. 이처럼, 재무관리의 기능은 다음에 제시한 바와 같이 투자결정 기능과 자금조달결정 기능 두 가지로 크게 구분할 수 있다. 그리고 투자결정은 다시 투자대상의 유형에 따라 자본예산과 기업합병 및 인수에 관한 의사결정으로 구분되며, 자금조달결정은 다시 자본구조와 배당정책에 관한 의사결정으로 각각 나누어진다.

세분화된 재무관리의 기능을 각각의 의미와 중요성을 살펴보면 다음과 같다.

(1) 자본예산(capital budgeting)

기업은 기존의 생산설비를 새로운 설비로 교체할 때나, 기존설비를 확장할 때에 많은 자산을 새로이 구매해야 한다. 이처럼 기업이 기업의 목적을 달성하기 위해 자산 특히 고정자산을 취득하는 행위를 기업의 투자라 한다. 자본예산 기능이란 기업의 경영활동을 위해 구체적으로 어떤 자산에 얼마의 자금을 투자할 것인가를 결정하는 기능으로, 기업 내의 자원의 효율적 배분이 주요 과제가 된다.

자본예산 결정은 그 기업의 수익성(return)을 결정할 뿐만 아니라, 장래 기업의 위험에도 영향을 미쳐서 결과적으로 그 기업의 주식가치를 결정하게 된다. 특히, 자본예산에 의한 투자결과 그 효과가 장기적으로 지속되는 고정자산에 대한 투자 계획안을 수행하는 데 ① 소요되는 자금에 대한 예측, ② 투자로부터 예상되는 현금수입에 대한 예측, 그리고 이러한 예측자료에 의한 ③ 투자안의 경제성 평가가 자본예산 결정에 있어서 주요 과제가 된다.

합리적인 투자결정은 투자에 소요되는 비용에 비해 수익이 큰 투자안만을 수행하는 것을 의미하는 것이므로, 이것은 결과적으로 기업 내에, 나아가서는 국민경제에 새로운 부를 창출하는 것이다. 재무관리자의 투자결정 기능이 다른 어떤 기능보다 중요한 이유가 바로 여기에 있다.

(2) 기업합병 및 인수(mergers and acquisitions: M&A)

기업경영에 있어서 구조조정(restructuring)이란 한 기업이 여러 계열기업을 보유하고 있거나 혹은 여러 사업부를 가지고 있을 때, 미래의 기업환경 변화를 예측하여 어떤 사업을 주력사업으로 하고, 어떤 사업부는 축소 철수하고, 혹은 어떤 사업에는 새로이 진출함으로써 기존의 사업구조를 변화시키는 것을 말한다. 기업의 재무관리 담당자는 미래의 환경변화에 적극적으로 대응하기 위해 합병(mergers and acquisitions)과 자산매각(divestiture) 혹은 분사(spin-off) 등을 통해 기존의 사업구조를 변화시키는 의사결정을 수행해야 하는데, 이것을 구조조정 결정이라고 한다. 따라서, M&A에 의한 기업구조조정은 넓은 의미에서 기업의 투자결정(investment decision)으로 볼 수 있다.

합병은, 이미 19세기말부터 기업이 외적 성장을 추구하거나 기업환경 변화에 대응하기 위한 구조조정의 수단으로 활용되어 오고 있다. 또한, 합병과는 반대로 경영의 비효율성을 제거하고 기업의 전문성을 높이기 위해 계열기업, 사업부 혹은 특정 생산라인 등을 매각하는 자산매각을 통해 구조조정을 꾀하기도 한다. 미래 환경변화에 적극적으로 대응하기 위한 구조조정의 전략으로 수행되는 합병과 자산매각 등도 결국 기업의 투자결정에 해당하므로 단순히 규모의 확대나 축소의 관점에서가 아니라, 주식가격의 극대화 목표에 비추어 결정되고 평가되어야 한다.

(3) 자본구조결정(capital structure decision)

기업은 투자활동을 수행하는 데 많은 자금을 필요하게 된다. 즉 설비, 기계 등의 구입을 위한 지출, 원재료 및 소모품, 노무비, 경비 등의 지출에는 많은 자금이 소요된다. 자본조달 결정기능은 기업활동에 필요한 이러한 자금을 어디에서 얼마만큼 조달할 것인가를 결정하는 기능이다. 기업이 소요자금을 조달할 수 있는 원천은, 크게 주식발행 및 유보이익 등에 의한 자기자본과 회사채, 은행차입 및 당좌차입 등에 의한 타인자본의 두 가지로 구분될 수 있다. 기업의 소요자금을 자본조달의 원천별로 어떻게 조합하는 것이 기업의 목표에 비추어 가장 적합한 방법인가라는 최적 자본구조(optimal capital structure)의 문제가 자본구조결정의 주요 과제가 된다.

이러한 최적 자본구조를 결정하는 것 이외에도, 재무관리 담당자는 소요자금을 구체적으로 어떤 재원에서 어떤 조건으로 조달할 것인가를 결정해야 한다. 현실적으로 자본시장에는 각 기업의 특성에 따라 이용 가능한 자본조달원이 여러 가지가 있으며, 또한 각 자금조달원은 자본비용, 만기, 차입한도, 담보의 설정여부 등에 따라 다양한 특성을 지니고 있다. 여러 가지의 자금조달원과 차입방법 중에서 기업의 목표에 비추어 가장 적합한 것을 선택하는 것이 재무관리 담당자가 결정해야 할 또 하나의 기능이다.

(4) 배당결정(dividend policy)

배당결정은 기업이 영업활동의 결과 획득한 이익을 어떻게 배분할 것인가에 대한 일종의 소득분배의 형태에 관한 의사결정(income distribution decision)이다. 다시 말하면, 재무관리자는 기업의 영업활동으로부터 획득한 이익 중에서 얼마를 배당으로 지급하고 얼마를 사내에 유보할 것인가에 대한 의사결정을 하여야 하는데, 이것이 바로 배당정책이다.

기업은 배당을 현금으로만 지급하는 것이 아니라, 특수한 방법의 배당정책을 선택할 수도 있다. 주주에게 배당을 현금으로 지급하는 대신에 주식으로 지급하는 주식배당 혹은 주식분할과, 자사주식(自社株式)의 매입으로 현금배당을 대신하는 자사주 재매입(stock repurchase) 등의 특수 배당정책을 선택하기도 한다. 그리고 기업은 이익이 급격히 변동하더라도 배당금은 이와 관계없이 안정시키려는 안정화 배당정책을 일반적으로 채택하고 있다. 이러한 모든 배당정책은 무엇보다도 다음에 배우게 될 기업의 목표인 주식가격의 극대화의 관점에서 결정되고 평가되어야 한다.

3. 재무관리의 목표

재무관리자의 의사결정은 기업의 목표(goals of the firm)를 달성하는 데 공헌하는 방향으로 이루어져야 하므로, 무엇보다도 기업의 목표를 분명히 설정할 필요가 있다. 기업의 목표로는 여러 가지를 들 수 있지만, 본 강의에서 기업의 목표는 기업의 소유자인 기존 주주들의 부(富)를 극대화시키는 것(maximizing the wealth of stockholders)이라고 가정한다. 주주들의 부는 곧 주식의 시장가치에 의해 표시되므로, 기업의 목표는 곧 주가를 극대화시키는 것(maximizing the price of the common stock)으로도 해석될 수 있다.

기업의 목표인 주주 부의 극대화가 재무관리의 의사결정의 기준이 될 수 있음을 인식해야 하고, 이와는 반대로 전통적인 회계이익의 극대화는 기업이 추구해야 할 목표로서 적합하지 않음을 인식하지 않으면 안 된다.

(1) 이익의 극대화

기업은 소유자인 주주들의 이익을 위하여 모든 의사결정을 수행해야 한다고 볼 경우, 회계적 이익의 극대화가 기업의 목표로서 과연 바람직할 것인가? 이 문제에 관해서는 회계적 이익이 어떻게 산정되고, 그것이 어떠한 의미를 갖고 있는가를 살펴보고 그 타당성을 논의한다.

회계적 이익(accounting profit)은 손익계산서 상에 보고되는 이익개념으로서, 이 회계적 이익의 극대화를 기업의 목표로 삼는 데는 다음과 같은 문제점이 존재한다.

회계적 이익은 기업이 선택 가능한 여러 회계원칙들을 적용시킨 결과로서 얻어진 것에 불과하며, 이것이 항상 경제적으로 의미를 갖는 기업의 성과를 반영한다고 볼 수는 없다. 만일 감가상각비를 계산하는 방법 이외에는 다른 모든 조건들이 동일한 두 기업이 있다고 가정해 보자. 이 두 기업은 단순히 감가상각비를 계산하는 회계적 기준만을 달리 적용시킴에 따라 완전히 다른 회계적 이익이 보고될 수 있다. 따라서, 회계적 이익은 기업의 진정한 가치를 제대로 표현할 수 없다.

회계적 이익은 각각의 기간별로 보고되는 기간이익 개념이므로 이익의 발생 시기가 다를 경우 이익간의 비교가 곤란하다. 같은 크기의 이익이라도 발생시점에 따라 그 질에 있어 차이가 난다. 즉 현재의 1원은 1년 후의 1원보다 더 높은 가치를 지닌다는 화폐의 시간적 가치(time value of money)가 제대로 반영되지 않는다.

기업이 회계적 이익만을 극대화한다고 할 경우, 위험을 전혀 고려하지 않게 된다는 점이다. 미래에 예상되는 이익의 실현 가능성은 불확실하며, 같은 크기의 예상이익이라도 그 실현의 불확실한 정도, 즉 위험의 차이가 전혀 고려되지 않는다.

(2) 주식가격의 극대화

기업의 목표로서 위에서 언급된 이익의 극대화가 갖는 문제점들은 주식가격의 극대화, 즉 기업의 소유자인 주주들의 부(富)가 극대화되도록 경영함으로써 해결될 수 있다. 왜냐하면, 주식가격은 이익의 크기, 시간성과 위험을 모두 반영하기 때문이다. 기업의 재무결정은 그 기업의 수익성(profitability)과 위험(risk)에 영향을 미치며, 이 두 가지 요인은 함께 주식가격을 결정하게 된다. 재무관리 담당자가 의사결정을 수행하여 주식가격을 증대시키려면, 현금수입의 증가를 통하여 기업이 수익성을 높이고, 또 한편으로는 기업의 위험을 감소시키지 않으면 안 된다. 기업의 수익성은 주가에 긍정적인 영향을 미치나, 위험은 반대로 주가에 부정적인 영향을 미치기 때문이다.

그리고 주식가격은 경쟁적인 주식시장에서 기업의 수익성과 위험에 기초하여 해당 주식이 어느 정도의 가치를 가지는가에 대한 투자자들의 평가를 반영하여 결정되기 때문에, 주가야말로 기업의 실질적 성과에 대해 시장에서 평가해 주는 객관적이고 정확한 척도라고 볼 수 있다. 이렇게 볼 때, 주가의 극대화, 즉 주주들의 부의 극대화 목표가 기업의 진정한 경제적 가치를 보다 정확히 반영시켜 준다는 점에서 기업의 목표 또는 재무관리의 목표로서 보다 타당성 있게 받아들여지고 있다.

일반적으로 주주들의 부 또는 주식가격의 극대화는 기업가치의 극대화와 같은 의미로 사용될 수 있다. 채권자가 합리적이거나 혹은 재무관리자의 의사결정이 타인자본의 가치에 미치는 영향이 거의 무시할 정도로 작다면, 주식가격의 극대화는 곧 기업가치의 극대화로 해석될 수 있을 것이다.

제3절 마케팅과 고객만족 경영

1. 마케팅의 정의

미국마케팅학회 (AMA: American Marketing Association)가 1985년에 제시한

개념적 정의는 다음과 같다. “마케팅이란 개인이나 조직의 목표를 만족시키는 교환을 창출해 내기 위해 아이디어·재화·서비스의 개념설정, 가격책정, 촉진(促進) 및 유통활동을 계획하고 집행하는 과정이다.” 그 이후 시대적 상황과 환경변화에 발맞추어 미국 마케팅학회(AMA)가 2004년에 새로이 내린 정의는 다음과 같다.

> “마케팅은 조직적인 기능이며 조직과 이해관계자에게 혜택을 주는 방법으로 고객에게 가치를 창조하고, 커뮤니케이션하고, 전달하기 위한 일련의 과정이며, 고객관계를 관리하는 조직의 기능이며 일련의 과정이다.”(Marketing is an organization function and a set of processes for creating, communicating and delivering value to customers and for managing customer relationship in ways that the organization and it's stakeholders.)

따라서 오늘날의 마케팅 개념의 구성은 고객중심(customer-orientation), 전사적 마케팅(total marketing) 더 나아가 고객만족과 조직목표의 통합(integration of CS & organizational objective)까지 아우르는 통합적 접근으로 전개된다.

2. 마케팅의 목표

마케팅의 목표는 이해당사자들의 교환(exchanges)을 통한 상호만족(win-win)과 이러한 상호만족을 통한 관계(relationships)의 유지 발전이다.

역사적으로 보면 마케팅 관리의 이념은 아래 그림과 같은 과정을 거치면서 변천되어 왔다. 초창기 마케팅 관리의 이념은 테일러리즘(Taylorism)의 영향으로 생산능률을 중시하는 생산지향적 사고방식에 그 바탕을 둔 것이었다. 따라서 마케팅 전략의 핵심은 가격경쟁을 통한 시장우위에 두는 것이었다. 그러나 생산성 단일지향으로는 경쟁우위 확보에 한계를 인식하지 않을 수 없었다.

그에 대한 반성으로 대두된 마케팅 관리의 이념이 제품지향적 사고방식이었다. 품질판단의 주체로서의 소비자를 중시하면서 고객요구의 이질화와 고품질이 시장경쟁의 핵심으로 인식되었으며 고객중심적 시각에서의 제품지향적 시장대응이 마케팅 전략의 핵심이었다.

제품지향적 사고방식에서 탈피하여 대두된 마케팅 이념은 판매지향적 사고방식이다. 미국에서 제품을 만들기만 하면 팔리는 시대(product is sold)라 할 수 있었던 1930년대에 나타나기 시작한 공급과잉현상으로 말미암아 제품의 생산 이후의 활동으로 판매 및 촉진의 중요성이 인식되기 시작하였다. 따라서 생산 이전에 소비자의 구매동기라든가 태도에 대한 조사의 필요성이 강하게 대두되기 시작하였다. 그래서 나타난 마케팅 관리이념이 마케팅지향적 사고방식이었다. 즉 미래지향적 시장대응 전략으로서 사후판매개념에서 사전판매개념의 중요성을 인식하게 된 것이다. 그 다음으로 대두된 마케팅 관리의 이념은 사회지향적 사고방식으로서 고객(customer), 기업조직(company), 사회전체(society)의 이익을 동시에 고려해야 한다는 보다 포괄적인 접근방식이다. 다음으로 가장 최근에 대두된 마케팅 관리의 이념은 고객만족경영의 이념으로서 마케팅 이념을 전반적 경영차원으로 확장한 것이라 할 수 있다. 즉 고객중심적 사고는 물론이고 조직혁신을 통한 전사적 마케팅 체제를 갖추면서 과정으로서의 고객만족과 최종목표로서의 기업만족을 동시에 달성해내려는 것이 그 전략적 목표이다.

[그림 7-4] 마케팅 관리 이념의 진화과정

[그림 7-5] 고객만족경영의 선순환과악순환 사이클

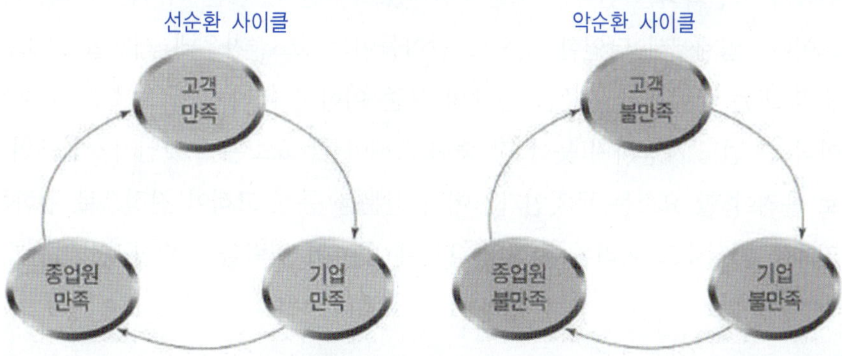

3. 마케팅과 블루오션[9] 전략

블루오션 전략은 기업이 성공하기 위해서는 경쟁이 없는 새로운 시장을 창출해야 한다는 경영전략이다. 기업이 새로운 시장을 창출하지 않고 기존의 시장에서 유사한 전략을 구사하는 다른 기업들과 경쟁을 하는 경우에는 가격경쟁으로 치달아 큰 이익을 내기 어렵다. 기존의 시장은 기업간 경쟁이 치열하여 핏빛으로 물든다는 의미에서 레드오션(Red Ocean)이라고 부른다. 반면 경쟁자를 이기는 데 초점을 맞추지 않고 구매자와 기업에 대한 가치를 비약적으로 증대시켜 시장점유율 경쟁에서 자유로워지고 이를 통해 경쟁이 없는 새로운 시장공간과 수요를 창출하고자 하는 것이기에 블루오션(Blue Ocean)이라고 부른다.

블루오션 전략은 기업들이 끊임없이 거듭해 온 경쟁의 원리에서 벗어나게 하는 것으로 1990년대 중반에 제기된 가치혁신(Value Innovation) 이론에 기반을 두고 있다. 즉 기업은 품질을 올리면서 동시에 원가를 낮추는 가치혁신을 이루어 낼 수 있다고 주장한다. 이러한 가치혁신은 차별화를 만들어내면서 동시에 원가를 낮추기 때문에 기업과 고객 모두에게 높은 가치를 제공하게 되고 다른 기업과 경쟁할 필요가 없는 무경쟁 시장을 창출하게 된다.

블루오션 전략에 대한 분석의 도구(tool)로는 경쟁이 없는 시장을 찾아내는 방식의 전략 캔버스(Strategy Canvas)를 활용한다. 서비스 또는 제품의 속성을 가로축으로 하고 품질 또는 서비스의 정도를 높고 낮음에 따라 세로축으로 설정하여 기업의 전략을 하나의 꺾은 선 그래프 형태로 나타나도록 한다. 이러한 도구를 통해 다른 기업의 전략과 차별화되는 전략을 도출할 수 있도록 한다. 다른 하나는 4가지 액션 프레임워크이다. 업계에서 당연한 것으로 받아들이는 요소 가운데 제거할 요소는 무엇인가? 품질 또는 서비스의 기준을 업계의 표준 이하로 내려야 할 요소는 무엇인가? 업계가 아직 한 번도 제공하지 못한 것 중 창조해야 할 요소는 무엇인가? 업계의 표준 이상으로 올려야 할 요소는 무엇인가? 이런 질문을 통해 고객이 진정으로 원하는 것이 무엇인지를 밝혀내고 이러한 고객의 요구에 맞추어 전략을 수립할 수 있도록 한다.[10]

9) 김위찬, 블루오션전략, 교보문고, 2005.
10) 위키백과

〈표 7-3〉 Blue Ocean vs Red Ocean

Blue Ocean	Red Ocean
현존하지 않은 모든 산업 (산업간 경계 모호)	현존하는 산업(산업간 경계 분명)
포지티브 Positive-Sum) 게임	Zero-Sum 게임
구매자 관찰	경쟁자 관찰
잠재고객	현재 고객
가치혁신	기술혁신

4. 광고와 PR

먼저 PR이란 대중관계, 공중관계를 의미하는 퍼블릭 리레이션스(Public Relations)의 약자로 정부, 정당, 기업, 개인 등의 마케팅 주체가 대중(공중)과의 호의적인 관계를 위해 하는 모든 활동을 지칭한다. PR이란 정치적, 사회적, 생태적, 도덕적 결과를 기대하여 기업에 이익이 되는 커뮤니케이션 활동이다. PR의 목적은 정치적, 사회적, 생태적, 도덕적 결과에 부정적인 영향과 긍정적인 영향을 끼치지 않는 이해집단을 설득하는 것이다. 즉 공중(公衆)과의 관계를 좋게 하기 위한 행위 또는 기능이다. 다시 말해 기업 혹은 단체가 관계하는 공중의 이해와 협력을 얻기 위해 자신의 목표방향과 의지를 커뮤니케이션 수단으로써 선전 · 설득하는 행위를 말한다. 자사의 활동을 알리기 위한 각종 간행물의 발간, 정부기관에 대한 재정적 · 정보적 · 기술적 지원, 방문객의 안내, 회사시설의 일반 대여 등 고객을 포함한 일반대중에게 제공하는 일체의 편익과 관심이 모두 PR에 속한다. PR의 대상은 소비자, 종업원, 주주, 협력회사, 지역사회, 정부 공공기관 등으로 광범위하므로 각각에 대한 PR의 내용과 범위도 다르지만 기본적으로 PR은 '공중의 이익'과 관련된다는 점에서 광고와 구별된다. 또 PR은 유료의 커뮤니케이션이 아니라는 점에서 일반적으로는 광고를 포함하는 개념으로 쓰이고, 궁극적으로는 상호이익을 도모하기 위한 선의의 설득이라는 점에서 이기적인 목적을 가지고 대상을 자의적으로 설득하는 선전과 구별된다. 또 PR과 퍼블리시티(publicity)가 혼동되기도 하는데, 퍼블리시티는 자사와 관계된 뉴스성의 정보를 신문 · 잡지 및 방송에 게재 · 방송되게 하는 일이므로 PR이 퍼블리시티를 포함한다.[11)]

11) 매일경제 매경닷컴

마케팅 주체가 대중매체를 이용하여 마케팅 활동을 하는 홍보(弘報)는 PR의 수단이다. 마케팅 주체는 현대사회에서 가장 영향력 있는 정치 집단이자 소비집단인 대중에게 호의를 얻기 위해 여러 가지 활동을 펼치는데, 기업이 직접적인 이익이 없어 보이는 자선 행사를 주최하거나 비영리단체에 기부금을 납부하거나 또는 단체 봉사활동을 실시하는 것도 모두 대중의 호의를 얻기 위한 행동이다.

1) 홍보를 통한 PR

대중매체가 마케팅 주체에 유리한 보도를 하도록 유도하는 홍보는 PR의 중요한 수단이다. 마케팅 주체가 대중의 호의를 얻기 위해 한 활동은 그것이 아무리 좋은 활동이더라도 대중에게 전달되지 않으면 그 목적이 달성되지 않기 때문에 대부분의 PR 활동이 성공적으로 이뤄지기 위해서는 대중매체의 도움이 반드시 필요하다. 그러므로 마케팅 주체들은 자신의 활동을 알리기 위해 보도자료 등을 대중매체에 배포하고, 대중매체의 보도에 각별한 관심을 기울인다. 한편 환경문제, 식품위생 문제 등 대중이 매우 민감하게 반응하는 사안에 연루될 경우 대중이 갖는 호의적인 이미지가 크게 훼손될 수 있기 때문에 이러한 사안에 대한 보도를 관리하는 것도 매우 중요한 문제이다.

2) 광고를 통한 PR

마케팅 주체가 직접적으로 자신의 의도대로 통제할 수 없는 홍보와 달리 광고는 마케팅 주체가 직접적으로 통제할 수 있는 수단으로서 PR의 수단으로 활용된다. PR을 위한 광고는 상품을 직접적으로 촉구하는 내용보다는 마케팅 주체의 긍정적인 이미지를 제고하기 위한 내용으로 구성된다. 이러한 이미지 광고는 주로 대중이 긍정적으로 생각하는 요소들인 가족적 이미지, 환경보호, 사회공헌, 경영혁신 등에 대한 내용이 배치된다.

3) 광고와 홍보 그리고 PR의 차이

우선 "광고와 홍보의 차이는 무엇일까?" 광고와는 달리 홍보는 마케팅 전반을 꿰뚫고 있어야 할 때가 많다. 또한 고객사는 광고와 홍보의 명확한 차이(집행 매체의 차이가 아닌 광고와 홍보의 목적에 대한 차이)를 인지하고 집행하지는 않기 때문이다. 아무튼 마케팅에서 분명하게 인식해두어야 할 것은, 광고든 홍보든 간에 두 개의 목적이 궁극적으로 매출신장, 인지도 향상, 호감도 증대, 브랜드 로열티 강화 등 '브랜드의 성공'을 향해 있다는 사실이다.

그러나 여기서 광고, 홍보 그리고 PR의 차이점은 분명히 하고 넘어가야 할 것이다. 결론적으로 이야기하면, “광고는 다른 점을 좋은 것이라 말해주는 것이고, 홍보는 언론을 통해서 좋은 점을 대신 말하게 해주는 것이고, PR은 좋은 것을 좋다고 느끼게 해주는 것이다.” 마케팅에 있어서 이 세 가지의 역할과 기능은 매우 중요하면서도 별개로 이루어지기보다는 ‘다른 것을 좋은 것으로 느끼게 만들기 위해서는’ 광고와 홍보, 그리고 PR이 동시에 진행될 때에 비로소 시너지효과로 나타나 효과적인 마케팅으로 성공할 수 있는 것이다.

광고는 명시된 광고주가 매스미디어를 통해 유로로 지불하여 전달되는 비대인적 커뮤니케이션인데 반하여 PR은 광고와 비슷하지만 통하는 매체가 달라서 매스미디어뿐만 아니라 많은 매체와 통한다는 것이다. 아무튼 PR은 여론의 지지나 정보의 전달에 목적이 있다면 마케팅은 기업의 수익창출, 이윤추구에 최종목적이 있다는 것이다.

어떤 이는 광고, PR, 홍보, 선전의 차이를 다음과 같이 재미있게 구분하여 제시하고 있다.

- 광고: Buy Me!
- PR: Love ME!
- 홍보: Know ME!
- 선전: Believe ME! or Follow ME!

광고는 말 그대로 주로 판매 쪽에 초점을 맞추기 때문에 ‘나를 사주세요! Buy Me!’이고, PR은 나(우리 기업, 우리 제품, 우리 서비스 등)를 좋아해달라는 ‘나를 사랑해주세요! Love ME!’이며 홍보는 말 그대로 홍보로서 ‘나를 알아주세요! Know ME! or Understand ME!’라고 할 수 있다. 그리고 선전은 주로 정치 쪽에서 쓰는 ‘나를 믿고 따라주세요! Believe ME~ Follow ME!’이다.

4) PR과 광고의 차이점 10가지[12)]

(1) PR은 사랑, 광고는 판매

PR은 기업이나 기관, 개인의 호감도를 높이는 것, 즉 사람들로부터 사랑받게 만드

12) http://www.eventful.co.kr

는 것이다. 광고는 일반적으로 판매를 촉진하는 데 목적이 있으나 기업광고와 같은 경우 기업 이미지 증진을 목표로 하기 때문에 PR적인 요소가 들어가 있다.

(2) PR은 불을 붙이고, 광고는 불을 확산시키는 것

PR은 정보를 통해 불을 붙이는 역할을 한다고 볼 수 있다. 정확한 정보를 언론이나 정보지 등을 통해 제공하고 나면, 광고를 통해 전면적으로 소비자와 커뮤니케이션 하는 게 일반적 수순이라고 볼 수 있기 때문이다.

(3) PR은 이미지, 광고는 매출

PR은 이미지를 만들거나 높이고, 변화시키는 역할을 한다. PR은 여론형성을 하고 위기관리를 하는 것, 개인 이미지를 만드는 작업의 중심에 서 있는 것이다. 광고는 일반적으로 브랜드 호감도를 높여 판매에 기여하는 역할로 규정된다. 그러나 이미지 형성에 광고의 역할이 있기도 하고, 브랜드 호감도를 높이는 데 PR이 기능하고 있다.

(4) PR은 새로운 매체, 광고는 전통적 매체

PR이 새로운 매체라는 것은 상대적인 개념이다. 왜냐하면 광고가 커뮤니케이션 수단의 지배자로서 오랫동안 역할을 해왔기 때문이다.

PR도 역사가 오래되었지만 국내에서는 그 효용성이 받아들여진 것은 불과 20여년에 불과하다고 본다. 미국시장에서 광고의 비중이 이미 40% 이하로 떨어지고 있고, 스포츠 마케팅, 이벤트, 홍보 등의 비중이 커지고 있는 데, PR은 과거와 비교해 확실히 새로운 수단으로 널리 활용되고 있다고 볼 수 있다.

(5) PR은 기사를 내는 것, 광고는 주장을 싣는 것

PR에서 가장 중요한 것 중 하나가 뉴스를 창출하는 것이다. 신문기사, 방송 보도 등. 그 뉴스는 이미 기자들의 손을 거치기 때문에 제3자의 목소리가 된다. 그래서 메시지 자체도 클라이언트에 의해 통제될 수 없다. 그러나 광고는 광고주의 메시지를 반영하는 '주장'으로 보는 경향이 많다. 따라서 기사식 광고(advertorial)는 메시지를 통제하면서 기사처럼 보이게 하는 기법이라고 볼 수 있다.

(6) PR은 신뢰가 높고, 광고는 신뢰가 낮다

PR은 위에서 언급한대로 언론사가 뉴스를 취사, 선택하는 이른바 'gatekeeping' 기능을 통해 소비자들에게 도달하기 때문에 신뢰성이 높다고 할 수 있다. 그리고 PR

은 이벤트 현장 참석, 사보 읽기 등 소비자들이 직접 확인해보고 참여할 수 있는 수단이 많은 편이다. 그러나 광고는 기본적으로 소비자들이 반응할 수 있는 기회가 적기 때문에 신뢰성이 낮을 수 있다. 그래서 소비자들이 수용도가 낮을 수 있는 부분이 상대적으로 PR에 비해 많은 편이라고 할 수 있다.

(7) PR은 저예산, 광고는 고예산

PR은 기사를 언론에 내는 활동을 말하는 광고관점에서 보면 돈이 들지 않는 편이다. 보도자료를 잘 써서 섭외를 잘하면 기사가 나오기 때문이다. 그러나 PR은 광범위한 활동, 다시 말해 이벤트, 온라인 등 어떤 수단을 통해 접근하느냐에 따라서 돈이 결코 적게 들지 않는다. 그러나 광고보다는 적게 드는 편이다. 물론 광고는 매체를 구입해야 한다는 점 때문에 돈이 많이 들 수밖에 없는 것이다.

(8) PR은 쌍방향, 광고는 일방향

일반적으로 PR은 소비자들이 반응할 수 있는 여러 장치 및 수단들이 있다. 그리고 PR이라는 것이 소비자의 의도를 잘 파악해 그 니즈를 확실히 반영하는 '쌍방향 균형 모델'을 최고의 PR활동으로 보고 있다. 그러나 아무래도 광고는 TV, 신문, 잡지, 라디오 등을 통해 일방적으로 커뮤니케이션할 수밖에 없는 구조이다. 그러나 요즘 광고도 소비자 조사 등을 통해 쌍방향의 의미를 부여하고 있고, 특히 온라인 광고와 같은 경우는 다양한 인터랙티브 요소를 포함하고 있어 새로운 커뮤니케이션 수단으로 각광받고 있다.

(9) PR은 장기적, 광고는 단기적

PR은 장기적인 이미지 제고를 추구하는 것이 일반적이다. 이미지를 축적해 존경받는 기업으로 만들고, 소비자들이 좋은 제품으로 영원히 기억해 구매하도록 하는 것이다. 광고도 그런 역할을 일부하고 있지만 당장의 현실적 판매증진을 고려하지 않을 수 없는 것이다.

(10) PR은 다양한 수단, 광고는 4대 매체

PR은 퍼블리시티, 출판, 홍보영화, 이벤트, 위기관리, 종업원 관계, 온라인, 스포츠 마케팅 활용 등 다양한 접근법이 있다. 그러나 광고는 4대 매체광고, 옥외광고, 온라인 광고 등 유료로 매체지면이나 시간을 사서 메시지를 내보내는 것이다.

부 록

Ⅰ. 중소기업창업 지원법

[시행 2016.1.7.] [법률 제12960호, 2015.1.6., 타법개정]

제1장 총 칙

제1조(목적) 이 법은 중소기업의 설립을 촉진하고 성장 기반을 조성하여 중소기업의 건전한 발전을 통한 건실한 산업구조의 구축에 기여함을 목적으로 한다.

제2조(정의) 이 법에서 사용하는 용어의 뜻은 다음과 같다. 〈개정 2016.1.27.〉

1. "창업"이란 중소기업을 새로 설립하는 것을 말한다. 이 경우 창업의 범위는 대통령령으로 정한다.

1의2. "재창업"이란 중소기업을 폐업하고 중소기업을 새로 설립하는 것을 말한다. 이 경우 재창업의 범위는 대통령령으로 정한다.

2. "창업자"란 중소기업을 창업하는 자와 중소기업을 창업하여 사업을 개시한 날부터 7년이 지나지 아니한 자를 말한다. 이 경우 사업 개시에 관한 세부 사항은 대통령령으로 정한다.

2의2. "재창업자"란 중소기업을 재창업하는 자와 중소기업을 재창업하여 사업을 개시한 날부터 7년이 지나지 아니한 자를 말한다. 이 경우 사업 개시에 관한 세부 사항은 대통령령으로 정한다.

3. "중소기업"이란 「중소기업기본법」 제2조에 따른 중소기업을 말한다.
4. "중소기업창업투자회사"란 창업자에게 투자하는 것을 주된 업무로 하는 회사로서 제10조에 따라 등록한 회사를 말한다.
5. "중소기업창업투자조합"이란 창업자에게 투자하고 그 성과를 배분하는 것을 주된 목적으로 하는 조합으로서 제20조에 따라 등록한 조합을 말한다.
6. "중소기업상담회사"란 중소기업의 사업성 평가 등의 업무를 하는 회사로서 제31조에 따라 등록한 회사를 말한다.
7. "창업보육센터"란 창업의 성공 가능성을 높이기 위하여 창업자에게 시설·장소를 제공하고 경영·기술 분야에 대하여 지원하는 것을 주된 목적으로 하는 사업장을 말한다.

[시행일 : 2016.7.28.] 제2조

제3조(적용 범위) 이 법은 창업에 관하여 적용한다. 다만, 금융 및 보험업과 부동산업 등 대통령령으로 정하는 업종의 중소기업에 대하여는 적용하지 아니한다. 〈개정 2011.4.4.〉

제4조(창업지원계획의 수립 등) ① 중소기업청장은 창업을 촉진하고, 창업자의 성장·발전을 위한 중소기업 창업지원계획을 세워 고시하여야 한다.

② 정부는 창업자 및 대통령령으로 정하는 창업지원에 관한 사업을 하는 자에 대하여 필요한 자금을 투자·출연·보조·융자하거나 그 밖에 필요한 지원을 할 수 있다.

③ 중소기업청장은 제1항의 창업지원계획을 수립하기 위하여 관계 중앙행정기관의 장 및 지방자치단체의 장에게 관련 자료의 제공을 요청할 수 있다. 〈신설 2010.6.8.〉

제4조의2(창업촉진사업의 추진 등) ① 중소기업청장은 중소기업의 창업을 촉진하고 창업자의 창업 성공률을 향상시키기 위하여 다음 각 호의 사업을 추진하거나 필요한 시책을 수립·시행할 수 있다. 〈개정 2013.8.6., 2015.2.3.〉

1. 유망한 예비창업자(중소기업을 창업하려는 자를 말한다. 이하 같다)의 발굴·육성 및 그에 대한 지원
2. 창업자의 우수한 아이디어 사업화에 대한 지원
3. 기업, 창업 관련 단체 등을 통한 예비창업자 또는 창업자의 발굴·육성
4. 예비창업자 또는 창업자의 해외 진출 지원
5. 그 밖에 창업교육 및 창업 기반시설 확충 등 대통령령으로 정하는 사업

② 중소기업청장은 제1항에 따른 사업을 추진하는 경우에는 대통령령으로 정하는 예비청년창업자 또는 청년창업자를 우대할 수 있다. 〈신설 2015.2.3.〉

③ 중소기업청장은 제1항에 따른 사업을 추진하기 위하여 필요하다고 인정하는 경우에는 예산의 범위에서 대학, 연구기관, 공공기관, 창업 관련 단체, 중소기업 및 예비창업자에게 해당 사업을 수행하는 데에 드는 비용의 전부 또는 일부를 출연하거나 보조할 수 있다. 〈개정 2015.2.3.〉

④ 제3항에 따른 출연 및 보조의 절차 및 방법 등에 관한 사항은 대통령령으로 정한다. 〈개정 2015.2.3.〉

[본조신설 2010.6.8.]

[제목개정 2013.8.6.]

제4조의3(재창업지원 및 성실경영 평가) ① 중소기업청장은 재창업을 활성화하고, 재창업자의 사업 성공률을 높이기 위하여 재창업자의 특성을 고려한 중소기업 재창업지원계획을 수립할 수 있다.

② 중소기업청장은 제1항에 따른 계획에 따라 창업 후 폐업 또는 파산 등으로 재창업을 하려는 자에 대하여 재창업지원에 필요한 다음 각 호의 사업을 추진할 수 있다.

1. 우수한 기술과 경험을 보유한 재창업희망 중소기업인의 발굴 및 재창업 교육
2. 재창업에 장애가 되는 각종 부담 및 규제 등의 제도개선
3. 조세·법률 상담 등 재창업을 위한 상담 지원

4. 교육센터의 지정·운영 등 재창업지원 시설의 확충
5. 재창업에 필요한 자금 지원 및 금융 정책 관련 정보 제공
6. 재창업 교육 및 상담을 위한 전문가 양성
7. 그 밖에 재창업지원과 관련하여 중소기업청장이 필요하다고 인정하는 사업

③ 중소기업청장은 제1항에 따른 계획의 수립을 위하여 필요한 경우에는 관계 중앙행정기관의 장 및 지방자치단체의 장에게 관련 자료의 제공을 요청할 수 있다.

④ 중소기업청장은 재창업을 하려는 자 및 재창업을 한 자가 재창업 전의 기업을 분식회계, 고의부도, 부당해고 등을 하지 아니하고 성실하게 경영하였는지 여부 등을 평가(이하 "성실경영 평가"라 한다)하여 출연, 보조, 융자 등 재정지원을 제한하거나 지원 대상자 선별에 활용할 수 있다.

⑤ 중소기업청장은 성실경영 평가에 필요한 경우 본인의 동의를 받아 관계 행정기관의 장에게 다음 각 호의 자료의 제공을 요청할 수 있다.

1. 「형의 실효 등에 관한 법률」 제5조의2제2항에 따른 범죄경력자료 및 수사경력자료(기업경영과 관련된 범죄경력자료 및 수사경력자료에 한정한다)
2. 「근로기준법」 등 노동 관계 법령 위반사실에 관한 자료
3. 그 밖에 심사를 위하여 필요한 자료로서 대통령령으로 정하는 자료

⑥ 중소기업청장은 성실경영 평가에 필요한 기준을 정하여 고시할 수 있다.

[전문개정 2016.1.27.]

[시행일 : 2016.7.28.] 제4조의3

제4조의4(지역특화산업 창업의 지원) ① 중소기업청장은 지역의 고용창출 및 지역경제 활성화를 위하여 지역특화산업에 속하는 업종의 창업을 촉진하는 계획을 수립할 수 있다.

② 지방자치단체의 장은 제1항에 따른 계획에 따라 해당 지방자치단체의 지역특화산업의 기술과 경험을 보유한 예비창업자 또는 창업자의 발굴·육성 및 그에 대한 지원 등의 사업을 추진할 수 있다.

③ 중소기업청장은 제1항에 따른 계획의 수립을 위하여 필요한 경우에는 지방자치단체의 장에게 관련 자료의 제출을 요청할 수 있다.

[본조신설 2015.2.3.]

제5조(창업 정보의 제공) 정부는 창업자에 대하여 창업 및 중소기업의 성장과 발전에 필요한 자금, 인력, 기술, 판로, 입지 등에 관한 정보를 제공하기 위하여 필요한 시책을 강구하여야 한다.

제6조(창업보육센터사업자의 지정 등) ①창업보육센터를 설립·운영하는 자(설립·운영하려는 자를 포함한다. 이하 "창업보육센터사업자"라 한다)로서 이 법에 따른 지원을 받으려는 자는 다음 각 호의 요건을 갖추어 중소기업청장의 지정을 받아야 한다. 〈개정 2008.2.29., 2013.3.23.〉

1. 다음 각 목의 시설을 갖출 것
   가. 창업자가 이용할 수 있는 시험기기나 계측기기 등의 장비

나. 10인 이상의 창업자가 사용할 수 있는 500제곱미터 이상의 시설
2. 경영학 분야의 박사학위 소지자, 「변호사법」에 따른 변호사, 그 밖에 대통령령으로 정하는 전문인력 중 2명 이상을 확보할 것
3. 창업보육센터사업을 수행하기 위한 사업계획 등이 산업통상자원부령으로 정하는 기준에 맞을 것

② 국가는 「국유재산법」 및 그 밖의 다른 법령에도 불구하고 창업의 성공가능성을 높이기 위하여 필요한 경우 창업보육센터에 입주한 자(이하 "입주자"라 한다)에 대하여 국유재산의 사용료를 감면할 수 있다. 〈개정 2013.8.6.〉

③ 국가가 제2항에 따라 국유재산의 사용료를 감면하는 경우 입주자에 대한 국유재산의 연간 사용료는 해당 재산가액에 100분의 1 이상을 곱한 금액의 범위에서 대통령령으로 정하는 금액으로 한다. 〈신설 2013.8.6.〉

④ 국유재산을 사용허가하는 경우 그 기간은 「국유재산법」 제35조에서 정하는 바에 따른다. 〈신설 2013.8.6.〉

⑤ 지방자치단체는 「공유재산 및 물품 관리법」 및 그 밖의 다른 법령에도 불구하고 입주자에게 공유재산의 사용료를 대통령령으로 정하는 바에 따라 감면할 수 있다. 〈신설 2013.8.6.〉

[법률 제12009호(2013.8.6.) 부칙 제2조의 규정에 의하여 이 조 제2항, 제3항, 제4항은 2022년 12월 31일까지 유효함]

제7조(창업 교육) 중소기업청장은 창업 저변을 확충하기 위하여 청소년, 대학생 및 창업자 등에게 창업 교육을 할 수 있다.

제7조의2(대학 내 창업지원 전담조직의 설립 · 운영 등) ① 대학은 대학 내 창업촉진사업을 수행하기 위하여 학교규칙으로 정하는 바에 따라 창업지원업무를 전담하는 조직(이하 "창업지원 전담조직"이라 한다)을 둘 수 있다.

② 중소기업청장은 창업지원 전담조직의 운영에 필요한 경비를 출연하거나 그 밖에 필요한 지원을 할 수 있다.

③ 창업지원 전담조직이 이 법에 따른 지원을 받으려면 그 회계를 수입과 지출 내역이 명백하도록 대학 내 다른 회계와 구분하여 처리하여야 한다.

④ 창업지원 전담조직의 업무 및 제3항에 따른 회계 운영에 필요한 사항은 대통령령으로 정한다.

[본조신설 2013.8.6.]

제8조(창업대학원의 지정 등) ①중소기업청장은 「고등교육법」 제29조제1항에 따른 대학원 중에서 창업 분야 전문인력 양성을 목적으로 하는 대학원(이하 "창업대학원"이라 한다)을 지정하여 예산의 범위에서 그 운영 등에 필요한 경비를 출연하거나 그 밖에 필요한 지원을 할 수 있다.

②중소기업청장은 창업대학원의 지정 · 지원 등에 관하여 필요한 사항을 고시하여야 한다.

제9조(기금의 우선 지원) 「중소기업진흥에 관한 법률」 제63조에 따른 중소기업창업 및 진흥기금(이하 "중소기업창업 및 진흥기금"이라 한다)을 관리하는 자는 중소기업창업투자회사 또는 중소기업창업투자조합에 대하여 중소기업창업 및 진흥기금을 지원할 때 투자 실적 등이 대통령령

으로 정하는 기준에 해당하는 자에게 먼저 지원할 수 있다. 〈개정 2008.12.19., 2009.5.21.〉

제9조의2(창업지원정책협의회) ① 창업촉진 및 재창업지원 정책에 관하여 필요한 사항을 관계 중앙행정기관 및 창업지원기관과 협의하기 위하여 중소기업청에 창업지원정책협의회를 둔다.

② 제1항에 따른 창업지원정책협의회의 구성, 기능, 운영 및 그 밖에 필요한 사항은 대통령령으로 정한다.

[본조신설 2016.1.27.]

[시행일 : 2016.7.28.] 제9조의2

제9조의3(중소기업창업투자회사 전문인력 육성 등) 중소기업청장은 중소기업창업투자회사의 원활한 운영과 창업자 및 벤처기업에 대한 투자를 촉진하기 위하여 다음 각 호의 사업에 대하여 지원을 할 수 있다.

1. 제10조제2항제3호에 따른 중소기업창업투자회사 전문인력 육성
2. 외국인 투자자금 유치
3. 그 밖에 창업자 및 벤처기업에 대한 투자를 촉진하기 위하여 대통령령으로 정하는 사업

[본조신설 2016.1.27.]

[시행일 : 2016.7.28.] 제9조의3

제2장 중소기업창업투자회사

제10조(등록) ①다음 각 호의 어느 하나에 해당하는 사업을 영위하는 회사로서 이 법에 따른 지원을 받으려는 자는 산업통상자원부령으로 정하는 바에 따라 중소기업청장에게 중소기업창업투자회사로 등록하여야 한다. 중소기업창업투자회사가 등록한 사항 중 회사명과 소재지 등 산업통상자원부령으로 정하는 중요 사항을 변경하려는 경우에도 또한 같다. 〈개정 2008.2.29., 2009.12.30., 2013.3.23., 2013.8.6., 2015.1.28.〉

1. 창업자에 대한 투자
2. 「벤처기업육성에 관한 특별조치법」에 따른 벤처기업에 대한 투자

2의2. 「중소기업 기술혁신 촉진법」 제15조 및 제15조의3에 따른 기술혁신형·경영혁신형 중소기업에 대한 투자

3. 중소기업창업투자조합 및 「벤처기업육성에 관한 특별조치법」 제4조의3에 따른 한국벤처투자조합의 결성과 업무의 집행
4. 해외 기업의 주식 또는 지분 인수 등 중소기업청장이 정하는 방법에 따른 해외투자
5. 중소기업이 개발 또는 제작하며, 다른 사업과 회계의 독립성을 유지하는 방식으로 운영되는 사업에 대한 투자
6. 제1호, 제2호, 제2호의2, 제3호부터 제5호까지의 사업에 딸린 사업으로서 중소기업청장이 정하는 사업

② 중소기업창업투자회사는 다음 각 호의 요건을 모두 갖추어야 한다. 〈개정 2007.8.3.,

2009.12.30., 2013.8.6., 2014.1.21., 2016.1.27.〉

1. 「상법」에 따른 주식회사로서 납입자본금의 규모와 차입 비중이 대통령령으로 정하는 요건을 충족할 것
2. 임원이 다음 각 목의 어느 하나에 해당하지 아니하는 자일 것. 이 경우 사목과 아목은 대표이사에게만 적용한다.
   가. 미성년자·피성년후견인 또는 피한정후견인
   나. 파산 선고를 받고 복권되지 아니한 자
   다. 금고 이상의 실형을 선고받고 그 집행이 끝나거나(집행이 끝난 것으로 보는 경우를 포함한다) 집행이 면제된 날부터 5년이 지나지 아니한 자
   라. 금고 이상의 형의 집행유예를 선고받고 그 유예기간 중에 있는 자
   마. 「유사수신행위의 규제에 관한 법률」이나 그 밖에 대통령령으로 정하는 금융 관련 법령을 위반하여 벌금 이상의 형을 선고받고 그 집행이 끝나거나(집행이 끝난 것으로 보는 경우를 포함한다) 집행이 면제된 날부터 5년이 지나지 아니한 자
   바. 이 법에 따라 등록이 취소된 중소기업창업투자회사의 취소 당시의 임원이었던 자(그 등록취소 사유의 발생에 관하여 직접 책임이 있거나 이에 상응하는 책임이 있는 자 또는 창업 투자 업무에 적합하지 아니하다고 판단되는 자로서 각각 대통령령으로 정하는 자만 해당한다)로서 등록이 취소된 날부터 5년이 지나지 아니한 자
   사. 금융거래 등 상거래에서 약정한 날짜 이내에 채무를 갚지 아니한 자로서 대통령령으로 정하는 자
   아. 다른 중소기업창업투자회사의 대주주(대통령령으로 정하는 출자자를 말한다. 이하 이 조에서 같다) 또는 임직원
   자. 제12조에 따라 말소하기 전에 제43조에 따른 취소 사유가 있었던 경우에는 그 말소 당시의 임원(제43조에 따른 등록취소 사유에 직접 책임이 있거나 이에 상응하는 책임이 있는 자로서 대통령령으로 정하는 자만 해당한다)에게 그 사유를 통보한 후 그 통보를 받은 날부터 5년(등록 말소일부터 7년을 초과하는 경우에는 등록 말소일부터 7년으로 한다)이 지나지 아니한 자
   차. 제42조제1항제1호에 따라 면직 또는 해임된 날부터 5년이 지나지 아니한 자

2의2. 대주주가 대통령령으로 정하는 사회적 신용을 갖출 것

3. 대통령령으로 정하는 기준에 따른 상근하는 전문인력과 시설을 보유할 것
4. 창업투자회사와 투자자 간, 특정 투자자와 다른 투자자 간의 이해상충을 방지하기 위한 체계를 갖출 것

③ 제2항제2호의2에서 정한 요건을 갖추지 못한 자가 새로 주식을 취득하여 대주주가 된 경우에는 해당 취득 주식에 대하여 의결권을 행사할 수 없다. 〈신설 2013.8.6.〉

④ 중소기업청장은 제2항제2호의2에서 정한 요건을 갖추지 못한 자가 새로 주식을 취득하여 대주주가 된 경우에는 6개월 이내의 기간을 정하여 해당 취득 주식의 처분을 명할 수 있다.

〈신설 2013.8.6.〉

[시행일 : 2016.7.28.] 제10조

제11조(권리 · 의무의 승계) ① 중소기업창업투자회사가 그 영업을 양도하거나 합병을 하면 그 영업을 양수한 자 또는 합병한 후 존속하는 법인이나 합병으로 설립되는 법인은 이 법에 따른 중소기업창업투자회사로서의 지위를 승계한다. 다만, 그 영업을 양수한 자 또는 합병한 후 존속하는 법인이나 합병으로 설립되는 법인이 제10조제2항 각 호의 요건을 모두 갖추지 아니한 경우에는 그러하지 아니하다.

② 제1항에 따라 중소기업창업투자회사로서의 지위를 승계한 자는 승계한 날부터 30일 이내에 산업통상자원부령으로 정하는 바에 따라 중소기업청장에게 이를 신고하여야 한다. 〈개정 2008.2.29., 2013.3.23.〉

제12조(신청에 따른 등록의 말소) ① 중소기업창업투자회사는 제10조제1항 각 호의 사업을 영위하기가 불가능하거나 어려운 경우에는 산업통상자원부령으로 정하는 바에 따라 그 등록의 말소를 신청할 수 있다. 〈개정 2008.2.29., 2013.3.23.〉

② 중소기업청장은 중소기업창업투자회사가 제1항에 따른 등록 말소신청을 하면 지체 없이 그 등록을 말소하여야 한다.

제13조(등록 등의 공고) 중소기업청장은 중소기업창업투자회사가 다음 각 호의 어느 하나에 해당하면 지체 없이 그 내용을 관보에 공고하고 컴퓨터 통신 등을 이용하여 일반인에게 알려야 한다.

1. 제10조제1항에 따라 등록을 한 경우
2. 제12조제2항에 따라 등록을 말소한 경우
3. 제43조제1항에 따라 등록을 취소한 경우

제14조(중소기업창업투자회사의 공시) ① 중소기업창업투자회사는 다음 각 호의 사항을 공시(公示)하여야 한다. 〈개정 2013.8.6.〉

1. 조직과 인력에 관한 사항
2. 재무와 손익에 관한 사항
3. 중소기업창업투자조합의 결성 및 운영 성과에 관한 사항
4. 제42조의2제3항에 따른 경영개선 조치를 요구받은 경우와 제43조제5항에 따른 업무정지, 시정명령 또는 경고를 받은 경우 그 조치에 관한 사항

② 제1항에 따른 공시의 시기 및 방법 등에 필요한 사항은 중소기업청장이 정한다.

제15조(중소기업창업투자회사의 행위 제한) ①중소기업창업투자회사는 다음 각 호의 어느 하나에 해당하는 행위를 하여서는 아니 된다. 다만, 중소기업창업투자회사의 자산 운용의 건전성을 해칠 우려가 없는 경우로서 대통령령으로 정하는 경우에는 그러하지 아니하다.

1. 제3조 단서에 따른 업종을 영위하는 기업에 투자하는 행위
2. 「독점규제 및 공정거래에 관한 법률」 제9조에 따른 상호출자제한기업집단에 속하는 회사에 투자하는 행위
3. 대통령령으로 정하는 금융기관의 주식을 취득하거나 소유하는 행위

4. 창업보육센터 등 대통령령으로 정하는 범위의 업무용 부동산을 제외한 부동산(이하 "비업무용부동산"이라 한다)을 취득하거나 소유하는 행위. 다만, 담보권의 실행으로 비업무용부동산을 취득하는 경우에는 그러하지 아니하다.
5. 그 밖에 설립 목적을 해치는 것으로서 대통령령으로 정하는 행위

② 중소기업창업투자회사는 제1항제4호 단서에 따라 담보권의 실행으로 비업무용부동산을 취득한 경우에는 1년의 범위에서 산업통상자원부령으로 정하는 기간에 이를 처분하여야 한다. 〈개정 2008.2.29., 2013.3.23.〉

제15조의2(대주주의 행위제한) ① 중소기업창업투자회사의 대주주(대통령령으로 정하는 그의 특수관계인을 포함한다. 이하 같다)는 중소기업창업투자회사의 이익에 반하여 대주주 자신의 이익을 얻을 목적으로 다음 각 호의 어느 하나에 해당하는 행위를 하여서는 아니 된다.

1. 중소기업창업투자회사에 부당한 영향력을 행사하기 위하여 외부에 공개되지 아니한 자료 또는 정보의 제공을 요구하는 행위. 다만, 「상법」 제466조에 따른 권리의 행사에 해당하는 경우에는 그러하지 아니하다.
2. 경제적 이익 등 반대급부의 제공을 조건으로 다른 주주와 담합하여 중소기업창업투자회사의 투자활동 등 경영에 부당한 영향력을 행사하는 행위
3. 중소기업창업투자회사로 하여금 위법행위를 하도록 요구하는 행위
4. 금리, 수수료, 담보 등에 있어서 통상적인 거래조건과 비교하여 해당 중소기업창업투자회사에 현저하게 불리한 조건으로 대주주 자신이나 제3자와의 거래를 요구하는 행위
5. 그 밖에 제1호부터 제4호까지에 준하는 행위로서 대통령령으로 정하는 행위

② 중소기업청장은 중소기업창업투자회사의 대주주가 제1항을 위반한 행위가 있다고 인정되는 경우에는 중소기업창업투자회사 또는 대주주에게 필요한 자료의 제출을 요구할 수 있다.

[본조신설 2013.8.6.]

제16조(중소기업창업투자회사의 투자 의무) ① 중소기업창업투자회사는 등록 후 3년이 지난 날까지 납입자본금의 100분의 50의 범위에서 대통령령으로 정하는 비율의 금액 이상을 제10조제1항제1호, 제2호, 제2호의2, 제3호 및 제5호의 사업에 사용하여야 한다. 이 경우 같은 항 제1호, 제2호, 제2호의2 및 제5호의 사업에 사용한 금액을 산정할 때 신규로 발행되는 주식 또는 무담보전환사채의 인수 등 산업통상자원부령으로 정하는 용도로 사용한 금액에 한하여 이를 포함하여 산정한다. 다만, 중소기업창업투자회사가 대통령령으로 정하는 일정 규모 이상의 중소기업창업투자조합을 결성하여 운영하는 경우에는 그러하지 아니하다. 〈개정 2008.2.29., 2009.12.30., 2013.3.23., 2013.8.6.〉

② 중소기업창업투자회사는 등록 후 3년이 지난 날 이후에도 제1항에 따른 투자의무비율을 유지하여야 하며, 중소기업창업투자회사가 투자회수·경영정상화 등 중소기업청장이 인정하는 사유로 제1항에 따른 투자의무비율을 유지하지 못하면 중소기업청장은 1년 이내의 범위에서 투자의무 이행 유예기간을 줄 수 있다. 〈개정 2013.8.6.〉

③ 제1항에도 불구하고 중소기업창업투자회사가 개인 또는 「벤처기업육성에 관한 특별조치법」

제13조에 따른 개인투자조합이 3년 이상 보유한 창업자의 주식(신규로 발행하는 주식을 인수한 경우에 한정한다)을 인수한 경우에는 해당 인수 금액을 제1항에 따른 투자의무비율 금액에 포함하여 산정한다. 〈신설 2013.8.6.〉

제17조(중소기업창업투자회사의 해외투자 요건) ① 중소기업창업투자회사는 납입자본금의 100분의 10 이상의 금액을 제16조제1항에 따라 산업통상자원부령으로 정하는 용도로 제10조제1항제1호, 제2호 및 제2호의2에 따른 사업에 사용한 경우에는 그 사업에 사용한 금액의 범위에서 같은 항 제4호에 따른 해외투자를 할 수 있다. 다만, 등록한 지 3년이 지난 중소기업창업투자회사는 제16조제1항에 따른 중소기업창업투자회사의 투자의무비율을 달성한 경우에 해외투자를 할 수 있다. 〈개정 2008.2.29., 2009.12.30., 2013.3.23.〉

② 제1항에 따른 해외투자 한도는 납입자본금의 100분의 40의 범위에서 대통령령으로 정하는 비율로 한다.

제18조(자금의 차입 등) ① 중소기업창업투자회사는 그 사업 수행을 위하여 필요하면 정부, 정부가 설치한 기금, 국내외 금융기관, 외국정부 또는 국제기구로부터 자금을 차입할 수 있다.

② 중소기업창업투자회사는 그 사업 수행에 필요한 재원을 충당하기 위하여 자본금과 적립금 총액의 10배의 범위에서 사채를 발행할 수 있다.

제19조(결산 보고) 중소기업창업투자회사는 대통령령으로 정하는 바에 따라 회계연도마다 결산서를 중소기업청장에게 제출하여야 한다.

제3장 중소기업창업투자조합

제20조(조합의 결성 등) ①다음 각 호의 어느 하나에 해당하는 자와 그 외의 자가 출자하여 중소기업창업투자조합을 결성하는 경우에는 대통령령으로 정하는 바에 따라 중소기업청장에게 등록하여야 한다. 등록 사항을 변경하는 경우에도 또한 같다. 〈개정 2016.1.27.〉

1. 중소기업창업투자회사
2. 「여신전문금융업법」 제41조에 따른 신기술사업금융업자
3. 「벤처기업육성에 관한 특별조치법」 제4조의3제1항제3호에서 규정한 유한회사 또는 유한책임회사로서 중소기업청장이 정한 요건을 모두 충족한 회사

② 중소기업창업투자조합은 조합의 채무에 대하여 무한책임을 지는 1인 이상의 조합원(이하 "업무집행조합원"이라 한다)과 출자액을 한도로 하여 유한책임을 지는 유한책임조합원으로 구성한다. 이 경우 업무집행조합원은 다음 각 호의 어느 하나에 해당하는 자로 하되, 그중 1인은 제1항 각 호에 해당하는 자이어야 한다. 〈개정 2009.12.30., 2016.1.27.〉

1. 「벤처기업육성에 관한 특별조치법」 제4조의3제1항 각 호의 어느 하나에 해당하는 자
2. 「국가재정법」 제8조제1항에 따른 기금관리주체로서 같은 법 별표 2에 따른 기금을 관리·운용하는 자
3. 법률에 따라 공제 사업을 경영하는 법인

4. 그 밖에 대통령령으로 정하는 자

③ 제2항 전단에도 불구하고 제47조의2제1항에 따른 공모창업투자조합을 결성하는 경우 업무집행조합원은 1인으로 한다. 〈신설 2009.12.30.〉

④ 중소기업창업투자조합의 업무집행조합원은 중소기업창업투자조합 운영 중에 제1항 각 호의 다른 회사로 변경할 수 없다. 〈신설 2016.1.27.〉

⑤ 조합원은 조합 규약에서 정하는 바에 따라 출자금액의 전액을 한꺼번에 출자하거나 나누어 출자할 수 있다. 〈개정 2009.12.30., 2016.1.27.〉

⑥ 중소기업창업투자조합의 출자금액, 조합원 수 및 존속 기간 등 등록 요건과 그 운영 등에 필요한 사항은 대통령령으로 정한다. 〈개정 2009.12.30., 2016.1.27.〉

[시행일 : 2016.7.28.] 제20조

제21조(업무의 집행 등) ①중소기업창업투자조합의 업무는 업무집행조합원이 집행한다.

② 업무집행조합원은 선량한 관리자의 주의로 제1항에 따른 업무를 집행하여야 한다. 이 경우 자기 또는 제삼자의 이익을 위하여 중소기업창업투자조합의 재산을 사용하여서는 아니 된다.

③ 중소기업창업투자조합은 등록 후 3년이 지난 날까지 출자금의 100분의 50의 범위에서 대통령령으로 정하는 비율의 금액 이상을 제16조제1항 및 제3항에 따라 산업통상자원부령으로 정하는 용도로 제10조제1항제1호, 제2호, 제2호의2 및 제5호에 따른 사업에 사용하여야 한다. 다만, 중소기업창업투자조합이 투자회수 등 중소기업청장이 인정하는 사유로 등록 후 3년이 지난 날까지 대통령령으로 정하는 비율의 금액을 달성하지 못하면 중소기업청장은 1년 이내의 범위에서 투자의무 이행 유예기간을 줄 수 있다. 〈개정 2008.2.29., 2009.1.30., 2009.12.30., 2013.3.23., 2013.8.6.〉

④ 업무집행조합원은 중소기업창업투자조합의 업무를 집행할 때 자금차입, 지급보증 또는 담보제공을 하여서는 아니 된다.

⑤ 업무집행조합원의 중소기업창업투자조합 업무의 집행에 관하여는 제15조를 준용한다. 이 경우 "중소기업창업투자회사"는 "중소기업창업투자조합"으로 본다.

⑥ 중소기업창업투자조합의 해외투자에 관하여는 제17조를 준용한다. 이 경우 "중소기업창업투자회사"는 "중소기업창업투자조합"으로, "납입자본금"은 "출자금"으로 본다.

제22조(중소기업창업투자조합 재산의 관리와 운용) ①업무집행조합원은 중소기업창업투자조합 재산을 다음 각 호에서 정하는 바에 따라 관리하여야 한다. 〈개정 2007.8.3.〉

1. 중소기업창업투자조합 재산의 보관을 「자본시장과 금융투자업에 관한 법률」에 따른 신탁업자에 위탁할 것
2. 신탁업자를 변경하는 경우에는 조합원 총회의 승인을 받을 것

② 제1항에 따른 수탁회사는 다음 각 호의 업무를 한다.

1. 중소기업창업투자조합 재산의 보관 및 관리
2. 업무집행조합원의 중소기업창업투자조합 재산 운용 지시에 따른 자산의 취득 및 처분의 이행

③ 업무집행조합원은 중소기업창업투자조합 재산으로 「자본시장과 금융투자업에 관한 법률」

제8조의2제4항제1호에 따른 증권시장으로서 중소기업청장이 정하는 시장에 상장된 법인의 주식을 취득하는 경우에 출자금 총액의 100분의 20을 초과하여 투자할 수 없다. 〈개정 2007.8.3., 2009.1.30., 2013.5.28., 2014.1.21.〉

제23조(결산 보고) 제21조제1항에 따른 업무집행조합원은 대통령령으로 정하는 바에 따라 해마다 중소기업창업투자조합의 사업연도가 끝난 뒤 3개월 이내에 그 결산서를 중소기업청장에게 제출하여야 한다.

제24조(업무집행조합원의 탈퇴) 업무집행조합원은 다음 각 호의 어느 하나에 해당하는 경우가 아니면 중소기업창업투자조합에서 탈퇴할 수 없다.

1. 중소기업창업투자회사의 등록이 취소된 경우
2. 중소기업창업투자회사가 파산한 경우
3. 중소기업창업투자조합 조합원 전원의 동의가 있는 경우

제24조의2(조합원의 지분양도) ① 업무집행조합원은 다른 조합원 전원의 동의를 받지 아니하면 그 지분의 전부 또는 일부를 타인에게 양도하지 못한다.

② 유한책임조합원의 지분은 조합계약에서 정하는 바에 따라 양도할 수 있다.

③ 유한책임조합원의 지분을 양수한 자는 양도인의 조합에 대한 권리·의무를 승계한다.

[본조신설 2016.1.27.]

[시행일 : 2016.7.28.] 제24조의2

제25조(해산) ① 중소기업창업투자조합은 다음 각 호의 어느 하나에 해당하는 사유가 있는 때에는 해산한다. 〈개정 2009.12.30.〉

1. 존속기간의 만료
2. 유한책임조합원 전원의 탈퇴
3. 중소기업창업투자회사인 업무집행조합원 전원의 탈퇴
4. 중소기업창업투자회사인 업무집행조합원 전원의 등록의 말소
5. 그 밖에 대통령령으로 정하는 사유

② 중소기업창업투자조합에 제1항제3호 및 제4호에 해당하는 사유가 발생하면 유한책임조합원 전원의 동의로 대통령령으로 정하는 바에 따라 그 사유가 발생한 날부터 3개월 이내에 중소기업창업투자회사인 업무집행조합원을 가입하게 하여 중소기업창업투자조합을 계속할 수 있다. 〈개정 2009.12.30.〉

③ 중소기업창업투자조합이 해산하는 경우에는 그 업무집행조합원이 청산인이 된다. 다만, 해당 조합의 규약에서 정하는 바에 따라 업무집행조합원 외의 자를 청산인으로 선임할 수 있다.

④ 중소기업창업투자조합의 해산 당시에 출자금액을 초과하는 채무가 있으면 업무집행조합원이 그 채무를 변제하여야 한다.

제26조(청산결과 보고와 등록의 말소) ① 제25조제3항에 따른 청산인이 청산사무를 끝마친 경우에는 산업통상자원부령으로 정하는 바에 따라 지체 없이 그 결과를 중소기업청장에게 보고하여야 한다. 〈개정 2008.2.29., 2013.3.23.〉

② 중소기업청장은 제1항에 따른 보고를 받으면 지체 없이 그 중소기업창업투자조합의 등록을 말소하여야 한다.

제27조(조합 재산의 보호) 중소기업창업투자조합 조합원의 채권자가 조합원에 대하여 채권을 행사할 때에는 「민법」 제704조와 제712조에도 불구하고 그 조합원이 중소기업창업투자조합에 출자한 금액의 범위에서 이를 행사할 수 있다.

제28조(수익처분) 중소기업창업투자조합은 업무집행조합원인 중소기업창업투자회사에 조합 규약에서 정하는 바에 따라 투자수익에 따른 성과보수를 지급할 수 있으며, 성과보수 지급을 위한 투자수익의 산정 방식 등에 필요한 사항은 대통령령으로 정한다.

제29조(조합의 공시) 업무집행조합원은 다음 각 호의 서류를 사무소에 갖추어 두고 누구든지 열람할 수 있도록 하여야 한다.

1. 해당 중소기업창업투자조합의 규약
2. 매 회계연도의 결산서
3. 그 밖에 조합의 운영에 관한 서류로서 중소기업청장이 고시하는 것

제30조(「민법」의 준용) 중소기업창업투자조합에 관하여 이 법에 규정한 것 외에는 「민법」 중 조합에 관한 규정을 준용한다.

제4장 중소기업상담회사

제31조(중소기업상담회사의 등록) ① 다음 각 호의 사업을 영위하는 회사로서 이 법에 따른 지원을 받으려는 자는 산업통상자원부령으로 정하는 바에 따라 중소기업청장에게 중소기업상담회사로 등록하여야 한다. 중소기업상담회사가 등록한 사항 중 회사명과 소재지 등 산업통상자원부령으로 정하는 중요 사항을 변경하려는 경우에도 또한 같다. 〈개정 2008.2.29., 2010.6.8., 2013.3.23.〉

1. 중소기업의 사업성 평가
2. 중소기업의 경영 및 기술 향상을 위한 용역
3. 중소기업에 대한 사업의 알선
4. 중소기업의 자금 조달·운용에 대한 자문 및 대행
5. 창업 절차의 대행
6. 창업보육센터의 설립·운영에 대한 자문
7. 제1호부터 제6호까지의 사업에 딸린 사업으로서 중소기업청장이 정하는 사업

② 제1항에 따른 중소기업상담회사는 다음 각 호의 요건을 모두 갖추어야 한다. 〈개정 2014.1.21.〉

1. 「상법」에 따른 회사로서 납입자본금이 대통령령으로 정하는 금액 이상일 것
2. 임원이 다음 각 목의 어느 하나에 해당하지 아니하는 자일 것
   가. 미성년자·피성년후견인 또는 피한정후견인

나. 파산선고를 받고 복권되지 아니한 자
다. 금고 이상의 실형을 선고받고 그 집행이 끝나거나(집행이 끝난 것으로 보는 경우를 포함한다) 집행이 면제된 날부터 3년이 지나지 아니한 자
라. 금고 이상의 형의 집행유예를 선고받고 그 유예기간 중에 있는 자
마. 금융거래 등 상거래에서 약정한 날짜 이내에 채무를 갚지 아니한 자로서 대통령령으로 정하는 자

3. 대통령령으로 정하는 기준에 따른 전문인력 및 시설을 보유할 것

제32조(용역비의 지원) 중소기업청장은 중소기업상담회사가 창업자에게 용역을 제공하면 대통령령으로 정하는 바에 따라 그 용역 대금의 일부를 지원할 수 있다.

제5장 창업 절차 등

제33조(사업계획의 승인) ① 창업자는 대통령령으로 정하는 바에 따라 사업계획을 작성하고, 이에 대한 시장·군수 또는 구청장(자치구의 구청장만을 말한다. 이하 같다)의 승인을 받아 사업을 할 수 있다. 사업자 또는 공장용지의 면적 등 대통령령으로 정하는 중요 사항을 변경하려는 경우에도 또한 같다. 〈개정 2013.8.6.〉

② 시장·군수 또는 구청장은 제1항에 따른 사업계획의 승인을 할 때에는 그 공장의 건축면적이 「산업집적활성화 및 공장설립에 관한 법률」 제8조에 따른 기준공장면적률에 적합하도록 하여야 한다.

③ 시장·군수 또는 구청장은 제1항에 따른 사업계획의 승인 신청을 받은 날부터 20일 이내에 승인 여부를 알려야 한다. 이 경우 20일 이내에 승인 여부를 알리지 아니한 때에는 20일이 지난 날의 다음 날에 승인한 것으로 본다.

④ 중소기업청장은 창업에 따른 절차를 간소화하기 위하여 제1항에 따른 사업계획 승인에 관한 업무를 처리할 때 필요한 지침을 작성하여 고시할 수 있다.

제34조(사전 협의) ① 창업자는 제33조제1항에 따른 사업계획의 승인을 신청하기 전에 시장·군수 또는 구청장에게 사업계획의 승인 가능성 등에 관하여 사전 협의를 요청할 수 있다.

② 제1항에 따른 사전 협의 절차 등에 필요한 사항은 대통령령으로 정한다.

제35조(다른 법률과의 관계) ①제33조제1항에 따라 사업계획을 승인할 때 다음 각 호의 허가, 인가, 면허, 승인, 지정, 결정, 신고, 해제 또는 용도폐지(이하 이 조에서 "허가등"이라 한다)에 관하여 시장·군수 또는 구청장이 제4항에 따라 다른 행정기관의 장과 협의를 한 사항에 대하여는 그 허가등을 받은 것으로 본다. 〈개정 2007.12.27., 2008.3.21., 2009.1.30., 2009.6.9., 2010.4.15., 2010.5.31., 2010.6.8., 2011.4.14., 2011.7.21., 2014.1.14., 2016.1.19.〉

1. 「산업집적활성화 및 공장설립에 관한 법률」 제13조제1항에 따른 공장설립 등의 승인
2. 「사방사업법」 제14조에 따른 벌채 등의 허가와 같은 법 제20조에 따른 사방지(砂防地) 지정의 해제

3. 「공유수면 관리 및 매립에 관한 법률」 제8조에 따른 공유수면의 점용·사용허가, 같은 법 제17조에 따른 점용·사용 실시계획의 승인 또는 신고 및 같은 법 제28조에 따른 공유수면의 매립면허
4. 삭제 〈2010.4.15.〉
5. 「하천법」 제30조에 따른 하천공사의 허가와 같은 법 제33조에 따른 하천의 점용허가
6. 「산지관리법」 제14조 및 제15조에 따른 산지전용허가, 산지전용신고, 같은 법 제15조의2에 따른 산지일시사용허가·신고 및 같은 법 제21조에 따라 산지전용된 토지의 용도변경 승인과 「산림자원의 조성 및 관리에 관한 법률」 제36조제1항 및 제4항에 따른 입목벌채 등의 허가와 신고
7. 「사도법」 제4조에 따른 사도(私道)의 개설허가
8. 「국토의 계획 및 이용에 관한 법률」 제56조제1항에 따른 개발행위의 허가, 같은 법 제86조에 따른 도시·군계획시설사업의 시행자 지정 및 같은 법 제88조에 따른 실시계획의 작성·인가
9. 「농지법」 제34조제1항에 따른 농지의 전용허가, 같은 법 제35조제1항에 따른 농지의 전용신고 및 같은 법 제40조제1항에 따른 용도변경의 승인
10. 「초지법」 제23조에 따른 초지의 전용허가 또는 전용 신고
11. 「국유재산법」 제30조에 따른 국유재산의 사용허가 및 같은 법 제40조에 따른 도로, 하천, 도랑 및 제방의 용도폐지
12. 「도로법」 제61조제1항에 따른 도로의 점용허가
13. 「환경영향평가법」에 따른 소규모 환경영향평가 협의
14. 「농어촌정비법」 제23조제1항 본문에 따른 농업생산기반시설의 목적 외 사용의 승인
15. 「장사 등에 관한 법률」 제27조제1항에 따른 타인의 토지 등에 설치된 분묘 개장(改葬)의 허가
16. 「공유재산 및 물품 관리법」 제20조제1항에 따른 행정재산의 사용허가·수익허가 및 같은 법 제11조에 따른 행정재산의 용도폐지
17. 「부동산 거래신고 등에 관한 법률」 제11조에 따른 토지거래계약에 관한 허가

②제33조제1항에 따라 사업계획의 승인을 받은 공장에 대해 「건축법」 제11조에 따른 건축허가를 할 때 해당 시장·군수 또는 구청장이 다음 각 호의 허가, 인가, 승인, 동의, 심사 또는 신고(이하 이 조에서 "승인등"이라 한다)에 관하여 제4항에 따라 다른 행정기관의 장과 협의를 한 사항에 대하여는 그 승인등을 받은 것으로 본다. 〈개정 2007.5.17., 2008.3.21., 2009.6.9., 2010.6.8., 2011.8.4., 2012.8.13., 2014.1.14., 2015.1.6., 2015.1.28.〉

1. 「도로법」 제61조제1항에 따른 도로의 점용허가
2. 「하수도법」 제24조에 따른 점용허가와 같은 법 제27조제3항 및 제4항에 따른 배수설비의 설치신고
3. 「하수도법」 제34조제2항에 따른 개인하수처리시설설치의 신고

4. 「소방시설 설치·유지 및 안전관리에 관한 법률」 제7조제1항에 따른 건축허가등의 동의, 「소방시설공사업법」 제13조제1항에 따른 소방시설공사의 신고와 「위험물안전관리법」 제6조제1항에 따른 제조소등의 설치허가
5. 「대기환경보전법」 제23조, 「수질 및 수생태계 보전에 관한 법률」 제33조, 「소음·진동관리법」 제8조 및 「가축분뇨의 관리 및 이용에 관한 법률」 제11조에 따른 배출시설의 설치허가 또는 설치신고
6. 「폐기물관리법」 제29조제2항에 따른 폐기물처리시설의 설치승인 또는 설치신고
7. 「수도법」 제52조와 제54조에 따른 전용수도설치의 인가
8. 「전기사업법」 제62조에 따른 자가용전기설비의 공사계획 인가 또는 신고
9. 「총포·도검·화약류 등의 안전관리에 관한 법률」 제25조제1항에 따른 화약류 간이저장소 설치의 허가
10. 「건축법」 제11조제1항에 따른 건축허가, 같은 법 제14조제1항에 따른 건축신고, 같은 법 제20조제1항과 제3항에 따른 가설건축물의 건축허가 또는 건축신고 및 같은 법 제83조제1항에 따른 공작물 축조의 신고
11. 「토양환경보전법」 제12조에 따른 특정토양오염관리대상시설 설치의 신고
12. 「액화석유가스의 안전관리 및 사업법」 제5조에 따른 가스용품 제조사업의 허가와 같은 법 제8조에 따른 액화석유가스 저장시설의 설치허가
13. 「고압가스 안전관리법」 제4조에 따른 고압가스의 제조허가와 고압가스저장소 설치의 허가, 같은 법 제5조제1항에 따른 용기, 냉동기 및 특정설비의 제조등록, 같은 법 제20조제1항에 따른 특정고압가스 사용신고
14. 「산업안전보건법」 제48조제4항에 따른 유해·위험방지계획서의 심사 및 같은 법 제49조의2제3항에 따른 공정안전보고서의 심사

③ 제33조제1항에 따라 사업계획의 승인을 받은 공장에 대하여 「건축법」 제22조에 따라 건축물의 사용승인을 할 때 해당 시장·군수 또는 구청장이 다음 각 호의 검사, 신고, 동의 또는 신청(이하 이 조에서 "검사등"이라 한다)에 관하여 제4항에 따라 다른 행정기관의 장과 협의를 한 사항에 대하여는 그 검사등을 받은 것으로 본다. 〈개정 2007.5.17., 2008.3.21., 2009.6.9., 2010.6.8., 2011.8.4., 2014.6.3., 2015.1.6., 2015.1.28.〉

1. 「하수도법」 제37조에 따른 준공검사
2. 「소방시설 설치·유지 및 안전관리에 관한 법률」 제7조제1항에 따른 사용승인의 동의, 「소방시설공사업법」 제14조에 따른 소방시설공사의 완공검사와 「위험물안전관리법」 제9조에 따른 제조소등의 완공검사
3. 「폐기물관리법」 제29조제4항에 따른 폐기물처리시설 사용개시의 신고
4. 「대기환경보전법」 제30조제1항 및 「수질 및 수생태계 보전에 관한 법률」 제37조에 따른 배출시설 등의 가동개시 신고
5. 「총포·도검·화약류 등의 안전관리에 관한 법률」 제43조에 따른 완성검사

6. 「먹는 물 관리법」 제23조제1항에 따른 먹는샘물제조업의 조건부 영업허가
7. 「전기사업법」 제63조에 따른 자가용전기설비의 사용 전 검사
8. 「액화석유가스의 안전관리 및 사업법」 제36조제2항에 따른 저장시설 설치와 가스용품 제조시설의 완성검사
9. 「고압가스 안전관리법」 제16조제3항에 따른 고압가스의 제조, 저장소 설치, 용기 등의 제조시설 설치공사의 완성검사 및 같은 법 제20조에 따른 특정고압가스시설의 완성검사
10. 「국토의 계획 및 이용에 관한 법률」 제62조제1항과 같은 법 제98조제2항에 따른 준공검사
11. 「공간정보의 구축 및 관리 등에 관한 법률」 제64조제2항에 따른 토지 이동 등의 등록 신청

④ 시장·군수 또는 구청장이 제33조에 따른 사업계획의 승인 또는 「건축법」 제11조제1항 및 같은 법 제22조제1항에 따른 건축허가와 사용승인을 할 때 그 내용 중 제1항부터 제3항까지에 해당하는 사항이 다른 행정기관의 권한에 속하는 경우에는 그 행정기관의 장과 협의하여야 하며, 협의를 요청받은 행정기관의 장은 대통령령으로 정하는 기간에 의견을 제출하여야 한다. 이 경우 다른 행정기관의 장이 그 기간에 의견을 제출하지 아니하면 의견이 없는 것으로 본다. 〈개정 2008.3.21.〉

[시행일 : 2017.1.20.] 제35조

제36조(법령 제정·개정 시의 협의) 관계 행정기관의 장은 제33조에 따른 사업계획의 승인, 창업자의 공장에 대한 「건축법」 제11조제1항의 건축허가나 같은 법 제22조제1항의 사용승인과 관련되는 사항을 법령으로 제정하거나 개정하려면 미리 중소기업청장과 협의하여야 한다. 〈개정 2008.3.21.〉

제37조(사업계획 승인의 취소 등) ① 시장·군수 또는 구청장은 사업계획의 승인을 받은 자가 다음 각 호의 어느 하나에 해당하면 사업계획의 승인과 공장 건축허가를 취소하거나 해당 토지의 원상회복을 명령할 수 있다. 〈개정 2013.8.6.〉

1. 사업계획의 승인을 받은 날부터 대통령령으로 정하는 기간이 지난 날까지 공장의 착공을 하지 아니하거나 공장착공 후 대통령령으로 정하는 기간 이상 공사를 중단한 경우
2. 사업계획의 승인을 받은 공장용지를 「산업집적활성화 및 공장설립에 관한 법률」 제15조에 따른 공장설립등의 완료신고를 하기 전에 다른 사람에게 양도한 경우. 다만, 창업자에 양도한 경우에는 그러하지 아니하다.
3. 사업계획의 승인을 받은 공장용지를 다른 사람에게 임대하거나 공장이 아닌 용도로 활용하는 경우
4. 사업계획의 승인을 받은 후 대통령령으로 정하는 기간이 지난 날까지 공장 건축을 끝내지 아니한 경우

② 시장·군수 또는 구청장은 제1항에 따른 원상회복명령을 위반하여 원상회복을 하지 아니하면 대집행(代執行)에 따라 원상회복을 할 수 있다.

③ 제2항에 따른 대집행의 절차에 관하여는 「행정대집행법」을 적용한다.

④ 시장·군수 또는 구청장은 제1항에 따라 사업계획의 승인을 취소하려면 청문을 하여야 한

다.

제38조(창업민원처리기구의 설치) ① 정부는 민원인의 편의를 위하여 특별시·광역시·특별자치시·도·특별자치도 또는 시·군·구의 창업에 관련된 민원을 종합적으로 접수하여 처리할 수 있는 기구(이하 이 조에서 "중소기업창업민원실"이라 한다)를 설치할 수 있다. 〈개정 2013.8.6.〉

② 중소기업창업민원실의 설치 및 운영에 필요한 사항은 대통령령으로 정한다.

제39조(창업진흥전담조직의 설치) ① 중소기업청장은 창업을 촉진하기 위한 업무를 전담하는 조직(이하 이 조에서 "전담조직"이라 한다)을 설치할 수 있다.

② 제1항에 따른 전담조직의 설치 및 운영 등에 필요한 사항은 대통령령으로 정한다.

제39조의2(청년기업가정신 재단법인에 대한 출연 등) 중소기업청장은 「민법」 제32조에 따라 중소기업청장의 설립허가를 받은 비영리법인으로서 청년 및 예비창업자 등을 대상으로 도전정신, 창의력, 혁신역량 등(이하 이 조에서 "기업가정신"이라 한다)을 함양하기 위하여 다음 각 호의 사업을 주요 목적으로 하는 재단법인에 대하여 예산의 범위에서 출연 또는 보조할 수 있다.

1. 기업가정신 활성화 사업의 기획, 개발 및 연구
2. 기업가정신의 실태조사 및 통계 구축·운영
3. 청년 및 예비창업자 등을 대상으로 하는 기업가정신 교육과정과 교재의 개발·보급, 교육사업의 관리·운영 지원
4. 기업가정신 모범사례의 발굴·전파 등 기업가정신을 확산하기 위한 분위기 조성사업
5. 기업가정신 저해요인의 발굴·해소 및 재창업 여건 확충
6. 그 밖에 기업가정신의 함양 및 확산을 위하여 중소기업청장이 지정·위탁하는 사업

[본조신설 2011.4.4.]

[종전 제39조의2는 제39조의3으로 이동 〈2011.4.4.〉]

제39조의3(부담금의 면제) ① 제33조에 따라 사업계획의 승인을 받은 창업자에 대하여는 사업을 개시한 날부터 5년 동안 다음 각 호의 부담금을 면제한다. 〈신설 2015.2.3.〉

1. 「농지법」 제38조제1항에 따른 농지보전부담금
2. 「초지법」 제23조제6항에 따른 대체초지조성비

② 「통계법」 제22조제1항에 따라 통계청장이 작성·고시하는 한국표준산업분류상의 제조업을 영위하기 위하여 중소기업을 창업하는 자에 대하여 사업을 개시한 날부터 3년 동안 다음 각 호의 부담금을 면제한다. 〈개정 2010.6.8., 2015.2.3.〉

1. 「지방자치법」 제138조에 따른 분담금
2. 「농지법」 제38조제1항에 따른 농지보전부담금
3. 「초지법」 제23조제6항에 따른 대체초지조성비
4. 「전기사업법」 제51조제1항에 따른 부담금
5. 「대기환경보전법」 제35조제2항제1호의 기본부과금(대기오염물질배출량의 합계가 연간 10톤 미만인 사업장만 해당한다)

6. 「수질 및 수생태계 보전에 관한 법률」 제41조제1항제1호의 기본배출부과금(1일 폐수배출량이 200㎥ 미만인 사업장에 한한다)
7. 「자원의 절약과 재활용촉진에 관한 법률」 제12조제1항에 따른 폐기물부담금(연간 매출액이 20억원 미만인 제조업자만 해당한다)
8. 「한강수계 상수원수질개선 및 주민지원 등에 관한 법률」 제19조제1항에 따른 물이용부담금
9. 「금강수계 물관리 및 주민지원 등에 관한 법률」 제30조제1항에 따른 물이용부담금
10. 「낙동강수계 물관리 및 주민지원 등에 관한 법률」 제32조제1항에 따른 물이용부담금
11. 「영산강·섬진강수계 물관리 및 주민지원 등에 관한 법률」 제30조제1항에 따른 물이용부담금
12. 「산지관리법」 제19조제1항에 따른 대체산림자원조성비

③ 제1항 및 제2항에 따른 부담금 면제의 절차 및 방법 등에 관하여 필요한 사항은 대통령령으로 정한다. 〈신설 2010.6.8., 2015.2.3.〉

[본조신설 2007.8.3.]

[제39조의2에서 이동, 종전 제39조의3은 제39조의4로 이동 〈2011.4.4.〉]

[법률 제8606호(2007.8.3.) 부칙 제2항의 규정에 의하여 이 조 제2항은 2017년 8월 2일까지 유효함]

제39조의4(사업분리에 의한 창업 시 공장등록 특례) 「법인세법」 제1조제1호에 따른 내국법인(이하 이 조에서 "내국법인"이라 한다)이 하는 사업의 일부를 분리하여 사업을 개시하는 중소기업이 다음 각 호의 요건을 모두 갖춘 경우에는 「부가가치세법」 제5조에 따라 발급받은 사업자등록증은 사업을 개시한 날부터 2년 동안 「산업집적활성화 및 공장설립에 관한 법률」 제16조에 따라 공장등록을 하였음을 증명하는 서류로 본다.

1. 내국법인의 임직원이었던 자가 대표자, 최대주주 또는 최대출자자일 것
2. 내국법인과 사업의 분리에 관한 계약 및 그 내국법인의 공장 전부 또는 일부의 공동사용에 관한 계약을 서면으로 체결할 것

[본조신설 2010.6.8.]

[제39조의3에서 이동, 종전 제39조의4는 제39조의5로 이동 〈2011.4.4.〉]

제39조의5(재택창업지원시스템 설치·운영) ① 중소기업청장은 「전자정부법」 제2조제10호에 따른 정보통신망을 통하여 회사를 설립할 수 있는 시스템(이하 이 조에서 "재택창업지원시스템"이라 한다)을 설치·운영할 수 있다.

② 관계 중앙행정기관 및 관련 기관은 재택창업지원시스템을 통한 창업 절차가 원활하게 진행될 수 있도록 해당 기관의 소관 업무를 신속하게 처리하는 등 협조하여야 한다.

③ 중소기업청장은 예산의 범위에서 관계 중앙행정기관 및 관련 기관이 재택창업지원시스템에 연계되는 개별 시스템을 운영하는 데에 드는 비용의 전부 또는 일부를 지원할 수 있다.

④ 제2항 및 제3항에서 규정한 사항 외에 재택창업지원시스템의 설치·운영에 필요한 절차 및 방법 등에 관한 사항은 대통령령으로 정한다.

[본조신설 2010.6.8.]
[제39조의4에서 이동 〈2011.4.4.〉]

제6장 보 칙

제40조(보고와 검사) ① 중소기업청장은 필요하다고 인정하면 대통령령으로 정하는 바에 따라 중소기업창업투자회사, 중소기업창업투자조합의 업무집행조합원, 중소기업상담회사 또는 창업보육센터사업자에게 업무운용 상황 등에 관한 보고를 하게 할 수 있으며, 다음 각 호의 어느 하나에 해당하는 경우에는 소속 공무원에게 사무소와 사업장에 출입하여 중소기업창업투자회사 및 중소기업창업투자조합의 감사보고서 등 대통령령으로 정하는 장부·서류 등을 검사하게 할 수 있다.

1. 제10조제2항에 따른 중소기업창업투자회사의 등록요건 유지 여부의 확인이 필요한 경우
2. 제15조에 따른 중소기업창업투자회사의 행위제한 위반 여부의 확인이 필요한 경우
3. 제16조에 따른 중소기업창업투자회사의 투자의무 준수 여부의 확인이 필요한 경우
4. 제17조에 따른 중소기업창업투자회사의 해외투자 요건 준수 여부의 확인이 필요한 경우
5. 제21조에 따른 업무집행조합원의 행위 등에 대한 위반 여부 및 투자의무 준수 여부의 확인이 필요한 경우
6. 삭제 〈2009.4.1.〉
7. 그 밖에 제1호부터 제6호까지의 사항에 준하는 경우로서 대통령령으로 정하는 경우

② 제1항에 따라 검사를 하는 경우에는 검사 7일 전에 검사 일시, 검사 목적 및 검사 내용 등에 관한 검사계획을 검사받을 자에게 알려야 한다. 다만, 긴급하거나 증거인멸 등으로 검사 목적을 달성할 수 없다고 인정하는 경우에는 그러하지 아니하다.

③ 제1항에 따라 출입· 검사하는 공무원은 그 권한을 표시하는 증표를 지니고 이를 관계인에게 내보여야 하며, 출입할 때 성명·출입시간·출입목적 등이 표시된 문서를 관계인에게 내주어야 한다.

제41조 삭제 〈2009.4.1.〉

제42조(임직원에 대한 제재 등) ①중소기업청장은 중소기업창업투자회사 또는 업무집행조합원이 제43조제1항 또는 제2항 각 호의 어느 하나(제1호는 제외한다)에 해당하여 중소기업창업투자회사 또는 중소기업창업투자조합의 건전한 운영을 해칠 우려가 있다고 인정되는 경우에는 중소기업창업투자회사 임직원에 대하여 다음 각 호의 어느 하나에 해당하는 문책의 요구를 할 수 있다. 〈개정 2013.8.6.〉

1. 면직 또는 해임
2. 6개월 이내의 직무정지
3. 감봉
4. 경고

② 제1항의 조치는 제43조제5항의 조치와 병과(倂科)할 수 있다. 〈개정 2013.8.6.〉

③ 중소기업청장은 제1항 각 호의 조치의 기준과 절차 등에 필요한 사항을 정하여 고시할 수 있다. 〈신설 2013.8.6.〉

제42조의2(경영 건전성 기준 등) ① 중소기업창업투자회사는 대통령령으로 정하는 경영 건전성 기준을 갖추어야 한다.

② 중소기업청장은 중소기업창업투자회사의 경영 건전성을 확보하기 위하여 경영실태에 대한 평가를 실시할 수 있다.

③ 중소기업청장은 중소기업창업투자회사가 제1항에 따른 기준을 갖추지 못하거나 제2항에 따른 경영실태 평가결과 경영 건전성 유지가 곤란하다고 인정되면 해당 중소기업창업투자회사에 대하여 자본금의 증액, 이익 배당의 제한 등 경영개선을 위하여 필요한 조치를 요구할 수 있다.
[본조신설 2013.8.6.]

제43조(등록의 취소 등) ① 중소기업청장은 중소기업창업투자회사가 다음 각 호의 어느 하나에 해당하면 그 등록을 취소하거나 3년의 범위에서 대통령령으로 정하는 바에 따라 이 법에 따른 지원을 중단할 수 있다. 다만, 제1호에 해당하면 그 등록을 취소하여야 한다. 〈개정 2007.8.3., 2013.8.6., 2015.2.3.〉

1. 거짓이나 그 밖에 부정한 방법으로 등록을 한 때
2. 제10조제2항에 따른 등록요건에 맞지 아니하게 된 때. 다만, 임원이 같은 항 제2호 각 목(같은 호 사목과 아목은 대표이사에게만 해당한다)의 어느 하나에 해당하는 경우 3개월 이내에 그 임원을 바꾸어 임명한 경우에는 그러하지 아니하다.
3. 정당한 사유 없이 1년 이상 계속하여 제16조제1항에 따라 산업통상자원부령으로 정하는 용도로 제10조제1항제1호, 제2호, 제2호의2 및 제5호에 따른 투자를 하지 아니한 때. 다만, 제16조제1항에 따른 투자 의무 등 대통령령으로 정하는 사항을 모두 이행한 경우에는 그러하지 아니하다.
4. 회사의 책임 있는 사유로 제10조제1항에 따른 사업수행이 어렵게 된 때
5. 제15조제1항에 따른 행위제한 의무를 위반하거나 같은 조 제2항에 따른 비업무용부동산 처분의무를 위반한 때
6. 투자비율이 제16조에 따른 비율에 미치지 못할 때
7. 제17조를 위반하여 해외투자를 한 때
8. 중소기업창업투자조합의 업무집행조합원으로서 제21조제2항을 위반하여 자기 또는 제삼자의 이익을 위하여 중소기업창업투자조합의 재산을 사용한 때
9. 「유사수신행위의 규제에 관한 법률」 제3조를 위반한 때
10. 제42조제1항에 따른 문책의 요구, 제42조의2제3항에 따른 조치의 요구 및 제5항에 따른 조치를 이행하지 아니한 때
11. 중소기업창업투자조합의 업무집행조합원으로서 제21조제4항 또는 같은 조 제5항에 따라 준용되는 제15조를 위반하거나 「벤처기업육성에 관한 특별조치법」 제4조의3제2항에 따른

한국벤처투자조합의 업무집행조합원으로서 같은 법 제4조의4제2항을 위반한 때(제47조의2 제1항에 따른 공모창업투자조합의 업무집행조합원의 경우 「자본시장과 금융투자업에 관한 법률」 또는 같은 법에 따른 명령이나 처분을 위반한 때를 포함한다)

② 중소기업청장은 중소기업창업투자조합이 다음 각 호의 어느 하나에 해당하면 그 등록을 취소하거나 3년의 범위에서 대통령령으로 정하는 바에 따라 이 법에 따른 지원을 중단할 수 있다. 다만, 제1호에 해당하면 그 등록을 취소하여야 한다. 〈개정 2009.12.30., 2015.2.3., 2016.1.27.〉

1. 거짓이나 그 밖에 부정한 방법으로 등록을 한 때
2. 제20조제6항에 따른 등록요건에 맞지 아니하게 된 때
3. 제21조제3항부터 제6항까지의 규정을 위반한 때
4. 업무집행조합원인 중소기업창업투자회사의 등록이 취소되거나 말소된 때
5. 제22조제1항 및 제3항을 위반한 때
6. 삭제 〈2007.8.3.〉

③ 중소기업청장은 중소기업상담회사가 다음 각 호의 어느 하나에 해당하면 그 등록을 취소하거나 3년의 범위에서 대통령령으로 정하는 바에 따라 이 법에 따른 지원을 중단할 수 있다. 다만, 제1호에 해당하면 그 등록을 취소하여야 한다. 〈개정 2015.2.3.〉

1. 거짓이나 그 밖에 부정한 방법으로 등록을 한 때
2. 제31조제2항에 따른 등록요건에 맞지 아니하게 된 때. 다만, 임원 중 같은 항 제2호 각 목의 어느 하나에 해당하는 자가 있는 경우 6개월 이내에 그 임원을 바꾸어 임명한 경우에는 그러하지 아니하다.
3. 회사의 책임 있는 사유로 제31조제1항에 따른 사업수행이 어렵게 된 때
4. 정당한 사유 없이 1년 이상 계속하여 사업을 하지 아니한 때
5. 삭제 〈2007.8.3.〉

④ 중소기업청장은 창업보육센터사업자가 다음 각 호의 어느 하나에 해당하면 사업자의 지정을 취소하거나 3년의 범위에서 대통령령으로 정하는 바에 따라 이 법에 따른 지원을 중단할 수 있다. 다만, 제1호에 해당하면 그 지정을 취소하여야 한다. 〈개정 2008.2.29., 2012.8.13., 2013.3.23., 2013.8.6., 2015.2.3.〉

1. 거짓이나 그 밖에 부정한 방법으로 지정을 받은 때
2. 지원받은 자금을 다른 목적으로 사용한 때
3. 창업보육센터 시설 및 장소를 중소기업 창업지원 외의 목적으로 사용한 때
4. 창업보육센터의 운영 실적이 산업통상자원부령으로 정하는 기준에 미치지 못할 때
5. 제6조제1항에 따른 지정 요건에 맞지 아니하게 된 때

⑤ 중소기업청장은 중소기업창업투자회사 또는 중소기업창업투자조합 업무집행조합원이 제1항 또는 제2항 각 호의 어느 하나(제1항제1호 및 제2항제1호는 제외한다)에 해당하는 경우에는 다음 각 호의 어느 하나에 해당하는 조치를 할 수 있다. 〈신설 2013.8.6., 2016.1.27.〉

1. 6개월 이내의 업무의 전부 또는 일부의 정지
2. 위법행위의 시정명령
3. 경고

⑥ 중소기업청장은 신기술사업금융업자가 제1항 또는 제2항 각 호의 어느 하나에 해당하는 경우에는 금융위원회에 해당 신기술사업금융업자 또는 그 임직원에 대하여 제5항 및 제42조제1항에 따른 조치를 취할 것을 요구할 수 있다. 〈신설 2016.1.27.〉

[시행일 : 2016.7.28.] 제43조

제44조(청문) 중소기업청장은 제43조에 따라 중소기업창업투자회사, 중소기업창업투자조합 또는 중소기업상담회사의 등록을 취소하거나 창업보육센터사업자의 지정을 취소하려면 청문을 하여야 한다.

제45조(권한의 위임·위탁) ①이 법에 따른 중소기업청장의 권한은 대통령령으로 정하는 바에 따라 그 일부를 소속 기관의 장이나 특별시장·광역시장·특별자치시장·도지사 또는 특별자치도지사에게 위임할 수 있다. 〈개정 2013.8.6.〉

②중소기업청장은 이 법에 따른 업무의 일부를 대통령령으로 정하는 바에 따라 다른 행정기관의 장, 「중소기업진흥에 관한 법률」 제68조에 따른 중소기업진흥공단, 중소기업창업투자회사, 중소기업상담회사, 그 밖의 중소기업 관련 기관에 위탁할 수 있다. 〈개정 2009.5.21.〉

제46조(비슷한 명칭의 사용 금지) 중소기업창업투자회사나 중소기업창업투자조합이 아닌 자는 중소기업창업투자회사와 중소기업창업투자조합의 명칭 또는 이와 비슷한 명칭을 사용하지 못한다.

제47조(업무기준의 고시) 중소기업청장은 중소기업창업투자회사, 중소기업창업투자조합, 중소기업상담회사 또는 창업보육센터사업자가 창업자에 대하여 효율적으로 지원할 수 있도록 창업지원 업무에 관한 기준을 정하여 고시할 수 있다.

제47조의2(공모창업투자조합에 관한 특례) ① 「자본시장과 금융투자업에 관한 법률」 제11조부터 제16조까지, 제30조부터 제32조까지, 제34조부터 제43조까지, 제48조, 제50조부터 제53조까지, 제56조, 제58조, 제60조부터 제65조까지, 제80조부터 제83조까지, 제85조제2호·제3호 및 제6호부터 제8호까지, 제86조부터 제95조까지, 제181조부터 제183조까지, 제184조제1항·제2항·제5항부터 제7항까지, 제185조부터 제187조까지, 제218조부터 제223조까지, 제229조부터 제249조까지, 제249조의2부터 제249조의22까지, 제250조부터 제253조까지, 제415조부터 제425조까지 및 「금융회사의 지배구조에 관한 법률」(제24조부터 제26조까지의 규정은 제외한다)은 공모창업투자조합(「자본시장과 금융투자업에 관한 법률」 제9조제19항에 따른 사모집합투자기구에 해당하지 아니하는 창업투자조합을 말한다. 이하 같다) 및 창업투자회사(공모창업투자조합이 아닌 창업투자조합만을 결성하여 그 업무를 집행하는 창업투자회사를 제외한다)에 대하여는 적용하지 아니한다. 〈개정 2015.7.24., 2015.7.31.〉

② 중소기업청장은 공모창업투자조합 또는 창업투자회사(공모창업투자조합이 아닌 창업투자조합만을 결성하여 그 업무를 집행하는 창업투자회사를 제외한다)를 등록하는 경우에는 미리 금융위원회와 협의하여야 한다. 〈개정 2008.2.29.〉

③ 금융위원회는 공익 또는 공모창업투자조합의 조합원을 보호하기 위하여 필요한 경우에는 공모창업투자조합 및 창업투자회사(공모창업투자조합이 아닌 창업투자조합만을 결성하여 그 업무를 집행하는 창업투자회사를 제외한다)에 대하여 업무에 관한 자료의 제출이나 보고를 명할 수 있으며, 금융감독원의 원장으로 하여금 그 업무에 관하여 검사하게 할 수 있다. 〈개정 2008.2.29.〉

④ 금융위원회는 공모창업투자조합 및 창업투자회사(공모창업투자조합이 아닌 창업투자조합만을 결성하여 그 업무를 집행하는 창업투자회사를 제외한다)가 이 법 또는 이 법에 따른 명령이나 처분을 위반하거나, 「자본시장과 금융투자업에 관한 법률」 또는 「자본시장과 금융투자업에 관한 법률」에 따른 명령이나 처분을 위반한 경우 또는 「금융회사의 지배구조에 관한 법률」(제24조부터 제26조까지의 규정으로 한정한다)을 위반한 경우에는 제42조제1항, 제43조제1항・제2항・제5항의 어느 하나에 해당하는 조치를 취하도록 중소기업청장에게 요구할 수 있고, 중소기업청장은 특별한 사유가 없는 한 이에 응하여야 한다. 이 경우 중소기업청장은 그 조치내역을 금융위원회에 통보하여야 한다. 〈개정 2008.2.29., 2013.8.6., 2015.7.31.〉

[본조신설 2007.8.3.]

[시행일 : 2016.8.1.] 제47조의2

제48조(벌칙) ① 다음 각 호의 어느 하나에 해당하는 자는 5년 이하의 징역 또는 5천만원 이하의 벌금에 처한다. 〈개정 2016.1.27.〉

1. 제4조의3제5항에 따라 취득한 정보를 누설하거나 직무상 목적 외에 사용한 자
2. 제15조의2제1항을 위반하여 대주주 자신의 이익을 얻을 목적으로 같은 항 각 호의 어느 하나에 해당하는 행위를 한 자

② 제10조제4항에 따른 처분명령을 위반하여 주식을 처분하지 아니한 자는 1년 이하의 징역 또는 1천만원 이하의 벌금에 처한다.

[본조신설 2013.8.6.]

[종전 제48조는 제50조로 이동 〈2013.8.6.〉]

[시행일 : 2016.7.28.] 제48조

제49조(양벌규정) 법인의 대표자나 법인 또는 개인의 대리인, 사용인, 그 밖의 종업원이 그 법인 또는 개인의 업무에 관하여 제48조의 위반행위를 하면 그 행위자를 벌하는 외에 그 법인 또는 개인에게도 해당 조문의 벌금형을 과(科)한다. 다만, 법인 또는 개인이 그 위반행위를 방지하기 위하여 해당 업무에 관하여 상당한 주의와 감독을 게을리하지 아니한 경우에는 그러하지 아니하다.

[본조신설 2013.8.6.]

제7장 벌 칙

제50조(과태료) ①다음 각 호의 어느 하나에 해당하는 자에게는 500만원 이하의 과태료를 부과한다.

1. 제10조제1항 후단 또는 제20조제1항 후단에 따른 변경 등록을 하지 아니하거나 거짓으로 변경 등록을 한 자
2. 제11조제2항에 따른 영업의 양수 등의 신고를 하지 아니하거나 거짓으로 신고한 자
3. 제14조에 따른 중소기업창업투자회사의 공시를 하지 아니하거나 거짓으로 공시한 자
4. 제19조 또는 제23조에 따른 결산서를 제출하지 아니하거나 거짓된 결산서를 제출한 자
5. 제40조제1항에 따른 보고를 하지 아니하거나 거짓된 보고를 한 자 또는 같은 항에 따른 검사를 거부·방해 또는 기피한 자
6. 삭제 〈2009.4.1.〉
7. 제46조를 위반하여 비슷한 명칭을 사용한 자

② 제1항에 따른 과태료는 대통령령으로 정하는 바에 따라 중소기업청장이 부과·징수한다.

③ 삭제 〈2009.1.30.〉

④ 삭제 〈2009.1.30.〉

⑤ 삭제 〈2009.1.30.〉

[제48조에서 이동 〈2013.8.6.〉]

부칙 〈제13448호, 2015.7.24.〉(자본시장과 금융투자업에 관한 법률)

제1조(시행일) 이 법은 공포 후 3개월이 경과한 날부터 시행한다. 〈단서 생략〉

제2조부터 **제18조**까지 생략

제19조(다른 법률의 개정) ①부터 ⑲까지 생략

⑳ 중소기업창업 지원법 일부를 다음과 같이 개정한다.

제47조의2제1항 중 "제229조부터 제253조까지"를 "제229조부터 제249조까지, 제249조의2부터 제249조의22까지, 제250조부터 제253조까지"로 한다.

제20조 생략

부록 Ⅱ. 창업자가진단 TEST

항목	세부항목	자신 있다 (2.5)	보통이다 (2)	아니다 (1.5)	전혀 아님 (1)
인간관계	1. 사람 만나는 것이 좋고 즐겁다.				
	2. 친절한 편이며 좀처럼 화내지 않는다.				
	3. 부부 사이가 좋고 금전관계에 비밀이 없다.				
	4. 직장생활이 즐겁다.				
	5. 약속을 잘 지킨다.				
리더십	6. 학창시절에 임원을 한 경험이 있다.				
	7. 군경험이나 조직 생활을 한 경험이 있다.				
	8. 장남이며 장녀다.				
	9. 비즈니스의 세계에서 여자라고 꿀릴 것이 없다.				
	10. 합리적이며 남의 의견을 존중하는 편이다.				
사업지식	11. PC통신이나 인터넷 정보를 활용할 수 있다.				
	12. 컴퓨터 문서작성을 할 줄 안다.				
	13. 직장경험이 5년 이상이다.				
	14. 은행에서 대출을 받아본 경험이 있다.				
	15. 계약을 해 본 경험이 있고 부동산 서류를 볼 줄 안다.				
	16. 어음을 발행하거나 볼 줄 안다.				
	17. 외국어 한 가지 정도는 독해능력이 있다.				
	18. 경제 관련 잡지를 보고 있다.				
	19. 프랜차이즈의 흐름을 알고 있다.				
	20. 사업자 등록법, 부가세, 소득세 신고를 할 줄 안다.				
자금관리	21. 검소하게 절약하는 편이다.				
	22. 물건구입이나 카드사용 시 영수증은 꼭 보관한다.				
	23. 연말정산을 꼼꼼히 챙긴다.				
	24. 신용카드는 3개 이상 쓰지 않고 연체하지 않는다.				
	25. 사채자금을 써 본적 있다.				
의지력 체력	26. 해외여행경험이 있다.				
	27. 감기 정도는 병원에 가지 않고도 이긴다.				
	28. 승부에 집착하는 편이다.				
	29. 사생활 보다는 일을 더 중시하는 편이다.				
	30. 일주일 을 꼬박 세워도 버틸 수 있다.				
아이템	31. 아이템 선정 시 아이템 라이트 사이클을 분석한다.				
	32. 아이템에 대한 전문 컨설턴트의 자문을 받는다.				
	33. 아이템과 나의 연관성을 생각해서 선택했다.				
	34. 아이템에 대한 기회비용을 분석했다.				
	35. 아이템에 대한 벤처마킹 대상이 있다.				
마케팅	36. 마케팅의 의미를 설명할 수 있다.				
	37. 점포위치 500m 이내의 경쟁업체를 분석했다.				
	38. 지역 내 고객의 자료를 갖고 있다.				
	39. 전시홍보 전략의 중요성을 알고 있다.				
	40. 매장인테리어 및 가격전략이 수립되어 있다.				
계					

창업 적성 평가 판정표

① 점수가 84~100점인 경우: 창업을 위한 준비는 충분하다.

→ 무얼 망설이는가? 창업의 무대에서 당신의 능력을 마음껏 발휘하라. 당신을 위하여 멋진 세상이 열려있다.

② 점수가 60~83점인 경우: 창업을 위한 준비가 비교적 우수하다. 그러나 방심은 금물이다. 처음부터 꼼꼼히 챙겨보라.

→ 지금 다른 생각을 하는가? 강의에 충실하라. 창업하면 성공의 가능성이 많다. 당신의 사업을 더욱 구체화 하라.

③ 점수가 48~59점인 경우: 창업의 자질과 준비가 필요하다.

→ 예습은 했는가? 그리고 집에 가서 복습도 해야 한다. 물론 강의도 열심히 들어야 한다.

④ 점수가 36~47점인 경우: 창업을 위한 적성과 준비가 빈약하다.

→ 창업과 달리기 시합을 한다면 굉장히 고전할 것이다. 엄청난 연습이 필요하다. 이제는 성공적 창업을 확실히 계획하라.

⑤ 점수가 24~35점인 경우: 창업을 위한 자질과 준비가 되어 있지 않다.

→ 허약체질이다. 잘못하면 제풀에 못 이겨 쓰러지겠다. 준비가 성공을 부른다.

⑥ 점수가 1~23점인 경우: 창업해서는 안 된다.

→ 처음부터 다시 시작하라. 당신의 곁에 우리가 있다.

출처 : 윤종록 외, 창업과 경영, 형설출판사, 2006.

부록 Ⅲ. 창업가 자질 평가표

문항 번호	질 문	정말 그렇다 (4)	그렇다 (3)	그렇지 않다 (2)	전혀 그렇지 않다 (1)
1	나는 육체적으로나 정신적으로 어떠한 힘든 일도 할 수 있다.				
2	나는 비교적 마음이 평온하다.				
3	나는 사업에 필요한 재능을 가지고 있다고 생각한다.				
4	나는 내가 구상하고 있는 사업에 대해 잘 알고 있다.				
5	나는 창조적인 일을 좋아한다.				
6	나는 모험심이 강하다.				
7	나는 책임감이 강하다.				
8	나는 성실하고 부지런하다.				
9	나는 무슨 일이든 해낼 수 있는 자신감을 가지고 있다.				
10	나는 판단력이 정확하고 결단력이 빠르다.				
11	나는 남에게 지는 것을 싫어한다.				
12	나는 집념이 강한 사람이다.				
13	나는 인덕이 있다거나 인간적인 매력을 가지고 있다는 주위의 말을 자주 듣는다.				
14	나는 기업은 법을 지켜야 하고 상업상 관련된 사람들의 의견을 고려하여 의사결정을 해야 한다고 생각한다.				
15	나는 기업은 사회적인 윤리는 지켜야 한다고 생각한다.				
16	나는 복잡한 일을 잘 정리하고 분석할 수 있다.				
17	나는 직관력과 예측력이 뛰어나다고 생각한다.				
18	나는 기획력이 뛰어나고 치밀하다고 생각한다.				
19	나는 처음 만나는 사람도 그 성격을 빨리 파악할 수 있다.				
20	나는 리더십이 뛰어나다는 소리를 자주 듣는다.				
21	나는 남의 어려움을 잘 해결해 준다.				
22	나는 다른 사람들과 빨리 친해진다.				
23	나는 주위 사람들로부터 넉넉하고 자상한 사람이라는 평을 듣는다.				
24	나는 주위 사람들로부터 여러 가지 창업정보를 수집한다.				
25	나는 남에게 내 주장을 고집하지 않는다.				
계					

창업가 자질 평가 판정표

① 점수가 84~100점인 경우: 사업가의 자질이 극히 우수하다.

→ 무얼 망설이는가? 지금 강의실에 있을 때가 아니다. 사업가적 자질을 마음껏 발휘하라.

② 점수가 60~83점인 경우: 사업가의 자질이 비교적 우수하다.

→지금 다른 생각을 하는가? 강의에 충실하라. 배우고 나가면 뜰 수 있다.

③ 점수가 48~59점인 경우: 사업가의 자질이 어느 정도 있다.

→ 예습은 했는가? 그리고 집에 가서 복습도 해야 한다. 물론 강의도 열심히 들어야 한다.

④ 점수가 36~47점인 경우: 사업가의 자질이 약간 빈약하다.

→ 사업과 달리기 시합을 한다면 굉장히 고전할 것이다. 엄청난 연습이 필요하다.

⑤ 점수가 24~35점인 경우: 사업가의 자질이 상당히 빈약하다.

→ 허약체질이다. 잘못하면 제품에 못 이겨 쓰러진다.

⑥ 점수가 1~23점인 경우: 사업가의 자질이 극히 빈약하다.

→ 가까이 하기엔 너무 먼 그대 사업이여!

출처 : 윤종록 외, 창업과 경영, 형설출판사, 2006.

부록 IV. 성공하는 17가지 법칙

나폴레옹 힐의 성공하는 17가지 원칙

여기17개의 원칙은 세상의 뛰어난 리더들의 성공에 대한 확신이 되어왔습니다.

성공은 과학이며 당신은 그 비밀을 배울 수 있습니다. 부모님의 직업이나, 환경, 또는 당신의 거주지와는 전혀 상관이 없습니다. 당신은 현재 높이 추앙 받는 성공한 사업가일 수도 있고, 적은 인건비를 받고 일하는 공장직원 일수도 있습니다. 대도시에 살 수도 있으며, 가까운 마을로부터도 멀리 떨어진 외딴 농장에 살고 있을지도 모릅니다. 하지만 그러한 것들은 아무런 차이도 만들지 않습니다. 당신은 성공의 비밀을 배울 수 있으며, 여기 질문에 대한 정직한 답변이 당신이 통해야 할 첫 관문입니다.

1. 목적의 분명함

a. 당신은 인생에서 확고한 결심을 해본 적이 있습니까? Yes / No

b. 그 목적을 이루기 위한 날짜를 정 하셨습니까? Yes / No

c. 당신은 인생의 목적을 이루기 위한 구체적인 계획을 가지고 있습니까? Yes / No

d. 당신 인생의 목적이 당신에게 명확하게 어떠한 혜택을 가져 다 줄 지에 대하여 결정한 적이 있습니까? Yes / No

2. 지도협력

a. 당신이 목적을 이루도록 다른 사람들이 도와주고 있습니까? Yes / No

b. 당신은 누군가가 다른 사람들의 도움 없이 그의 인생에서 성공할 수 있다고 믿으십니까? Yes / No

c. 당신은 당신의 배우자나 가족들의 반대에도 불구하고 쉽게 성공할 수 있다고 믿으십니까? Yes / No

d. 상사와 직원이 조화롭게 일하는 것에 특별한 장점이 있습니까? Yes / No

e. 당신은 지도력이라는 원칙이 어떻게 미국을 세계에서 가장 부유한 나라로 만드는지를 알고 있습니까? Yes / No

3. 믿음의 응용

a. 당신의 무한한 지식을 믿으십니까? Yes / No

b. 당신은 하고자 하는 그 어떤 일에도, 당신의 능력에 대한 자신감이 있습니까? Yes / No
c. 당신은 미국식 정치에 자신감이 있습니까? Yes / No
d. 당신은 아래 7가지 기본적인 두려움으로부터 완전히 자유 합니까?
가난에 대한 두려움; 비난에 대한 두려움; 병에 대한 두려움; 사랑을 잃는 것에 대한 두려움; 자유를 잃는 것에 대한 두려움; 늙는 것에 대한 두려움; 죽음에 대한 두려움 Yes / No

4. 서비스 정신

a. 당신은 지불된 수당 외의 일을 하는 습관이 있습니까? Yes / No
b. 당신은 직원이 더 높은 급료를 청구할 권한이 주어지는 때가 있다고 믿습니까? Yes / No
c. 당신은 수당 외의 노력하는 일 없이 성공하는 직장인을 본 적이 있습니까? Yes / No
d. 당신은 수당 외의 일을 하지 않고서도 연봉인상을 요청할 권리가 있다고 생각하십니까? Yes / No
e. 당신이 고용자라면, 당신이 직원으로서 해내는 업무에 대하여 만족하겠습니까? Yes / No

5. 유쾌한 성격

a. 당신은 주변 사람들에게 상처를 주는 습관이 있습니까? Yes / No
b. 당신은 함께 일하는 이들에게 환심을 사는 사람입니까? Yes / No
c. 공공장소에서 얘기할 때, 사람들의 흥미를 유발할 수 있습니까? Yes / No
d. 당신이 사람들을 지루하게 하는 것 같은 때가 있습니까? Yes / No

6. 주도권

a. 당신은 매일의 업무를 스스로 계획 합니까? Yes / No
b. 당신이 일하기 위해서는 먼저 일이 계획 되어져야만 합니까? Yes / No
c. 당신은 당신부서에서 당신만의 뛰어난 전문분야를 가지고 있습니까? Yes / No
d. 당신의 계획이 실패할 경우, 당신은 포기합니까? Yes / No
e. 당신은 일의 효율성을 높이기 위하여 더 나은 계획을 세웁니까? Yes / No

7. 긍정적인 사고자세

a. 당신은 긍정적 사고방식이 의미하는 바를 알고 있습니까? Yes / No
b. 당신은 당신의 사고 자세를 의지에 입각하여 조정할 수 있습니까? Yes / No
c. 당신은 당신이 완전한 통제력을 가지는 단 한 가지를 알고 있습니까? Yes / No

d. 당신은 다른 사람에게서 발견되는 부정적 사고를 발견하는 방법을 알고 있습니까? Yes / No
e. 당신에게는 긍정적 사고 자세를 발전시키는 방법이 있습니까? Yes / No

8. 열정

a. 당신은 열정적인 사람으로 알려져 있습니까? Yes / No
b. 당신은 당신의 계획을 이끌어가기 위해 당신의 열정을 조절할 수 있습니까? Yes / No
c. 당신의 열정이 가끔 당신의 선택의 관건이 됩니까? Yes / No

9. 자기훈련

a. 당신은 화가 났을 때에 말하기를 자제합니까? Yes / No
b. 격정적인 토의에서, 당신은 생각하기에 앞서 말합니까? Yes / No
c. 당신은 자제력을 쉽게 잃습니까? Yes / No
d. 당신은 성격적으로 항상 안정적입니까? Yes / No
e. 당신은 감정으로 인해 판단이 흔들리도록 합니까? Yes / No

10. 정확한 사고

a. 현업에서, 당신은 다른 사람들이 알고 있으며 가치가 될 만한 것을 스스로 찾고 배우는 것을 의무로 합니까? Yes / No
b. 당신은 익숙하지 않은 분야에서 당신의"의견"을 표명 합니까? Yes / No
c. 당신은 관심분야에 있어서, 당신이 알고 싶은 사실들을 얻는 방법을 알고 있습니까? Yes / No

11. 집중력

a. 당신은 당신이 하고 있는 일에 모든 정신을 집중합니까? Yes / No
b. 당신은 당신의 계획이나 결심을 바꾸는데 있어 쉽게 영향을 받습니까? Yes / No
c. 좌절을 만날 경우 당신의 결심과 계획을 단념해버릴 의향이 있습니까? Yes / No
d. 당신 자신과 당신의 아이디어에 대하여 관심 있는 만큼 다른 사람들과 그들의 의견에 민 첩한 관심을 가집니까? Yes / No

12. 팀워크

a. 당신은 어떤 환경에서도 다른 사람들과 쉽게 조화를 이룹니까? Yes / No

b. 당신은 당신이 요청하는 만큼 다른 이들의 부탁 또한 자유롭게 들어 줍니까? Yes / No
c. 당신은 어떠한 주제에 대하여 다른 이들과 계속적인 반대의견을 가지고 있습니까? Yes / No
d. 함께 일하는 사람들과 화목한 협력관계를 가지는 것에 장점이 있다고 생각합니까? Yes / No
e. 당신은 당신이 동료들과 협력하지 않음으로써 당신과 동료 사원들에게 올 수 있는 피해 에 대하여 알고 있습니까? Yes / No

13. 역경과 좌절로부터의 배움

a. 좌절은 당신이 노력하는 것을 그만 두도록 합니까? Yes / No
b. 노력했지만 좌절한 경우, 당신은 새로운 계획을 가지고 다시 시작합니까? Yes / No
c. 당신은 일시적인 좌절이 실패를 초래할 수 있다고 생각합니까? Yes / No
d. 당신은 좌절로부터 교훈을 얻은 적이 있습니까? Yes / No
e. 당신은 어떻게 좌절이 성공으로 가는 길을 인도할 수 있는 자산이 될 수 있는지를 알고 있습니까? Yes / No

14. 창의적 비전

a. 당신의 상상력은 예리하고 민첩합니까? Yes / No
b. 당신은 당신의 결정을 스스로 만듭니까? Yes / No
c. 당신은 실천하기에 앞서 다른 이들의 의견을 구하기 위해 전화하는 편을 선호합니까? Yes / No
d. 당신은 그 무엇이라도 창안한 적이 있습니까? Yes / No
e. 당신은 당신의 업무와 관련하여 사용 가능한 아이디어를 즉시 제공합니까? Yes / No
f. 당신은 아이디어를 빨리 제공하는 사람이 다른 사람의 아이디어와 계획만을 따르기는 사람들 보다 가치가 높다고 생각합니까? Yes / No

15. 건강관리

a. 당신은 건강의 필수 요소들을 알고 있습니까? Yes / No
b. 당신은 건강이 무엇과 함께 시작 되는지를 알고 있습니까? Yes / No
c. 당신은 쉼이 건강과 어떠한 관계를 가지는지를 알고 있습니까? Yes / No
d. 당신은 건강의 균형을 유지하기 위해 필요한 4가지 요소를 알고 있습니까? Yes / No
e. 당신은 우울증을 설명할 수 있습니까? Yes / No

16. 시간 관리와 금전관리

a. 당신은 수입의 일정액을 저축합니까? Yes / No

b. 당신은 수입이 없어진 경우의 대책에 대한 생각 없이 돈을 사용합니까? Yes / No

c. 당신은 매일 밤 충분한 수면을 취합니까? Yes / No

d. 당신은 당신의 여가시간을 전부 유흥에 투자합니까? Yes / No

17. 습관의 힘

a. 당신은 당신이 통제할 수 없다고 생각하는 습관을 가지고 있습니까? Yes / No

b. 당신이 스스로 극복한 나쁜 습관이 있습니까? Yes / No

c. 지난 몇 달 동안, 당신은 새로운 좋은 습관을 만든 적이 있습니까? Yes / No

※ 여기에 당신의 답을 계산하는 방법이 있습니다.

아래 질문에 대한 답은 모두 “No”입니다.

2b, 2c, 4c, 4d, 5a, 5d, 6b, 6d, 8c, 9b, 9c, 9e, 10b,

11b, 11c, 12c, 13a, 13c, 14c, 16b, 16d, 17a

그 외의 답은 모두“Yes”입니다.

당신이 모든 답변에 위와 같이 “예”, 와 “아니오”로 답하였다면, 당신의 점수는 75점이 됩니다. 이것은 만점이며, 아주 적은 수의 사람들만이 달성할 수 있던 점수입니다. 이제 당신의 점수가 어떻게 되는지 알아봅시다.

“아니오.” 대신에 답한 “예” ______________

“예” 대신에 답한 “아니오.” ______________

두 개의 수를 합하여 75에서 뺍니다. 이것이 당신의 점수 입니다.

당신의 급수를 아래에서 찾아보십시오.

75점 만점 (드문 예)

66점 ~ 74 점 GOOD (평균이상)

51점 ~ 65점 FARE (평균)

26점 ~ 50점 POOR (평균이하)

25점 이하 불만족

당신의 점수는 어떻게 되십니까?

당신의 점수가 평균이거나 혹은 평균이하라면, 이 질문지를 작성한 대부분의 사람들이 그와 비슷한 점수대를 기록했다는 것을 기억하시기 바랍니다. 그 이유는 당연히, 적은 숫자의 사람들만이, 거듭되는 수천 명의 사업과 사회적 리더십을 구현하게 한 성공의 비밀을 학습하는 기회를 가지도록 훈련되어졌기 때문입니다. 정신적, 육체적, 교육적 혹은 나이의 제한도 이러한 성공의 비밀에는 장벽이 되지 않습니다. 성공은 과학이며, 당신이 원하는 한 당신에게도 열려있는 가능성 입니다.

● **성공의 열쇠는 당신 안에 있습니다.**

모든 남녀는 그들 안에 숨겨진 능력을 가지고 있습니다. 대다수의 사람들은 그에 대하여 전혀 알고 있지 못하기도 합니다. 엄청난 성공을 이룬 많은 사람들이 그러한 능력을 어떠한 우연한 계기로 인해 알게 되기도 합니다. 때로는 그들의 숨겨진 위대한 능력을 몰랐기 때문에 인생의 많은 시간을 낭비하기도 합니다. 하지만, 어떤 우연한 계기로 인해 이러한 능력을 일깨우게 되었을 때에는, 이 세상의 그 어떠한 것도 그들을 그 능력으로부터 붙잡아 둘 수 없습니다. 성공과 행복이란 그로부터 영원히 그들의 것이었습니다!

당신은 그들의 경험으로부터 배울 수 있습니다. 그 누구도 우연이나 운명이 그들의 성공과 행복을 인도하도록 의지해서는 안 됩니다. 우연이나 운명이 이끄는 성공이란, 무모하며 불완전 한 것이기에, 그것만으로는 사람들이 가지고 있는 숨겨진 특별한 능력을 언제나 드러낼 수는 없습니다.

모든 사람들이 그러한 능력을 가졌습니다. 그것들을 꺼내어 사용하는 것만이 남았을 뿐입니다. 이것이 바로 당신이 할 수 있는 일이며 수천 명의 다른 남녀가 여기서 제시하는 원칙을 배움으로써 할 수 있었습니다.

● **나폴레옹 힐의 성공교육에 대한 PMA 과학**

이것이 어쩌면 당신의 인생에 있어서는 처음으로, 백만 달러를 벌고– 거대한 사업을 키워냈으며– 명성과 권력을 가진 사람에 의해 만들어진 17개의 원칙에 대하여 듣는 기회 인지도 모릅니다!

17개의 원칙은 당신에게 매우 특별한 내용의 방대한 정보를 전해 줄 것입니다. 실용적이고, 현실적이며 당신이 필요로 하는 중요한 가치의 정보를 당신에게 제공할 것입니다. 모든 수업은 한 개의 명확한 원칙에 준거하며, 그 원칙은 당신이 세운 계획을 이루기 위하여 반드시 당신의 일부로 만들어야만 하는 중대한 원칙입니다. 권력, 부, 성공에 대하여, 깨닫지 못했던 사실들을 불러일으키는 아이디어들이 이해하기 쉬운 언어로 쓰여졌으며, 첫 수업부터 당신이 쉽게 이해하고 실천 할 수 있도록 되어 있습니다. 모든 수업은 당신에 도움이 되는 아이디어로 가득하기에, 한 개의 수업이 소액의 전체 수업비용보다 더 많은 가치를 주는 경우도 종종 있습니다.

여기 원칙들은 당신을 위한 것입니다. 그들은 위대한 사람들을 위해 일해 왔습니다. 그리고 이제는, 수천 명의 사람들이 이와 같은 원칙들을 사용하여, 행복, 건강 그리고 부를 만들고 있습니다. 모든 연령층의, 인생의 다른 많은 길에서 온 사람들이 여기 이 원칙으로부터 혜택을 얻고 있습니다. 그러니 당신도 할 수 있습니다.

출처 : 나폴레옹 힐 재단-세상을 좀 더 살기 좋은 곳으로 만들기 위해 헌신 된 비영리 교육기관

부록 V. 창업사업계획서

창업사업계획서

사업 분야	
창업사업 명	
주민 번호(학번)	
성 명	

사업계획 요약서

<table>
<tr><td>아이템 명</td><td colspan="3"></td></tr>
<tr><td rowspan="2">적용 분야</td><td rowspan="2"></td><td>성 명</td><td></td></tr>
<tr><td>주민 번호(학번)</td><td></td></tr>
<tr><td>사업 개요</td><td colspan="3">○ 창업동기 및 사업의 기대효과

○ 사업내용 및 특성</td></tr>
<tr><td>보유 기술</td><td colspan="3">○ 보유기술의 수준

○ 기술의 파급효과</td></tr>
<tr><td>시장 분석</td><td colspan="3">○ 목표시장 규모 및 전망

○ 사업화 가능성 및 마케팅 전략</td></tr>
<tr><td>사 업 화
추진계획</td><td colspan="3">○ 생산과 시설확보 계획
○ 사업화 추진일정
○ 사업계획 차질시 대처방안</td></tr>
</table>

1. 창업사업개요

1-1. 창업 동기

- 창업 목적 및 배경, 사업의지, 아이템 선정 동기 등

1-2. 참여인력의 전문성

- 대표자 및 내부구성원의 전문성
- 전문가 풀(pool)의 구성 및 대외 협력관계 구축 현황

1-3. 사업내용 및 특성

- 창업 아이템의 기술 분야, 특징, 장점, 기술개발 내용 등

2. 개발기술

2-1 기술개발수준

- 개발과정과 설계상태, 시제품제작, 시험테스트 등 개발 진척상황 등
- 지적재산권 등록여부, 기술개발을 위한 외부의 지원여부 등

2-2. 기술의 파급효과

- 기술의 경제 · 기술적 파급효과 등

3. 시장분석

3-1. 목표시장 규모 및 전망

- 소비자분석 / 수요계층, 소득, 나이 등
- 경쟁자분석 / 시장동향, 신기술 동향
- SWOT(강점, 약점, 기회, 위협요인) 분석

3-2. 사업화 가능성 및 마케팅 전략

- 제품의 특성 및 경쟁력, 가격경쟁력, 대체기술 출현 가능성 등
- 초기시장 진입전략
- 마케팅 전략(4P-제품, 가격, 촉진, 유통정책)
  (STP-시장세분화, 표적시장 설정, 포지셔닝)

3-3. 제품경쟁력

- 경쟁사 대비 가격 및 품질경쟁력

3-4. 성장가능성

- 개발 제품군의 수명주기 및 지속성장전략
- 위험요소 분석 및 사업화 차질 시 대응전략

4. 시설확보 및 재무계획

4-1. 생산과 시설 확보 계획

- 조직 및 인력구성 / 기술개발, 총무, 영업, 생산인력 등
- 시설투자 / 생산시설 설비 및 설치 투자 계획 등

4-2. 자본 및 재무계획

- 자금조달 운용계획(조달형태, 용도, 규모), 차입금 상환계획 등
- 수익전망 / 손익분기점 분석, 추정 대차대조표, 손익계산서 등

5. 재무계획

5-1. 소요자금 및 조달계획

(단위: 천원)

<table>
<tr><th colspan="3">소 요 자 금</th><th colspan="3">조 달 계 획</th></tr>
<tr><th>용 도</th><th>내 용</th><th>금 액</th><th>조달방법</th><th>기 조달액</th><th>추가 조달액</th></tr>
<tr><td rowspan="4">운전자금</td><td></td><td></td><td>자기자금</td><td></td><td></td></tr>
<tr><td></td><td></td><td>금융차입</td><td></td><td></td></tr>
<tr><td></td><td></td><td>기 타</td><td></td><td></td></tr>
<tr><td>소 계</td><td></td><td>소 계</td><td></td><td></td></tr>
<tr><td rowspan="4">시설자금</td><td></td><td></td><td>자기자금</td><td></td><td></td></tr>
<tr><td></td><td></td><td>금융차입</td><td></td><td></td></tr>
<tr><td></td><td></td><td>기 타</td><td></td><td></td></tr>
<tr><td>소 계</td><td></td><td>소 계</td><td></td><td></td></tr>
<tr><td colspan="2">합 계</td><td></td><td>합 계</td><td></td><td></td></tr>
<tr><td>소요자금
산출근거</td><td colspan="5"></td></tr>
<tr><td>조달계획
산출근거</td><td colspan="5"></td></tr>
</table>

※ 운전자금은 창업 후 생산제품의 판매대금으로 정상 영업자금 회전이 될 때까지의 기간 동안 소요되는 전체 예상자금을 자금용도별로 구분 기재

5-2. 추정손익계산서

(단위: 천원)

구 분	2013년도	%	2014년도	%	2015년도	%
매 출 액						
매 출 원 가(-)						
판 매 관 리 비(-)						
영 업 이 익						
영업외손익(+,-)						
경 상 이 익						
특 별 손 익(+, -)						
법 인 세 등(-)						
당 기 순 이 익						
(* 연구개발비)						

6. 사업화 세부 추진일정

내 용	2013 년도				20014 년도				비 고
	1/4	2/4	3/4	4/4	1/4	2/4	3/4	4/4	

찾아보기

ㅇ

ㅈ

ㅊ

ㅌ

ㅍ

ㅎ

저자 김흥길 교수는

울산 강동에서 태어나
울산과 부산에서
중고등학교를 다녔고
아주대학과 한양대학에서
산업공학을 공부하였다.
이어서 프랑스 정부장학금으로
그르노블대학에서 경영학을 공부하고
석사와 박사학위를 수여받았다.
한국으로 돌아온 후 경남 진주에
위치하고 있는 국립경상대학교 경영학과에서
강의와 연구를 계속 해오면서
여러 기업과 각급 기관의 요청으로
리더십, 동기유발, 조직관리와 혁신, 노사관계,
행복 등을 주제로 강의를 하고 있다.
그리고 경남일보 객원 논설위원으로
10년간 칼럼과 다양한 주제의 글 들을 써왔고
프랑스 리용대학의 초빙교수로 2년간
학부와 대학원에서 강의를 한 바 있고
중국 라오닝과기대학의 초빙을 받아
학부와 대학원생들을 대상으로 강의를 하였다.
2008년 4월부터 'e-행복한 세상(http://e-happyland.com)'을 운영해 오고 있으며 회원들에게 Happy letter를 정기적으로 발송하고 있다. 이 Happy letter들을 한 권의 책으로 묶어 출간한 '매일 아침 행복을 부탁해'는 2010년 상반기 베스트셀러가 된 바 있다.
다른 저서로는 감성시대의 인적자원관리(경상대 출판부), Win-Win의 고용관계론(경상대출판부), 조직관리 어떻게 할 것인가(도서출판 서원), 경영관리적 휴머니즘의 전통과 흐름(도서출판 서원), 감성시대의 인간관계경영론(문영사) 등과 번역서로는 H. Fayol의 산업 및 일반 경영관리론(지문사)이 있다.

기업가정신과 창업경영론

2014년 3월 10일 1판 1쇄 발행
2017년 3월 10일 1판 3쇄 발행

저 자 김
발행인 김 광 석
조 판 아 람 기 획

07285
발행처 서울특별시 영등포구 선유로3길 10, 617호
도서출판 **탑 북 스**
등 록 2009.12.21 제 2016-000101 호
전 화 02)365-2223 팩스 02)365-2224

정가 24,000 원
ISBN 978-89-97519-99-6-93320